佛教生活用語辭典

韓美教育研究院 編

東洋書籍

머 리 말

불교가 한반도에 전래된지 1600여년이 넘으면서 찬란한 정신문화의 업적을 남겼다. 특히 팔만대장경을 비롯한 많은 불교유산이 정신적 보물로 전국 곳곳에 넘쳐나고 있다. 현대와 같은 갈등과 혼돈의 연속 속에서 살아가는 중생들에게는 부처님의 자비정신과 말씀에 접근하고 싶어도 불교경전에 나타난 용어들이 일반중생에게는 너무 어려운 낱말들이 많아 심취하기 어려운 점을 감안하여 여기 수록한 불교용어들을 가급적 현대적으로 풀이하는데 주력했다.

더욱 산중불교에서 도시생활 불교로 변천하면서 생활불교용어의 이해가 필요하게 되었다.

이 책이 불교를 이해하는 지침서가 되어 수행의 길잡이가 되고 불심을 높이며 불교문화발전에 일조되기를 바란다. 따라서 주로 불교학술용어는 물론 일반상식과 관련된 용어도 선정하여 같이 수록했다. 특히 원불교 용어는 미국 원불교 LA교당 최정안 교감님의 도움에 의해 이루어 졌다. 본 용어집은 참고문헌과 같은 기존의 자료가 있었기에 가능했다.

편찬위원 선정에 다소 어려움이 있었으나 다행히 각 분야에서 활동한 독실한 불자와 스님 중 학술적 권위자를 만나게 되어 여섯분의 편찬위원에게 감사드린다.

이번 대 역사의 작업을 마무리 하면서 부족한 점은 앞으로 수정보완하여 진일보한 학문적 체계를 세워나갈 것을 약속드리며 강호제현의 지도편달을 바라마지 않는 바이다.

　　　　한미교육연구원장
　　　　불교생활용어사전 편찬위원장　차종환 합장

일 러 두 기

① 용어의 배열순서는 가, 나, 다 순으로 하였으며 한자 용어는 독음(讀音)을 원칙으로 삼았다.
　특히 불교 용어에는 원음(原音)과 완전히 다른 독음(讀音)인 경우가 많은데 읽기 틀리기 쉬운 용어는 (×) 표시 (예 : 반야) (×반약)라 표기하여 수록했다.

② 불교 용어로서 선정 범위에 제외 되였으나 특수 상식용어는 해설 앞에 모두 [민] 표시를 해 수록했다.
　즉, 불교 용어로서 관련지을 수 없다 하더라도 기타 민속 종교등 민간사회에서 통용하는 상식 용어를 일부 수록하여 참고 하도록 했다.

③ 용어와 정반대되는 뜻을 가진 용어는 해설 말미에 ↔ 표시를 하여 반대어를 수록했고, 같은 뜻을 가진 용어는 = 표시를 하여 수록했다.

④ 하나의 표제어가 둘 이상의 다른 의미가 있을 때는 ①②③…에 의해 구분했다.

⑤ 용어의 설정은 보통 명사를 주로 했으나 고유명사도 일부 포함되었으며 현대적으로 풀이 했다.

⑥ 본서에 사용된 승려, 스님, 중 등의 용어는 원전에 따라 혼용했다.

⑦ 원불교 용어는 ㉛이라 표시했다.

차 례

ㄱ ---------- 7	ㅇ -------- 281
ㄴ --------- 62	ㅈ -------- 356
ㄷ --------- 73	ㅊ -------- 393
ㄹ --------- 99	ㅋ -------- 414
ㅁ -------- 101	ㅌ -------- 416
ㅂ -------- 128	ㅍ -------- 424
ㅅ -------- 182	ㅎ -------- 435

ㄱ

가관(假觀)
삼관(三觀)의 하나. 모든 사물은 공(空)한 것이지만 가(假)라는 모양을 겉으로 나타낸다는 설(說)

가라빈가(迦羅頻伽)
= 가릉빈가

가람(伽藍) (×가감)
절의 다른 이름.
'승가람마(僧伽藍摩)'의 준말

가람당(伽藍堂)
가람신을 모신 집.

가람신(伽藍神)
절을 지킨다는 신.

가릉빈가(迦陵頻伽) Kalavinka
불경(佛經)에 나오는 인두 조신(人頭鳥神)의 상상의 새. 히말라야 산에 살고 미묘한 소리를 내며, 극락 정토에 깃들인다 함. 가라빈가(迦羅頻伽). 묘음조(妙音鳥). 비천(飛天). 선조(仙鳥).

가명(假名)
① 실속이 없는 헛된 이름. ② [민] 가짜 이름.

가부(跏趺)
'가부좌(跏趺坐)'의 준말.

가부좌(跏趺坐)
책상다리를 하고 앉는 것.

가사(袈裟) Kasaya
① 스님이 장삼 위에, 왼쪽 어깨에서 오른쪽 겨드랑이 밑으로 걸쳐 입는 법의(法衣). 종파에 따라 그 빛깔과

형식을 엄격히 규정하고 있음. 무구의 (無垢衣). ② 스님들이 입는 법복.

가사(假死)
인사불성이 돼 호흡이 잠시 중단된 상태.

가사 불사 (袈裟佛事)
절에서 가사를 짓는 일.

가사 시주 (袈裟施主)
가사 불사의 비용을 내는 일. 또는, 그 사람.

가상(假想)
덧없고 헛된 현실 세계. 이승. ↔ 진여(眞如)

가섭(迦葉) (×가엽)
① 과거 7불(七佛) 중의 한 분.
② 마하가섭 마하가섭은 청정한 불도 수행인 두타행(頭陀行)의 제일. 부처님 10대 제자 중 한 분.

가야가섭(伽倻迦葉)
[범] Gayakasyapa 또는 가이가섭(伽夷迦葉). 삼가섭의 하나. 마갈타국 가야성 근처에서 출생. 우루비라 가섭·나제가섭의 아우. 불을 숭상하는 사화외도(사화외도)이었으나 뒤에 두 형을 따라 부처님에게 귀의, 우수한 제자가 되었다.

가위력(加威力)
불·보살이 중생에게 가피(加被)하여 주는 위신과 공덕의 힘.

가유(假有)
인연 화합(因緣和合)에 의하여 현실로 나타나 있는 세계. ↔ 실유(實有)

가전린제(迦旃隣提)
[범] kacilindi : kacilindika 또는 가전린타(迦旃隣陀). 물새의 일종. 서조(瑞鳥)라고 이른다. 털이 부드러워 솜과 같으므로, 이것으로 베를 짜서 옷을 만들기도 하고 솜으로 쓰기도 한다. 전륜성왕이 이 옷을 입었다고 한다.

가전연(迦旃延)
[범] Katyayana 가전연자(迦旃延子)·가전연(迦甄延)이라고도 쓰며, 문식(文飾)·불공(不空)이라 번역된다. 남인도 사람, 부처님 10대 제자의 하나, 논의(論議) 제일.

가제(假諦)
삼제(三諦)의 하나. 만유(萬有) 일체가 모두 공(空) 이지만, 삼라 만상의 상(相)은 뚜렷하고 모두 실체가 없이 인연에 따라 변화하는 것임을 말함.

가주(假主)
제사에서, 신주(神主) 대신으로 만들어 놓은 신위(神位).

가지(加持)
① 부처와 대자 대비(大慈大悲)한 힘으로, 중생이 부처와 일체가 되는 경지에 이르는 일. ② 병이나 재난을 면하기 위하여 올리는 기도.

가지향수(加持香水)
향수로써 가지(加持)하는 것. 향에는 두루 퍼지는 덕이 있고, 물에는 맑게 씻는 덕이 있으므로, 이것으로써 가지하면 수행하는 이의 번뇌를 씻고 보리심을 일으킨다고 한다.

가책(呵責)
① 꾸짖어 책망하는 것. ② 비구들이 수행 중에 잘못을 저질렀을 때, 여러 대중 앞에서 35가지의 권리를 박탈하는 벌칙 중의 하나.

가타(伽陀) gatha
부처의 공덕이나 가르침을 찬미하는, 노래로 된 글귀. 게(偈).

가피(加被)
부처나 보살이 중생에게 힘을 주는 것.

가행(加行)
[범] Prayoga 방편이라고도 한다. 공용(功用)을 더 행한다는 뜻으로 정행(正行)에 대한 예비행을 말함. 목적을 이루려는 수단으로써 더욱 힘을 써서 수행하는 일.

가호(加護)
신불(神佛)이 힘을 베풀어 도와주는 것. 가피와 같은 의미.

각분(覺分)
[범] Sambodhyanga 각지(覺支)라고도 하며 각(覺)은 진지무생지(盡智無生智)를 말하는 것이요 지(支)는 지분(支分)의 뜻으로 각(覺)에 따르는 인분·사념처·사정근등·삼십칠분(因分·四念處·四正勤等·三十七分)이 있다.

각오(覺悟)

① 해야 할 일이나 닥쳐올 일에 대하여 단단히 마음을 작정하는 것. ② 도리를 깨쳐 아는 것. ③ 화엄경 제 7 현수보살품에 <또 광명을 놓는 것을 견불이라고 한다. 그 빛은 명종자를 각오(覺悟)케 하느니>라고 했다. 또 대승기 신론에 <각오를 얻었다 해도 생상의 꿈속에 있어>라고 했다. 즉 각오란 범어의 의역에서 잠에서 깨어나 듯이 모르고 있던 것을 명백히 깨달아 아는 것을 말한다. 주로 어떤 일은 결심할 때 많이 쓰는 단어이다.

각왕(覺王)
'불타(佛陀)'를 달리 이르는 말.

각위(覺位)
완전히 만유의 실상을 깨달은 이의 지위. 정각의 위(位). 성불한 지위.

각자(覺者)
① 깨닫기 위한 수행을 완전히 마치어, 스스로 깨닫고, 남을 깨닫게 하는 사람. 곧, 부처를 이름. ② 우주·인생의 진리를 깨달아 안심 입명(安心立命)의 경지에 다다른 사람.

각지(覺支)

또는 각분(覺分)·보리분(菩提分)과 동일한 의미이며 각오(覺悟)에 나아가는 갈래란 뜻. 깨달음을 향한 실천의 모든 덕목을 말함. 그 법이 하나뿐만이 아니기에 지분이라 한다. 여기에는 37법이 있다.

각타(覺他)
스스로 깨달음과 동시에 남도일깨워 깨닫게 하는 것.

각해(覺海)
불교의 세계.

각행(覺行)
부처·보살의 행(行). 스스로 깨닫고 자비로 행하는 일.

각황전석벽화엄경(覺皇殿石壁華嚴經)
구례 화엄사 돌벽에 새겨진 화엄경. 신라 경덕왕 때의 것.

간(艮)
① '간방(艮方)' ② '간시(艮時)' ③ '간괘(艮卦)'

간(慳)

[범] Matsarya : Lobha 소번뇌지법(小番惱地法)의 하나. 20수번뇌(隨煩惱)의 하나. 재간(財慳)·법간(法慳)이 있다. 남 주기 싫어함. 인색함. 집에 있어서는 재물을, 출가하여서는 교법을 아까워하며 남에게 베풀지 못하는 정신 작용.

간경(刊經)
불경을 펴내는 것.

간경(看經)
불경을 소리 내지 않고 속으로 읽는 것. 관경(觀經). ↔ 독경.

간경도감(刊經都監)
세조 때 세운 유교와 불교의 경전을 출판하던 기관.

간괘(艮卦)
① 8괘의 하나. 상형은 ' '로, 산을 상징함. ② 64괘의 하나. ' '둘을 포갠 것으로, 아래위에 산이 거듭됨을 상징함.

간방(艮方)
① 24방위의 하나. 정동과 정북의 한가운데를 중심으로 한 15°각도 안의 방위. ② 8방의 하나. 정동과 정북의 한가운데를 중심으로 한 45°각도 안의 방위.

간법칠보(慳法七報)
교법(敎法)을 아껴 일러 주지 않거나 남에게 베풀지 않는 이가 후세에 받는 일곱 가지 나쁜 과보.

간병(看病) 스님
대중스님들의 건강을 돌보는 스님.

간산(看山)
묏자리를 구하기 위해 산을 돌아보는 것.

간시궐(乾屍厥=똥막대기) (×건시궐)
화두(話頭) 중의 하나.

간탐(慳貪)
물건을 아끼고 남에게 주지 않으며, 탐내어 구하면서 만족할 줄을 모르는 마음.

간택씸(揀擇心) (×연택심)
이것이다 저것이다를 분별하는 마음.
간택심이 심병(心病)의 원인.

간혜지(幹慧地)

삼승공십지(三乘共十地)의 하나. 외범(外凡)의 위(位)에 해당. 간혜는 마른 지혜라는 뜻이므로 이 위(位)에 5정심·별상념처·총상념처의 관(觀)을 닦아 지혜는 깊으나, 아직도 온전한 진체(眞諦) 법성(法性)의 이치를 깨닫지 못했으므로 간혜지라 한다.

간화결의론(看話決疑論)

고려 지눌국사가 지음. 선(禪)과 교(敎)가 다르지 않음을 강조한 책.

간화선(看話禪)

㉰ 묵조선(默照禪)과 함께 불교 전래의 2대 선법의 하나. 옛 선사들의 화두나 공안을 연마하여 깨칠 때까지 전념하는 참선법.

갈마(羯磨)

① '카르마(Karma)'의 음역. ② 수계(受戒)나 참회(懺悔) 때의 의식(儀式).

갈마아사리(羯磨阿闍梨)

[범] Karmacarya 또는 갈마사(羯磨師). 계단(戒壇)에서 계를 받는 이에게 지침이 되는 스님. 소승계(小乘戒)에서는 문수를 학덕과 법랍을 갖춘 스님으로 선정, 원돈교(圓頓敎)에서는 문수를 갈마아사리로 한다.

갈앙(渴仰)

목 마른 이가 물을 찾듯이 부처님의 교법을 우러러 사모하여 믿는 것. 또는 사람을 우러러 사모하는 것.

갈애(渴愛)

목이 마를 때 사랑하듯 범부가 오욕(五欲)에 탐착함을 말한다.

갈지옥(喝地獄)

지옥의 한 곳.옥졸이 죄인의 입에 빨갛게 단 쇠 탄환을 넣으면 그 탄환이 입과 목을 태우고 뱃속까지 내려가는 고통을 받음.

갈타포단나(羯吒布單那)

[범] Kataputana 가타포단나(迦吒布單那)·가타부탁나(迦吒富卓那)·갈타부달나(羯吒富呾那)라 음역. 극취귀(極臭鬼)·기취귀(奇臭鬼)라 번역. 아귀의 일종.

감로(甘露)

① 천하가 태평하면 하늘이 상서(祥

瑞)로 내린다는 단 이슬. ② 생물에게 이로운 이슬. ③ 여름에 단풍나무·떡갈나무 따위의 잎에서 떨어지는 달콤한 액즙. 진드기가 배설한 것임. ④ 하늘에서 내리는 불사(不死)의 단 이슬. ⑤ 부처의 교법이 중생을 잘 제도함을 비유하는 말.

감로다(甘露茶) (×감로차)
부처님께 올리는 다수(茶水)

감로법(甘露法)
부처님의 교법. 법미(法味)가 풍부하여, 중생의 몸과 마음을 올바로 기르는 것을 감로에 비유한 말.

감로왕(甘露王)
밀교의 금강계 다섯 부처님 중에서 서방 아미타불에 해당되는 부처님.

감무(監務)
① [민] 고려 중기부터 조선 초기까지 있던, 작은 현(縣)의 원. ② 주지 밑에서 절의 사무를 총감독하는 승직. 삼직(三職)의 으뜸자리임.

감사(監寺)
선종(禪宗)에서, 절의 사무를 맡아보는 사람. 감주(監主)

감사(監事)
① 단체의 서무를 맡아보는 사람. ② [민] 법인의 재산 상황 및 이사(理事)의 업무 집행 상황을 감사하는 상설(常設) 기관. 또는, 그 사람. ③ 삼직(三職)의 하나. 주지와 감무를 도와 절의 재산을 맡아보는 승직. ④ [민] 조선시대의 정1품의 춘추관(春秋館) 벼슬.

감사생활(感謝生活) 원
원불교 교도들의 생활 자세는 감사생활입니다.
즐거운 일이나, 슬픈 일이나, 괴로운 일을 당할 경우 진리를 향하여 감사하는 마음으로 살아가는 것이 원불교 교도들의 생활 태도입니다.

감상담(感想談)
정기적인 선훈련(禪訓練)이 끝난 후 수선대중(修禪大衆) 앞에서 수선중에 자기의 감상을 말로써 발표하는 것.

감연감행(減緣減行)
소연(所緣)을 감하고 행상(行相)을 감한다는 뜻.

감원(監院)

한 교당의 살림살이를 맡아서 총찰하는 직책 또는 그 사람. 총부에서는 내감원과 외감원으로 분류하기도 한다. 총부 식당 운영 관리 책임을 가진 여자 감원을 내감원, 총부 구내 관리 청소 연료 등의 책임을 가진 남자 감원을 외감원이라 한다.

감유리(紺瑠璃)

감(紺)은 청색과 적색을 합한 색(감청색), 유리(瑠璃)는 보석 이름. 검붉은 유리. 또는 부처님의 머리칼이 감청색의 유리와 같이 빛나기 때문에 부처님의 머리카락과 불국토의 빛깔을 감유리색이라고 한다.

감응(感應)

① 무엇에 접촉하여 마음이 따라 움직이는 것. ② 믿는 마음이 신(神)에 통하는 것.

감인(堪忍)

참고 견디는 것. 추위・더위・갈증・기아・바람・햇빛・모기・파리・뱀・전갈 등의 저촉에 대해 참고 견디며 받아들이는 것.

감인세계(堪忍世界)

[범] Sahaloka・dhatu 사바(沙婆)・색하(索詞)라 음역. 우리들이 살고 있는 세계.

감인지(堪忍地)

보살십지(菩薩十地)의 하나. 환희지(歡喜地)의 다른 이름. 보살은 이 위(位)에서 심신의 괴로움을 능히 참고 견디므로 감인지라 한다.

감자종(甘蔗種)

감자왕의 후손. 곧 석가 종족.

감주(監主)

= 감사(監寺)

감차(甘茶)

산수국・돌외의 말린 잎을 달여서 만든 차. 초파일 관불회(灌佛會)에 쓰임.

감탑(龕塔)

감실(龕室). 곧 불상을 모시는 방이 있는 탑. 지금 탑의 대부분은 이와 같은 감실로 가지고 있는 편이다.

갑주인(甲冑印)

손가락 끝으로 여러 가지 모양을 지어 법덕(法德)의 표치(標幟)를 삼는 것을 인(印)이라 한다. 먼저 두 손바닥을 합하여 가슴에 대고, 두 집게 손가락으로써 두 긴손가락의 등에 대고, 두 엄지손가락을 나란히 세워 두 긴손라가 가운데 마디를 눌리는 결인(結印).

강경(講經)
① 불경을 강독(講讀) 하는 것. ② [민] 과거(科擧)의 강경과를 볼 때, 경서(經書) 중의 몇 구절을 외던 일. 명경(明鏡).

강급(降級)
㉾ ① 수행인의 법위가 승급하지 못하고 퇴전하는 것. 심신작용·육근 동작이 향상하지 못하고 타락하는 것. ② 사람이 세상을 살아가면서 재산·지위·학식·인품이 더 못해지는 것.

강당(講堂)
① 경전을 강론하는 방. 강원(講院). ② [민] 강의나 의식을 행하는 건물 또는 방.

강독(强毒)
또는 강독(强毒)이라고도 한다. 불법(佛法)을 비방하며 믿지 않는 이에게, 짐짓 <법화경>을 말하여 이를 비방케 함으로써 역연(逆緣)을 맺게 하는 것. 곧 이를 비방케 하고서 도리어 그로 하여금 불도(佛道)에 들어가게 하는 것.

강목(講目)
강독하는 경전의 명목(名目).

강사(講師) 스님
강원에서 경론(經論)을 가르치는 스님을 말하는 것으로, 강사 스님을 높여서 강백(講伯)이라고도 함.

강생(降生)
팔상(八相)의 하나. 부처님이 도솔천에서 내려와 마야 왕비의 오른쪽 옆구리로 탄생한 것.

강신(降神)
부처님이 흰 코끼리의 모양을 하고 이 세상에 태어난 것. 혹은 태어나는 것을 일컬음.

강원(講院)
불경이나 그에 대한 논설을 연구하고 학습하는 곳.

강자 약자의 진화상 요법(强者弱者의進化上要法)

강자는 영원한 강자가 되고, 약자는 강자로 진화하여 강자와 약자가 다 같이 향상 발전하는 진보적 사회 발전의 원리.

강좌(講座)

① [민] 대학에서 교수가 강의를 분담하는 학과. ② 몇 가지 전문적인 분야로 나누어 강습하는 계몽적인 강습회. 또는, 그러한 출판물이나 방송 프로그램 따위. ③ 절에서 불경을 강담(講談)하는 자리. = 강석(講席).

강탄절(降誕節)

석가모니가 탄생한 날을 기념하는 경절(慶節). 곧, 음력 4월 8일.

강탄회(降誕會)

부처님 오신 날인 4월 8일을 축하하는 법회.

강호(江湖)

8세기경, 중국에서 만들어진 말로, 강(江)은 강서지방, 호(湖)는 호남지방을 가리키며 강호라함은 강서와 호남을 아우르는 말이다. 강서에는 마조(馬祖), 호남에는 석두(石頭)가 각각 살아, 크게 선풍을 진작시켰기 때문에 당시부터 강서와 호남지방에는 많은 수행자가 모여들었다. 이것으로부터 연유하여 강호라 하면 '이 세상·전국'의 의미로 사용되었으며, '선(禪)의 수행자' 혹은 '강호의 선객(禪客)'을 가리키는 말로 확대 사용되었다. 또한 그러한 수행자가 많이 모여 수행하는 결제안거(結制安居)를 '강호회(江湖會)'라고 부르게 되었다.

개(蓋)

[범] Chattra 불교에서는 번뇌의 다른 이름으로 쓰인다. 지혜를 덮고 있는 것. 마음을 덮고 있어 장해가 hel 는 번뇌를 말함. 보통 다섯 가지의 번뇌를 가리켜 오개(五蓋)라고 한다. 본래 인도에서 햇볕이나 비를 가리기 위하여 쓰던 일산으로 산개(傘蓋)·입개(笠蓋)라 한다.

개각(開覺)

열어서 깨닫는다는 뜻. 자기에게 본래 갖추어져 있는 불성을 열어서 진리를 깨달아 아는 것.

개감로문 (開甘露門)

감로의 문을 열어 아귀의 갈증을 덜어 줌.

개경(開經)
결경(結經)의 상대어. 부처님께서 본경(本經)을 설하기 전에 그 예비로 설한 서경(序經). 논문에 서론·본론·결론이 있는 중에 서론에 해당하는 것. <법화경>에 앞서 설한 <무량의경>은 <법화경>의 개경.

개교(開敎)
교법(敎法)의 밭을 개척한다는 뜻. 아직 불교가 전해지지 못한 곳에 전도하는 것. 그 전도에 종사하는 승려를 개교사(開敎師·開咬使). 그 지역을 개교구(開敎區)라 한다.

개권현실 (開權顯實)
방편을 치우고 진실한 교리를 나타내 보임.

개근현원(開近顯遠)
개적현본(開迹顯本). <법화경>에서 앞 14품은 부처님이 오랜 옛적에 이미 성불하였다는 것을 말하지 않았으므로 사람들은 모두 부처님은 가야성에 처음으로 성도한 부처님이라고 믿었었는데, 뒤에 14품에서 부처님께서 무량겁 전에 이미 성불하였다고 말함으로써 가야(伽耶)에서 처음 성불하였다고 믿던 중생의 모르는 소견을 없애 주었다. 이와 같이 가야에서 요사이에 성불하였다던 모르는 소견을 제쳐 두고, 오랜 옛적에 성불한 부처님을 나타낸 것을 개근현원이라 한다.

개금(皆金)
불상(佛像)에 다시 금칠을 하는 것.

개기(開基)
① 공사하려고 터를 닦기 시작하는 것. ② 절터를 닦는 것.

개도(開導)
계사가 계를 받는 뜻을 설하며 계율에 대한 낱낱의 법을 일깨워주는 의식.

개령(個靈)
우주 만물 하나하나가 갖고 있는 개별적인 영(靈). 영이란 사람의 모든 정신활동의 본원이 되는 실체(實體). 하늘에서 내려온 신성(神性)과 땅위에서 신(神)과 통한 인간 즉 인간의 신성(神性). 만물은 영(靈)을 품수(稟受)해서 출생한다.

개발(開發)

① (토지나 삼림 등을) 개척하여 유용하게 만드는 것. ② (지식이나 능력 등을) 더 나아지도록 이끄는 것. ③ (산업이나 경제등을) 흥하도록 발전시키는 것. ④ 새로운 물건을 고안하여 실용화하는 것. ⑤ 스스로 불성을 깨달아 가는 것. 타인을 깨닫게 해주는 것.

개벽(開闢)

천개지벽(天開地闢)의 뜻. 천지가 처음으로 열림. 낡은 질서가 물러가고 새 질서가 등장함. 이러한 점에서는 기독교의 천지 창조와 같은 뜻.

개사(開士)

법을 열어 중생을 인도하는 사람. 곧, 보살.

개산(開山)

① 절을 처음으로 세우는 것. ② '개산 조사(開山祖師)'의 준말.

개산기(開山忌)

개산 조사의 제삿날. 또는, 그 날의 법회(法會).

개산 조사(開山祖師)

절을 처음 세운 날을 기념하는 법회.

개성 불도(皆成佛道)

누구든지 삼생(三生)을 통하여 불도를 닦으면 부처가 될 수 있다는 말.

개안(開眼)

① [민] (각막 이식을 하여) 눈을 뜨는 것. ② 불도의 진리를 깨달아 아는 것. ③ 불상을 만든 뒤에 처음으로 불공을 드리는 의식.

개오(開悟)

진리를 깨달아 아는 것. 해오(解悟).

개욕(開浴)

목욕실을 열어 목욕을 허락함. 목욕하는 시기를 추울 때는 닷새에 한 번. 더울 때는 날마다 행하도록 한다. 개욕을 스님네에게 알리기 위하여 목욕실 앞에 거는 게시판을 개욕패(開浴牌)라 한다.

개원석교록(開元釋敎錄)

당나라 개원 18년 서기 730년에 지

승(智昇)이 편찬한 책. 대승 소승의 전적 목록을 수집 정리함.

개자겁(芥子劫)
겨자씨로써 겁량(劫量)을 비유한 것. ⇒ 겁(劫).

개전(蓋纏)
번뇌의 다른 이름. 개(蓋)는 착한 마음을 덮는다는 뜻. 전(纏)은 속박하여 자유롭지 못하다는 뜻.

개정(開定)
개(開)는 개방, 정(定)은 선정의 뜻. 선정에서 일어나는 것.

개조(改組)
① 어떤 일을 처음으로 시작하여 그 일파의 원조(元祖)가 되는 사람. ② '개종조'의 준말. ③ '개산 조사(開山祖師)'의 준말.

개종(開宗)
한 교파를 개창(開創)하는 것.

개종조(開宗組)
한 개파를 개창한 사람.

개지(改紙)
사월 초파일에 다는 등(燈)에 모양을 내기 위하여 모서리나 아래에 붙여 늘어뜨린 색종이.

개차(開遮) (×개서)
열거나 닫음이라고 번역할 수 있으나, 내용상으로는 계율을 지킴에 있어서 경우에 따라 허락하고 경우에 따라 금지함을 말함.

개채(開彩)
불상에 채색을 다시 하는 것.

개화삼매(開華三昧)
관세음보살이 서방정토에 왕생한 사람이 머물 연꽃을 피게 하기 위하여 드는 선정(禪定), 즉 삼매(三昧).

개훈(開葷)
개소(開素)라고도 한다. 부처님께선 당초에 술·고기·5신채 등을 먹지 말라고 금하였는데, 다만 병을 치료하기 위해서만 먹는 것을 허락하였다.

객님(客-)
절에서, '객승(客僧)'을 높이어 이르는 말.

객선(客善)

부처님 출가 이전부터 세상에 있었던 충(忠)·효(孝)·인(仁)·의(義) 등의 선(善)을 구선(舊善)이라 하는데 대하여, 부처님께서 출가하여 처음으로 가르친 삼귀의(三歸依)·계율 등의 선을 객선이라 한다.

객승(客僧)

절에 손님으로 와 있는 중. ↔ 주승(主僧).

객진(客塵)

번뇌를 가리키는 말. 번뇌는 모든 법의 체성(體性)에 대하여 본래의 존재가 아니므로 객(客)이라 하고, 미세하고 수가 많으므로 진(塵)이라 한다.

거래금(去來今)

과거·현재·미래의 삼세(三世).

거래현(去來現)

과거·미래·현재의 준말.

거량(擧揚)

설법할 때 죽은 사람이 영혼을 부르는 것. 청혼(請魂).

거사(居士)

① 집에서 불교를 믿는 남자. ② 재가신자 중 남자를 뜻하는 우바이와 성격이 비슷하다. 또는 집에 있는 남자를 뜻하는 산스크리트 그라파티(grha-pati)에서 유래하였다. ③ 재산이 많은 자산가를 의미하여 경전에는 장자(長者)라는 표현으로 많이 등장한다.

거진출진(居塵出塵)

티끌 세상에 살면서 티끌에 물들지 않는다는 의미입니다.

거향찬(擧香讚)

향을 사루어 부처님께 귀의하고 수계자의 수계를 고하는 의식.

건달바(乾闥婆) (×건달파)

불법을 수호하는 신장(神將).

음악의 신이며 술과 고기를 먹지 않고 향(香)을 먹고 산다고 함.

건당(建幢) (×건동)

스님의 수행과 구도(求道)가 원만(圓滿)해지면 당(幢=깃발)을 세우고 법호(法號)를 주던 일.

건당법회(建幢法會)

한분의 불교신자가 믿음과 행을 완수하여 한 불당에 당주(堂主)가 될만한 위치가 되면 그 자에게 법주(法主)가 인증을 베푸는 의식이다.

건대(-袋)

중이 동냥할 때 쓰는 종이 주머니.

건도(犍度)

[범] Khanda : Skandha [파] Khandaka 또는 건타(蹇陀)·건도(乾度·建圖)·색건타(塞健陀)·색건도(塞揵陀)·사건도(娑揵度). 의미를 번역하여 보면 온(蘊)·취(聚)·음(陰)·중(衆)·견(肩)·분단(分段). 같은 종류의 법을 모아서 한 묶씩 묶어 놓는 것. 경론(輕論) 중의 부문을 가리키는 명칭, 편장(篇章)에 해당. 계 받는 일을 밝힌 부문, 곧 수계장(受戒章) 또는 수계편(受戒篇)을 '수계 건도'라 하는 것과 같다.

건척(犍陟)

[범] Kanthaka 음역은 칸타카. 건척은 다른 말로 건덕(犍德)·건척(乾陟)·건특(騫特)·가치가(迦治迦)·건타가(犍他歌)라고도 한다. 번역하여 납(納). 부처님께서 타시던 말의 이름. 출가하실 때에 이 말을 타고 마부 차닉(車匿)을 데리고 밤중에 성을 탈출하여 고행림(苦行林)으로 갔다 한다.

걸낭(-囊)

① 걸어두는 큰 주머니나 큰 담배 쌈지. ② = 걸망.

걸립(乞粒)

[민] ① 스님들이 패를 지어 각처로 돌아다니면서 집집마다 꽹과리를 치고 축복하는 염불을 하고, 돈이나 쌀을 구걸하는 일. 또는, 그 일행. ② 동네 경비를 마련하기 위하여 패를 짜 각처로 돌아다니며 풍악을 치고 돈이나 곡식을 얻는 일. 또는, 그 일행. ③ 무당이 굿할 때 위하는, 급(級)이 낮은 신(神). ④ 혹 걸림, 궁중패. 금고라고도 함. 이는 우리나라에만 있는 독특한 것으로서, 숭유억불 정책이 심했던 조선조 중기 절에서 중건 불사를 하거나 특별히 경비를 많이 드는 불사를 해야 할 때 그 비용을 얻기 위하여 화주(化主)하던 행사.

걸망(-網)

걸머지고 다니는 망태기 모양의 바

랑. 결낭.

걸사(乞士)
① = 중. ② '거사'의 원말. ③ 비구의 하나.

걸식(乞食)
① 음식을 남에게 구걸하는 것. ② 승려가 집집마다 들러 음식을 얻어다 자신의 몸을 지탱하는 불교의 독특한 수행법이자 생활법.

걸식사사(乞食四事)
걸식할 때에 비구가 지켜야 할 네 가지 일. ① 주정계(住正戒). 심신을 바르게 가져 정계(正戒)에 주함. ② 주정위의(住正威儀). 용모를 바르게 하고 위의를 점잖게 하여 보는 이로 하여금 공경하여 믿게 하는 것. ③ 주정명(住正命). 부처님의 법도에 다라 걸식하고 다섯 가지 부정(不正)한 생활을 하지 않을 것. ④ 주정각(住正覺). 몸이 괴로움의 근본인 줄을 알아 음식은 겨우 몸을 지탱하는 것으로 만족하는 것.

검림지옥(劍林地獄)
16소지옥(小地獄)의 하나 시퍼렇게 단 쇠알의 열매가 달리고 잎이 칼로 된 나무 숲 속에서 죄 많이 짓고 죽은 사람이 온몸을 찔리는 단련을 받는다는 곳. 불효·불경이 온몸을 찔리는 단련을 받는다는 곳. 불효·불경(不敬)·무자비한 자가 떨어진다 함. 검수 지옥(劍樹地獄).

검산(劍山)
칼을 수없이 세워 만든 칼산 지옥. 이 지옥은 옥졸이 죄인의 몸을 산에 부딪쳐 신체를 끊는다고 한다.

검수(劍樹)
① 가지·잎·꽃·과실이 모두 칼로 되어 있다는 지옥의 나무. ② '검수지옥(劍樹地獄)'의 준말.

검수지옥(劍樹地獄)
= 검림 지옥(劍林地獄).

겁(劫)
[범] Kalpa 겁파(劫波)라고도 음역됨. 장시대시(長時大時)라 번역된다. 인도에서는 범천(梵天)의 하루이며 인간계의 4억 3천 2백만 년의 일 겁. 찰나의 반대어.

겁수(劫水)
세계가 파멸될 때에 일어난다는 큰 물. ▷ 겁풍(劫風)·겁화(劫火)

겁풍(劫風)
세계가 파멸될 때에 일어난다는 큰 바람. ▷ 겁수(劫水)·겁화(劫火).

겁화(劫火)
세계가 파멸될 때에 일어난다는 큰 불. ▷ 겁수(劫水)·겁풍(劫風).

게(偈)
= 가타(伽陀).

게구(揭句)
가타(伽陀)의 글귀. 네 구(句)를 한 게(偈)로, 5자나 7자를 한 구로 하여 한시(漢詩)처럼 지은 것임.

격생즉망(隔生則忘)
사람이 나면서부터 그 전생 일을 잊어버리는 것과 같이, 범부나 수행이 얕은 보살은 다음 생을 받을 때마다 과거의 일을 잊어버리는 것.

격수구(隔手句)
또는 격신구(隔身句). 보통 사람은 흔히 말에만 집착하여 그 참뜻을 알지 못하지만, 서로 뜻을 아는 사람끼리 만날 적에는 뜻이 통하여 말은 도리어 사이가 막히게 되는 것.

견(見)
[범] Darsana Drsti [파] Dithi 날라사낭(捺羅사囊)·달리슬치(達利瑟致)라 음역. 견해, 의견, 주장을 말한다. 이것이 정견(正見)과 사견(邪見)에 통하나, 흔히는 편벽된 견해나 주장에 쓰인다. 2견·4견·5견·10견·62견 등이 있다.

견결(見結)
9결(九結)의 하나. 신견(身見)·변견(邊見)·사견(邪見)의 3혹(三惑). 중생은 여기에 겨랍ㄱ되어 살생·도둑질·음행·거짓말의 나쁜 짓을 하고, 드디어 고(苦)를 벗어나지 못하므로 견결이라 한다.

견고계(堅固戒)
육종계(六種戒)의 하나. 보살이 계율을 지닐 때에 무엇으로 유혹하여도 움직이지 않아야 한다는 계율.

견도(見道)

↔ 수도(修道) 견제도(見諦道)라고도 한다. 온갖 지식으로 잘못 아는 소견을 여읜 자리 지식으로 잘못된 소견을 여의어 처음으로 성자(聖子)라 칭하는 위(位).

견독(見毒)

사견(邪見)을 말한다. 불도를 수행하는 데 가장 방해가 되는 것이므로 독이라 한다.

견득(見得)

또는 견지(見至)·견도(見到). 칠성(七聖)의 하나. 수도위(修道位)에 있는 이 가운데서 지혜가 밝은 이. 지견(知見)이 빼어나서 스스로 법을 보고 이치를 증득할 수 있으므로 견득이라 한다.

견문각지(見聞覺知)

육식(六識)의 작용으로 눈으로 빛을 보고, 귀로 소리를 듣고, 코·혀·몸으로 냄새·맛·촉감을 알고, 뜻으로 법을 아는 것, 삼식(三識)이 객관세계에 접촉함을 총칭.

견문생(見聞生)

또는 견문위(見聞位). 삼생(三生)의 하나. 과거세에 노사나불을 친견하고, 보현보살의 법문을 들어 미래에 부처가 될 종자를 얻는 자리.

견번뇌(見煩惱)

애번뇌(愛煩惱)의 반대. 견혹(見惑)이라고도 함. 온갖 바른 도리에 대한 미혹(迷惑). 의심.

견불(見佛)

① 관념수행(觀念修行)에 따라 부처님을 눈앞에 비추게 하여 보는 것. ② 본래 갖추어 있는 불성을 보아 증득하는 것.

견성(見性)

① 모든 망념과 미혹을 떨쳐 버리고 자기의 본디의 천성을 깨닫는 것. ② ㉾ 일원의 원리를 깨닫는다는 것.

견성성불(見性成佛)

자기 본성을 깨달아 부처가 됨.

견실심(堅實心)

[범] Hrdaya 건율타야(乾栗陀耶)라 음역. 정실심(貞實心)이라고도 한다. 4종심(四種心)의 하나. 견고하고 진실한 마음이란 뜻. 곧 중생이 본래 지니

고 있는 참마음. 진여의 실체. 부처님께서 증득한 이치.

견지(見地)
보살 계위(階位)의 하나. 삼승공십지(三乘供十地)의 하나. 견도(見道)의 제16심(心)인 도류지(道類智)를 얻는 위(位), 장교(藏敎)의 예류과(豫流果)에 해당. 이 위(位)에서 삼계(三界)의 견혹을 끊어 없애고, 무생(無生)의 사제리(四諦理)를 분명하게 보는 것이므로 견지라 한다.

견취견(見取見)
그릇된 견해를 바르다고 집착하는 것. 오견(五見)의 하나. 소견을 고집하는 견이란 뜻. 신견·변견·사견 등을 일으키고 이를 잘못 고집하여 진실하고 수승한 견해라고 하는 망견(望見)

견탁(見濁)
오탁(五濁)의 하나. 좋지 못한 것을 보는 것으로 말미암아 마음에 생기는 더러움.

견폭류(見暴流)
또는 견류(見流). 4폭류의 하나. 삼계(三界)의 견혹(見惑)을 말한다. 이 미(迷)는 중생의 선(善)을 표류(漂流)시키므로 폭류라 한다.

견혹(見惑)
견혹 → 수혹(修惑). 관념적, 사상적인 미혹. 이 치에 어두운 혹(惑). 견번뇌(見煩惱)·견장(見障)이라고도 한다. 견도위(見道位)에서 사제(四諦)의 이치를 볼 때에 끊는 번뇌, 곧 진리가 밝혀지지 않는 미(迷). 그 자체에 신견(身見)·변견(邊見)·사견(邪見)·견취견(見取見)·계금취견(戒禁取見)·탐(貪)·진(瞋)·치(癡)·만(慢)·의(疑) 등 10종이 있다.

결(結)
[범] Samyojana 결박한다는 뜻. 몸과 마음을 결박하여 자유를 얻지 못하게 하는 번뇌.

결가(結跏)
'결가부좌(結跏趺坐)'의 준말.

결가부좌(結跏趺坐)
앉은 법의 한 가지. 오른발을 왼편 넓적다리 위에 놓은 뒤, 왼발을 오른편 넓적다리 위에 놓고 앉음. 전가부좌.
▷ 반가부좌(半跏趺坐).

결계(結界)

[범] Simabandha 반타야사만(飯陀也死曼)·만타야사만(滿馱也徒滿)이라 음역. 제한된 경계라는 뜻. 교단에 속한 승려의 질서를 유지하기 위하여 어떤 일정한 지역을 제한하는 것. 승려들이 과실을 범하지 않으며 계율을 유지하도록 하기 위해 일정한 지역을 구획 제한하는 것.

결박(結縛)

① 잡아매고 묶는다 자유롭지 못한 구속 상태. ② 번뇌 ▷ 오라. 홍사.

결사(結使)

속박, 집착, 굴레. 번뇌의 다른 이름. 번뇌는 몸과 마음을 속박하고 괴로움의 결과를 짓는 것이므로 결(結)이라 하고, 중생을 따라다니며 마구 몰아내어 부림으로 사(使)라 한다.

결연(結緣)

① 인연을 맺는 것. ② 불문(佛門)에 드는 인연을 맺는 것.

결인(結印)

손가락을 여러 가지 모양으로 구부려서, 부처나 보살의 득도(得道)나 힘을 상징적으로 나타내는 것. 손에 든 연장으로 나타내는 일도 있음. 특히 밀교(密敎)에서 중시함. 결수, 인(印), 인계(印契), 인상(印相).

결제(結制)

안거(安居)의 제도를 맺는 것. 안거를 실제로 하는 것.

결집(結集)

① 한데 모여 뭉치는 것. 또는, 한데 모으는 것. ② 석가가 죽은 뒤에 제자들이 석가의 언행을 모아 경전을 만든 일.

결하(結夏)

하안거(夏安居)의 첫날인 음력 4월 16일 또는 5월 16일.

겸(謙)

'겸괘'의 준.

경(經)

[범] Sutra : Sutta 수다라(修多羅) 혹은 소달람이라고 음역됨. 선(善)·연(연)·계경(契經)이라 번역. ① 부처님께서 설한 교법과 그것을 기록한 불교 성전. 부처님의 설법은 실(실)로

꽃을 꿰어 화환을 만드는 것같이, 온갖 이치를 꿰어 흩어지지 않는다는 뜻. ② 3장(藏)의 하나. 불교 교단의 규율을 기록한 율장(律藏)과 부처님의 교법 및 율문을 조직적으로 설명한 논장(論藏)에 대하여, 부처님이 그 제자와 중생들을 교화하기 위하여 말한 교법을 적은 경전을 말한다. ③ 대장경(大藏經) 또는 일체경(一切經) 혹은 속장경(續藏經)이라고 할 때는 경·율·논의 3장. 곧 불교 성전의 총서를 가리킨다.

경(境)
[범] Visaya : Artha : Gocara [파] Visaya : Attha : Gocara 경계(境界)라고도 한다. 인식 작용의 대상, 혹은 대경(對境)의 뜻. 3류경(三類境)을 말한다. 어떤 데에 도달하는 지위나 과보. '무아(無我)의 경', '유불여불(唯佛與佛)의 경'이라 함과 같다. 넓은 의미에서는 인식하거나 가치를 판단하는 대상이 되는 것을 모두 경이라 한다.

경각사(京各寺)
서울 가까이 있는 모든 절.

경강(經講)
경전의 뜻을 설명하여 가르침. 원 불교의 경전과 기타 보조경전을 잘 해석하여 경전의 참 뜻을 바르게 나타내는 것.

경계(境界)
① 사물이 어떠한 기준에 의하여 분간되는 한계. 경계(經界). 계역(界域). 임계(臨界). 진역(畛域). ② 인과 응보(因果應報)의 이치에 따라 자기가 놓이게 되는 처지.

경공양(經供養)
경문(經文)을 써서 부처님 앞에 공양하며, 법회를 자주 열어 공덕(功德)을 쌓는 것.

경교(經敎)
경문에 나타난 가르침.

경덕전등록(景德傳燈錄)
송나라 도언(道彦)이 지은 책. 역대의 선종(禪宗) 종사(宗師)들의 행장기를 수록한 것.

경독(經讀)
경문을 읽는 것.

경량(經糧)
절에서 불경을 공부하는 사람의 양식.

경력(經力)
경문이나 독경(讀經)이 끼치는 힘.

경론(經論)
부처의 말을 적은 '경(經)'과 이를 해석한 '논(論)'을 이르는 말.

경률론(經律論)
= 삼장(三藏).

경문(經文)
① 경의 문구 도리를 나타내는 말.
② 경전을 말함.

경법(經法)
또는 교법(敎法). 경에 말한 교리. 경전에서 설하고 있는 가르침.

경사(經師)
= 경스승.

경소리(輕-)
불경(佛經)을 읽거나 외는 소리.

경쇠(磬-)
부처 앞에 절할 때 흔드는 작은 종.

경신숭조(敬神崇祖)
신(神)을 공경하고 조상을 숭배함.

경안(經眼)
불경을 이해할 수 있는 능력.

경외심(敬畏心)
공경하고 두려워하는 마음. 신이나 부처 같은 절대자 또는 위대한 사람에 대해서 그 위력을 공경하며 두려워하는 마음.

경장(經藏)
① 삼장(三藏)의 하나. 불경(佛經).
② 절에서, 대장경을 넣어 두는 집.
③ 붓다의 설법을 모은 것을 말하고, 율장(律藏)은 교단생활의 규칙과 계율을 말하고, 논장(論藏)은 경전을 연구하면서 조직적으로 정리한 것을 말함.

경전(經典)
① 삼장(三藏, Tri-pitaka)이라고 칭한다. 불교 경전의 전부를 개괄하여 부르는 명칭이다. 삼장(三藏)은 경장(經藏, sutra-pitaka), 율장(律藏,

vinaya - pitaka), 논장(論藏, abhidharma - pitaka)을 말한다. ② 종교의 최고 법전이 되는 책. 구약, 신약, 몰온경, 대장경, 사서오경, 코란 등.

경탑(經塔)
① 불경을 넣고 쌓을 탑. ② 여러 층의 탑 모양으로 경문을 걸도록 만든 물건.

경판(經板)
간행하기 위하여 나무나 금속에 불경을 새긴 판.

경행(經行)
① 불도(佛道)를 닦는 일. 행도(行道). ② '경명 행수(經明行修)'의 준말. ③ [민] 조선 초기에, 민간에서 질병과 재액을 치료 또는 예방하기 위해 행한 행사의 한 가지. 매년 2월과 9월에 행했음. 전경법(轉經法).

경힘(經-)
경을 읽음으로써 생기는 힘이나 공덕.

계(戒誡)
① 죄를 짓지 못하게 하는 규정. ② 불교 수행의 덕목으로 삼는 행동 규범. ③ [민] 훈계를 목적으로 지은 한문 문체의 하나.

계(戒)
악(惡)을 없애고 선(善)을 드러나게 하는 근본이며 범부를 벗어나 현자가 되고 성인이 되는 씨앗이요 바탕이며 뿌리임을 말함.

계(繫)
또는 계박(繫縛). 물건에 얽히어 속박되는 뜻. 번뇌의 다른 이름. 번뇌는 몸과 마음을 속박하여 우리들을 자유롭지 못하게 하므로 이같이 말한다.

계공(戒功)
지계(持戒)에 의하여 생기는 공덕(功德).

계기(戒器)
= 계그릇.

계내혹(界內惑)
견혹(見惑)과 사혹(思惑). 이것은 3계안에 있는 사람만이 가지는 번뇌이므로 계내의 혹이라 한다.

계단(戒壇)
계(戒)를 받기 위하여 흙과 돌로 쌓은 단.

계랍(戒臘)
또는 좌랍(坐臘)·하랍(夏臘). 세속의 나이와는 다른 종교적 의미가 있다. 비구·비구니로 출가하여 계를 받은 다음부터 세는 나이. 부처님은 제자들의 앉는 차례를 이 계랍의 많고 적음에 따라 정하게 하였다.

계명(戒名)
① 승이 계(戒)를 받을 때 스승으로부터 받는 이름. ② 죽은 승에게 지어주는 이름. 법명.

계문(戒文)
계율의 조문.

계미 열반상(癸未涅槃相)
대종사 십상중 마지막의 열반을 말함. 소태산 대종사는 1891년에 탄생하여 7세 때부터 우주대자연에 대한 큰 의심을 가졌고, 20여년의 구도 끝에 마침내 26세시에 대각을 이루었다. 이후 원불교를 창립하고 28년간 교단의 발전과 제자들을 가르치기에 전심전력하였다. 그러다가 1943년(원기28)계미년에 53세를 일기로 열반의 길을 떠난 것이다.

계바라밀(戒婆羅蜜)
계는 장음이고, 계와 바라밀은 떨어진다. 육바라밀(六婆羅蜜)중 지계(持戒) 바라밀을 줄인 단어.

계바리(戒婆離)
부처님의 10대 제자 가운데 하나인 우바리(優婆離)를 말한다. 그는 지계(持戒) 제일이므로 계바리라 한다.

계박(繫縛)
① 몸과 마음을 얽어 묶음. 속박하여 자유롭지 못하게 하는 것. ② 번뇌의 다른 이름. 번뇌는 마음과 몸을 속박하므로 이같이 말한다.

계법(戒法)
계율의 법칙.

계사(戒師)
① 계법을 일러주는 스님. ② 계법을 받거나 지키는 스님.

계신(戒身)

소승에서 계(戒)·정(定)·혜(慧)·해탈(解脫)·해탈지견(解脫知見)의 다섯 가지를 부처님의 법신으로 보는데 계는 그 일부분이므로 계신이라 한다.

계율(戒律)
계와 율, 중이 지켜야 할 행동 규범. 율(律). 율법(律法).

계율종(戒律宗)
부처의 계율을 지키는 것을 주안(主眼)으로 삼는 종파. 율종.

계정혜(戒定慧)
불도에 들어가는 세 가지 요체(要諦). 나쁜 짓을 하지 말고, 몸과 마음을 안정하게 하며, 진리를 깨닫는 일.

계초심학인문(誡初心學人文)
처음으로 발심해서 스님이 된 분을 경계하기 위한 글.

계학(戒學)
① 부처님이 제정한 계율을 배우는 것. ② 삼학(三學)의 하나. 몸·입·마음으로 짓는 악업을 방지하는 것.

계행(啓行)
계율(戒律)을 잘지켜 닦는 일.

계화상(戒和尙)
새로 들어온 사미(沙彌)에게 계(戒)를 주는 중.

계힘(戒-)
계율에 공을 들인 힘.

고(苦)
① = 괴로움. ② 전세(前世)의 악업에 의하여 받는 고통. ↔ 낙(樂).

고계(苦界)
괴로움이 끊이지 않는 세계. 곧, 인간 세계.

고고(苦苦)
① 삼고(三苦)의 하나. 고(苦)의 인연으로 말미암은 온갖 고통. ▷ 삼고(三苦). ② 춥고, 굶주리고, 매맞고, 힘든 일을 하는 등의 괴로움을 말함.

고공무상무아(苦空無常無我)
고(苦)는 공(空)하고 무상(無常)하며 무아(無我)하다는 뜻. 모두 공하고 무상하여 나라든가 나의 소유물이라고 고집할 것이 없으므로 곧 무아(無我)

라 관찰함을 말한다.

고과(苦果)
↔ 낙과(樂果). 마음과 몸을 괴롭게 하는 과보. 일찍이 나쁜 짓을 한 이가 그 과보를 받는 것.

고관(苦觀)
① 이 세상을 고(苦)의 세계로 보는 것. ② 염세관을 가지는 것.

고금역경도기(古今譯經圖紀)
당나라 정매(靖邁)가 쓴 책. 중국에서 번역한 경전의 목록을 기록함.

고두(叩頭)
삼배 중 세 번째 오체투지에서는 고두례(唯願半拜)를 올립니다. 고두례는 오체투지의 엎드린 상태에서 팔굽은 바닥에 붙인 채, 머리와 어깨만 들어 합장하는 것.

고륜(苦輪)
고뇌(苦惱)가 수레바퀴처럼 굴러서 쉴 새가 없음.

고륜지해(苦輪之海)
고뇌(苦惱)가 끊임없이 돌고 도는 인간 세계.

고멸제(苦滅諦)
[범] Duhka-Nirodha Satya 고의 원인인 집(集)을 멸(滅)한 상태 곧 열반(涅槃)이 진리(眞理)라는 것.

고멸도제(苦滅道諦)
[범] Marga-Satya 고(苦)의 근본(根本)을 멸하기 위하여 혹업(惑業)을 단절하는 여러 가지의 도품(道品). 곧 삼십칠조도품등(三十七助道品等).

고불(古佛)
① 만들거나 그린 지가 오래된 불상(佛像). ② 나이 많고 덕이 높은 중의 존칭. ③ 극히 나이 많은 늙은이.

고불심(古佛心)
옛 부처와 같은 마음. 또는, 천진한 사람의 도심(道心).

고사(古寺)
오래된 절. 고찰(古刹).

고성재(고성재)
[범] Duhkha-satya 사성제(사성제=사성제)의 하나. 고제(고제)와 같음.

이 세상에 살고 있는 중생들의 생존은 모든 것이 고통이라는 귀중한 진리(진리).

고승(高僧)
① 학덕이 높은 승. ② 상대편의 승을 높이어 부르는 말. 성승.

고역(苦域)
우리들이 살고 있는 이 세계. 이 세계는 고통이 가득 찼다는 뜻으로 고역이라 한다.

고온(苦蘊)
사람의 몸뚱이. 사람의 몸은 오온(五蘊)으로 이루어져서 여러 가지 괴로움을 면하지 못하므로 고온이라 한다.

고인(苦因)
고(苦)의 과보를 받을 원인이 되는 행업(行業).

고장(苦障)
지옥·아귀(餓鬼)·축생(畜生)의 괴로움.

고제(苦諦)
사제(四諦)의 하나. 현세에서의 삶은 곧 고통이라고 하는 진리. 고성제(苦聖諦).

고조(古祖)
옛 조사(祖師).

고집(苦集)
4제(四諦) 가운데 고제(苦諦)와 집제(集諦). 곧 미계(迷界)의 인과를 말한다.

고집멸도(苦集滅道)
불교의 근본 원리를 설명하는 말로, 사제(四諦)를 이르는 말. '고'는 인생에 있어서의 모든 고통인 '사고팔고(四苦八苦)'를 뜻하는 말이고, '집'은 '고'의 원인이 되는 '번뇌'의 집적(集積), '멸'은 그 번뇌를 멸하여 없게 한 열반(涅槃)을 뜻하며, '도'는 열반에 도달하기 위한 방법으로서의 팔정도(八正道)를 뜻함. 석가(釋迦)는 이를 깨달아서 성불(成佛)하였음.

고해(苦海)
현세(現世)의 괴로움이 깊고 끝없음을 바다에 비유한 말.

고행(苦行)

① (종교적 깨달음을 얻기 위하여) 몹시 괴로운 수도(修道)를 하는 것. 또는, 그 수도. ② 중이 되기 위해 절에서 심부름하는 일.

고행림(苦行林)

중인도 마갈타국 불타가야(佛陀伽耶) 남쪽 목지린타촌(目支隣陀村) 동쪽. 부처님께서 여기서 6년 동안 고행하였음.

고혈마(膏血魔)

정당한 노력없이 다른 사람들의 피와 땀으로 모인 재산을 취하여 자기 것으로 삼는 사람. 정상 모리배(政商謀利輩)나 불한당(不汗黨)등은 다 고혈마이다.

곡반왕(斛飯王)

[범] Dronodanaraja 부처님의 숙부로서 바제리가·난제가·제바달다 등의 부왕(父王).

곡업(穀業)

삼업(三業)의 하나. 비뚤어진 마음으로 나타내는 몸·입·뜻으로 짓는 업.

곡차(油茶)

또는 곡차(曲茶·穀茶). 우리나라에서 말하는 '술'의 다른 말.

골탑(骨塔)

[범] Sarira-stupa 사리탑(舍利塔)이라고도 한다. 부처님이 뼈를 안치한 보탑.

공(空) sunya

① =영(零). ② 숨김표인 O을 이르는 말. ③ 실체(實體)가 없고 자성(自性)이 없음. ④ 소수(小數) 단위의 하나. 허(虛)의 억분의 일. 청(淸)의 억배. 곧, 10

공(空)

존재하는 것에는, 실체(實體)·아(我)가 없다고 생각하는 사상이다. 모든 것은, 상연상기(相緣相起)하여 존재함에 지나지 않으므로, 실체(實體)로서 불변한 자아(自我)가 그 속에 존재할 리가 없다.

따라서 실체가 있다고 얽매여서도 안 되고, 존재하지 않는다고 얽매여서도 안 되는 것이다. 모든 것은, 사람도, 그 밖의 존재도 상대적인 관계에 있고, 하나의 존재가 주의(主義)에 얽매인다든가, 절대시(絶對視)한다든가 해서는 안 된다. 이것은 반야경(般若經) 계통의 사상의 근본으로 삼는다.

공가(公家)
개인이나 한 가족의 삶을 영위하기 위한 가정이 아니라, 공익과 봉공을 위하여 헌신하려는 사람들이 모여 사는 곳. 즉 원불교의 각 교당이나 기관을 말함.

공겁(空劫)
성(成)·주(住)·괴(壞)·공(空)이라는 사겁(四劫)의 하나. 세계가 파괴되어 일체(一切)가 공무(空無)의 상태로 들어가는 오랜 기간으로, 이 시기가 지나가면 또 성겁(成劫)의 시기가 와서 세계가 다시 시작된다고 함.

공경(空經)
반야부(般若部)의 경전. 제법개공(諸法皆空) 곧 삼라만상은 모두 그 실체가 없고, 제 성품이 없다는 뜻을 말했으므로 공경이라 한다.

공계(空界)
6계(六界)의 하나. 아무것도 존재하지 않는 세계. 공간(空間).

공공(空空)
일체의 사물이 실체가 없이 공(空)하며, 또 그 공(空)이라고 생각하는 것 자체도 공한 것.

공덕(功德)
범어 구나(求那, Guna)의 번역. 또는 구낭(懼曩)·우낭(虞曩)이라고도 쓴다. 좋은 일을 쌓는 공과 불도를 수행한 덕을 말한다.

공덕법신(功德法身)
부처님은 여러 가지의 수행을 닦음으로써 그 공덕으로 법신을 얻었다는 의미.
법신(法身)이란 진리의 본체로서의 부처님.

공도자(公道者)
정신, 육신, 물질로 공중(사회, 국가, 세계, 교단 등)을 위하여 무아의 심경으로서 봉사하는 사람.

공도정신(公道精神)
개인의 사리사욕을 버리고 공중(公衆)과 공익(公益)을 위해 헌신봉공 하려는 생활태도, 이타정신(利他精神)과 대승행(大乘行)으로 살아가려는 정신,

소아(小我)를 버리고 대아(大我)를 위하는 정신, 일시적 이익보다는 영원한 이익을 앞세우는 정신, 상생상화 상부상조하는 정신, 말보다는 실천에 앞장서는 정신, 모든 일에 공명정대한 정신 등이 공도정신이다.

공력(功力)
① 애쓰는 힘. ② 불법을 수행하여 얻은 공덕의 힘.

공륜(空輪)
① = 상륜(相輪). ② 사륜(四輪)의 하나. 이 세상의 가장 밑에 있다고 생각되는 허공.

공명(共命)
또는 명명(命命). 일신(一身) 이두(二頭)의 새. 설산(雪山)에서 산다고 한다.

공목장기(孔目章紀)
고려시대 균여(均如)스님이 쓴 책. 공목장(孔目章)이란 책을 다시 주기한 것.

공목장은 당나라 지엄(智儼)스님이 화엄경의 내용을 해석 주석한 책임.

공무변처천(空無邊處天)
무색계(無色界)의 제1천. 가이없는 허공의 자재(自在)함을 기뻐하고 이 이치를 닦아 태어나는 곳.

공물(供物)
신불(神佛) 앞에 바치는 물건.

공미(供米)
신불(神佛)에게 바치는 쌀.

공부(工夫)
① 학문을 배우거나 익히는 것. ② 불도를 열심히 수행하는 것. ③ ㉿ 사회 일반에서 말하는 공부란, 학문과 기술을 닦는 것을 의미하지만 원불교에서 뜻하는 공부란 사회 일반의 의미보다는 인격을 중심으로 형상 없는 마음의 세계를 알아가려고 노력하고 그대로 사용하여 가려는 노력을 뜻합니다.

공삼매(空三昧)
삼매(三昧)의 하나. 온갖 것은 모두 인연에 따라 생기는 것이므로 아(我)라든가 아소(我所)라는 것도 역시 그 실체와 자성이 없는 것이라고 관찰하는 것. 또한 만유(萬有)에 있어 개인의 존재나 제법(諸法)은 공(空)이라는 것을 깨닫기 위해 들어가는 선정(選定)을 일컫는 말.

공상(空相)
모든 법(法)이 빈 모양.

공성(空性)
'진여(眞如)'의 다른 이름. 모든 것이 실체와 자성(自性)이 없는 빈 것임을 체득할 때에 나타나는 실성(實性).

공수(供需)
절에서 손님에게 무료로 대접하는 음식.

공수간(供需間)
절에서 음식을 만드는 곳.

공수래 공수거(空手來空手去)
빈손으로 왔다가 빈손으로 간다는 뜻. 재물에 욕심을 부릴 필요가 없다는 말.

공식(空食)
① 노력을 기울이지 않고 재물을 얻거나 음식을 먹는 것. ② 무료로 손님에게 음식을 먹이는 것.

공안(公案)
① 공무에 관한 문안(文案). ② 공론에 의하여 결정된 안건. ③ 석가의 말과 행동. ④ 선종(禪宗)에서, 조사(祖師)가 수행자를 인도하기 위하여 제시하는 과제.

공양(供養)
① 불(佛)·법(法)·승(僧)의 삼보(三寶)나 사자(死者)의 영혼에게 공물(供物)을 바치는 일. 또는, 그 이를 위한 법회. ② 웃어른을 모시어 음식 이바지를 하는 일. ③ 중이 음식을 먹는 것을 이르는 말.

공양드리다(供養-)
부처 앞에 음식을 올리다. 불공드리다.

공양미(供養米)
공양에 쓰이는 쌀.

공양미(供養米)
부처님에게 공양으로 드리는 쌀.

공양주(供養主)
공양하는 주(主) 즉 시주를 말한다.

공양주(供養主)
절에 시주하는 사람이나 절에서 밥을 짓는 사람을 가리키는 말이나, 보통 절에서 밥하는 사람을 칭하는 경우가 더 많다.

공양탑(供養塔)
공양하는 뜻으로 세운 탑.

공왕(空王)
부처님의 다른 이름. 법을 공법(空法)이라 하고, 부처님을 공왕이라 한다. 모든 그릇된 집착을 여의고, 열반에 들어가는 요문(要門)이 되는 까닭.

공유(公有)
공(空)과 유(有). 평등과 차별. 실체와 가상(假象).

공작 명왕(孔雀明王)
불교의 밀교(密敎)에서 높이 받드는 명왕. 팔이 넷이며, 공작의 등에 타고 있음. 범어식 이름은 마유라(Mayu-ra).

공적하다(空寂-)
① = 공공적적하다. ② 텅 비어 조용하고 쓸쓸하다.

공제(空諦)
삼제(三諦)의 하나. 만물은 공이며 하나도 실(實)이 없다는 진리.

공즉시색(空卽是色)
공즉시색 → 색즉시공(色卽是空). 반야심경의 어구. 공(空)의 본성이 그대로 만유(萬有)라는 것. 공무(空無) 그대로가 색(色)이라는 것.

공차반(供次飯)
절에서, '반찬(飯饌)'을 이르는 말.

공해탈문(空解脫門)
삼해탈문(三解脫門)의 하나. 삼라만상은 모두 인연으로 생긴 것이고, 실체가 없고 자성이 없는 공한 것이므로, 누구나 이 공에 통달하면 곧 해탈을 얻는다고 관하는 것.

공화(供花供華)
① 죽은 사람에게 꽃을 바치는 것. 또는, 그 꽃. ② 불전(佛典)에 꽃을 바치는 것. 또는, 그 꽃.

공후(箜篌)
[범] Vina 또는 감후(坎候). 서역(西域) 악기로 거문고의 일종. 중국을

거쳐 백제에 전래되어진 것이므로 일본에서는 백제금(百濟琴)이라 한다. 7현(絃)과 23현으로 된 것이 있다.

과(果)
① = 결과. ② 원인으로 말미암아 생기는 일체의 법. ↔인(因).

과거세(過去世)
= 전생(前生).

과거장(過去帳)
절에서, 죽은 신도들의 속명(俗名)·법명(法名)·죽은 날짜 등을 기록하여 두는 장부. 귀부(鬼簿). 귀적(鬼籍).

과거칠불(過去七佛)
지난 세상에 출현한 일곱 부처님. ① 비바시(毘婆尸) ② 시기(尸棄) ③ 비사부(毘舍浮) (이상은 과거 장엄겁에 나신 이) ④ 구류손(俱留孫) ⑤ 구나함모니(俱那含牟尼) ⑥ 가섭(迦葉) ⑦ 석가모니(釋迦牟尼) (이상은 현재 현겁에 나신 이).

과보(果報)
① '인과 응보'의 준말. ② 과(果)가 곧 보(報)란 뜻.

과현미(過現未)
과거·현재·미래의 삼세(三世).

관구 지옥(灌口地獄)
음주계(飮酒戒)를 지키지 않은 자가 빠지는 지옥. 끊임없이 입에 물을 붓는다고 함.

관념(觀念)
① 견해나 생각. ② 현실을 무시한 추상적이고 공상적인 생각. ③ 마음을 고요하게 하여, 불타의 진리를 관찰하고 생각함. ④ [민] 자극이 사라진 뒤에도 의식 가운데 남아 있는 심상(心像). ⑤ [민] 의식의 내용으로 부여되는 모든 현실 및 공상의 대상. 표상(表象).

관등(觀燈)
음력 4월 8일 밤에 등불을 달고 석가모니의 탄생을 가리는 일.

관등연(觀燈宴)
관등할 때 베푸는 잔치.

관등절(觀燈節)
석가의 탄생일인 음력 4월 8일을, 관등하는 명절이라 하여 이르는 말.

관법(觀法)

① 불법의 진리를 잘 살피고 생각하는 일. ② 인상(人相)을 보는 법.

관불(灌佛)

① 불상에 향수를 뿌리는 일. 욕불(浴佛). ② '관불회(灌佛會)'의 준말.

관불회(灌佛會)

석가가 탄생한 날을 기념하는 행사. 음력 4월 8일에 화초로 꾸민 조그만 집에 불상을 모시고 감차(甘茶)를 그 머리위에 끼얹음. 불생회.

관세음보살(觀世音菩薩)

① 범어로는 아바로키테스바라(Avalokitesvara)이고, 관자재(觀自在), 관세음(觀世音), 광세음(廣世音), 관세음자재(觀世音自在), 관음(觀音) 등으로 한역된다. 대자대비를 근본 서원으로 하는 보살이다. ② 석가모니불이나 정토신앙의 대명사인 아미타불보다 더욱 많이 신앙함.

관심(觀心)

자기 마음의 본성을 밝혀 관조(觀照)하는 것.

관음(觀音)

'관세음 보살'의 준말.

관음 대세지(觀音大勢至)

아미타불의 비서로서 자비 희사로서 중생에게 봉사하는 분.

관음보살(觀音菩薩)

자비로써 중생을 구제하는 보살. 관세음, 광세음, 관자재보살이라고도 함.

관음참법(觀音懺法)

관세음 보살을 대상으로 참회를 하는 법회.

관음경(觀音經)

법화경 25품 중 보문품(普門品)만을 따로 뽑은 불경. 관세음경.

관음보살(觀音菩薩)

'관세음 보살'의 준말.

관음상(觀音像)

관세음 보살의 상.

관음전(觀音殿)

관세음 보살을 모신 불전(佛殿).

관음찬(觀音讚)
관세음 보살의 공덕을 찬양하여 부르는 노래 글귀.

관자재(觀自在)
① 중생을 보는 것이 자유자재이어서 그 고난을 잘 살핌. ② '관자재 보살'의 준말.

관자재 보살(觀自在菩薩)
'관세음 보살'의 딴 이름.

관정(灌頂)
밀교(密敎)의 의식의 하나. 수계(受戒)하여 불문(佛門)에 들어갈 때 물을 정수리에 붓는 의식.

관찰(觀察)
(사물이 되어 가는 형편이나 동태 따위를) 주의하여 잘 살펴보는 것. ② 사리를 바로보고 바로 생각함.

관조(觀照)
① 참다운 지혜의 힘으로, 낱낱의 사물이나 그 이법(理法)을 분명하게 통찰하는 것. ② 주관을 섞지 않고 냉정하게 현실을 바라보는 것. ③ 미학(美學)에서, 미(美)를 직접적으로 인식하는 것. 미의식(美意識)의 지적 측면(知的側面)의 작용을 나타내는 기념임.

광겁(曠劫)
지극히 오랜 세월.

광과천(廣果天)
색계(色界) 십팔천(十八天)의 하나. 범부가 사는 하늘 중에서 가장 좋고, 욕심을 떠난 세계라고 함.

광대무량(廣大無量)
㉞ 광대무변과 같은 뜻. ① 한없이 넓고 커서 헤아릴 수 없는 천지의 도(道). 천지는 광대 무량해서 유무를 총섭한다. 그래서 무량 무변한 만물을 다 포용한다.

광명(光明)
① 밝고 환하다는 뜻으로, 희망이나 밝은 미래를 상징하는 말. ② 부처나 보살의 지혜의 빛. 또는, 몸에서 비치는 빛.

광목천(光目天)
[범] Viryupaksa 비류박차라고 음역된다. 사천왕(四天王)의 하나. 서방야구야니주(西方瞿耶尼洲)를 수호(守護)

하는데 눈을 부릅뜨고 나쁜 것을 징계함.

광쇠
염불 때 치는 징 모양의 쇠.

광수이무량(光壽二無量)
또는 광수무량. 광명무량(光明無量)과 수명무량(壽命無量). 이것이 아미타불의 덕성이다. 아미타불은 광명이 한량없으므로 횡(橫)으로 시방 중생을 교화하고, 수명이 한량없으므로 종(縱)으로 삼세(三世)의 온갖 중생을 구제한다.

광촉(光觸)
부처님의 광명이 비치어 친히 수행자의 몸에 부딪치는 것. 부처님의 광명에 접촉하는 것.

광택(光澤)
부처님의 광명이 중생을 이롭게 하는 것을, 비가 초목을 젖게 함에 비유한 말.

괘불(掛佛)
① 그림으로 그려서 걸게 된 불상. 괘불탱(掛佛幀). ② 부처를 그린 그림을 높이 거는 일.

괘불탱(掛佛幀)
= 괘불(掛佛).

괴(愧)
[범] Apatrapaya 대선지법(大善地法)의 하루나. 십일선심소(十一善心所)의 하나. 심소(心所)의 이름. 허물을 부끄럽게 여기는 심리 작용.

괴겁(壞劫)
사겁(四劫)의 하나. 세상이 무너져 멸망하는 기간.

괴고(壞苦)
삼고(三苦)의 하나. 즐거운 일이 없어짐으로써 받는 고통. ▷ 고고(苦苦)·행고(行苦).

괴색(壞色)
정색(正色)을 부순 색. 청·흑·목란(木蘭)의 삼색(三色)으로 부순 색. 부처님께서 비구가 입을 삼의(三衣)의 염색으로 허락한 색.

교(敎)
① '종교'의 준말. ② 삼문(三門)의

하나. 경전과 논장(論藏)으로써 신앙의 근본을 삼음. ▷ 삼문.

교감(敎監)
① 각 교구의 교구정을 부르는 이름. ② 교무의 계급중 제일 윗 급. 교무의 계급을 부교무 순교 교무 교감으로 나눈다.

교강구조(敎綱九條)
원불교 교리의 기본 강령을 수행적인 입장에서 9개의 조항으로 분류 설명한 것. 즉 일상수행의 요법.

교계륜(敎誡輪)
삼륜(三輪)의 하나. 부처님이 중생을 교화하기 위하여 법을 말하는 것.

교계시도(敎誡示導)
보살이 지옥에서 고생하는 중생을 보고 자비심을 일으켜 이들을 위해 설법해 보임.

교구(敎區)
각 지방 및 해외교정(敎政)의 완전을 기(期)하기 위하여 편의상 일정한 구역내의 여러 교당을 하나의 관할구로 묶어서 설정한 교화 행정상의 지역적 단위.

교단(敎團) samgha
같은 가르침을 받들고 모인 사람들의 집단을 말한다. 일반적으로 교의(敎義)를 설교하는 성직자층(聖職者層)과, 가르침을 받아들이는 신자(信者)로 구성된다. 불교에서는 고래로, 이것을 "승가"라고 칭했다. 그러나 엄밀하게는 초기에 있어서는, 출가자교단(出家者敎團)을 가리켰던 것으로 생각된다. 뒤로 대승(大乘)이 홍기하여, 보살(菩薩)이라는 인간상(人間像)을 목표하여 실천하는 사람들의 모임은 재가(在家), 출가(出家)의 구별을 가릴 것 없이 연대(連帶)한 교단이 되었다고 말한다. 조직으로서의 교단은, 현재로는 일종일파(一宗一派)에 대하여 말해지고 있다.

교당(敎堂)
㉮ 교당은 원불교의 교도들에게 교리를 가르침과 아울러 의식을 집행하는 장소를 뜻합니다.

교령(敎領)
교화부의 별정적. 교화부장의 자문역(諮問役). 교감(敎監)을 역임한 분이나 원로 중에서 수위단회의 결의로 추대한다.

교무(敎務)
㉾ 교무란, 비교하여 표현하건데 불교의 승려, 천주교의 신부, 기독교의 목사에 준하는 용어입니다.
원불교에서 실시하는 정규 교육 과정을 거쳐 5급 교역자 자격 검정고시에 합격한 사람입니다.

교법(敎法)
㉾ 원불교의 교리(敎理)·교의(敎義). 소태산 대종사의 가르침. 성현의 가르침. 교리나 성자의 가르침은 모든 사람을 구제하는 법이요, 진리라는 뜻에서 교법이라 한다.

교사(敎師)
① 일정한 자격을 가지고 학생을 가르치는 사람. 흔히, 유치원 및 초등·중등 학교의 선생을 가리킴. ② 태고종(太古宗)에서, 교리를 연구하는 승려의 법계(法階)의 하나. 대교사(大敎師)와 대덕(大德) 사이에 있는 위계(位階)임.

교살라(憍薩羅)
[범] Kosala 또는 구사라·구살라.
인도의 옛 왕국의 이름. 가비라의 서쪽 마갈타의 북쪽 바사닉 왕의 영지(領地)

교상(敎相)
① 석가모니가 살아 있을 때 불교의 교의(敎義)를 가르치던 형태. ② 각 종(宗)의 교의 이론(敎義理論).

교상판석(敎相判釋)
부처님이 일대에 설하신 말씀을 시기별 내용별로 판별함.

교선(敎選)
법위등급이 특신급에 있는 교도를 달리 부르는 말.

교수아사리(敎授阿사梨)
계를 받을 때 계단의 작법(作法)을 가르쳐 주는 큰 스님.

교외별전(敎外別傳)
불교의 요체가 되는 내용을 말이나 문자를 쓰지 않고 전함.

교의(敎義)
① 교법의 의리. ② 교(敎)와 의(義)란 뜻. 언어 문자로써 말한 교와

그 안에 포함된 의리.

교종(敎宗)

① 불교를 크게 두 종파로 나누었을 때의 하나. 좌선(坐禪)보다 교리를 중히 여김. ② 조선 세종 때 자은종(慈恩宗)·화엄종(華嚴宗)·시흥종(始興宗)·중신종(中神宗)이 통합하여 이루어진 종파. ↔ 선종(禪宗).

교주(敎主)

① = 석가의 세존. ② 한 종교 단체의 우두머리. ③ = 교조(敎祖).

교지(敎旨)

㉠ 종교의 근본 되는 교의(敎義)와 취지. 종지(宗旨)와 같은 뜻. 종교의 취지(趣旨). 가르치는 본의.

교화(敎化)

교도전화(敎導轉化)의 뜻. 사람을 가르쳐 범부를 성인이 되게 하고 의심하는 이를 믿게 하고 그릇된 이를 바른 길로 돌아가세 하는 것.

구(句)

① 여러 낱말이 모여서 사물의 의리(義理)를 말하는 것. 여기 구(句)·구신(句身)·다구신(多句身)의 셋이 있다. ② 문장상의 이름이 아니고 사구(死句)·활구(活句)라고 할 때에도 쓰인다.

구(垢)

[범] Mala 마라(摩羅)라 음역. 번뇌의 다른 이름. 깨끗한 성품을 더럽히므로 구라 한다.

구가리(瞿伽離)

[범] Kokalika 또는 구가리(俱迦利·俱伽離·瞿迦離). 번역하여 악시자(惡時者)·우수(牛守). 비구의 이름. 제바달다(提婆達多)의 제자.

구결(九結)

아홉 가지의 결박이란 뜻. 중생을 속박하여 고통을 벗어나지 못하게 하는 아홉 가지의 번뇌. 애(愛)·에(恚)·만(慢)·무명(無明)·견(見)·취(取)·의(疑)·질(嫉)·간(慳)

구경위(究竟位)

오위(五位)의 하나. 모든 번뇌를 끊어 없애고 진리를 증득하여 최종의 불과(佛果)에 도달한 지위. 청정하고 위없으며 지극한 자리.

구계(九界)
십계(十界)에서 불계(佛界)를 제외한 세계. 곧 보살·연각(緣覺)·성문(聲聞)·천상·인간·수라(修羅)·축생(畜生)·아귀(餓鬼)·지옥을 이름.

구계(具戒)
'구족계(具足戒)'의 준말.

구고(救苦)
인간을 고통에서 건져 주는 것.

구난(九難)
또는 9뇌(九惱)·9횡(九橫)·9죄보(九罪報). 부처님께서 세상에 계실 적에 받은 아홉 가지 재난. ① 음녀 손타리에게 비방을 받음. ② 전차(旃遮) 바라문의 여인에게 비방을 받음. ③ 제바달다(提婆達多)에 의해 발가락을 다침. ④ 나무에 다리를 찔림. ⑤ 비루리왕을 위하여 두통을 앓음. ⑥ 아기달다 바라문에게서 말먹이를 받아먹음. ⑦ 찬바람으로 인하여 등병(等病)을 앓음. ⑧ 성도(成道) 전 6년 동안 고행. ⑨ 바라문의 마을에 들어가 먹을 것을 빌었으나 얻지 못함.

구담(瞿曇) Gotama
① 인도의 석가 종족(釋迦種族)의 성(姓). ② 성도(成道)하기 전의 석가를 일컫는 말.

구도(求道)
부처 될 도를 구하는 것.

구두삼매(口頭三昧)
입으로 불경(佛經)을 읽기만 할 뿐 참된 선(禪)을 수행하지 않는 수도(修道). 구두선(口頭禪).

구두선(口頭禪)
① = 구두 삼매. ② 실행이 따르지 않는 실속 없는 말.

구리성(拘利城)
[범] Koli 또는 천비성(天臂城), 석존의 어머니 마야 왕비의 아버지인 선각 장자(善覺長者)의 도성, 가비라성의 북쪽, 구리족(拘利族)이 살던 곳.

구리 태자(拘利太子)
[범] Koli 곡반왕(斛飯王)의 맏아들이자 부처님의 사촌. 부처님 성도 후 처음으로 녹야원에서 교화한 다섯 비구의 하나인 마하남(摩訶男).

구마라습(鳩摩羅什) (×구마라십)

인도에서 태어나 중국에서 활동한 스님(344~413) 인도의 학승(學僧).

전진(前秦)의 왕 부견(符堅)이 인도 변방을 칠때 장안(長安)으로 잡혀와 많은 불교경전을 한문으로 번역함(344~413)

구미호(九尾狐)

① 간살스럽고 망녕된 사람. ② 잔재주가 많고 스승과 법을 잘 믿지 않으며 의심이 많은 사람. ③ 오래 묵어서 꼬리가 아홉 개나 돋치어 자유자재로 변신(變身)하면서 사람을 홀린다고 하는 여우.

구박(具縛)

몸과 마음을 속박하여 자유롭지 못하게 하는 번뇌를 갖추었다는 뜻. 견혹(見惑)·수혹(修惑)에 얽매여 조금도 끊지 못한 이. 곧 범부를 가리킴.

구반다(鳩槃茶)

[범] Kumbhanda 또는 구변다(鳩辨茶)·궁반다(弓槃茶)·공반다(棻槃茶)·동과(冬瓜)의 범명(梵名). 구마나(鳩摩挐, Kusmanda)에서 와전된 말. 이 말을 번역하면 옹형귀(甕形鬼)·음낭(陰囊)·형란(形卵)·형면사동과귀(形面似冬瓜鬼)·염미귀(厭眉鬼). 사람의 정기를 빨아 먹는 귀신. 말(馬)머리에 사람의 몸을 한 형상. 남방 중 장천왕의 부하. 태장계 만다라 외금강부원에 있다.

구법(求法)

불교의 진리를 구하는 것. 구도(求道).

구병시식(救病施食)

병자(病者)를 위하여 귀신에게 음식을 주고 법문(法門)을 알려 줌. 구명시식.

구부득고(求不得苦)

팔고(八苦)의 하나. 얻으려 하여도 얻지 못하는 고통.

구사(口四)

(열 가지 선악 중) 입으로 말미암은 망어(妄語)·기어(綺語)·악구(惡口)·양설(兩舌)이 악한 네 구업(口業)과 불망어·불기어·불악구·불양설의 선한 네 구업.

구사론(俱舍論)

세친보살이 지은 책.

구산(九山)
달마(達磨)의 설법을 전래하여 그 문풍(門風)을 유지해 온 아홉 산문(山門). 가지산(迦智山)·실상산(實相山)·동리산(桐裡山)·봉림산(鳳林山)·성주산(聖住山)·사자산(師子山)·희양산(曦陽山)·수미산(須彌山)·사굴산(사崛山). '오교(五敎)'에 상대하여 일컫는 말임.

구산선문(九山禪門)
달마(達磨)의 선법(禪法)을 종지(宗旨)로 삼은 선종(禪宗)의 아홉 교파. ▷ 구산(九山).

구산조사(九山祖師)
신라 말기에 중국 당나라에 유학하여 달마(達磨)의 선법(禪法)을 공부하고 돌아와 구산(九山)을 개창(開創)한 아홉 사람의 조사. 도의(道義)·홍척(洪陟)·혜철(惠哲)·현욱(玄昱)·무염(無染)·도윤(道允)·도헌(道憲)·이엄(利嚴)·범일(梵日).

구생아집(俱生我執)
태어날 때 함께 갖추고 있는 아집.

자연히 본능적으로 생기는 번뇌.

구선(九禪)
보살만이 닦는 선정으로 외도나 이승(二乘)과는 달리 온갖 선근(善根) 공덕을 모두 지니고 있는 아홉 가지의 선정. ① 자성선(自性禪). ② 일체선(一切禪). ③ 난선(難禪) ④ 일체문선(一切門禪) ⑤ 선인선(善人禪) ⑥ 일체행선(一切行禪) ⑦ 제뇌선(除惱禪) ⑧ 차세타세락선(此世他世樂禪) ⑨ 청정정선(淸淨淨禪).

구성(久成)
오랜 세월을 두고 불도를 닦아야만 깨달음을 얻을 수 있다는 말.

구세(救世)
① 세상 사람들을 고통에서 구하는 것. ② [민] 인류를 마귀의 굴레와 죄악에서 구원하는 것. ③ 중생(衆生)을 고뇌(苦惱)에서 구하는 것.

구세(九世)
과거·현재·미래의 삼세(三世)에 또 각기 3세가 있으므로, 합하여 9세라 한다.

구세간(九世間)

아홉 가지의 세간. 지옥·아귀·축생·아수라·인간·천상·성문·연각·보살.

구세성자(救世聖者)

⑨ 구세주(救世主), 구주(救主)라고도 한다. 윤리 도덕이 타락하여 세상이 혼란에 빠질 때, 세도인심을 바로잡고 세상 사람들의 고통을 구제해주기 위해 출현한 성자. 곧 인류를 죄악과 고통에서 건져주는 종교적 성자. 대개의 경우 구세성자는 세상이 혼란하고 민생이 도탄에 빠졌을 때 출현한다. 인도에서 육사 외도(六師外道)가 횡행했을 때 석가모니불이 출현했고, 중국에서 춘추 전국시대와 제자백가들의 혼란 속에서 공자가 출현했으며, 로마 제국의 타락과 이스라엘 민족의 위기 속에 예수 그리스도가 출현했다. 한민족의 수난과 세기말의 혼란시대에 소태산 대종사가 출현한 것이다.

구소마(俱蘇摩)

[범] Kusuma 또는 구소마(拘蘇摩). 번역하여 화(花). 꽃을 통칭하는 것이나, 때로는 소마나화(蘇摩那華, Sumanas)만을 구소마라고 일컬을 때도 있다.

구시라(瞿翅羅)

[범] Kokila 또는 구시라(拘翅羅)·구기라(拘耆羅·俱耆羅)·구지라(句只羅). 번역하여 호성조(好聲鳥)·자구조(䧳鷗鳥). 인도에서 나는 검정빛 두견새. 목소리는 고우나 모양은 흉하다고 한다. 울창한 숲을 좋아하고 죽은 나무에서는 살지 않는다.

구심(求心)

① [민] 중심을 향하여 쏠리는 것. ② 참된 마음을 찾아 참선(參禪)하는 것. ↔ 원심(遠心).

구업(口業)

'삼업(三業)'의 하나. 입으로 짓는 악업. 곧 언어를 말함.

구역(舊譯)

① (새로 행한 번역에 대하여) 그전에 한 번역. ② 불전(佛典)의 한역(漢譯)에 있어서, 현장(玄奘) 이전에 행하여진 번역.

구오사미(驅烏沙彌)

삼사미(三沙彌)의 하나. 7~13세의

어린 중.

구원겁(久遠劫)
한없이 멀고 오랜 옛날.

구원불(久遠佛)
아미타 여래(阿彌陀如來) 등 영원한 옛날부터의 부처.

구원실성(久遠實成)
멀고 먼 옛날에 실은 성불했따는 말로, 부처님은 사실 구원실성했으나 방편으로 금생에 성불한 것처럼 나타났을 뿐이라는 것.

구인(口忍)
남에게 욕을 듣더라도 참고 대항해서 욕하지 않음.

구제일(九齊日)
1월·5월·9월은 날마다 재일이고(3장재). 이 밖에 달의 8일·14일·15일·23일·29일·30일(6일재)을 합한 9를 말함. 이 날은 도리천(忉利天)의 제석(帝釋)과 4천왕(四天王) 등이 인간의 행위를 살피는 날이므로, 특히 계를 지키고 소식(素食)을 하고 착한 일을 힘써 닦아야 한다는 것이다.

구제(救濟)
① 불행이나 재해를 만난 사람을 도와주는 것. ② 고통 받는 사람들을 제도(濟度)하는 것.

구주심(九住心)
마음을 주심하는 아홉 가지 방법. 주심(住心)이란 마음을 한군데에 집중하여 번뇌가 침입하지 못하게 하는 방법이다.

구중(九衆)
비구·비구니·사미·사미니·식차마나·우바새·우바이의 칠중(七衆)에 출가(出家)·출가니(出家尼)를 더한 것.

구품왕생(九品往生)
정토에서 왕생하는 이에게 9종류의 차멸이 있다. 상품상생(上品上生)·상품중생(上品中生)·상품하생(上品下生)·중품상생(中品上生)·중품중생(中品中生)·중품하생(中品下生)·하품상생(下品上生)·하품중생(下品中生)·하품하생(下品下生)까지 9등급으로 나눠져 있는 극락정토.

구해탈(俱解脫)
구해탈 → 혜해탈(慧解脫). 정력(定

力)과 진지력(眞智力)으로써 번뇌장(煩惱障)과 해탈장(解脫障)을 함께 벗어나는 것.

구횡(九橫)
아홉 가지의 횡사(橫死)란 뜻. 비명으로 죽는다는 말.

국재(國齋)
왕실에서 비용을 내어 죽은 임금을 천도(薦度)하는 재.

국사(國師)
국가나 임금의 사표(師表)가 되는 고승(高僧)에게 임금이 내린 칭호. 중국에서는 북제(北齊)의 천보(天保) 1년(550)에 법상(法常)이 제왕의 국사가 된 것이 그 시초. 우리나라에서는 고려 때에 국사의 호를 주기 시작. 다른 말로 왕사(王師).

굴굴타아람마(屈屈陀阿濫摩)
[범] Kukkutaarama 계원(雞園)이라 번역. 계작사(雞작寺)·계두말사(雞頭末寺)·계사(雞寺)라고도 한다. 인도 마갈타국에 있던 절 이름. 아육왕(BC 3세기경)이 창건하였다. 당시의 명승이 이 절에 많이 있었다.

굴기하심(屈己下心)
다른 사람에 대하여 자기 자신을 굽히고 마음을 겸손히 가짐. 자기 스스로 잘난체 하지 않고 늘 부족하다고 겸손해 하면서 다른 사람을 존경하고 높여 줌.

굴법당(窟法堂)
자연 동굴(自然洞窟) 속에 차린 법당.

굴외결집(窟外結集)
부처님께서 입멸한 해에 대가섭 등 5백 비구가 왕사성 칠엽굴에 모여 경·율 2장(藏)을 결집한 것을 굴내결집이라 함에 대하여, 그때 굴내의 결집에 참가하지 못한 이들이 따로 굴 밖에 모여 파사가(婆師迦)를 상수(上首)로 모시고 부처님의 법을 결집한 것을 굴외결집이라 한다.

권계(勸戒)
① 타일러 훈계(訓戒)하는 것. ② 불도에 인연이 있는 사람에게 수계(受戒)를 권하는 것.

권교(權敎)
대승(大乘)에 들어가는 길의 계제

(階梯)가 되는 방편의 교. ↔ 실교(實敎).

권선(勸善)
① 착한 일을 하도록 권하고 장려하는 것. ② 불가(佛家)에서 보시(布施)를 청하는 것.

권선문(勸善文)
착한 일을 권하는 글발.

권선시주(勸善施主)
시주에게 권선하여 절의 양식을 구함.

권선지(勸善紙)
불사(佛事)가 있을 때, 또는 가을의 추수 때에 중이 속가(俗家)에 다니며 시주하라고 돌려주는 종이 주머니. 권선대(勸善袋).

권선책(勸善冊)
시주(施主)의 이름과 시주한 금액을 적은 책.

권수(卷數)
① 책의 수효 ② 승이 경문(經文)·주문(呪文) 등을 읽고 왼 횟수를 적어 스님에게 보내는 문서.

권왕문(勸往文)
사람이 죽은 뒤에 극락 세계로 가라고 부르는 노래. 또는, 그 노래를 적은 책.

권지(權智)
부처가 중생을 제도(濟度)하는 지혜. ↔ 실지(實智).

권화(勸化)
절이나 부처를 위하여 재물을 바칠 것을 청하는 것.

권화(權化)
부처나 보살이 중생을 구제하기 위하여 자신의 모양을 바꾸어 사람으로 세상에 나타나는 일. 권자(權者). 권현(權現). 화신(化身).

귀(鬼)
[범] Preta 폐려다(薜荔多)라 음역. ① 야차(夜叉)·나찰(羅刹)과 같이 엄청난 힘을 가지고 사람을 해하는 귀신. ② 항상 기갈에 시달리는 아귀. ③ 보통의 요괴(妖怪) ④ 영혼 ⑤ 지옥의 옥졸.

귀명(歸命)
삼보(三寶)에 돌아가 몸과 마음을 불교에 의지하는 것.

귀명정례(歸命頂禮)
귀명하여 부처의 발에다 머리를 대고 하는 절.

귀부(龜趺) (×귀실)
거북 모양의 비석 받침.

귀의(歸依)
① 돌아가는 몸을 의지하는 것. ② [민] 종교적 절대자 또는 종교적 진리를 깊이 믿고 그에 의지하는 것. ③ 불교 신앙의 근본 되는 신조(信條). 불타(佛陀)와 불법(佛法)과 승가(僧家)에 의지하여 같이 믿고 구호 시교(救護示敎)를 받는 일. 의귀(依歸).

귀의계(歸依戒)
불법승 3보에 귀의하며 종신토록 사마외도에 빠지지 않는 것. 즉, 거룩한 부처님께 귀의합니다.(歸依佛兩足尊) 거룩한 가르침에 귀의합니다.(歸依法離慾尊) 거룩한 스님들께 귀의합니다.(歸依僧衆中尊)

귀의법(歸依法)
① 삼귀의(三歸依)의 하나. 불법(佛法)에 돌아가 의지함. ② 귀의하는 법문(法文).

귀의불(歸依佛)
삼귀의(三歸依)의 하나. 부처에 돌아가 의지함.

귀의승(歸依僧)
삼귀의(三歸依)의 하나. 승려에 들어가 의지함.

귀의심(歸依心)
불교로 돌아가 의지하는 마음.

규환지옥(叫喚地獄)
끓는 물 속에 들어가 벌을 받고 뜨거운 쇠가마니 속에서 벌을 받는 지옥.

극락(極樂)
① 지극히 안락함. ② 아미타불이 살고 있는 정토로, 괴로움이 없는 지극히 안락하고 자유로운 세상, 인간 세계에서 서쪽으로 10만억 불토(佛土)를 지난 곳에 있다고 함. 극락 세계. 극락 정토. 서방 세계. 서방 정토 안락국. 안락 세계. 안락 정토 안양

정토. 연화 세계.

극락계(極樂界)
'극락세계'의 준말.

극락 만다라(極樂曼茶羅)
극락을 그림으로 나타낸 만다라. 정토 만다라

극락 발원(極樂發願)
극락에 가기를 원함. 극락 발원하다.

극락세계(極樂世界)
= 극락.

극락왕생(極樂往生)
① 죽어서 극락 세계에 다시 태어남. 정토 왕생(淨土往生). 왕생 극락(往生極樂). ② 편안히 죽음. 극락왕생하다.

극락원(極樂願)
극락에 왕생(往生)하고 싶다는 소원.

극락장엄(極樂莊嚴)
㉮ 극락세계가 아름답게 장식되어 화려하면서도 엄숙한 것. 염불을 할 때에 마음속으로 아름답고 화려하게 장식된 극락을 생각하는 것. 가상(假想)으로 꾸며 놓은 극락세계의 모습.

극락전(極樂殿)
아미타불을 모신 법당.

극락정토(極樂淨土)
= 극락.

극열 지옥(極熱地獄)
팔열(八熱) 지옥 중 가장 뜨거운 지옥. 무간(無間) 지옥.

근(根)
[범] ① Mula 근본이란 뜻. 선근(善根) 등의 근. ② Indriya 5관(官) 등의 기관이란 뜻으로, 증상(增上)하고 능생(能生)하는 작용이 있는 것을 말함. 5근·22근 따위가 이것. 기근(機根)이란 근도 또한 이런 능력이 있다는 뜻.

근기(根機)
근(根)은 물건의 근본이 되는 힘. 기(機)는 발동하는 뜻. 교법을 듣고 닦아 증(證)하여 얻는 능력, 교법을 받는 중생의 성능을 말한다.

근본번뇌(根本煩惱)

↔ 수번뇌(隨煩惱). 또는 본번뇌(本煩惱) · 근본혹(根本惑) · 본혹(本惑). 모든 번뇌 가운데서 그 근본이고 자체인 여섯 가지의 번뇌. 탐(貪) · 진(瞋) · 치(痴) · 만(慢) · 의(疑) · 악견(惡見)을 말한다.

근본설일체유부(根本說一切有部)

부처님 돌아가신 뒤 300년 뒤에 생긴 분파.

근본식(根本識)

또는 근식(根識). 안식(眼識) · 이식(耳識) 등 모든 식이 의지할 곳이 되는 근본 심식(心識)인 아뢰야식(阿賴耶識)을 말한다.

근본심(根本心)

삼심(三心)의 하나. 제8식을 말한다. 제8식은 물(物) · 심(心)의 모든 법이 생겨나는 근본이므로 근본심이라 한다.

근사남(近事男)

우바새(優婆塞). 재가의 남자로 삼보(三寶)에 귀의하여 오계(五戒)를 지키고 있는 사람.

근사녀(近事女)

우바이(優婆夷). 재가의 여자로 삼보(三寶)에 귀의하여 오계를 지키고 있는 사람.

근선지식(近善知識)

참선 수행자가 선지식의 필요성은 총설편에서도 밝혔지만 특히 참선수행에 있어서는 필수적인 조건임.

근진(根塵)

또는 근경(勤境). 눈 · 귀 · 코 · 혀 · 몸의 5근(根) 또는 뜻을 더하여 6근과, 빛 · 소리 · 냄새 · 맛 · 촉감의 5진(塵) 또는 법진을 더하여 6진과를 말한다. 오근(五根) · 오경(五境) · 오진(五塵).

근행(勤行)

부처 앞에서 경전을 읽거나 회향(回向)하는 일. 근행하다.

금강(金剛)

대일 여래(大日如來)의 지덕(知德)이 견고하여 일체의 번뇌(煩惱)를 깨뜨릴 수 있음을 표현한 말.

금강경(金剛經)

이 세상의 모양(相)을 모양이 아니

라고 바로 관하도록 이끌어 이 세상이 공하고 텅 빈 이치를 내세움으로써 그 이면에 있는 참성품을 볼 수 있도록 안내하고 있다. '금강 반야 바라밀경'의 준말.

금강경오가해(金剛經五家解)
금강경에 다섯 명의 대가들이 주석을 붙인 책.

금강계(金剛界)
① 일체의 번뇌를 깨뜨리는 계명. ② 대일 여래(大日如來)의 지덕을 해설한 부분. ↔ 태장계(胎藏界)

금강력(金剛力)
금강신(金剛神)과 같이 날래고 굳센 힘.

금강문(金剛門)
금강신을 만들어 세워 놓은 절의 문.

금강 반야경(金剛般若經)
'금강 반야 바라밀경'의 준말.

금강 반야 바라밀경(金剛般若波羅蜜經)

부령의 하나. 반야, 곧 지혜의 정체를 금강이 견실함에 비유하여 해설한 경. 선종(禪宗)에서 특히 중시함.

금강불괴(金剛不壞)
금강처럼 견고하여 파괴되지 않음.

금강신(金剛神)
불법을 수호한다는 두 신. 절 문 양족에 세움. 금강수. 금강 역사. 인왕(仁王).

금강 야차(金剛夜叉)
오대 명왕(五大明王)의 하나. 북방(北方)을 수호하고 악마를 항복시킨다고 함. 금강 야차 명왕.

금강 역사(金剛力士)
= 금강신.

금강저(金剛杵)
스님들이 의식을 할 때 쓰는 도구. 인도(印度) 고대(古代) 무기(武器)의 하나.

금강좌(金剛座)
부다가야의 보리수 아래에 있는, 석가가 성도(成道) 할 때 앉았던 자리.

금강지(金剛砥)
번뇌와 나쁜 습관을 깨뜨리는 대원경지(大圓鏡智)를 비유한 말. 굳은 지혜. 곧, 여래(如來)의 지혜를 가리킴.

금강합장(金剛合掌)
[범] Pranama 발라나마(鉢羅拏摩)라 음역. 금강장(金剛掌)·귀명합장(歸名合掌)이라고도 한다.

금광명최승왕경(金光明最勝王經)
부처님이 영축산에서 하늘의 신들과 신장들이 불법을 수호할 수 있는 방법을 가르쳐 준 경전.
예로부터 나라를 수호하는 경전으로 널리 읽혀졌다.

금구(金口)
① 남의 말을 높여 이르는 말. ② 부처의 입. ③ 석가의 설법.

금단방(禁斷榜)
절에 불사(佛事)가 있을 때 집안의 출입을 막기 위하여 써 붙이는 방문(榜文). 금란방(禁亂榜).

금당(金堂)
① 크고 화려한 집. ② 황금·백금을 칠하여 지은, 본존이나 고승의 영정(影幀)을 모셔 두는 불당(佛堂).

금란 가사(金襴袈裟)
금란으로 지은 가사. 또는, 금으로 난(襴)을 두른 가사.

금란의(金襴衣)
또는 금색의(金色衣)·금색첩의(金色疊衣)·황금첩의(黃金疊衣)·금루가사(金縷袈裟)·금란가사(金襴袈裟). 금란으로 지은 가사.

금륜(金輪)
삼륜(三輪)의 하나. 수륜(水輪) 위에서, 세계의 대지를 받들고 있다는 지층.

금몸(金-)
= 금색신(金色身).

금부처(金-)
황금으로 만들거나 금빛 칠을 한 부처. 금불(金佛). 황금불.

금북(金-)
불가(佛家)에서 쓰는 악기의 하나.

금색신(金色身)

겉에 금빛을 칠하여 만든 부처의 몸. 금몸.

금생(今生)

살고 있는 이 세상. 이승. ▷ 전생·내생.

금세(今世)

① = 이승. ▷ 전세(前世)·내세(來世). ② 현재의 세상.

금시조(金翅鳥)

= 가루라(迦樓羅).

금언(金言)

① 행동이나 생활에 있어서의 지도적인 구실을 할 만한 귀중한 내용이 담긴 짧은 어구. ▷ 격언(格言). ② 부처의 입에서 나온 불멸의 법어(法語).

금족(禁足)

① 일정한 곳에 있게 하여 외출을 금하는 일. ② 결제(結制) 때 드나들지 못하게 하는 일.

금탑(金塔)

금으로 도금(鍍金)한 탑.

급고독(給孤獨)

[범] Anathapindada 아나타빈다라 음역. 본 이름은 수달(須達). 기타태자(祇陀太子)에게 원림(園林)을 사서 거기에 기원정사(祇園精舍)를 지어 부처님께 바치고 삼보(三寶)를 공양한 사람.

기(機)

기류(機類)·기근(機根)·기연(機緣)이라는 숙어로 쓰임. 종교의 대상인 교법에 대한 주제(중생)를 통틀어 기라 한다.

기도(祈禱)

① 흔히 이 기도란 말은 기독교의 전유물처럼 생각하는 경우가 의외로 많음을 본다. 그러나 이 말은 불교 이전부터 인도에서 써 온 말이다. 초기에는 부처님이 금하셨기 때문에 기도를 하지 않았다. 그러나 대승불교가 시작되면서 인도의 기도법을 받아들여 시행하게 되었다. ② 마음을 비운다는 말이다. 부처님과 보살들을 한결같이 마음으로 생각하며 기도드리면 마음속의 번뇌 망상이 모두 비워 공하게 되

기 때문이다.

기름 지옥(-地獄)
죄를 많이 짓고 죽은 사람의 혼을 기름 가마에 넣어서 벌을 준다는 지옥.

기바(耆婆) (×기파)
고대 인도에 살던 의사. 아사세 왕의 주치의이자 대신.
제바달다의 꾀임에 넘어가 아버지를 살해하고 왕위를 찬탈한 아사세 왕을 설득시켜 불교로 들아오게 한 사람.

기부(寄附)
어떠한 자선 또는 공공사업에 보조나 원조할 목적으로 재물을 무상으로 내주는 일. ② 불교의 경전에 <나머지는 예비로 저축하되 다음 네 가지에 기부하지 마라....>라는 표현이 있다. 절등에 삼보용 비품으로 물품을 위탁한다는 뜻으로 썼다. 보시와는 다르다.

기수급고독원(祇樹給孤獨園)
중인도(中印度)에 있는 성지(聖地).
이 땅은 처음 기타(祇陀)라는 태자의 소유였으나 급고독이란 장자가 사서 부처님께 바쳤다. 그로부터 기타 태자의 숲을 약하여 기수(祇樹)라 하여 급고독장자의 이름을 함께 넣어 기수급고독원이라고 했음.

기신(起信)
신심(信心)을 발해서 연마수행하면 한량없는 성공덕(性功德)이 구존(具存)한 불성(불성)을 얻어보게 된다는 것.

기연(機緣)
① 중생의 근기에 부처님께 교화를 받을 만한 인연이 있는 것. 부처님의 교화에 대하여 감응성(感應性)이 있으므로 기연이라 한다. ② 기(機)는 시기, 연(緣)은 인연이란 숙어로, 기회(機會)란 뜻.

기예천(伎藝天)
마혜수라천의 발제(髮際)에서 화생한 여신(女神). 얼굴이 예쁘고, 재주가 뛰어나 그에게 기도하는 이는 풍요(豊饒)·길상(吉祥)·부락(富樂)·기예(技藝)를 달성한다고 함.

기오개(棄五蓋)
1. 탐욕 2. 성냄 3. 해태와 혼침 4. 들뜸과 회환 5. 회의적 의심

기원 정사(祇園精舍)

① 옛날 중인도(中印度) 마가다 사위성(舍衛城) 남쪽에 있던 절. 석가모니의 설법·수도를 위하여 수달 장자(須達長者)가 세운 것임. ② 급고독장자가 부처님께 기증함.

기은(棄恩)

육친(內親) 등의 은애(恩愛)를 버리고 속세에 대한 집착을 끊고는 진여(眞如)의 길에 들어가는 일.

기침(起寢)

① 밤중에 일어나 부처에게 절하는 일. 기침하다. ② = 기상(起床). ↔ 취침(就寢).

기침쇠(起寢—)

절에서 아침에 일어날 때에 치는 종. 기침종(起寢鐘).

기타(祇陀)

[범] Jeta 또는 서다(誓多·逝多)·제다(制多). 번역하여 승(勝)·전승(戰勝). 인도 사위성바사닉 왕의 태자 이름. 자기 소유의 수풀인 기타림(祇陀林)을 부처님전에 바친 사실로 유명.

기티림(祇陀林)

[범] Jetavana 또는 기원반나(祇洹飯那)·기다반나(祇多槃那)·기다반림(祇多반림)·서다림(誓多林·逝多林). 번역하여 승림(勝林) 중인도 사위성 남쪽에 있던 기타 태자의 숲 동산. 수달 장자는 이 땅을 태자에게 사서 절을 지어 부처님께 바치니, 이것이 곧 기원정사.

기타 재법회(齋法會)

재(齋)자가 들어가는 법회에는 수륙재(水陸齋), 영산재(靈山齋), 예수재(豫修齋), 49재, 백일재, 산신재(山神齋), 용왕재(龍王齋), 조왕재(조王齋), 神衆齋) 등이 있다.

기특(奇特)

① 언행이 생각 밖으로 기이하고 귀염성이 있을 때 칭찬하는 말. ② 매우 드물고 뛰어나고 신기한 것. 이 밖에 가명(假名), 개안(開眼), 결연(結緣), 국토(國土), 근본(根本)등이 있다.

길상사(吉祥士)

존귀한 사람. 부처님.

길상일(吉相日)

좋은날. 상서로운 날.

길상천(吉祥天)
중생에게 복을 준다는 여신. 길상천녀의 준말.

길상초(吉祥草)
[범] Kusa의 한역. 고사(姑사)·구시(矩尸)·구서(俱舒)라 음역. 상서(上序)·길상서(吉上芋)·앙초(앙草)·유초(遺草)·희생초(犧牲草)라고도 함. 습기 있는 땅이나 논에서 자라며 띠나 박하와 비슷한 풀. 길상이란 이름은 부처님께서 이 풀을 깔고 보리수 아래 앉아서 성도한 데서 연유. 또는 이 풀을 부처님에게 바친 이가 길상 동자라는 데서 연유했다고도 한다.

ㄴ

나라연(那羅延)
[범] Narayana 천상(天上)의 역사(力士)로서 그 힘의 세기가 코끼리의 백만(百萬) 배나 될 만큼 뛰어나다고 함.

나라연금강(那羅延金剛)
인왕존(仁王尊)의 다른 이름.

나락(奈落那落) Naraka
① = 지옥(地獄). ② 벗어나기 어려운 절망적 상황을 비유하여 이르는 말.

나마(喇嘛)
= 라마(lama).

나마교(喇嘛敎)
= 라마교.

나마승(喇嘛僧)
= 라마승.

나무(南無) Namas
부처에게 돌아가 의지한다는 뜻으로, 부처나 보살 또는 경문(經文)의 이름 앞에 붙여 절대적인 믿음을 나타내는 말.

나무부처
나무로 만든 부처. 목불(木佛).

나무불(南無佛)
부처님께 귀의함.

나무삼보(南無三寶)
불교도가 섬기는 세 가지. 곧, 불(佛)·법(法)·승(僧)에 귀의(歸依)하는 일. ▷ 삼보(三寶).

나무아미타(南無阿彌陀)
'나무 아미타불'의 준말.

나무아미타불(南無阿彌陀佛)
① 아미타불에게 귀의(歸依)한다는 뜻으로, 중이 염불할 때 외는 소리. ② 공들여 해 놓은 일이 허사가 됨을 이르는 말.

나반존자(那般尊者)
독수성(獨修聖)·독성(獨聖)이라고도 불린다. 보통은 머리카락이 희고 눈썹이 길게 표현된다. 우리나라에서 말세의 복전(福田)이라고 믿는 나한(羅漢).

나발(螺髮)
소라 껍데기처럼 빙빙 비틀린 형상을 한 부처의 머리털. 나계(螺髻). 나모(螺毛).

나선비구경(那先比丘經)
미란다 팡하 경. 나선비구와 미란다 왕과의 대담을 옮긴 경.

나옹(懶翁) (×뇌옹)
고려 공민왕의 왕사.

나제가섭(那提迦葉)
[범] Nadi-Kasyapa 부처님 제자로 배화삼가섭(拜火三迦葉) 중의 한 사람. 가섭은 성(姓)이고 나제는 하(河)란 뜻. 가야성 동쪽 니련선하(尼連禪河)가에 살았음.

나찰(羅刹) Raksasa
귀신의 하나. 원래는 악귀(惡鬼)로 사람을 잡아먹었으나, 나중에는 불교의 수호신이 되어 십이천(十二天)의 하나로 남서방(南西方)을 지킨다고 함.

나한(羅漢)
불교에서 수행을 통하여 온갖 번뇌를 끊고 궁극적으로 깨달음을 얻어 세상 사람들로부터 공양을 받을 만한 모든 공덕을 갖춘 성자임. '아라한(阿羅漢)'의 준말.

나한전(羅漢殿)
나한상을 안치한 사찰 건물의 하나. 십육 나한·오백 나한 등을 모심.

낙가산(洛迦山)
보타낙가산(補陀洛迦山)의 약칭. 보타낙가는 인도 남쪽 해안에 있고 관음의 주처(住處)라고 한다.

낙경공양(落慶供養)
불사(佛事)를 낙성하고 올리는 공양.

낙바라밀(落波羅蜜)
열반 4덕인 상·락·아·정(常樂我淨) 중 낙덕(樂德)을 수행함.

낙발염의(落髮染衣)
머리깎고 물들여 중이 됨.

낙방문류(樂邦文類)
작방이란 극락세계. 극락왕생에 관한 글의 모음집.
남송(南宋)의 종효(宗曉)가 지음.

난(襴)
가사(袈裟)의 선(緶).

난생(卵生)
4생(四生)의 하나. 알에서 나는 것. 새들이 알에서 나는 것과 같은 것을 일컬음.

난이이도(難易二道)
난행도(難行道)와 이행도(易行道).

난타(難陀)
[범] Nanda 가비라성의 왕자. 부처님의 동생. 목우(牧牛) 난타와 구별하기 위해서 손타라(孫陀羅) 난타(Sundarananda)라 한다. 그는 아내 손타리의 아름다움에 반하여 출가를 좋아하지 않고 자꾸만 사랑하는 아내 곁으로 가려는 것을, 부처님이 방편으로 천상의 즐거움과 지옥의 괴로운 모양을 보여, 그를 인도하여 불고데 귀의케 한다.

난타발난타(難陀跋難陀)
[범] Nandaupananda 8대 용왕 중에서 난타와 발난타의 두 형제 용왕을 말한다. 난타를 환희(歡喜)라 번역하고, 발난타를 선환희(善歡喜)라 번역. 항상 마갈타국을 지키며 작당한 시기에 비를 내려 백성을 기쁘게 하고, 또 사람으로 변신하여 부처님 설법을 듣다.

난탑(卵塔·蘭塔)
대좌(臺座) 위에 달걀 모양의 탑신(塔身)을 세운 탑. 한 덩어리의 돌로 이루어졌으며, 흔히 선승(禪僧)의 묘표(墓標)로 쓰임. 무봉탑(無縫塔).

난행도(難行道)
자기 힘으로 수행의 공을 쌓아 도를

깨닫는 방법. ↔ 이행도(易行道).

난화삼기(難化三機)
교화하기 힘든 세 무리들
① 대승을 훼방하는 사람. ② 오역죄를 저지른 사람. ③ 일천제의 무리.

남돈북점(南頓北漸)
중국의 남쪽 선풍(禪風)은 돈오쪽이고, 북종의 선풍은 점수(漸修) 쪽이 강하다.

남방불교(南方佛教)
아쇼카왕 이후 남인도·스리랑카·미얀마·타이·인도네시아 등지에 전파된, 대개 소승(小乘) 유파에 속하는 불교. 팔리어(Pali語)의 성전(聖典)을 보유하므로 팔리 불교라고도 함. ↔ 북방불교(대승불교)

남산삼관(南山三觀)
중국의 도선(道宣) 율사(律師)가 세운 세 가지 수행관.
도선 스님이 남산에 머물렀으므로 남산이라고 했음.

남스님(男-)
'남자 승'의 존칭. ↔ 여란치마.

남승(男僧)
남자 승. ↔ 여승(女僧).

남염부제(南閻浮提)
또는 남염부주(南閻浮州). 수미산남쪽에 있는 대주(大洲) = 염부제.

남전(南泉)
중국의 스님(748~834).

남종(南宗)
① [민] 당나라의 왕유(王維)를 원조로 하는 화가의 일파. ② 중국 선종(禪宗)의 한 파. 홍인(弘忍)의 제자인 혜능(慧能)을 개조(開祖)로 함. ↔ 북종(北宗).

남중삼교(南中三敎)
중국 제(齊)나라 이후에 강남에서 행해진 돈교, 점교, 부정교(不定敎)의 삼교.

남천철탑(南天鐵塔)
옛날 남인도에 있었다는 쇠탑.

납의(衲衣)
법의(法衣)의 일종. 또는 납가사(納袈裟)·분소의(糞掃衣). 납(衲)은 기웠다는 뜻으로 세상 사람들이 내어버린 여러 가지 낡은 헝겊을 모아서 누덕누덕 기워 만든 옷.

납자(衲子)
납의(衲衣)를 입은 중. 특히, 선승(禪僧). 납승.

내계(內界)
↔ 외계(外界) ① 중생의 몸과 마음에 대해서 신체를 외계라 하고, 마음을 내계라 한다. ② 6계 [지(地)·수(水)·화(火)·풍(風)·공(空)·식(識)] 가운데서 앞의 5계를 외례라 하는데 대해서 제6의 식계(識界)를 내계라 한다.

내공(內空)
18공(空)의 하나. 눈·귀·코·혀·몸·뜻의 6근(根)이 공함을 말한다. 6근은 인연에 따라 생긴 것이므로 필경에 공한 것이고, 실제의 자성은 없으므로 내공이라 한다.

내관(內觀)
① 마음을 고요히 하여 자기 자신을 자세히 관찰하는 것. ② [민] = 자기관찰.

내교(內敎)
불가(佛家)에서, '불교'를 이르는 말. 내도(內道). ↔ 외교(外敎).

내도(內道)
불도(佛道)를 일컫는 말. 내교(內敎). ↔ 외도(外道).

내도량(內道場) (×내도장)
왕실에서 부처님께 공양도 하고 수행도 하는 장소

내범위(內凡位)
내범(內凡)의 위계. 곧, 불교교리 안의 범부(凡夫)의 위계.

내불(內佛)
① 절의 본당 이외의 곳에 안치한 불상. ② 항상 지니고 본존으로 모시는 불상이나 불단.

내불당(內佛堂)
세종이 경복궁에 만든 절.

내생(來生)
삼생(三生)의 하나 = 죽은 후에 다시 태어남. 또는, 그 생애. 후생(後生).

내세(來世)
삼세(三世)의 하나. 죽은 뒤에 다시 태어나 산다는 미래의 세상. 당래(當來). 미래, 미래세. 후세(後世).

내역(內譯)
자세하고 분명한 내용, 일원상의 내역은 천지·부모·동포·법률의 사은이요, 사은의 내역은 우주만유이며, 우주 만유의 내역은 천지만물 허공 법계이다.

내영(來迎)
① 와서 맞이하는 것. ② 행자(行者)가 죽을 때에 아미타불이 나타나 극락으로 인도하는 것.

내왕꾼(來往-)
절에서 심부름하는 속인(俗人).

내외겸전(內外兼全)
인격 형성에 있어서 안과 밖이 아울러 완전한 것. 즉 명대실소(名大實小)하지 않고 명실상부(名實相符)한 것.

내전(內典)
= 불경. ↔ 외전.

내정정(內定靜)
안으로 마음이 어지럽지 아니하며, 마음이 평화롭고 맑으며, 천만 번뇌를 잠재우는 공부.

내증(內證)
자기 마음속에서 불법(佛法)의 참된 진리를 깨닫는 것.

내지(內智)
삼지(三智)의 하나. 곧, 번뇌를 끊고 자기 무명(無明)을 깨닫는 지(智). ↔ 외지(外智).

내착번뇌(內着煩惱)
자기에게 집착하여 발생하는 번뇌.

내학(內學)
불교에 관한 학문. ↔ 외학(外學).

냉추추지(冷湫湫地)
추추란 습기가 많은 곳. 차고 습기가 많은 장소를 강조한 말.

노고(老苦)
사고(四苦)의 하나. 늙어감에 따르는 괴로움.

노덕(老德)
'늙은 중'의 높임말.

노뢰추(老雷椎)
스님네의 머리가 둥글둥글한 모양이 뇌추(雷椎 : 종망치)와 비슷하다는 말. 대머리라는 말과 같다.

노불(老佛)
① 늙은 부처. 또는, 오래된 부처.
② '노승'의 경칭.

노사(老死)
[범] Jaramarana 12인연의 하나. 늙어서 목숨이 다함을 말한다. → 십이연기(十二緣起).

노사나불(盧舍那佛)
삼신불(三身佛)의 하나. 햇빛이 온 세상을 비추듯이 광명으로 이름을 얻은 부처를 이름. 광명불.

노소부정(老少不定)
사람의 목숨에 일정한 기한이 없고, 죽음에는 노소가 따로 없다는 말.

노스님(老-)
① 중의 스승 되는 스님. ② 조항(祖行)되는 스님.

노심초사(勞心焦思)
마음이 타도록 애쓰는 것. 정신적으로 애쓰고 이궁리 저 궁리로 생각을 태우는 것. 애를 쓰고 속을 태움. 몹시 애를 태움.

노엽달마(蘆葉達磨)
달마조사가 양무제를 떠나 양자강을 거슬러 올라갈 때 갈대를 꺾어 배를 만들어 타고 갔다는 데서 유래한 별명.

노자나불(盧遮那佛)
'비로자나불(毘盧遮那佛)'의 준말.

노장(老長)
'노장중'의 준말.

노장중(老長-)
나이 많고 덕행이 높은 스님. = 노장(老長).

노전(爐殿)
대웅전과 그 밖의 법당을 맡아보는 사람의 숙소. 향각(香閣).

노전스님(爐殿-)

'노전승'의 높임말.

노전승(爐殿僧)
법당에서 아침저녁으로 향불 피우는 일을 맡아보는 중.

노지(露地)
① 지붕이 덮여 있지 않은 땅. ② 삼계(三界)의 화택(火宅)을 떠난 안온한 곳.

노지염불(露地念佛)
장례식 때 상주의 집에서 장례장으로 갈 때 외는 염불.

노힐부득(努肹夫得)
신라 사람으로 백월산에서 기도하다 관세음보살을 만나 몸이 금으로 변해 연화대에 앉았다 함.

녹거(鹿車)
삼거(三車)의 하나. 연각승(緣覺乘)에 비유한 말.

녹거(鹿車)
3거(三車)의 하나. 연각승(緣覺乘)에 비유.

녹수낭(鹿水囊)
[범] Parisravana 비구 6물(六物)의 하나. 발리살라벌나(鉢理薩羅伐拏)라 음역됨. 녹수대(鹿水袋)·녹낭(鹿囊)·녹대(鹿袋)·누수낭(漏水囊)·수라(수라)라고도 한다. 물을 먹을 적에 물 속에 있는 작은 벌레를 죽이지 않기 위해서, 또는 티끌 같은 것을 없애기 위하여 물을 거르는 주머니.

녹야원(鹿野苑)
인도 중부에 있던 동산. 석가모니가 다섯 비구를 위하여 처음 설법한 곳임. 선인처(仙人處). 시록림(施鹿林).

녹원(鹿苑)
① 사슴을 기르는 뜰. ② '녹야원'의 준말.

녹자모(鹿子母)
[범] Mrgaramata 또는 녹모(鹿母). 인도 앙가국(鴦伽國) 장자의 딸. 이름은 비사카(毘舍카). 자라서 사위성의 장자인 녹자(鹿自)의 아내가 된다. 남편 녹자가 어머니와 같다고 칭찬하였다 하여 세상에서 별명을 지어 녹자모라 부르다. 부처님의 교화를 도와 협

찬하였고, 특히 사위성이 동원정사(동원정사)를 지어 부처님께 바친 것으로 유명.

녹자모강당(鹿子母講堂)

중인도 사위국 기원정사(祇園精舍). 앙가국(鴦伽國)의 장자 집에 태어나 사위성의 장자 녹자(鹿子)에게 시집간 비사카(毘舍카)가 180만 금을 내고, 목련(木蓮)의 감독으로 지어 부처님께 바친 것이므로 녹자모 강당이라 한다.

논의경(論議經)

12부경(部經)의 하나. 논의설(論議設)·논의(論議)라고도 한다. 우바리사(아婆리舍, Upadesa)를 번역한 이름.

논강(論講)

경전을 연구하여 토론하는 것.

논사(論師)

삼장(三藏) 가운데 특히 논장(論藏)에 통달한 사람. 또는, 논(論)을 지어서 불법을 드날린 사람. 논가(論家).

논장(論藏)

삼장(三藏)의 하나. '논(論)'을 모은 것.

뇌뇌낙낙(磊磊落落)

높은 산이 웅장하게 우뚝 솟아있는 것처럼 사람의 기상이 쾌활하고 뛰어남. 마음이 활달하여 작은 일에 구애받지 않고 도량이 툭 트임.

누(漏)

① '누수(漏水)'의 준말. ② '각루(刻漏)'의 준말. ③ = 번뇌.

누영진무소외(漏永盡無所畏)

부처님은 번뇌가 영원히 끊어져 있음으로 모든 면에서 두려워할 바가 없다.

누진비구(漏盡比丘)

누(漏)는 번뇌. 번뇌를 끊어 없애고 빛·향기 따위에 물들지 않는 비구. 곧 아라한(阿羅漢)을 말함.

누진통(漏盡通)

[범] Asravaksaya-jnana 6통(通)의 하나. 또는 누진지통(漏盡智通)·누진지증통(漏盡智證通). 번뇌를 끊음이 자유자재하며, 여실(如實)하게 4체(諦)의 이치를 증(證)하여 다시 3계(界)에 미(迷)하지 않는 부사의한 힘.

능가경(楞伽經)

7권 10품으로 구성. 당나라 실차난타 번역. 부처님이 능가산에서 대혜보살(大慧菩薩)을 위하여 여래장(如來藏) 연기(緣起)의 이치를 설한 경.

능생지(能生支)

12지(支) 가운데서 애(愛)·취(取)·유(有)의 3지. 이 3지는 가까운 미래의 과(果)인 생(生)·노사(老死)를 내는 것이므로 능생지라 한다.

능선능악(能善能惡)

사람의 성품이 능히 선으로도 나타나고 악으로도 나타나는 것. 성품을 동(動)과 정(靜)의 입장에서 파악한 것.

능연단(能緣斷)

능연의 혹(或)을 끊음.
능연이란 객관 대상과 마음의 작용을 함.

능이성 무상(能以成 無常)

㉮ 일원의 진리가 생생 약동하여 스스로 인과보응의 이치로 변화한다는 말. 변화 무상한 현실 세계를 표현한 말이다.

능이성 유상(能以成 有常)

㉮ 일원의 진리가 항상 그대로 있어서 영원히 변하지도 않고 없어지지도 않는다는 말.

능인(能仁·能忍)

능히 '인(仁)'을 행하는 자'라는 뜻. '석가모니'를 이르는 말.

능치(能治)

① 불선(不善)을 개선하는 주체. 보통 번뇌에 빠진 중생을 득도(得度)하게 하는 자를 이름. ② 사물을 올바르게 처리하는 일.

능화(能化)

능히 중생을 교화하는 이. 곧, 부처나 보살.

니(尼)

[파] Bhikkhuni 비구니(比丘尼)의 준말. 속어(俗語)로 승수자·여승.

니건타야제자(尼健陀若提子)

[범] Nirgrantha jnataputra 니건자(尼健子)를 말한다. 야제(若提)는 그의 어머니 이름. 인도 6사(六師) 외도의 하나.

니구류수(尼拘類樹)

[범] Nyagrodha 또는 니구타(尼拘陀)·니구률(尼拘律)·니구류타(尼拘類陀). 번역하여 무절(無節)·종광(從廣). 장대(長大)한 교목(喬木). 높이 30~50척. 가지와 잎이 무성하여 나무 그늘이 더위를 피하기에 알맞다. 가섭불(迦葉佛)은 이 나무 아래서 성도 <무량수경>에 '니구류수와 같이 모든 것을 널리 덮은 까닭이라'는 구절이 있다.

니르바나 nirvana
= 열반(涅槃).

니승(尼僧)
비구니를 말한다. 일반의 속어로는 여승(女僧)·승수자.

니인(泥人)
지옥에 떨어진 사람.

ㄷ

다(多)
[범] ta 실담 50자문의 하나. 일체법여여불가득(一切法如如不可得)의 뜻. 진여무간단(眞如無間斷)의 소리라 한다. 이는 진여의 뜻을 가진 범어. Tathata에서 해석한 것. 많은 것 많음.

다각(茶角) 스님
대중스님들을 위해 차(綠茶)를 책임지는 스님.

다담(茶啖)
손님 대접을 위하여 내놓은 다과(茶菓) 따위. 차담(茶啖).

다라니(陀羅尼) dharani (×타라니)
[선법(善法)을 갖추어 악법(惡法)을 막는다는 뜻] ① 범문(梵文)을 번역하지 않고 음(音) 그대로 외는 일. 자체에 무궁한 뜻이 있어 이를 외는 사람은 한없는 기억력을 얻고, 모든 재액에서 벗어나는 등 많은 공덕을 얻는다고 함. ② '다라니주(陀羅尼呪)'의 준말. 타라니.

다라니주(陀羅尼呪)
범문(梵文) 그대로의 간단한 문구로, 여러 부처와 보살의 선정(禪定)으로부터 생겨난 진언(眞言). = 다라니.

다라존관음(多羅尊觀音)
33관음의 한분
구름 위에 서 있는 관음.

다문천(多聞天)
사왕천(四王天)의 하나. 북쪽의 천국.

다문천왕(多聞天王)

사천왕(四天王)의 하나. 수미산(須彌山)의 북쪽 중턱에 살며, 북방을 수호하는 천왕. 많은 야차(夜叉)를 거느림. 그 형상은 무장한 모습으로 나타나며, 왼손에 보탑(寶塔)을 받쳐 들고 있음.

다문하다(多聞-)
① 들은 것이 많다. ② 법문(法文)을 외어 지닌 것이 많다.

다보여래(多寶如來)
① 5여래의 하나로 법화경을 설하는 곳에 나타나 석가모니 부처님의 설법이 진실이라고 증명한 여래. ② 법화경(法華經)의 중심적인 부처로서, 동방의 보정(寶淨) 세계의 교주(教主). 석가가 영취산(靈鷲山)에서 법화경을 설법할 때, 그 곳에 보탑을 출현시켜 설법이 진실임을 입증·찬양하였으며 보탑 안 자리의 반을 비워 석가에게 양보하였다고 함.

다비(茶毘) jhapita
불에 태운다는 뜻으로, 곧 시체를 화장(火葬)하여 그 유골을 거두는 장례법. 사비(사毗). 사유(사維).

다비소(茶毘所)
시체를 화장하는 장소. 화장터.

다생(多生)
① 많이 나는 것. ② 차례 차례로 태어나는, 헤아릴 수 없이 많은 여러 세상. ③ 많은 생명을 구하는 것.

다생광겁(多生曠劫)
여러 번 태어나 영원히 윤회(輪廻)하는 영원한 시간.

다자탑(多子塔)
[범] Pahuputraka 중인도 비야리성(毘耶離城)의 서쪽에 있던 탑 이름. 비야리에 있던 4탑의 하나. 이 탑에 대해서는 여러 가지 전설이 있다. ① 옛적에 어떤 나라 임금의 부인이 육태(肉胎)를 낳자, 상서롭지 못하다고 하여 항하에 던져 버렸다. 그 육태는 하류의 어떤 국왕이 주워서, 마침내 아들을 삼았다. 아들이 자라서 상류로 쳐들어가다가 이 탑에서 그 어머니를 만나게 되어, 그 땅이 부모의 나라임을 알고는, 무기를 버리고 싸움을 중지하였다고 한다. <불국기(佛國記)> ② 부처님께서 석 달 뒤에 입멸한다는 예언을 이 탑 근처에서 하였다고 전한다.

<서역기(西域記)> ③ 부처님께서 일찍이 이탑 앞에서 가섭을 만나 반좌(半座)를 나누어 앉게 하였다고 한다. <육조단경(六組壇經)> ④ 왕사성의 어떤 장자의 아들딸 각 30인이 벽지불(辟支佛)을 증득하였을 적에, 그 권속들이 그들을 위하여 세운 탑이므로 다자탑이라 한다. <조정사원(祖庭事苑)>

단(斷)
번뇌(煩惱)를 끊고 죽음에 대한 공포를 없애는 일.

단가(檀家)
절에 시주하는 사람의 집.

단견(斷見)
세상 만사가 무상하듯 사람도 한번 죽으면 몸과 마음이 모두 없어져 공무(空無)로 돌아간다는 소견. ↔ 상견(常見).

단견외도(斷見外道)
사람이 죽으면 단멸(斷滅)해서 다시 뒷 세상이 없다는 견해를 가진 외도.

단결(斷結)
세상 번뇌를 끊는 것.

단덕(斷德)
모든 번뇌를 끊어버린 부처님의 덕.

단도(檀度)
시주(施主)의 무리.

단도(斷道)
또는 멸도(滅道)·대치도(對治道). 번뇌를 끊는 계위(階位). 이를테면 견도(見道)에서 견혹(見惑)을 끊고, 수도(修道)에서 수혹(修惑)을 끊는 것과 같은 것.

단도직입(單刀直入)
① 요점(要點)이나 본문제의 중심을 곧바로 말함. ② 혼자서 한 자루의 칼을 휘두르며 적직으로 곧장 쳐들어감. ③ 생각·분별·말에 거리끼지 않고 진경계(眞境界)로 바로 들어감.

단두자(斷頭者)
바라이죄(波羅夷罪. Parajika) 살생·도둑질·음행·거짓말의 죄를 범한 이를 말한다. 이 죄를 범하면 승려의 자격을 읽고 다시 승단(僧團)에 들어갈 수 없는 것이, 마치 사람의 머리를 끊는 것과 같다는 뜻으로 말한다.

단말마(斷末魔)
숨이 끊어질 때의 고통.
말마를 자름, 목숨을 자름.
말마는 몸가운데 급소.

단바라밀(檀波羅蜜)
[범] Danaparamita 육바라밀의 하나. 단(檀)은 단나(檀那)의 준말로 보시(布施)라 번역. 남에게 물건을 거져주는 일. 바라밀도 도(度)·도피안(到彼岸)이라 번역. 생사의 바다를 건너서 열반 언덕에 이르는 행법(行法)을 말한다. 보시는 열반에 가는 행법의 하나이므로 단바라밀이라 한다.

단배(壇排)
불사(佛事)에 임시로 단(壇)을 만드는 데에 드는 제구. 동상·널 등.

단상이견(斷常二見)
단견과 상견의 두 견해.
단견 : 사람이 죽으면 그로써 모든 것이 없다는 견해.
상견 : 사람이 목숨이 끊어져도 영원히 지금의 상태를 유지한다는 견해.

단설재(斷舌才)
타인의 혀를 멈추게 하는 놀라운 말솜씨.

단속사(斷俗寺)
경남 산청에 있는 절.

단식(斷食)
수행하거나 기도를 하기 위하여 일정한 기간에 식사를 하지 않는 것.

단악수선(斷惡修善)
악업을 끊고 선업을 닦아 선도(善道)에 들어가는 일.

단전(單傳)
① 단지 그 사람에게만 전하는 것.
② 이심전심(以心傳心)하는 것.

단전(丹田)
배꼽 아래 한 치쯤 되는 곳. 좌선할 때에 기운을 이곳에 모으면 정신이 어지럽지 않고 또 병을 고치는 데도 효험이 있다. 또는 배꼽 아래를 하단전(下丹田). 양미간을 상단전(上丹田)이라고도 한다.

단주(短珠)

54개의 이하의 구슬을 꿰어 만든 짧은 염주. 단념(短念).

단혹(斷惑)
미계(迷界)의 원인인 혹(惑)을 끊는 것.

단혹증리(斷惑證理)
미혹을 끊고 진리를 증득함.

달달박박(怛撻朴朴)
신라 사람. 노힐부득과 함께 수행해서 무량수불이 됨.

달라이 라마
티베탄에게는 관세음보살의 화신으로 여겨져 절대적 믿음의 대상이며 정치적 결정권을 갖는 통치권자.
"달라이"는 몽골어로 큰 바다라는 뜻이고 "라마"는 티베트어로 "스승"이라는 뜻임.

달마(達磨) dharma
법(法)·진리·본체·궤범(軌範)·교법·이법(理法) 등의 뜻.

달마다라선경(達磨多羅禪經)
달마다라가 쓴 책.

부처님과 조사가 서로 전한 불법을 모음.

달마아란야(達磨阿蘭若) (×-아란약)
보리(菩提)가 충만한 도량(道場). 아란야는 조용한 수행장소..

달찰나(怛刹那)
[범] Tatksana 시간의 이름. 120찰나. 1시간의 2,250분의 1

당(幢)
[범] Dhvaja : Ketu 태박야(駄縛若)·계도(計都)라 음역. 간주(竿柱 : 장대) 끝에 용두(龍頭)의 모양을 만들고 깃발을 단 것. 불·보살의 위신과 공덕을 표시한 장엄구(莊嚴具)

당간(幢竿)
당(幢)을 달아 세우는 나무·쇠등의 기둥. 짐대.

당두(當頭)
절의 큰방에 청산(靑山)·백운(白雲) 따위를 써서 붙인 것.

당래(當來)
= 내세(來世).

당래도사(當來導師)
미륵보살. 다음 세상에 오셔서 세상을 제도하는 보살.

당연등급(當然等級)
신분검사법 중에서 당연히 수행하고 지켜야 할 조항.

당정현상(當情現相)
또는 중간존경(中間存境). 우리들의 주관적 미관(迷觀)에 의하여 나타나면서도 자체가 없는 실아(實我)·실법(實法)의 상분(相分)

당처불공(當處佛供)
실지불공(實地佛供)이라고도 한다. 우주만유 전체의 진리성에 바탕하여 그 대상을 따라 실재로 불공하는 것.

대(大)
[범] Maha 마하(摩訶)라 음역. 자체관광(自體寬廣)·주변포함(周邊包含)·다(多)·승(勝)·묘(妙)·불가사의(不可思議) 등의 뜻도 있다. → 삼대(三大)·사대(四大)·오대(五大)·육대(六大)

대가섭(大迦葉) (×대가엽)
부처님 10대 제자 중 한 분.

대각(大覺)
① 부처님을 일컫는 다른 명칭. 스스로 깨닫고, 남을 깨닫게 하므로 대각이라 한다. ② 성문·보살이 깨달은 지혜에 대하여, 부처님이 깨달은 지혜를 말한다.

대각개교절(大覺開敎節)
원불교 사대경절(四大慶節)중의 하나.

대각국사문집(大覺國師文集)
대각국사 의천(義天)의 문집.

대각세존(大覺世尊)
'부처'의 존칭.

대각여래위(大覺如來位)
㉠ 소태산 대종사나 석가모니불 같은 최고 경지의 인격자. 원불교가 목적하는 최고경지의 인격자요, 인간이 도달 할 수 있는 최고 최대의 이상적인 인격자. 이 세상에서 가장 존귀한 도인이요, 우주의 주인이다.

대겁(大劫)

매우 오랜 세월. 성(成)·주(住)·괴(壞)·공(空)의 사겁(四劫)을 합친 것으로, 세계의 성립으로부터 파멸에 이르기까지의 시간을 이름.

대계(大戒)
비구(比丘) 및 비구니가 지켜야할 계. 각각 250계 및 348계가 있음. 구족계(具足戒).

대고중(對告衆)
부처님 설법장에 있던 청중.

대공(大空)
18공(空)의 하나. 물적(物的)인 모든 현상은 지(地)·수(水)·화(火)·풍(風)의 4원소로 만들어진 가설(假設)로, 실다운 성품이 없는 것을 말한다.

대공심(大空心)
크게 텅 빈 마음. 시간과 공간이 텅비고 삼독 오욕도 텅 비어버려 우주의 근본인 공(空)에 합일한 마음.

대공심(大公心)
크게 공변(公偏)된 마음. 어느 한 편에 치우치지 않고 원근친소에 끌리지 않는 마음. 자기의 몸이 사은의 공물(公物)임을 철저히 느끼는 마음.

대교(大敎)
'화엄경'을 이르는 말.

대교사(大敎師)
태고종(太古宗)의 최고 법계(法階).

대교학인(大敎學人)
대방광불 화엄경(大方廣佛華嚴經)을 배우는 사람.

대구치나(大拘致那)
[범] Mahakausthila 또는 마하구치라(摩訶拘致羅). 번역하여 대슬(大膝). 사리불의 외삼촌. 나면서부터 손톱이 길었으므로 장조범지(長爪梵志)라 한다. 뒤에 부처님께 귀의. 별재가 뛰어나 '문답 제일'이라 일컫다.

대구품(大九品)
가사(袈裟) 여든한 벌을 만드는 일.

대규환지옥(大叫喚地獄)
8대 지옥의 제5. 규환지옥 밑에 있다. 고통은 앞에 4지옥의 10배, 수명은 8천 세. 인간의 8백 세가 화락천(化樂天)의 1일(日) 1야(夜). 화락천의

8천 세가 이 지옥의 1일 1야. 살생·도둑질·음행·술 먹고 거짓말한 사람들이 가게 된다는 지옥.

대기(對機)
① 설법자(說法者)의 상대편. 곧, 설법을 듣는 사람. ② 선가(禪家)에서, 스승이 학인(學人)의 물음에 대답하는 것.

대기사(大忌事)
크게 꺼리고 피해야 할 일. 결코 해서는 안 될 일.

대기설법(對機說法)
병에 따라 약을 주듯 듣는 이의 듣는 이의 근기에 따라 가르침을 줌.

대길상천(大吉祥天)
또는 공덕천(功德天). 부귀(富貴)를 맡은 천녀(天女)를 말한다.

대다라니(大陀羅尼)
긴 다라니, 신묘장구 대: 다라니.

대단나(大檀那)
= 큰단나.

대당서역구법고승전(對唐西域求法高僧傳)
중국인으로서 인도에 가서 불교를 구해 온 인물들의 전기. 의정(義淨)이 씀.

대덕(大德)
① 넓고 큰 인덕(仁德). 또는, 그러한 덕을 가진 사람. 준덕(俊德). 홍덕(鴻德). ② 덕이 높은 중. 고승(高僧). 명승(名僧). ③ [민] 고려시대의 중의 법계(法階)의 하나. 대선(大選)의 위, 대사(大師)의 아래임. ④ [민] 조선시대, 중의 법계의 하나. 교종(敎宗)에서, 중덕(中德)의 위, 대사(大師)의 아래임. ⑤ 조계종(曹溪宗)에서, 비구(比丘) 법계의 3급 2호. 종덕(宗德)의 아래, 중덕(中德)의 위임. ⑥ 태고종(太古宗) 법계의 3급. 종사(宗師) 또는 교사(敎師)의 아래, 중덕(中德)의 위임.

대도심(大道心)
위로 부처님 되기를 구하고, 아래로 중생을 제도하기 위하여 노력하는 마음. 큰 도를 얻기 위하여 수행하는 보살의 마음.

대례·소례(大禮·小禮)

㉿ 대례와 소례는 원불교의 인사법입니다.

서서 하는 예와 엎드려 하는 예로 구분이 되는데 서서 하는 대례는 99° 각도로 허리를 굽히는 것이요, 소례는 45° 각도로 허리를 굽힙니다.

엎드려서 하는 대례는 손과 발, 머리가 땅에 닿도록 하는 것이며, 소례는 머리가 닿지 않을 뿐입니다.

대명(大命)

1기(期)의 수명. 경흥(憬興)의 <무량수경술문찬(無量壽經述文讚)>에 "명(命)의 3대(大) 중의 하나이므로 대명이라 한다."고 쓰여 있다.

대명국(大明局)

원불교 최초의 이름. 구간도실을 완공할 무렵 소태산 대종사는 장차 교단건설의 방향을 예시한 내용으로 「대명국 영성소 좌우통달 만물건판 양생소(大明局 靈性巢左右通達萬物健判養生所)」란 길다란 이름을 말했다.

대명삼장법수(大明三藏法數)

명나라 일여(一如)가 쓴 책.

대반야경(大般若經)

= 대반야 바라밀다경.

대반야바라밀다경(大般若波羅蜜多經)

= 반야를 설명한 여러 경전을 모아 이룬 책. 당나라의 현장(玄奬)이 번역한 것으로, 모두 600권임. 대반야경.

대반야 바라밀다 심경(大般若波羅蜜多心經)

= 반야 신경(般若心經).

대반열반(大般涅槃)

[범] Mahaparinirvana 마하반열반나(摩訶 般涅槃那)라 쓰며, 대입멸식(大入滅息)·대멸도(大滅度)·대원적입(大圓寂入)이라 번역.

대반열반경(大般涅槃經)

석존께서 입멸하실 때의 설법을 기록한 경.

대반주삼매경(大般舟三昧經)

경전의 이름.

대방광(大方廣)

[범] Mahavaipulya 부처님께서 깨

달은 진리를 말한다. 이 진리는 온갖 것을 포함하여 한량없이 큰 것이므로 대(大), 만법의 모범이 되어 변치 않는 체성(體性)이므로 방(方), 그 덕은 널리 우주에 관통하므로 광(廣)이라 한다.

대방광불 화엄경(大方廣佛華嚴經)
'화엄경(華嚴經)'의 정식 이름.

대백의(大白衣)
= 백의 관음(白衣觀音).

대방광불화엄경(大方廣佛華嚴經)
화엄경의 원명.

대방광원각수다라요의경(大方廣圓覺修多羅了義經)
원각경(圓覺經)의 원명.

대방편(大方便)
[범] Autsukya 불·보살의 광대한 수단과 방법. 중생의 근기에 잘 맞도록 여러 가지 좋은 방법으로 지도하여 구제하는 것.

대범천(大梵天)
[범] Mahabrahman 색계 초선천(初禪天)의 제3. 초선천의 주재인 대범천왕이 있는 곳.

대범천왕(大梵天王)
[범] 대범천왕 또는 대범왕(大梵王)·범왕(梵王). 색계 초선천 중의 화려한 고루 거각에 있으면서 사바세계를 주재하는 천왕. 키는 1유순 반. 수명은 1겁반이라 한다.

대법(大法)
① 부처의 뛰어난 가르침. ② '대승(大乘)'의 별칭.

대법고경(大法鼓經)
법화경의 궁자비유·화성비유 등이 실려 있어서 주목됨.

대법회(大法會)
경전을 강설(講說)하는 규모가 큰 법회.

대변장자(大辯長者)
지장 보살(地藏菩薩)의 오른쪽에 있는 보처존(補處尊).

대변재천(大辯才天)
노래와 음악을 맡은 여신. 하늘이

아님.

대보살(大菩薩)
지덕(智德)이 뛰어난 보살. ↔ 소보살.

대보적경(大寶積經)
대승의 법보를 쌓는다는 경전.

대본원(大本願)
부처가 중생을 제도(濟度)하려는 큰 염원.

대불(大佛)
= 큰부처.

대불 개안(大佛開眼)
① 불상을 거의 다 만들어 갈 때 행하는 의식. ② 최후의 완성을 가리키는 말.

대불 공양(大佛供養)
대불을 공양하는 일.

대불전(大佛殿)
대불을 모신 법당.

대비(大悲)
① 중생의 고통을 가엾게 여겨 구제하려는 부처의 큰 자비. ② = 관세음보살.

대비각(大悲閣)
관세음 보살이 불상을 모신 불당.

대비경(大悲經)
부처님께서 입멸하실 때에 대범천왕을 이끌어 바른 신심(信心)을 얻게 하고, 아난에게 부촉하여 바른 법을 전해 가질 것을 말한 경. 범천·상주·제석·라후라·가섭·지정법·사리불·예배·선근·보시·복덕·식선근·부촉정법·문교의 13품으로 되다.

대비관음(大悲觀音)
관세음보살의 총칭.

대비로자나(大毘盧遮那)
대일여래.

대비바사론(大毘婆沙論)
불멸 후 4백 년 경에 결집한 책.

대비 보살(大悲菩薩)
= 관세음 보살.

대비심(大悲心)
모든 중생의 괴로움을 없애려는 마음. 곧 불·보살의 마음.

대비원(大悲願)
불·보살이 모든 중생을 구제하려는 대자 대비한 서원.

대비자(大悲者)
대자 대비한 사람이라는 뜻으로, 특히 관세음 보살을 이르는 말.

대비주(大悲呪)
천수 다라니

대비참(大悲懺)
천수경에 의거해 참회함.

대비하다(大悲-)
중생이 고통을 건져 주려는 자비가 크다.

대사(大士)
불법에 귀의하여 믿음이 두터운 사람.

대사(大師)
① '부처', '보살'의 존칭. ② 나라에서 덕이 높은 중에게 내리던 칭호. ③ '중'의 높임말.

대사모(大師母)
교조 소태산 대종사의 모친과 부인을 높여 일컬으는 말.

대사문(大沙門)
① '석가모니 여래'의 별칭. ② 큰 사문(沙門). 곧, 승가(僧伽).

대삼재(大三災)
세계가 괴멸하기 직전에 일어나는 수재, 화재, 풍재.

대선(大仙)
[범] Maha-rsi 부처님을 칭하는 말이다. 세간을 떠나서 산중에 살며 수행하여 장생(長生)을 구하는 사람을 신선이라 한다. 부처님은 신선 가운데서 가장 높다는 뜻으로 대선이라 한다.

대선(大禪)
① 선종(禪宗)의 가장 높은 법계. ② [민] 고려 시대에 중의 법계의 하나. 선종의 최고 계급. 선사(禪師)의 위임. ③ [민] 조선시대에 중의 법계의 하나. 선종에서 선사의 위, 도대선

사(都大禪師)의 아래임.

대성(大聖)
석가모니 부처님을 칭한다. 부처님께서는 성인 중에서도 성인이라는 뜻으로 대성이라 한다.

대세지 보살(大勢至菩薩)
① 삼불(三佛)의 하나. 아미타불(阿彌陀佛)의 오른쪽에 있는 보처존(補處尊). 지혜의 광명으로 중생의 삼악도(三惡道)를 건지는 보살임. ② 지혜의 빛으로 모든 중생의 미혹함을 없애주는 힘을 가진 보살. 세지보살이라고도 함.

대승(大乘) mahayana
후기(後期) 불교에서 소승(小乘)과 더불어 두 가지 큰 유파중의 하나. 소승 불교가 수행(修行)에 의한 개인의 해탈을 가르치는 것임에 대하여, 이는 이타 구제(利他救濟)의 입장에서 널리 인간 전체의 평등과 성불(成佛)을 주장하여 그것이 부처의 가르침의 근본이라고 한 것임. 마하연. ↔ 소승(小乘).

대승(大僧)
나를 위하면서 남도 위하는 이타중심(利他中心)의 불자.

대승경(大乘經)
대승의 교법을 해설한 다섯 가지의 불경. 곧, 화엄경(華嚴經)·대집경(大集經)·반야경(般若經)·법화경(法華經)·열반경(涅槃經)·대승 오부(大乘五部). ↔ 소승경(小乘經).

대승계(大乘戒)
보살이 지켜야 할 계율. 보살계(菩薩戒)라고도 한다. <법망경>에 말한 10중계(重戒)·48경계(輕戒). <선계경>에 말한 3취정계(취淨戒) 등 그 이름은 종파에 따라 다르다.

대승기신론(大乘起信論)
마명(馬鳴) 보살이 쓴 책 이름.

대승묘경(大乘妙經)
법화경의 별칭.
법화경이 대승경전 중에서 가장 묘한 진리를 지녔다고 해서 붙인 이름.

대승무작대계(大乘無作大戒)
대승의 사람이 받을 계.
대계란 대승기란 뜻이고, 무작이란

마음속에 "한다", "지킨다"라는 의지 작용마저 벗어났다는 뜻.

대승방등경전(大乘方等經典)
화엄·법화 등의 대경승전.
방등이란 방정(方正) 평등(平等)의 준말.

대승 불교(大乘佛敎)
대승의 교리를 주지(主旨)로 하는 교파의 통칭. 삼론(三論)·법상(法相)·화엄(華嚴)·천태(天台)·진언(眞言)·율(律)·등의 제종(諸宗)을 비롯하여 선종(禪宗) 등이 이에 딸림. 대승교. ↔ 소승 불교.

대승선(大乘禪)
㉞ ① 대승불교의 선. ② 대승수행의 입장에서 하는 선. 곧 무시선 무처선을 말함. 경계를 피하여 조용한 곳을 찾아 닦는 선이 아니라 현실세계의 시끄러운 경계 곧, 욕심경계를 피하지 않고 그 속에서 닦는 선.

대승행(大乘行)
이타적 봉공행·무아봉공행. 자기 개인의 이익이나 눈앞의 이익을 목적하는 것이 아니라, 인류 전체를 위하고 역사의식과 사명 의식에 바탕한 봉공행.

대아(大我)
① [민] 인도 철학에서, 우주의 유일 절대의 본체. ② 우주의 본체. 참된 나, 곧 사견(私見)·집착(執着)을 떠나 자유 자재(自由自在)의 경지. ↔ 소아(小我).

대아라한(大阿羅漢)
① 아라한 가운데에서 그 지위가 가장 높은 사람. ② '아라한'의 높임말.

대아도리(大阿闍梨)
수법(修法)이 단(壇)에서 주(主)되는 중.

대염불(大念佛)
많은 사람이 모여 큰 소리로 하는 염불.

대예참(大禮懺)
부처·보살의 이름을 부르며 절을 많이 하는 예불.

대오(大悟)
① 번뇌에서 벗어나 진리를 크게 깨

닫는 것. ② 크게 깨닫는 것.

대오철저(大悟徹底)
① 크게 깨달아서 번뇌와 의혹이 다 없어짐. ② 우주의 대아(大我)를 남김없이 모두 앎.

대용(大用)
큰 작용. 위대한 역량.

대웅전(大雄殿)
본존 불상(本尊佛像)을 모신 법당이 이름.

대원(大願)
① 큰 소원. ② 부처가 중생을 구하고자 하는 서원(誓願).

대원경지(大圓鏡智)
사지(四智)의 하나. 큰 거울에 만물이 비치듯이 세상 만법(萬法)을 비치는 지혜.

대원본존(大願本尊)
자기는, 부처 없는 세상에서 육도 중생(六道衆生)을 모두 제도(濟度)한 다음에야 부처가 되겠다는 큰 서원(誓願)을 세운 지장 보살(地藏菩薩).

대위덕(大威德)
악을 제지하는 힘이 있으므로 대위(大威)라 하고, 선을 지키고 보호하는 공이 있으므로 대덕(大德)이라 한다.

대위덕명왕(大威德明王)
[범] Yamantaka 5대명왕(大明王)의 하나. 염만덕가(焰曼德迦)라 음역. 항염마(降閻魔)라 번역. 형상은 3면(面) 6비(臂)로 성낸 모양을 하고, 흰 소를 타고 있다. 모든 독사(毒蛇)·악룡(惡龍)에게 항복받는다고 한다. 그 근본 진실신(眞實身)은 아미타불로서 서방(西方)에 안주함.

대은교주(大恩敎主)
큰 은혜를 베푸는 가르침의 주(主) '석가모니'의 존칭.

대응공(大應供)
① 부처님 십호(號)의 하나. 응공(應供)은 3승(乘)에 통하는 것이므로, 성문(聲聞)·연각(緣覺)의 소승 아라한과 구별하기 위하여 부처님을 대응공이라 한다. → 응공. ② 아미타불을 말한다. 아미타불은 모든 부처님 가운데서 대왕이므로 대응공이라 한다.

대의왕(大醫王)

석가모니 부처님을 말한다. 어진 의사가 병에 따라 약을 주어 병자를 낫게 하듯이, 부처님께서 중생의 근기에 따라 거기에 알맞은 교법을 말하여, 그 고통을 없애고 편안하게 함으로 대의왕이라 한다.

대일 여래(大日如來)

진언 밀교(眞言密敎)의 본존(本尊). 우주 실상을 체현하는 근본 부처임. 범어식 이름은 마하바이로차나(Mahavairoca-na). 변조 여래(변照如來). 자나 교주(遮那敎主).

대일여래(大日如來)

밀교에서 가장 절대적인 부처. 마하비로자나, 비로자나라고도 함.

대자(大慈)

① 큰 자비. ② 중생을 사랑하는 부처의 큰 자비.

대자대비(大慈大悲)

넓고 커서 끝이 없는 자비. 특히, 관세음 보살이 중생을 사랑하고 불쌍히 여기는 마음을 이름.

대자재(大自在)

① 어떤 일이든지 마음대로 할 수 있는 큰 역량. ② '대자재천'의 준말.

대자재궁(大自在宮)

대자재천의 궁전. 색계(色界)의 꼭대기에 있다고 함.

대자재왕보살(大自在王菩薩)

25보살의 하나. 이 보살은 8정도(正道)를 보이는 권화신(權化身)을 나타내며 8번(幡) 대발이 되어 괴로움 받는 중생을 구제한다고 함.

대자재천(大自在天)

대천 세계(大千世界)의 주(主). 눈은 셋, 팔은 여덟이며, 흰 소를 타고 흰 불자(拂子)를 들고 있으며, 큰 언덕을 가졌음. 범어식 이름은 마헤슈바라(Mahesvara). 마헤수라(摩醯首羅).

대장경(大藏經)

불경의 총칭. 경장(經藏)·율장(律藏)·논장(論藏)을 모아 놓은 책. 일체경(一切經).

대장경 목판(大藏經木板)

합천(陜川) 해인사(海印寺)에 간직

된 대장경의 목판.

대적멸(大寂滅)
대열반을 말한다. 생멸이 없는 절대 적정(寂精)한 경지.

대정지비(大定智悲)
부처님의 3덕. 대정(大定)·대지(大智)·대비(大悲).

대종(大鐘)
① 큰 종. ② 쇠로 만든 큰 종. 땅속의 영혼을 대표하며 명부(冥府)의 모든 귀신을 부를 때에 침.

대종경(大宗經)
소태산 대종사의 일생 일대의 언행을 수록한 경전.

대종사(大宗師)
① [종] 대종교에서, 성통 공완(性通功完)한 사람을 높여 이르는 말. ② 조계종에서, 비구 법계(法階)의 첫째. ③ 원불교에서 교조(敎祖)를 이르는 말.

대좌(臺座)
상(像)을 안치하는 대(臺).

대주간정중경목록(大周刊定衆經目錄)
측천무후의 명을 받고 많은 경전의 제목을 기록한 책.

대중(大衆)
① 수많은 여러 사람. ② [민] 대량 생산·대량 전달 등을 특징으로 하는 현대 사회를 구성하는 대다수의 사람. 엘리트와 상대되는 개념으로, 수동적·감정적·비합리적인 특성을 가짐. 때로, 농민이나 노동자 계급을 가리키기도 함. ③ 많이 모인 중. 또는, 비구(比丘)·비구니(比丘尼)·우바새(優婆塞)·우바이(優婆夷)의 총칭. ④ 대중은 출가 여부에 관계없이 부처에게 귀의한 신도들을 가리키는 말.

대중 공양(大衆供養)
신자(信者)가 여러 중들에게 음식을 내는 일.

대중 산림(大衆山林)
절의 모든 일을 대중의 결의에 따라 처리하는 절.

대중 처소(大衆處所)
스님이 많이 사는 절.

대지(大地)

견도(見道)이상의 보살이 수행하는 지위를 단계별로 10지(地)로 나누고, 그 중에서 높은 지위를 대지라 한다.

대지(大旨)

말이나 글의 대강의 내용이나 뜻.

대지 미진겁(大地微塵劫)

대지를 가루처럼 부수어 얻어지는 무수한 먼지마큼 많은 겁(劫).

대지장(大智藏)

한 점의 흐림도 없는 거울과 같이, 삼라만상이 그대로 비추어 모자람이 없이 원만 명료한 지혜(智慧), 곧 부처님의 대원경지(大圓鏡智)를 말한다. 이는 모든 지혜의 근본이므로 장(藏)이라 한다.

대지혜문(大智慧門)

↔ 대자비문(大慈悲門). 보살이 큰 지혜로써 불과(佛果)에 깨달아 들어가는 부문.

대찰(大刹)

큰 절. 또는, 이름 난 절.

대처(帶妻)

① 아내를 두는 것. ② '대처승'의 준말. ↔ 비구(比丘).

대처승(帶妻僧)

살림을 차리고 아내와 가족을 거느린 중. 화택승(火宅僧). ↔ 비구승(比丘僧)

대천 세계(大千世界)

삼천대천 세계의 첫째. 곧, 중천(中千) 세계의 천 곱절이 되는 세계.

대초열 지옥(大焦熱地獄)

팔열 지옥(八熱地獄)의 하나. 초열 지옥보다 고통이 더 심한 지옥.

대통지승불(大通智勝佛)

3천 진점겁(塵點劫) 전에 세상에 나신 부처님의 이름. 아촉·아미타·석가모니불 등 16부처님은 이 부처님이 세상에 있을적에 왕자였다고 한다. <법화경>에 있다.

대혜(大慧)

[범] Mahamati 마하마저(摩訶摩底)라음역. 부처님께서 <능가경>을 설할 적에 회중(會中)의 상수(上首)이던 보

살 이름.

대화상(大和尙)
① 승려의 호칭. ② 수계사(授戒師)를 화상이라 하며, 화상으로서 나이 많고 덕이 높은 이를 대화상이라 한다.

대회(大會)
대집회(大集會)를 말한다. 설법하거나 법회를 열 때에 수많은 승려와 속인들이 모이는 것을 대회라 한다.

더도리
절에서 음식을 몫몫이 나누고, 남는 것을 다시 더 도르는 일. 또는, 그 음식. 가반(加飯).

도(度)
구족하게는 제도(濟度)라 한다. 생사의 고해(苦海)에서 괴로워하는 이를 구제하며, 열반의 피안(彼岸)에 이르게 하는 것. 생사·윤회를 물 흐르는 데 비유.

도(道)
통입(通入)·윤전(輪轉)·괘도(卦道) 등 여러 가지 뜻이 있으나 대별(大別)하여 선도(善道)와 악도(惡道)가 있음.

도감사(都監寺)
선사(禪寺)에서, 절의 모든 일을 감독하는 직책, 도사(都寺). 도관(導管).

도감(都監) 스님
사찰에서 돈이나 곡식같은 것을 맡아보는 일이나 그 사람을 말함.

도견(倒見)
사리(事理)의 진상에 어두운 전도된 망견. 4가지가 있다. ① 무상을 상(常)이라 함. ② 고(苦)를 낙(樂)이라 함. ③ 무아(無我)를 아(我)라 함. ④ 부정(不淨)을 정(淨)이라 함.

도구(道具)
① 일할 때 쓰는 연장의 총칭. ② 어떤 목적을 이루기 위한 수단이나 방법. ③ 불도(佛道)를 수행하는 데 필요한 기구의 총칭. 불상 등.

도량(道場) (×도장)
① 부처님이 성도(成道)한 장소 ② 불도를 닦는 곳. ③ 일반적인 의미의 사찰.

도량 교주(道場敎主)
'관세음 보살'을 높여 일컫는 말.

도량 천수(道場千手)
도량을 돌며 천수경(千手經)을 외는 일.

도리(闍梨)
① 중에게 덕행을 가르치는 스승. 도려(闍黎). ② [민] 고려 시대에 귀한 집의 아들로서 중이 된 아이를 대접하여 부르던 말.

도리천(忉利天)
육욕천(六欲天)의 둘째 하늘. 수미산(須彌山) 꼭대기에 있는데, 가운데에 제석천(帝釋天)이 거처하고, 그 사방에 권속되는 하늘 사람들이 거처하는 8개씩의 성이 있음. 삼십삼천(三十三天).

도사(道士)
① 도를 많이 닦은 사람. 도인(道人). ② 불도를 닦아 깨달은 사람. ③ 무슨 일에 도가 트여 썩 잘하는 사람을 속되게 이르는 말.

도사(道士)
① 부처·보살의 통칭. ② 법회(法會)·장의(葬儀) 등에서 여러 중을 거느리고 의식을 행하는 중.

도사(導師)
① 남을 인도하여 불도에 들어가게 하는 스님이란 뜻. 어리석은 중생에게 바른 길을 가르쳐서 깨닫는 경지에 들어가게 하는 사람.

도솔(도率)
'도솔천'의 준말.

도솔천(도率天)
① 욕계(慾界)의 육욕천(六慾天)의 넷째 하늘. 수미산(須彌山)의 높은 곳에 있는 하늘이며, 환락에 차 있고 이 하늘의 하루 낮 밤은 인계(人界)의 400살에 해당한다고 함. 미륵의 정토(淨土)라고 함. 도솔타전. ② 도가(道家)에서 태상 노군(太上老君)이 있다는 하늘.

도승(道僧)
도를 깨친 중.

도심(道心)
① 도(道)는 보리(菩堤)를 번역한 말. 부처님의 정각(正覺), 곧 원만한 지혜를 말하며, 보리를 구하는 마음을 도심이라 한다.

도심자(道心者)
불문에 들어가 도를 닦는 사람.

도업(道業)
불과(佛果)를 이루는 인행(因行), 곧 불도의 수행.

도운융창(道運隆昌)
① 원불교의 장래가 거센 기운으로 크게 흥성함. 교단의 장래가 매우 희망적이고 발전적임. ② 종교의 장래가 발전적이고 희망적임.

도장(道場)
① 무예를 익히는 곳. ② → 도량(道場).

도제(道諦)
사제(四諦)의 하나. 열반에 이르는 길. 도성제(道聖諦).

도종지(道鐘智)
3지(智)의 하나. 여러 가지 차별이 있는 온갖 도법을 배워서 중생을 제도하는 보살의 지혜.

도중생심(度衆生心)
모든 중생을 제도하기를 원하는 이타심(利他心).

도행반야경(道行般若經)
대승 중도공(中道空)의 뜻을 밝힌 경전.

도향(塗香)
몸에 바르는 향료. 향나무를 가루로 만든 것. 인도는 날씨가 무더워 몸에 냄새가 나므로, 향을 발라 몸을 깨끗하게 해야 하기 때문에 부처님과 스님들께 공양하는 일이 예사다.

도호(道號)
불도에 들어간 뒤의 이름.

도회소(都會所)
선종(禪宗)과 교종(敎宗)의 본산(本山).

독각(獨覺)
부처님 없는 세상에 나서 다른 이의 가르침을 받지 않고 혼자 수행해서 도를 이룬 사람.

독각승(獨覺乘)
삼승(三乘)의 하나. 독각의 경지에 이르는 교법. 벽지불(辟支佛). 연각승

(緣覺乘).

독경(讀經)
경문(經文)을 소리 내어 읽거나 외치는 것. ↔ 간경(看經).

독경대(讀經臺)
경전을 올려놓고 읽도록 만든 대. 성경대(聖經臺).

독경법회(讀經法會)
옛날에는 전경법회(轉經法會)라 하였음.

독경해액(讀經解厄)
재래 풍속에 음력 정초가 되면 스님이나 장님을 청하여 독경을 하여 액막이를 하고 복을 비는 것.

독고(獨鈷)
밀교(密敎)에서 쓰는 불구(佛具)의 하나. 금강저(金剛杵)의 양끝이 뾰족한 철이나 구리로 된 물건. 한쪽 끝에 방울을 단 것은 '독고령'이라 함.

독생독사독거독래(獨生獨死獨去獨來)
사람이 나고 죽고 할 적에 명예·재산·권속 등은 하나도 따라다니는 것이 아니고, 혼자서만 다니는 것을 가리킨 말. 혼자서 왔다가 혼자서 가는 것을 말한다.

독송(讀誦)
① 소리를 내어 읽거나 외는 것. ② 소리를 내어 경을 읽는 것.

독천이고(毒天二鼓)
독고와 천고.
독고는 여러 가지 독을 바른 북으로 이 소리를 들으면 모두가 죽는다. 천고는 도리천에 있는 북으로 이 소리를 들으면 악을 경계하고 선을 좋아하고 마음이 난다고 함.
교법(敎法)이 순·역(順逆)으로 받아들여짐을 비유함.

돈오(頓悟)
① 별안간 깨닫는 것. ② 불교의 참뜻을 문득 깨닫는 것. ↔ 점오(漸悟).

돈점이교(頓漸二敎)
돈교와 점교.

동냥(動鈴) (×동령)

스님이 시주를 받으러 다닐 때 방울을 흔든 데서 비롯된 말로 '구걸'이란 뜻.

동륜왕(銅輪王)
4륜왕(四輪王)의 하나. 구리로 만든 윤보(輪寶)를 감득(感得)하고, 동불바제와 남섬부주를 통솔하는 전륜성왕을 말한다.

동분(同分)
① 똑같게 나누는 것. ② [민] 성질이 서로 다른 물질이 원소 및 그 화합이 비례를 같이하는 것. ③ 구사론(俱舍論)에서, 중생이 서로 닮도록 하는 힘을 가진 것. 이를테면, 사람은 사람, 소는 소와 닮은 것 따위.

동사(同事)
① 공동으로 장사하는 것. 동업. ② 사섭법(四攝法)의 하나. 보살이 중생을 가까이하여 동고동락하며 인도함.

동사섭(同事攝)
4섭(四攝)의 하나. 불·보살의 중생의 근기에 따라 몸을 나타내되, 그들과 사업·이익을 같이하면서 고락을 같이하고 회복을 함께 함으로써 진리의 길로 이끌어 들이는 것을 말한다.

동상(同相)
6상(六相)의 하나. 만유가 여러 가지 차별이 있으나, 이들은 모두 같은 목적으로 존재하여 그 작용이 반대 충돌하지 않고, 조화 통일되어 있다. 이를테면 책을 든 손과 책을 읽는 눈과 같이 여러 가지로 차별된 사물임에도, 서로 유기적으로 조화 통일된 것을 말한다.

동안거(冬安居)
음력 시월 열엿샛날부터 그 이듬해 정월 보름날까지 일정한 곳에 살며 수도하는 일. 동하(冬夏). ↔ 하안거.

동정간불리선(動靜間不離禪)
㉞ 일이 있을 때나 일이 없을 때를 막론하고 마음을 챙기어 일심(一心) 대중을 놓지 말라는 것.

동정역순(動靜逆順)
㉞ 동은 육근에 일이 있을 때, 정은 육근에 일이 없을 때, 역은 괴로운 경계, 순은 즐거운 경계, 곧 인간은 언제나 동정역순 속에서 살아가게 된다. 동정역순이 하나같이 죄를 짓게도 하

고 복을 짓게도 한다.

동정일여(動靜一如)

원불교 교리 표어의 하나. 동정일여란, 육근에 일이 있을 때에는 사심 잡념·번뇌 망상·삼독 오욕을 버리고 청정일심이 되어 편안한 마음을 갖는 것을 말한다. 일여(一如)란 참 마음, 곧 삼매의 마음으로 진리와 내가 하나가 되고, 도(道)와 내가 하나가 된다는 뜻이다. 인간의 생활이란 동할 때에는 욕심을 부리고 투쟁하기에 바쁘고, 정할 때에는 번뇌 망상·사심 잡념에 사로잡히거나 허무적멸에 빠지기 쉽다. 대개의 사람들은 세속생활을 하다보면 동에 치우치기 쉽고, 수도생활을 하다보면 정에 치우치기 쉽다. 동정일여의 정신은 종교 수행이 자칫 정에 치우치기 쉬운 폐단을 극복하고, 동과 정의 조화 일치를 이루려는 것이다. 정중정(정중정)의 생활태도를 정중동(정중동)·동중정(동중정)의 생활 태도로 바꾸어 나가려는 것이다. 동양적인 적정(적정)과 서양적인 분방(분방)이 서로 만나 일치 조화를 이루는 것이 동정일여의 생활태도이다.

동참(同參)

① 함께 참가하는 것. ② 승려와 신도가 한 법회에서 같이 정업(淨業)을 닦는 일.

동참 불공(同參佛供)

여러 사람이 적은 금품을 모아 한 번에 드리는 불공.

동참 재자(同參齋者)

동참하여 정업(淨業)을 닦는 사람.

동체삼보(同體三寶)

↔ 별상삼보(別相三寶). 본체론적으로 설명하는 3보. 3보는 진여 법신을 본체로 삼고, 같은 보체(寶體)의 3방면을 나타내는 것. 곧 진여 법신에 갖추어져 있는 완전 무결한 영각(靈覺)을 불보(佛寶), 그의 고요한 법성을 법보(法寶), 화합하는 덕상(德相)을 승보(僧寶)라 한다.

동행중(同行衆)

같은 종파의 사람이나 신도들.

되깍이

중이 속인(俗人)이 되었다가 다시 중이 됨. 또는, 그 중. 재삭(再削). 중삭(重削). 환삭(還削).

두면예족(頭面禮足)
무릎을 꿇고 앉아 손으로 상대의 발을 감싸고 이마를 대는 절.

두수(抖擻)
또는 두수(斗藪). 번뇌의 티끌을 떨어버리고 불도를 구하는 것. = 수행(修行)

두타(頭陀) dhuta
① 속세의 번뇌를 버리고 청정하게 불도를 닦는 수행. ② 떠돌면서 온갖 괴로움을 무릅쓰고 불도를 닦는 일. 또는, 그러한 중. ▷ 행각승(行脚僧).

두타십팔물(頭陀十八物)
두타에 쓰이는 18종의 도구. 양지(楊枝)·비누·세 가지 가사·물병·발우·좌구·육환장·향로·향합·물 거르는 주머니·수건·칼·부쇠·족집게·노끈·걸상·경전율문·불상·보살상 등.

두타행(頭陀行)
두타의 행하는 법에 12종이 있으나, 그 중에서 흔히 걸식의 행만을 말한다.

둔근(鈍根)
↔ 이근(利根). 우둔한 근기. 지혜와 덕행이 예민하지 못한 이.

득도(得度)
① 생사(生死)를 초월하여 열반에 이르는 것. ② 출가하여 중이 되는 것. 득오.

득도(得道)
① 대도(大道)를 깨달은 것. 곧 개오(開悟)를 말함. ② ㉾ 입교와 출가 두 가지가 있다.

득업(得業)
① 일정한 과업의 학업을 배워서 지식을 얻는 것. ② 정해진 불도의 수행 과정을 마치는 것. 또는, 그 사람.

득탈(得脫)
불법의 참된 이치를 깨달아 모든 번뇌와 속박에서 벗어나 해탈을 하는 것.

등(燈)
[범] Dipa 니파(禰播)라 음역. 불전에 켜는 등불. 부처님의 지혜가 밝은 것을 표시함.

등산(登山)

① 산에 오르는 것. ② 수도(修道)를 위하여 중이 산에 들어가 머무르는 것. ↔ 하산(下山).

등석(燈夕)
관등절날 저녁.

등신불(等身佛)
사람의 키 만한 정도로 만든 불상.

등정각(等正覺)
[범] Samyaksambuddha 흔히 정등각(正等覺)이라고 하며 부처님 십호(十號)의 하나. 정변각(正邊覺)·정변지(正邊智)라고도 번역한다. 부처님은 평등(平等)한 진리(眞理)를 깨달았음으로 이렇게 이른다.

등지(等地)
세속의 일을 아는 지혜.

등활(等活)
= 등활 지옥(等活地獄)

등활 지옥(等活地獄)
팔열 지옥(八熱地獄)의 하나. 이 지옥에 떨어지면 갖은 형벌로 죽었다가 살아나, 또 같은 형벌을 받으므로 괴롭고 쓰라림이 한이 없다 함. 등활. 등활도.

땅설법(-說法)
중들이 땅위에서 하는 여흥(餘興)의 하나.

땡땡이중
꽹과리를 치면서 동냥을 다니는 중.

땡추
'땡추중'의 준말.

땡추절
땡추중들만 있는 절.

땡추중
중답지 않은 중.

ㄹ

라마교 (lama 敎)

8세기 중엽세기경 인도에서 티베트에 전해진 대승 불교가 티베트의 고유 신앙과 동화되어 발달한 종교. 뒤에 네팔·부탄·만주 등지에 전파됨. 나마교(喇嘛敎).

라마승(lama 僧)

라마교의 중. 나마승(喇嘛僧).

라찰(羅刹)

[범] Raksasa 또는 라찰사(羅刹娑·羅察娑)·라차사(라차사). 번역하여 가외(可畏)·호자(護者)·속질귀(速疾鬼)·식인귀(食人鬼)·악귀(惡鬼)의 이름. 야차(夜叉)와 함께 비사문천(毘沙門天)의 권속이라 하며, 혹은 지옥에 있는 귀신이라고도 한다. 그 여성을 라찰사(羅刹私, Raksasi)라 한다.

라후(羅후)

[범] Rahu ① 부장(부障)·장폐(障蔽)·집일(執日)이라 번역. 별 이름. 인도의 전설에는 아수라왕(阿修羅王)의 하나로 해와 달의 빛을 가리워 일식·월식을 일으킨다고 한다. ② 라후라의 준말.

라후라(羅후羅)

[범] Rahula 또는 라후라(羅후羅)·할라호라(할羅悟羅)·라운(羅云). 번역하여 부장(부障). 부처님의 아들. 부처님께서 태자로 있을 때 출가하여 도를 배우려고 마음을 내었다가, 아들 낳고는 장애 됨을 한탄하여 라후라라 지은 이름. 부처님께서 성도하신 뒤에 출가하여 제자가 되다. 밀행 제일(密行第一). 사미의 시초

론(論)

모근 보살들이 부처님의 설하신바 경전(經典)을 해석하여 술작(述作)한 것.

뢰야(賴耶)
아뢰야식(阿賴耶識)의 준말.

룸비니(룸毘尼)
[범] Lumbini 부처님께서 탄생하신 고장, 중인도 가비라성의 동쪽에 있던 꽃동산. 지금의 연합주 지방 2마일 Paderia 부근

륵사바(勒沙婆)
[범] Rsabha 고행선(苦行仙)이라 번역. 니건자외도(尼健子外道)의 시조. 몸에는 고(苦)·낙(樂)의 2분(二分)이 있어, 현세의 괴로움이 다하면 즐거움은 자연히 온다고 주장.

리그베다(犁俱吠陀)
[범] Rg-veda 4베다(四吠陀)의 하나. 고대 아리아 민족이 인도 서북쪽의 산악지방에서 오하(五河)지방 Pan-jab로 전한. 천지 자연신을 천탄한 시(詩) 등을 모은, 인도에서 가장 오래된 책.

ㅁ

마(魔)
[범] Maea의 준말. 장애자(障碍者)·살자(殺者)·악자(惡者)로 번역. 좋은 일을 방해하고 깨뜨려 선법(善法)을 방해함. 수도에 방해하는 것.

마가다국(摩伽陀國) (×마가타국)
갠지즈 강 유역에 있던 나라. 석가모니 부처님의 불교를 크게 일으킨 나라.

마갈타(摩竭陀)
[범] Magadha 중인도(中印度)의 옛 왕국(王國)이며, 불교와 가장 관계가 깊은 나라로써 수도인 왕사성(王舍城)에 죽림정사(竹林精舍)가 있고 부처님이 성도(成道)하시던 니련선하(尼連禪河)도 여기 있다.

마군(魔軍)
① 일이 잘못되도록 헤살을 부리는 무리. ② 불도(佛道)를 방해하는 온갖 번뇌나 악사(惡事).

마니(摩尼) maani
용왕의 뇌에서 나왔다고 하는 보주(寶珠). 이것을 얻으면 소원이 이루어진다 함. 마니주. 여의 보주(如意寶珠).

마니주(摩尼珠)
= 마니.

마도(魔道)
① 악마의 세계. ② 옳지 못한 도리. 나쁜 길.

마두 관세음(馬頭觀世音)
육관세음·팔대 명왕(八大明王)의 하나. 보관(寶冠)에 말머리를 이고 성난 얼굴을 하고 있으며, 여덟 개의 팔이 있음.

마등가아란야(摩登伽阿蘭若)
옛 인도의 비구들이 수행하던 곳.
마을에서 멀리 떨어진 곳으로 개와 닭 소리가 들리지 않는 장소, 또는 공동묘지 같은 곳을 말함.
아란야(阿蘭若)를 아난약으로 읽을 우려가 있음.
아란야는 비구가 수행하는 조용한 장소
아란야에 셋이 있다.
① 달마 아란야. 모든 법(法)이 본래 공적(空寂)해서 비구가 머무를만할 곳. ② 마등가 아란야. 마을에서 멀리 떨어져 무덤이 많은 공동묘지와 같은 곳. ③ 단타가 아란야 모래·자갈이 많이 쌓인 곳.

마광부과음(馬光婦觀音)
관세음보살의 화신(化身)으로서 여자의 모양을 함.

마명(馬鳴)
[범] Asvaghosa 중인도마갈타국 사람. 불멸 후 6백 년경에 출세한 대승의 논사(論師). 본디 외도의 집에 나서 논의를 잘하며 불법을 헐뜯다가 협존자(脇尊者) - 일설에는 부루나 존자(富尊者) - 가 북쪽에 와서 토론을 하여 설복하자 그의 제자가 되었다. 그 뒤부터 마갈타국을 중심으로 중인도에서 전도.

마삼근(摩三斤) (×마삼척)
화두의 하나.
어떤 스님이 동산(洞山) 스님에게 물었다.
"무엇이 부처입니까?"
"삼 서근일세"라고 한 데서 유래.

마승(馬勝)
다섯 비구의 하나. 알비(頞比)를 말한다. 또는 아설시(阿設示)·아습파서(阿濕波誓)·아사유시(阿奢踰詩)·아사파나(阿捨波者)·이습비(阿濕鼻). 한문으로 번역하여 마승(馬勝)·마성(馬星)·마사(馬師)·조마(調馬). 부처님의 맨 처음 제자. 위의가 단정하기로 유명. 사라불을 인도하여 부처님에게 귀의케 하다.

마야 부인(摩耶夫人)
석가모니의 어머니. 인도 카필라바스투(Kapilavastu)의 슈도다나의 왕비로, 석가모니를 낳고 7일 후 죽었음. 마야.

마왕(魔王)
① 마귀의 왕. ② 천마(天魔)의 왕. 정법(正法)을 해치고, 중생이 불도에 들어가는 것을 방해하는 귀신. ③ [민] 오스트리아의 작곡가 슈베르트의 기곡. 괴테의 시에 곡을 붙인 것임.

마음봉불(一奉佛)
마음 속에 부처님을 모시는 것.

마전(磨磚) (×마애)
벽돌을 갈아서 거울을 만들려고 하는 것 같이 이룰 수 없는 헛수고.

마지(摩旨)
부처에게 올리는 밥. 마짓밥.

마지쇠(摩旨-)
마지를 올릴 때 치는 종.

마파순(魔波旬)
천마(天魔) 파순(波旬). 부처님의 성도를 방해했던 마군.

마하(摩訶) maha
《주로 다른 말이나 인명 위에 붙여서》 다음에 오는 말을 찬미·강조하기 위한 접두어(接頭語) 모양으로 쓰이며, '큼', '위대함', '뛰어남' 등의 뜻을 나타내는 말.

마하가섭(摩訶迦葉) (×마가가엽)
부처님 10대 제자 중 청정 수행이 으뜸인 분.

마하남(摩訶男)
부처님 제자. 5비구의 하나. 부처님께서 출가하여 수행하는 동안에 부왕은 그 신하들 중석가족에서 다섯 사람을 뽑아 시봉케 하였는데, 마하남도 그 가운데 한 사람. 부처님이 성도하신 때에 베나레스성의 녹야원에서 다른 네 사람과 함께 부처님께 맨처음 교화를 받다.

마하반야(摩訶般若) (×마가반약)
크고 오묘한 지혜, 깨달음의 지혜.

마하반야바라밀경(摩訶般若波羅蜜經)
[범] Mahapra jnaparamitasutra 27권, 후진(後秦) 구마라습 번역. 404년 (홍시 6년) 역출. <대반야바라밀다경

(大般若波羅蜜多經)> (6백권)의 제2분 (401~478권)을 따로 번역한 것. 모든 법이 다 공하다는 이치를 밝히고, 대지도(大智度) 또는 대혜도(大慧度)라 번역.

마하 반야 바라밀다 심경(摩訶般若波羅蜜多心經)
= 반야 심경(般若心經). 후진(後秦)의 구마라습(鳩摩羅什)이 번역한 경전.

마하반야바라밀경석론(摩訶般若波羅蜜經釋論)
마하반야바라밀경을 주석한 논서(論書)
대 : 지도론(大智度論)이라고도 함.

마하비로자나(摩訶毘盧遮那)
대일여래(大日如來)의 인도말 음역(音譯)

마하살(摩訶薩)
① = 성인(聖人). ② 큰 법. ③ 큰 보살.

마하살(摩訶薩) (×마가살)
보살을 마하살이라고 함.

마하승기율(摩訶僧祇律)
동진(東晉)의 불타발타라(佛陀跋陀羅 : 계속해서 읽음)가 번역한 율(律)에 관한 책.

마하파사파제(摩訶波娑波提)
부처님의 이모, 마야부인의 동생

마하연(摩訶衍)
마하야나(Nahayana)의 준말. 번역하면 대승(大乘).

마하연경(摩訶衍經)
마하연(大乘) 사상을 담은 경전들.

마하지관(摩訶止觀)
천태종의 지의가 지은 책.

마하지관보행전홍결(摩訶止觀輔行傳弘決)
마하지관을 강의한 대본. 줄여서 보행(輔行) 또는 홍결(弘決)이라고 함.

마호(磨糊) 스님
대중스님들의 풀을 끓이는 스님.

마후라가(摩睺羅伽)
[범] Mahoraga 팔부중(八部衆)의

하나. 몸은 사람과 같고 머리는 뱀 같은 무리로 낙신(樂神)이다.

만[卍]
옛날 인도에서 비슈누 신의 가슴팍에 자란 털의 모양을 나타냈다는 길상의 증표. 불보살(佛菩薩)의 가슴·손·발등에 나타나는 길상 만덕(吉祥萬德)의 상(相)으로, 우리 나라에서는 사원(寺院)의 표지(標識)·기호(記號) 등으로 쓰이고 있음.

만(卍)(萬)자
태양의 광명을 상징한 글자였으나 일심의 서기방광에 비유하였고 부처님의 가슴과 손발 머리에 나타난 길상(吉祥) 행운(幸運) 경복(慶福)의 마크로 사용함.

만겁(萬劫)
지극히 오랜 기간.

만다라(曼陀羅·曼茶羅) Mandala
① 불법을 깨닫기 위하여 수도하는 도량(道場)이나 단(壇). ② 불법(佛法)의 모든 덕을 원만하게 갖춘 경지. 또는, 그러한 경지를 나타낸 그림.

만다라화(蔓陀羅華)
① 성화(聖花)로서의 흰 연꽃. 천묘화(天妙華). ② [민] = 자주괴불주머니.

만달라(漫怛羅)
만달라 : Mantra로 진언(眞言)을 말함.

만등회(萬燈會)
참회(懺悔)와 멸죄(滅罪)를 위하여 만 개의 등불을 켜고 부처를 공양하는 법회. 만등 공양.

만만출세(萬萬出世)
순서를 따라 여러 부처가 세상에 태어남.

만발 공양(萬鉢供養)
절에서 많은 바리때에 밥을 수북수북 담아서 대중에게 베푸는 공양.

만법(萬法)
① 모든 법률이나 규칙. ② 우주간의 모든 존재. 제법(諸法).

만산(滿山)
① 온 산에 가득 참. ② 절 전체.

또는, 절에 있는 모든 중.

만수가사(滿繡袈裟)
산천·초목·인물 같은 것을 가득 수놓은 가사.

만의(縵衣)
가사의 일종. 만조(縵條)라고도 한다. 5조나 7조로 끊지 않고, 그대로 꿰매어 조(條)의 모양이 없는 가사를 말한다. 본디 사미·사미니가 입던 것인데, 비구도 조가 있는 정의(正依)를 얻지 못할 적에는 3의(衣) 대신에 입는 것을 허락.

만일회(萬日會)
정토종(淨土宗)에서, 극락 세계에 태어나기를 원하여 천 날 또는 만 날을 한정하여, 큰 소리로 나무 아미타불을 외며 도를 닦는 불교 의식.

만자기(卍字旗)
한복판에 붉은 빛으로 '卍'자 모양을 그려 놓은 기.

말나식(末那識)
제7식의 이름.

말마(末摩) marman
조금만 상처를 받아도 목숨을 잃게 되는 신체의 부분.

말법(末法)
삼시(三時)의 하나. 석가가 죽은 후 정법(正法)·상법(像法) 다음에 오는 시기. 곧, 불법(佛法)이 다한 후에 올 악독하고 어지러운 세상. 말법시(末法時). 법말(法末).

말사(末寺)
본사(本寺)의 지배를 받는 작은 절. 또는, 본사에서 갈려 나온 절.

말세(末世)
① 정치·도덕·풍속 등이 매우 쇠퇴하여 끝판에 이른 세상. 망하여 가는 세상. 계말(季末). 계세(季世). 말류(末流). 말조. 숙세(叔世). ② [민] 예수가 탄생한 때부터 재림할 때까지의 세상. ③ 말법(末法)의 세상.

말후일구(末後一句)
임종하기 직전의 한 마디 말. 줄여서 물후구(末後句)라고 함.

망념(忘念)

미망(迷妄)한 집념(執念). 범부가 6진(六塵) 경계에 탐착하는 마음.

망녕
거짓되고 잘못된 재주, 엉뚱하고 불합리한 재주, 잔재주, 잔꾀.

망물(亡物)
① = 망골(亡骨). ② 죽은 중이 남긴 물건.

망상(妄想)
5법의 하나. 심식(心識)의 분별. 이 분별은 헛된 것이고 참되지 못하므로 이같이 말한다.

망석중극(-劇)
[민] 민속 인형극의 하나. 음력 사월 초파일의 연등제(燃燈祭)에서 주로 놀던 놀이로, 각본이 없이 여러 가지 인형을 음악에 맞추어 놀림.

망심(妄心)
↔ 진심(眞心). 허망하게 분별하는 마음. 무명 번뇌.

망어(妄語)
① 10악(惡)의 하나. 진실하지 못한 허망한 말을 함. ② = 거짓말.

망어십죄(妄語十罪)
거짓말로 생기는 10가지 죄.

망업(妄業)
잘못 판단함으로써 일어나는 번뇌의 원인이 되는 그릇된 행위. 또는, 그 영향력.

망집(妄執)
① 망상을 버리지 못하고 집착(執着)하는 일. ② 망령된 고집.

맹귀우목(盲龜遇木)
목숨이 긴 눈먼 거북이가 1백 년에 한번씩 물위로 떠오르는데 이때 구멍이 뚫린 나무가 표류하다가 거북이 머리 위에 정확히 구멍이 맞음으로써 나무 위에 오를 수 있게 되는 것.
열반경에서 부처님의 가르침을 만나기 힘듬을 비유한 이야기.

면벽(面壁)
좌선(坐禪)할 때 잡념을 막기 위해 벽을 향하고 앉는 것.

면벽 구년(面壁九年)

달마 대사(達磨大師)가 중국 쑹산(쑹山) 산의 소림사(少林寺)에서 9년 동안 벽을 마주 대하고 좌선하여 진리를 깨달았다는 일. 구년 면벽(九年面壁).

면지(面紙)
① 위패에 쓴 죽은 사람의 이름을 가리는 오색 종이. ② [민] 책의 앞 뒤 표지의 안쪽에 있는 지면. 한쪽은 표지 뒤에 붙어 있음.

멸도(滅度)
= 열반(涅槃)

멸도(滅道)
멸제(滅諦)와 도제(道諦)를 말한다. 멸(滅)은 멸과(滅果)란 뜻으로 미(迷)의 인과를 없앤 것. 도(道)는 그 멸과에 이르는 방법. 곧 실천적인 수단으로 계(戒)·정(定)·혜(慧) 등의 수행을 말한다. 멸은 깨달은 결과 도는 깨달은 원인.

멸법(滅法)
'무위법(無爲法)'의 이칭. 일체의 제상(諸相)을 적멸(寂滅)하는 일.

멸상(滅相)
유위사상(有爲四相)의 하나. 인연에 의하여 생긴 일체의 형상(形相)이 없어지는 일.

멸제(滅諦)
사제(四諦)의 하나. 열반(涅槃)의 경지를 이상(理想)으로 하는 진리. 멸성제(滅性諦).

멸죄생선(滅罪生善)
현세의 죄장(罪障)을 소멸시키고 후세의 좋은 과보(果報)를 낳게 하는 일.

멸지(滅智)
10지(십지)의 하나. 멸제(멸체)의 도리에 미혹하여 일어나는 번뇌를 끊는 무루지(무루지).

멸진정(滅盡定)
모든 심상(心想)을 모두 멸진하고 고요한 상태에 들기 위해 닦는 선정(禪定).

멸후(滅後)
① 멸망한 후. ② 중이 입적(入寂)한 후, 특히, 석가모니의 입적 후.

명(明)

① [번뇌의 어둠을 없앤다는 뜻에서] 지혜. ② = 진언(眞言).

명경대(明鏡臺)

저승길 어귀에 있다는 거울. 생전(生前)의 행실을 그대로 비춘다 함. 업경대(業鏡臺).

명고승전(明高僧傳)

「명 고승전」은 명(明)나라 여성(如惺)이 지은 대명고승전(大明高僧傳)을 말함.

명관(冥官)

저승의 관리. 지옥의 염마청(閻魔廳)의 관리.

명도(冥途)

죽은 후에 간다는 영혼의 세계. 명경. 명계(冥界). 명토(冥土). 황천(黃泉).

명등(明燈) 스님

선원에 모든 전기를 관리하는 스님.

명리(冥利)

명문(명문)과 이양(이양). 명예와 이욕.

명문리양(名聞利養)

명리(名利)를 말함.

명별의통(名別義通)

명(名)은 별교(別敎)이고 의(義)는 통교(通敎)라는 뜻.

명부(冥府)

명토(冥土)의 왕인 염마왕(閻魔王)이 있는 곳. 속어로 염라부(閻羅府)·지부(地府)라 한다.

명부도(冥府圖)

지옥을 그린 그림.

명부전(冥府殿)

지장 보살(地藏菩薩)을 주로 하여 염라 대왕과 10대왕을 모셔 놓은 절 안의 전각(殿閣).

명색(名色)

① 어떠한 명목으로 불리는 이름. ② 십이 인연(十二因緣)의 하나. 이름만 있고 형상이 없는 마음과, 형체가 있는 물질.

명왕(明王)

① 정사에 밝은 임금. ② 악마를 굴복시킨다는 무서운 얼굴을 한 신장(神將). 특히, 부동 명왕(不動明王)을 일컬음.

명자 사미(名字沙彌)

삼사미(三沙彌)의 하나. 20~70세의 사미.

명종불사(鳴鐘佛事)

종을 새로 조성한 뒤 처음으로 올려 공양하는 불사.

명탁(命濁)

인간의 수명이 차례로 단축되는 것으로 수탁(壽濁)이라고도 하며 사람의 수명이 점점 짧아져 가는 세상을 말함.

명토(冥土)

= 명도(冥途).

명행족(明行足)

[범] Vidya-carana-sampanna 부처님 10호(號)의 하나. <열반경>에 의하면, 명(明)은 무상정변지(無上正邊智). 행족은 각족(脚足)이란 뜻으로 계(戒)·정(定)·혜(慧) 3학(學)을 가리킴. 부처님은 3학의 각족에 의하여 무상정변지를 얻었으므로 명행족이라 한다.

명현양계(冥顯兩界)

명계(冥界)와 현계(顯界)의 두 세계. 명계는 죽은 다음의 세계, 현계는 현재 사는 사바세계.

명호(名號)

① 부처님의 칭호. 이 명호는 덕을 포섭하고 실(實)을 나타내므로, 부처님은 그 명호로써 생각하는 중생을 구제한다. 아미타불에겐 4자·6자·9자·10자의 명호가 있다. ② 명(名)은 한 부처님의 별명. 석가·약사·아촉·아미타와 같은 것. 호(號)는 모든 부처님의 통칭으로 여래·응공·등정각·명행족 등 10호를 말한다. ③ 명은 체(體)를 불러 나타내는 것. ④ 명은 인위(因位)인 수행할 때의 이름. 호는 과위(果位)인 성불한 때의 이름.

명호부사의(名號不思議)

아미타 부처님의 명호에는 불가사의한 힘이 있어서 "아미타불" 염불을 하면 그 공덕이 헤아릴 수 없다는 말.

모니(牟尼) Muni
[선인(仙人)이라는 뜻] '석가'의 존칭.

모니불(牟尼佛)
'석가모니불'의 준말.

모연(募緣)
승이 시주에게 돈이나 물건을 기부하게 하여 선연(善緣)을 맺게 하는 것.

모연문(募緣文)
모연하는 글.

목건련(目健連)
[범] Maudgalyayana 부처님 10대 제자 중 한 사람. 오비구(五比丘)의 하나인 아설시(阿說示)를 만나 외도(外道)를 버리고 사리불(舍利弗)과 함께 불타(佛陀)에 귀의. 신통(神通)이 제일(第一). 지옥(地獄)에 떨어진 어머니(母)를 구제한 목련경(目連經)이 있음. 목련(目連). 별명 : 구율타(拘律陀).

목두기
① '목둣개비'의 준말. ② [민] 무엇인지 모르는 귀신의 이름.

목량(木梁木糧)
절의 머슴의 양식.

목어(木魚)
① = 목탁(木鐸). ② 나무로 잉어처럼 만든 기구. 길이 1m 가량으로 속이 비어 있어 경전을 읽을 때에 두드림.

목우자수심결(牧牛子修心訣)
보조 지눌(智訥) 국사가 쓴「수심결」목우자는 지눌 스님의 별호(別號).

목탁(木鐸)
① 독경이나 염불을 할 때, 또는 사람들을 모이게 할 때 두드리는 물건. 나무를 둥글게 깎아 속을 파서 소리가 잘 나게 만듦. 목어(木魚). ② 세상 사람은 깨우쳐 인도할 만한 사람이나 기관을 비유적으로 이르는 말.

목탁귀(木鐸-)
모이라는 신호로 치는 목탁 소리를 듣는 귀.

목탁석(木鐸夕)
아침저녁으로 도량(道場)을 돌아다니면서 목탁을 두드리고 천수경(千手

經)을 외는 일.

목환자(木患者)
모감주 나무. 목환자 열매로 염주를 만듦.

몽산화상법어약록언해(蒙山和尙法語略錄諺解)
원나라 몽산 화상의 법어를 간단히 기록한 것을 한글로 옮긴 책.
조선조 세조 때 간행함.

묘각(妙覺)
보살의 52위(位)의 맨 뒷자리. 곧, 불과(佛果)·정각(正覺) 따위.

묘경(妙境)
불가사의한 경계. 관법의 지혜로 볼 때에는 그 대상인 만법의 하나 하나가 모두 실상의 이치를 가지고 있는 것을 말한다.

묘관찰지(妙觀察智)
묘(妙)는 불가사의한 힘.
관찰은 모든 법을 두루 살핌.
모든 것을 다 알고 중생의 근기를 알아서 제도해주는 지혜력.

묘길상(妙吉詳)
문수사리를 번역한 이름.

묘길상사(妙吉祥寺)
강원도 벽산에 있는 절.

묘당삼매(妙幢三昧)
법화경 16삼매의 한 삼매. 이 삼매를 얻으면 군대 중에 장군의 깃발이 으뜸이듯 으뜸의 삼매를 이름.

묘법(妙法)
① = 묘방(妙方). ② 신기하고 묘한 법문(法門).

묘법연화경(妙法蓮華經)
대승 경전(大乘經典)의 하나. 불타의 종교적 생명을 설한 것으로 모든 경전 중에서 가장 존귀하게 여겨짐. 법화경을 말함.

묘법정안(妙法正眼)
[범] Dharmaneti 법안(法眼)·정법안(正法眼)이라고도 한다. 법을 보는 눈. 진리를 보는 눈을 피함.

묘음보살(妙音菩薩)
보살의 이름.

묘탑(廟塔)
불상(佛像)을 안치하여 두는 묘우(廟宇)의 탑.

무(無)
① ↔ 유(有). 공무(空無). 아무것도 없는 것. ② 묘무(妙無). 유(有)·무(無)의 무(無)를 초월한무. 본분사(本分事)를 말한다.

무가타바(無價馱婆) (×무가태파)
무보수로 하는 타바. 타바란 "일을 해주고 품삯을 받는 노(奴)"의 뜻. 따라서 품삯을 받지 않는 종이란 뜻.

무간나락(無間奈落) (×무간내락)
무간지옥

무간도 (無間道)
번뇌가 없는 자리. 번뇌가 진리를 이간시키지 못하는 자리.

무간삼매(無間三昧)
불생(不生) 불멸(不滅)의 이치를 관찰해 간단(間斷)되지 않는 삼매.

무간업(無間業)
무간지옥에 떨어질 업인(業因). 5역죄를 말한다.

무간업화(無間業火)
무간지옥의 지독한 불꽃.

무간 지옥(無間地獄)
팔열 지옥(八熱地獄)의 하나. 끊임없이 고통을 받는 지옥. 무간 나락. 무간옥. 아비 지옥(阿鼻地獄). 아비초열 지옥.

무견정상(無見頂相)
부처님 32상(相)의 하나. = 육계상(肉髻相). 부처님의 정골(頂骨)이 솟아 저절로 상투 모양이 된 것을 말한다. 이 모양은 인간이나 천상에서는 볼 수 없는 것이므로 무견정상이라 한다.

무공용지(無功用智)
애쓰지 않아도 저절로 진리에 계합되는 지혜.

무구(無句)
유무(有無) 4구(四句)의 하나. 의도의 망집(妄執)을 4종으로 나눈 중에서 모두 공하다고 하는 외도의 견해. 단견(斷見)을 말한다.

무구(無垢)
= 유마(維摩).

무구지옥(無救地獄)
구제할 수 없는 지옥.

무구칭경(無垢秤經)
유마경의 다른 이름.

무기왕생(無記往生)
평생 아미타불을 염불하던 사람은 임종 후 반드시 극락세계에 왕생한다는 말.

무념 무상(無念無想)
무아(無我)의 경지에 이르러 일체의 상념(想念)을 떠나 담담함. 무상무념.

무념하다(無念-)
① 무아(無我)의 경지에 이르러 망상(妄想)이 없다. ② 아무 생각이 없다.

무득정관(無得正觀)
무소득의 정관.

무등등(無等等)
무유등등(無有等等), 즉 버금할 만한 것이 없다. 부처님의 존호(尊號).

무량겁(無量劫)
헤아릴 수 없는 긴 시간. 또는, 끝이 없는 시간. 아승기겁(阿僧祇劫).

무량광(無量光)
아미타불의 광명은 그 수가 많아 한량이 없고 그 이익은 과거·현재·미래 3세에 이르도록 끝이 없다는 말.

무량광명토(無量光明土)
아미타 부처님이 계시는 극락세계.

무량광천(無量光天)
18천(天)의 하나.
이 하늘에 나면 몸으로 한량 없는 광명을 비춘다.

무량대수(無量大數)
헤아릴 수 없이 많은 수효나 숫자를 나타낼 때 백, 천, 만, 억과 같은 단위로써 수의 양을 표시하기도 하지만 인간의 능력으로서는 도저히 셈할 수 없고 헤아릴 수 없는 엄청난 수효의 숫자단위를 말함.

무량세계(無量世界)

㉓ 한량없이 많은 세계, 무량 국토 삼천 대천세계와 같은 말. 육도 사생의 세계가 한량없고, 과거·현재·미래의 삼세가 한량없어 이 우주에는 무량세계·무량국토·무변중생이 나열되어 있다.

무량수(無量壽)
① Amitayurbuddha 수명이 한없는 부처. 곧, '아미타불'을 높이 일컫는 말. ② = 무량 상수.

무량수경(無量壽經)
정토 삼부경의 하나. 아미타불의 48원(願)과 중생이 극락 왕생하는 인과를 설명한 경전.

무량수경우바제사원생게(無量壽經優婆提舍願生偈)
인도의 세친(世親)보살이 지은 책 이름.
「왕생론(往生論)」이라고도 함.

무량수불(無量壽佛) Amitayurbuddha
수명이 한없는 부처. 곧, '아미타불'을 높이 일컫는 말.

무량혜(無量慧)
① 모든 부처님의 통칭. 부처님네의 보신(報身)은 모두 한량없는 지혜 광명을 가졌다는 뜻으로 이같이 말한다. ② 아미타불의 별칭.

무루(無漏)
번뇌에서 벗어남. ↔ 유루(有漏).

무루지(無漏智)
무루(無漏)의 지혜.
모든 번뇌를 떠나 청정한 지혜.

무명(無名) avidya
십이 인연(十二因緣)의 하나. 사견(邪見)이나 망집(妄執)에 사여 불교의 진리를 깨닫지 못한 마음의 상태. 모든 번뇌의 근원이 됨.

무명(無名)
진리(眞理)를 알지 못하는 근본적인 무지(無知). 근본적인 무지야말로 중생고의 원인이다. 진리에 어두운 것.

무명견(無明見)
본질[理]과 현상[事]를 모르는 그릇된 견해.
무 명견으로 읽으면 명석한 견해가 없다는 엉뚱한 말이 됨.

무명 세계(無名世界)
번뇌에 사로잡혀 헤매는 고뇌의 세계. 곧 사바 세계.

무명술(無明-)
무명(無名)으로 인한 번뇌가 본심(本心)을 흐리게 하는 일.

무명폭류(無明暴流)
4폭류(暴流)의 하나. 폭류는 번뇌의 다른 이름. 3계(界) 4제(諦)의 관행(觀行)과 이름 거듭 닦는 수도(修道)의 5부에서 일어나는 치(癡) 번뇌의 15를 말한다.

무문자설(無問自說)
묻는 사람도 없었는데 부처님이 스스로 말씀하신 경전.

무방석의(無方釋義)
무방(無方)은 부정(不定)의 뜻.
일정한 방법에 따르지 않고 자유로이 해석함.

무법공(無法空)
무법이란 과거와 마래의 법.
무법은 공(空)하여 없다는 이론.
무 법공이라고 하면 법공(法空)이 없다는 전혀 다른 내용으로 변함.

무법유법공(無法有法空)
무법(과거·미래의 존재)과 유법(현재의 존재)이 모두 공하다는 것.

무분별지(無分別智)
불법의 최고 지혜인 진여지혜(眞如智慧)는 언어나 문자로써 분별하고 헤아려질 성질의 지혜가 아니므로 무분별의 지혜라고 했음.
무분별지라고 읽으면 분별할 지혜력이 없다는 뜻이 됨.

무불 세계(無佛世界)
① 부처가 없는 세계. 석가가 입멸하고 미륵이 아직 출세(出世)하지 않은 동안의 시대. 이 시대에서는 지장보살(地藏菩薩)이 출현하여 중생(衆生)을 제도(濟度)한다고 함. ② 교화(敎化)가 미치지 못하여 부처의 가르침의 은혜를 입지 못한 변경(邊境). ③ 무자비(無慈悲)한 세태(世態)·국면(局面).

무비 삼매(無非三昧)
㋐ 삼매의 경지가 아님이 없다는 말. 수행인이 자성불을 깨쳐 마음의

자유를 얻고 보면 동정역순의 모든 경계에 다 삼매의 경지가 된다는 뜻.

무사지(無師智)
스승 없이 혼자 얻은 지혜.

무상(無常)
① 덧없는 것. ② 일정하지 않은 것. ③ 모든 것은 생멸 변전(生滅變轉)하여 상주(常住)함이 없는 것.

무상(無相)
진여(眞如) 법성(法性)은 미(迷)한 생각으로 인식하는 거소가 같은, 현상의 모양이 없는 것.

무상각(無上覺)
불과(佛果)를 말한다. 위가 없는 각이란 뜻. 각(覺)은 범어 보리(菩提, Bodhi)를 번역한 이름. 부처님의 지혜로 깨닫는 열반의 묘한 이치.

무상과(無想果)
심불상응행법(心不相應行法)의 14가지 중 하나. 색계 4선천(禪天)의 제4선에 8천이 있고, 그 중 제3의 광과천(廣果天)에 무상천(無想天)이 있다. 무상정(無想定)에 의하여 얻은 과보

무상 대도(無上大道)
㉞ ① 이보다 더 높은 것이 없는 큰 도. 곧 일원의 진리를 말함. 일원대도는 가장 큰 진리이며 만법을 총섭하고 천하 사람이 다 믿고 수행해야 할 대도정법이기 때문에 이 보다 더 높고 큰 길이 없다는 뜻. ② 불법을 말함. 불법은 가장 높고 큰 법이요. 부처님은 성인들 중의 성인이기 때문에 부처님의 가르침을 무상대도라 한다.

무상당(無常堂)
화장장, 다비장.

무상대원(無相大願)
모든 부처님의 대원은 실상(實相) 무상(無相)을 깨닫는 근본지(根本智)를 여의지 않고, 버릴 생사도 없고 증득한 열반도 없다고 알아. 중생과 부처님의 평등함을 깨달으면서도 항상 중생을 제도한다. 이렇게 차별한 모양을 여의고서도 중생 제도의 큰 원을 일으키므로 그 서원을 무상대원이라 한다.

무상도(無上道)
위없는 보리(菩提).

무상 무념(無想無念)

일체의 상념을 떠남. 무념 무상.

무상삼매(無相三昧)
3삼매의 하나. 열반은 상(相)이 없는 것이라고 관하는 행(行)과 함께 일어나는 정심(定心).

무상상(無上上)
무상 무상(無上無上)의 뜻.
부처님은 더할 나위 없는 분이란 뜻. 부처님의 덕호(德號).

무상열반(無上涅槃)
열반은 무상하다는 뜻.
무상으로서의 열반.

무상인(無常印)
제행무상(諸行無常)의 이론.

무상정(無想定)
대승 24불상응법(不相應法)의 하나. 소승 14불상응법의 하나. 2무심정(無心定)의 하나. 무상천(無想天)에 낳는 인(因)이 되는 선정, 모든 심상(心想)을 없애므로 이같이 이름.

무상정등각(無上正等覺)
부처님의 깨달음은 무상(無上)하고 바르고[正] 평등[等]한 깨달음[覺]이란 의미.
무상정등정각(無上正等正覺)의 준말, 아(牙) 다라삼먁삼보리를 번역한 말.

무상정변도(無上正遍道) (×무상정편도)
부처님의 깨달음. 부처님의 깨달음은 그를 능가할 것이 없고 진실함.

무상천(無想天)
색계 4선천(禪天)의 제4선천에 8천이 있는데, 그 중 제3광과천(廣果天) 가운데 있는 하늘을 말한다. 이 하늘에 태어나면 모든 생각이 없으므로 이같이 이른다.

무색계(無色界) arupyadha-tu
삼계(三界)의 하나. 육체와 물질의 속박을 벗어나 심신(心神)만이 존재하는 정신적 사유(思惟)의 세계. 무색천(無色天).

무색천(無色天)
= 무색계(無色界).

무생무멸(無生無滅)
생멸이 없음.

무생법인(無生法忍)

불생불멸(不生不滅)의 진여(眞如)를 알고 그곳에 머무르는 것.

무생사제(無生四諦) (×무생사체)

인연으로 생긴 것들의 본체(本體)는 공(空)하여 나고[生] 죽음[滅]이 없다는 이론.

무성(無性)

① [민] 암컷과 수컷의 구별이 없는 것. ② 실체로서의 자성(自性)이 없는 것. ③ 불성(佛性)이 없는 것.

무소외(無所畏)

① 두려워할 만한 것이 없음. ② 불도를 닦음에 있어 부닥치는 온갖 장애를 두려워함이 없는 일. ③ [민] 불안과 공포를 벗어나 마음의 평정을 얻은 상태.

무소유처천(無所有處天)

무색계 4천의 제3천. 식무변천(識無邊천)에서 소연(所緣)이 아주 없는 줄로 관하여 무소유(無所有)의 해(解)를 얻고 그 수행한 힘으로 나게 되는 하늘.

무수겁(無數劫)

한량없는 겁.

무시(無始)

아무리 거슬러 올라가도 그 처음이 없는 것. 곧, 한없이 오랜 과거.

무시무종(無始無終)

① 시작도 없고 끝도 없음. ② 우주의 본리(本理)인 대아(大我)·심체(心體)는 시작도 끝도 없이 항상 존재함. 곧, 진리 또는 윤회(輪廻)는 무한함을 뜻함. 무거무래. ③ [민] 천주의 소극적 품성(稟性)의 하나.

무시선(無時禪) 무처선(無處禪)

㉯ 원불교에서 강조하는 생활 속의 선 수행법. 언제 어디서나 시간과 장소에 구애받지 않고 항상 선 수행을 계속하는 생활. 선 수행의 길은 철저한 고도고가 투쟁의 세계이다. 병든 사회와 욕심에 물든 세속에 살면서도 마음은 결코 속진(俗塵)에 물들지 않고, 살을 저미고, 뼈를 깎고, 피를 토하는 고독·방황·고통·자신과의 투쟁을 거쳐야 비로소 툭 트인 선의 세계가 전개된다. 서가모니불의 6년 설산 고행, 달마대사의 면벽 9년, 그리고 수

많은 선승들의 온갖 인연을 끊어버리고 세상일을 다 쉬어버린(諸緣○○ 萬事休○) 수행은 바로 선의 세계가 어떠한 것인가를 잘 말해주는 것이다.

무시 이래(無始以來)
아주 먼 옛날부터 쭉 이제까지.

무심(無心)
속세에 대하여 아무 관심이 없는 것.

무아(無我)
① 자기의 존재를 잊는 것. 몰아(沒我). ② 사욕(私慾)이 없는 것. ③ anatman '나'라는 속박에서 떠나는 일. 또, 불변(不變)의 실체(實體)인 '나'라는 것은 존재하지 않는다는 것. ④ '내가 아닌 것(not a soul)'이란 뜻과 나를 갖지 않는 것(without a soul)'이란 뜻을 지니고 있기 때문에 비아(非我)라고도 함.

무아관(無我觀)
무아(無我), 즉 모든 존재는 고정되 주관이 없다고 보는 수행법.

무아 봉공(無我奉公)
사대강령의 네 번째 강령. 사대강령의 결론이다. 거짓 나(假我). 작은 아(小我)에 대한 집착에서 벗어나 참 나(眞我), 큰 나(大我)를 발견하여, 텅 빈 마음과 무소유의 정신으로 인류와 사회에 이 무아봉공이다.

무아상(無我相)
아상(我相), 즉 '나다, 주관이다'라는 개념이 없음.

무애(無碍) (×무의)
장애가 없음, 자유 자재함.

무애광(無礙光)
12광(光)의 하나. 아미타불의 광명. 그 광명은 산·강·구름·안개 따위의 바깥 장애나 탐(貪)·진(瞋)·치(癡)·만(慢) 등의 안의 장애에도 구애되지 않고 어떤 것이라도 비추어 깨뜨릴 수 있으므로 이같이 이름.

무애광여래(無碍光如來)
아미타불의 다른 이름.

무애하다(無碍—無애—)
① 막히는 것이 없다. ② 큰 깨달음을 얻었기 때문에 어떠한 일로 구애

가 되지 않고 자유롭다.

무연불(無緣佛)
자기와 인연이 없는 부처님.

무외(無畏)
무소외(無所畏)라고도 한다. 불·보살이 대중을 향하여 법을 설할 때에 마음에 두려움이 없는 것. 여기에 4종이 있어 4무외(無畏)라 한다.

무외시(無畏始)
삼시(三施)의 하나. 계행(戒行)을 지녀 남을 해치지 않으며, 중생을 온갖 두려움에서 건져 주는 일.

무외시(無畏施)
두려워하는 마음이 없게 하는 보시.

무우수(無憂樹) asoka
[석가의 어머니가 이 나무아래서 석가를 안산(安産)하여 근심할 것이 없었다는 데서] '보리수'의 별칭. 무우화수(無憂華樹).

무위(無爲)
① 아무 일도 하지 않거나 이루지 못하는 것. ② [민] 노장 철학에서, 자연의 법칙에 따라 행위하고 인위(人爲)를 가하지 않는 것. ③ 인연을 따라 이루어진 것이 아니며, 생멸 변화(生滅變化)를 떠난 것. 상주 절대(常住絶對)의 진실.

무위법(無爲法)
생멸(生滅) 변화가 없는 무인 무과(無因無果)의 참된 법.

무위 안락(無爲安樂)
㉢ 무위의 상태가 가장 안락하다는 뜻. 여기서 무위는 마음이 일체의 현상을 초월한 상주불변의 진리 자리에 머물고 있다는 말.

무유등등(無有等等)
등(等)하게 등(等)할 수 없다. 앞의 등은 버금한다, 뒤의 등은 오른다. 더 없이 많음.

무인무과(無因無果)
인도 없고 과도 없다고 보는 외도의 견해.

무인외도(無因外道)
만유의 모든 법은 원인이 없이 저절로 생긴다고 주장하는 외도.

무일물(無一物)
하나의 물건도 없는 적정(寂精)한 경지

무자성(無自性)
자성(自性)이 없음. 오직 인연의 화합으로 생기고 없어짐.

무쟁(無諍) (×무정)
탐욕과 노여움 등의 번뇌가 일지 않음. 쟁(諍)은 다툰다의 뜻이지만 여기서는 다툼으로 생기는 번뇌.

무쟁념왕(無諍念王)
아미타불이 수행하던 시절의 왕으로 태어났을 때의 이름.

무주처열반(無住處涅槃)
생사와 열반에 머물지 않는 열반.

무진법계(無盡法界)
다함 없는 법계의 연기.

무진의보살(無盡意菩薩)
보살의 이름.

무진장(無盡藏)
① 한없이 많이 있는 것. ② 덕이 넓어 끝이 없는 것. 닦고 닦아도 다함이 없는 법의(法義).

무집(無執)
집착하지 않는 것. 무착(無着).

무차회(無遮會) (×무서회)
귀천 상하가 없이 참여하여 보시하는 일종의 자선바자.

무착(無着)
= 무집(無執).

무착행(無着行)
어떠한 것에도 착심(着心)이 없는 행동. 애착(愛着)·집착(執着)·편착(便着)이 없는 행동.

무참외도(無慚外道)
6사외도(師外道) 중에서 가라구타가전연(迦羅鳩陀迦전延)과 니건타야제자(尼健陀若提子)를 말한다.

무칭광(無稱光)
십이광(十二光)의 하나. 그 광명(光明)의 양을 얼마라고 나타낼 수 없으므로 이르는 말.

무칭광불(無稱光佛)
무칭광의 덕으로 인하여 일컫는 '아미타불'의 딴 이름.

무칭불(無稱不)
아미타부처님의 다른 이름.

무탐(無貪)
심소(心所)의 이름. 구사(俱舍)에서는 대선지법(大善地法)의 하나. 유식(唯識)에서는 11선(善)의 하나. 어떠한 경계에서도 탐착하지 않는 정신작용.

무퇴타법(無退墮法)
예류과(預流果)의 다른 이름. 예류과의 성자(聖者)는 3악취에 떨어지지 않는다는 뜻으로 하는 말.

무학과(無學果)
= 무학도(無學道).

무학도(無學道)
① 불도(佛道)의 수행에서, 견도(見道)·수도(修道)·무학도의 3단계인 삼도(三道)의 끝 단계. 더 이상 배울 것이 없는 단계임. 무학(無學). 무학과(無學果). ② 모든 번뇌를 끊고 다시 더 배울 것이 없는 경지.

묵불이(默不二)
침묵으로써 불이(不二)의 법문을 설한 유마(維摩)거사의 가르침.

묵상심고(默想心告)
법신불사은전에 묵묵히 자기의 마음속으로 심축하고 고백하는 것. 말이나 글로 하지 않고 오직 마음속으로 일원상의 위대한 진리를 생각하며 자기의 소망을 고백하고 이루어지기를 비는 것.

문두행자(門頭行者)
문을 지키는 행자.

문법(聞法)
설법을 듣는 것.

문수(文殊)
제불(諸佛)의 지혜(智慧)를 맡은 보살. 석가 여래의 왼쪽에 협시(脇侍)하여 오른쪽에 협시한 보현 보살(普賢菩薩)과 더불어 삼존불(三尊佛)을 이룸. 범어식 이름은 만주슈리(Manjus-ri). 문수 보살.

문수당(文殊堂)
문수 보살을 안치한 당.

문수보살(文殊菩薩)
지혜가 뛰어난 공덕을 지닌 보살을 의미한다. 석가모니불을 왼쪽으로 협시하는 보살로서, 오른쪽의 보현보살이 행원을 맡은 데 대하여 지혜를 맡고 있다.

문수보살(文殊菩薩)
① 대승보살 가운데 한사람. 문수는 妙의 뜻이고 사리는 두(頭), 덕(德), 길상(吉祥)의 뜻이므로 지혜가 뛰어난 공덕이라는 뜻이다. ② 지혜를 상징하는 보살. 석존의 교화를 돕기 위해서 나타나는 보살임.

문수사리(文殊舍利)
= 문수보살.

문수사리경(文殊師利經)
문수사리의 질문에 부처님이 답한 경전.

문즉신(聞卽信)
들은 대로 믿음.

물병(-甁)
① 물을 넣는 병. ② 물을 담아서 부처 앞에 올리는 병. 관정(灌頂)할 때에 그 물을 수계(受戒)하는 사람의 머리에 부어 줌.

물비소시(勿秘昭示)
[민] '숨김없이 밝히어 보이리'는 뜻으로, 점쟁이가 외는 주문(呪文)의 맨 끝에 부르는 말.

물질개벽(物質開闢)
물질문명이 극도로 발달함을 말함. 근대 자연과학의 발달로 인하여, 과학 문명의 발달, 물질문명의 발달, 의·식·주 생활의 발달, 사회제도의 발달, 지식의 발달을 가져왔다. 이를 통틀어 물질개벽이라 한다.

미(迷)
인간의 본성은 진여(眞如)한데 식(息), 진(嗔), 치(痴)등 두뇌에 가리워져서 나타나지 못함을 말함.

미계(迷界)
미망(迷妄)의 세계. 번뇌에 시달려서 삼계(三界)를 헤매는 중생계(衆生界). ↔ 오계(悟界).

미래(未來)
① 장차 올 앞날. 장래. ② [민] 언어가 말해지는 순간이나 일정한 기준적 시간보다 나중에 오는 행동·상태 등을 나타내는 시제(時制). 올적. ③ = 내세(來世).

미래불(未來佛)
장차 말세가 되면 세상에 출현하여 중생을 제도하리라는 부처. 곧, 미륵불.

미래세(未來世)
삼세(三世)의 하나. 죽은 뒤에 다시 태어날 세상. 내세. 뒷세상.

미래 영겁(未來永劫)
앞으로 닥쳐올 영원한 세상.

미력
'미륵'의 변한 말.

미료인(未了因)
이승에서 다 맺지 못한 전생(前生)의 인연.

미륵(彌勒)
① '미륵 보살'의 준말. ② = 돌부처.

미륵래시경(彌勒來時經)
미륵경의 하나.
미륵 하생 성불 경(彌勒下生成佛經)의 다른 번역.

미륵 보살(彌勒菩薩)
① 도솔천에 살며, 지금은 천인(天人)을 위하여 설법(說法)하고 있는 중이나 석가가 입멸(入滅)하지 56억 7천만 년 후에 미륵불로 세상에 나타나 중생을 제도한다는 보살. 미륵불. 미륵 자존(慈尊). ② 석존 다음으로 부처가 될 보살. 미륵불 또는 慈氏보살, 일생보처의 보살이라고도 함. ③ 범어로는 마이트레야(Maitreya)이다. 미륵은 성씨이고 이름은 아지타(Ajita, 阿逸多)라고 함. ④ 모든 중생들에게 희망을 주는 부처님이었으며, 언제나 기층 민중들이 갖고 있는 뜨거운 신앙열의 대상.

미륵불(彌勒佛)
= 미륵 보살.

미륵신앙(彌勒信仰)
미륵 부처님의 출현과 도솔천으로의

왕생으로 전개되는 불교신앙의 한 형태. 이 미륵신앙의 역사는 인도에서 비롯되었는데 그 시기는 기원전 2세기나 1세기경으로 추정된다. 그 후 계속하여 이 신앙이 인도나 서역에서 성행하였는데 중국 당나라 때의 현장(玄奘, 602~664) 법사의 <대당서역기(大唐西域記)>에도 절에 미륵불상이 안치되어 있다고 쓰여 있다.

미생원(未生怨)
아사세 왕의 번역된 이름.

미증유법(未曾有法)
불가사의한 일을 말한 경전.

미진 자항(迷津慈航)
미경(迷境)에서 피안(彼岸)에 건네주는 자비의 배. 불법(佛法)이나 부처의 자비를 말함.

미타(彌陀)
'아미타불'의 준말.

미타불(彌陀佛)
'아미타불'의 준말.

미타 삼존(彌陀三尊)
아미타불과 그 협시(脇侍)인 관음·세지 보살.

미타 색상(彌陀色相)
㉾ 아미타불의 형상. 염불할 때 아미타불의 형상을 마음 속에 그리는 것. 원불교의 염불법은 염불삼매의 경지에서 일념과 음성을 일치시켜 무위의 심경에 머무를 뿐, 외불을 구하거나, 아미타불의 형상을 상상하거나, 극락 장엄을 그려내지 않는다. 부처님의 모습.

미타일념(彌陀一念)
생각이 다른 곳으로 흩어지지 않고 일심으로 아미타불만을 염하는 것.

미타참법(彌陀懺法)
아미타부처님 앞에서 그간에 지은 죄를 참회함.

미혹(迷惑)
사(事)와 이(理)의 잘못됨을 미(迷)라 하고, 사리에 밝지 못한 것을 혹(惑)이라 한다.

민권귀실(泯權歸實)
방편인 권(權)을 없애고 진실(實)에

들어감.

밀교(密敎)

① 설명·해석할 수 없는 경전(經典). 주문(呪文)·진언(眞言) 등. ② 7세기 후반에 성했던 불교의 한 파. 금강승. 비교(比敎). 비밀교. 비밀불교. 진언 밀교. ↔ 현교(顯敎). ③ [민] 임금이 살아 있을 때 종친·중신(重臣) 등에게 남 모르게 뒷일을 부탁하여 내린 교서. ④ [민] 임금의 은밀한 교서.

밀어(密語)

① 남이 못 알아듣게 비밀히 말하는 것. 또는, 그런 말. ② 밀교(密敎)에서, 여래의 교의를 설명하는 말. ③ 밀교에서, 다라니(陀羅尼)의 호칭.

밀의(密意)

부처님이 마음속에 품은 바를 나타내지 않고, 이끌어 들이기 위한 방편교를 말씀하실 때에 그 마음속에 품은 뜻.

ㅂ

바가바(婆伽婆) (×파가파)
부처님 호칭의 하나.

바라문(婆羅門) (×파라문)
인도 사성의 하나. 최고의 지위에 있는 종족으로 승려계급.

바라문교(婆羅門敎)
인도 고대의 종교. 인도 최고의 종교인 베다교(吠陀敎)에서 근원하여 베다 경전의 가송(歌頌)과 경문상의 철리(哲理)를 전의(詮議)하며, 범천관지(梵天觀知)의 방법을 말한 이지명상(理智冥想)의 교.

바라문천(婆羅門天) (×파라문천)
= 범천왕(梵天王)

바라밀(波羅蜜) (×파라밀)
'바라밀다'의 준말.

바라밀(婆羅蜜) (×파라밀)
미혹의 언덕에서 깨달음의 언덕으로 건너감. 보통은 보살의 수행을 말함.

바라밀다(波羅蜜多) Paramita
[태어나고 죽고 하는 현실의 괴로움으로부터 번뇌와 고통이 끊어지는 경지인 피안(彼岸)으로 건넌다는 뜻] 보살(菩薩)의 수행. = 바라밀.

바라이(婆羅夷) (×파라이)
계율 중에서 가장 엄한 계율로 4바라이가 있음. 이 계를 어기면 승단에서 축출됨.

바라지
절에서 영혼을 위하여 시식(施食)할 때, 법사가 경문(經文)을 읽으면 그 다음의 송구(頌句)를 받아 읽거나 시식을 거들어 주는 사람.

바라춤(파라-파라-) (×파라춤)
양손에 자바라를 들고 천수 다라니를 외며 활달하게 추는 춤.

바루(鉢루)
[범] Patra 스님들의 밥그릇. 음역으로서 발다라(鉢多羅)라고도 쓰며 변하여 바루(발우)가 된 듯. 속칭에 바룻대·바릿대라고도 한다. 우리나라에서 근세에는 나무로 네 쪽, 혹은 다섯 쪽으로 만들어 옻칠을 하였다. 최근에는 쇠로도 만든다.

바리때
나무로 대접처럼 만들어 안팎에 칠을 한 중의 공양 그릇. 옹기(應器).

바리때집
= 의발각(衣鉢閣).

바리설포(-布)
바리때를 잡아매는 긴 수건.

바리 수건(-手巾)
바리때를 닦는 행주.

바위자리(巖座)
바위 형상으로 만든 불상의 대좌(臺座). 암좌(巖座).

박(縛)
속박·계박(繫縛)·연속 따위의 뜻. 버노니의 딴 이름. 버노니가 다른 사람을 속박하여 자유 자재치 못하게 하며, 3계(界)에 계박하고 연속하여 열반을 얻지 못하게 하므로 이렇게 이름.

박지(薄地)
① 불교 수업(修業)의 한 단계. 번뇌가 희박해진 경지를 이름. ② 범부(凡夫)의 위계(位階)를 셋으로 나눈 가운데 맨 아래. 곧, 지혜가 얕고 우둔한 중생.

반가부좌(半跏趺坐)
오른발은 왼쪽 허벅다리 위에 얹고, 왼발은 오른쪽 무릎 밑에 넣고 앉는 책상다리. = 반가좌.

반가사유상(半跏思惟像)
반 가부좌를 한 미륵보살의 상.

반가상(半跏像)
반가부좌로 앉은 부처의 상(像).

반가좌(半跏坐)

'반가부좌'의 준말.

반게(半偈)
'제행무상(諸行無常) 시생멸법(是生滅法) 생멸멸이(生滅滅已) 적멸위락(寂滅爲樂)'의 후반게(後半偈). <열반경> 제14에 석가여래가 과거생에 설산에 들어가 보살행을 닦을 때에, 나찰(羅刹)에게 앞의 반게를 듣고, 기뻐서 다시 후반을 듣고자 하였다. 그러나 나찰이 일러 주지 않기 때문에 몸을 버려 그에게 주기를 약속하고 그것을 마저 들었다. 그래서 '설산의 반게', '설산의 8자(八字)'라고도 한다.

반승(伴僧)
장례(葬禮)·수법(修法) 또는 법회(法會) 때에 도사(導師)를 따라 다니는 승.

반야(般若) (×반약) Prajna
모든 사물의 본래의 양상을 이해하고 불법(佛法)의 진실된 모습을 파악하는 지성(知性)의 작용. 또는, 최고의 진리를 인식하는 지혜. 여실지(如實智).

반야경(般若經)
반야 바라밀(般若波羅蜜)을 설법한 여러 경전의 총칭. '소품 반야(小品般若)', '대품 반야'를 비롯하여 '금강경', '반야 심경, '이취경(理趣經)'등이 있으며, 현장(玄奘)이 '대반야경'은 이와 같은 반야경을 집대성한 것임.

반야경오가해설의(般若經五家解說誼)
수이(守伊)스님의 쓴 책.
「금강경 오가해」의 어렵고 중요한 구절을 해석함.

반야류지(般若流支)
인도의 스님으로 중국에 와 활동했음.

반야 바라밀(般若波羅蜜)
육바라밀(六波羅蜜)·십이바라밀(十二波羅蜜)의 하나. 열반(涅槃)의 피안(彼岸)에 이르기 위하여 보살이 수행을 하는 중에서 진리를 인식하는 깨달음의 지혜를 완전한 것으로 만든는 일.

반야 바라밀다 심경(般若波羅蜜多心經)
= 반야 심경.

반야 심경(般若心經)

대반야경의 요점을 간결하게 설명한 260자(字)로 된 짧은 경. 대반야 바라밀다 심경. 마하 반야 바라밀다 심경. 반야 바라밀다 심경.

반야 정관(般若正觀)

① 지혜(知慧)와 선정(禪定). ② 지혜로서 잡념을 버리고 정신 통일을 한 상태.

반야탕(般若湯)

'술(酒)'의 변말.

반열반(般涅槃)

열반에 들어감.

반좌(半座)

분좌(分坐)라고도 한다. 사장(師匠)이 그 문하(門下)의 으뜸가는 제자에게 자기의 법좌(法座)를 나누어주고 설법하여 중생의 제도케 하는 것. 부처님께서 가섭에게 진리를 나누어주신 데서 유래.

반좌(반좌)

㉮ 좌선할 때 왼쪽다리를 구부려 오른쪽 넓적다리 위에 얹고 앉거나, 이와 반대로 오른쪽 다리를 왼쪽 넓적다리 위에 올려놓고 앉는 자세.

반혼(返魂)

① 죽은 사람을 화장(火葬)한 뒤 그 혼을 집으로 다시 불러들이는 일. ② = 반우(返虞).

발가선(跋伽仙)

[범] Bhargava 부처님께서 출가(出家)하신 뒤, 처음 스승으로 섬기던 신선(神仙). 이는 고행(苦行) 바라문(婆羅門).

발기(發起)

① 경문을 먼저 낭독하는 사람. ② 불도를 구하려는 마음을 일으키는 것. ③ 앞장서 새로운 일을 꾸며 일으키는 것.

발낭(鉢囊)

'바랑'의 원말.

발대비심(發大悲心)

대비심을 일으킴.

발두마화(鉢頭摩華)

[범] Padma 발특망(鉢特忙)·발노

마(鉢弩摩)·파두마(波頭摩)·발납마(鉢納摩)·파담마(波曇摩)·발담마(鉢曇摩)라고도 쓰며, 홍련화(紅蓮華)라 번역. 수련과에 딸린 식물. 연꽃의 일종.

발보리심(發菩提心)
보리심을 냄. 줄여서 발심(發心).

발심(發心)
① 무슨 일을 하겠다고 마음을 먹는 것. ② 불도를 얻고자 하는 마음을 일으키는 것.

발우(鉢盂)
발다라의 준말. 스님들의 밥그릇. → 바루.

발우 공양(鉢盂供養)
공양이란 말은 본래 '공급하여 기른다'는 뜻으로, 삼보에 대하여 공경하는 마음으로 의식주나 약품 등을 제공하여 올리는 것을 말한다.

발원(發願)
원구(願求)하는 마음을 내는 것. 총(總)으로 수행을 게으르지 않게 하고, 반드시 증과(證果)에 이르려고 하는 서원을 세움. 별(別)로는 극락세계를 건설하여 중생을 구제하려는 서원을 일으킴. 또는 기원(祈願)을 발원이라고도 한다.

발인식(發靷式)
열반인의 영구(靈柩)가 집을 떠나 장지(葬地)로 향할 때 행하는 의식(儀式). 일반적인 경우에는 발인식을 3일, 5일, 7일, 9일만에 하게 된다.

발제리가(跋提梨迦)
[범] Bhadrika 5비구(五比丘)의 한 사람. 곡반왕의 왕자(王子)라고도 하고 감로왕의 왕자(王子)라고도 함. 부처님 최초의 제자.

발제하(跋提河)
중인도 쿠시나가라국에 있는 아시다발제하(阿恃多跋提河)의 약칭. 이 강 서안(西岸)에서 부처님께서 입멸하셨으므로 유명.

밥쇠
절에서 밥 먹을 때를 알리기 위하여 다섯 번 치는 종.

방(方)

[범] Desa 24불상응행(不相應行)의 하나. 동서남북·사유상하(四維上下) 등의 방소(方所).

방광(方廣)
① 비불략(毘佛略)의 번역. ② 대승경전의 통명(通名). 대승경에 말한 이치는 방정(方正)한 것이므로 방(方)이라 하며, 뜻이 원만히 구비되고 언사(言詞)가 풍족하므로 광(廣)이라 한다.

방광(放光)
① 빛을 내쏘는 것. ② 부처가 백호(白毫)의 빛을 내쏘는 것.

방광반야경(放光般若經)
반야 경전의 한 부분.

방부(榜付)
승이 남의 절에 가서 좀 있기를 부탁하는 일.

방사(坊舍)
중들이 거처하는 방.

방생(放生)
사람에게 잡혀 죽게 된 생물을 놓아 살려 주는 일.

방생(放生)과 방생(傍生)
방 : 생은 잡은 생물을 놓아 줌이고, 방생은 기어 다니는 짐승의 총칭.

방생법회(放生法會)
자기의 안녕과 평화를 유지하는 방법 외에도 잡히여 죽을 목숨들을 널리 살려주는 법회.

방생회(放生會)
사람에게 잡힌 산 물고기나 산 짐승을 사서 살려 보내는 의식. 음력 삼질날이나 팔월 보름에 행함.

방선(放禪)
좌선(坐禪)이나 간경(看經)하는 시간이 다 되어, 공부하던 것을 쉬는 일. ↔ 입선(入禪).

방일(放逸)
[범] Pramada 심소(心所)의 이름. 대번뇌지법(大煩惱地法)의 하나. 20수번뇌(二十隨煩惱)의 하나. 인간으로서 해야 할 착한 일이나 방지해야 할 악한 일을 뜻에 두지 않고 방탕하고 함부로 하는 정신 작용.

방장(方丈)

① 화상(和尙)·국사(國師) 등 고승(高僧)의 처소. ② = 주지(住持). ③ 가로 세로가 1장(丈)인 넓이.

방장(方丈)과 방장(房帳)
방장 : 주지스님.
방장 : 방 안에 드리우는 휘장.

방장(方丈) 스님
총림(叢林)의 조실스님. 원래는 사방 1장(丈)인 방(房)이란 뜻으로 선사(禪寺)의 주지가 쓰는 거실인데, 그 뜻이 변하여 선사의 주지를 일컫게 된 것. 총림의 조실스님을 방장이라 함.

방중(房中)
① 방 안. 또는, 방안에 들어앉은 사람들. 방내(房內). ② 절의 안. 사중(寺中).

방편(方便)
① 보살(菩薩)이 중생을 구제하기 위한 묘한 수단. 또는, 진실한 교법에 끌어넣기 위하여 가설(假說)한 법문(法門). ② 그때 그때의 형편에 맞추기 위해 쉽게 이용되는 수단.

방포(方袍)
중이 입는 네모진 가사(袈裟).

방할(棒喝) (×방갈)
선사(禪師)가 학인(學人)을 지도하기 위해 매질을 하고 소리를 침. 방(방=나무지팡이)은 몽둥이.

방함록(芳啣錄) (×방어록)
방명록과 같은 뜻.
안거(安居)할 때 스님들의 법명, 본적, 소속 사찰 등을 기록한 책.

배광(背光)
= 후광(後光).

배송(拜送)
① 삼가 보내는 것. ② [민] 천연두(天然痘)를 앓은 뒤 13일 만에 두신(痘神)을 전송하던 일.

배우는 이(學人)
불도를 배워 행하는 사람. 학인(學人).

배은망덕(背恩忘德)
① 사은의 큰 은혜를 알지 못하거나 보은의 실행이 없으며, 천지의 큰 도를 체 받아 행하지 못함. ② 남으로부터

입은 은덕을 잊어서 저버림.

백개일(白箇日)
사람이 죽은 지 백일째 되는 날. 이날 불공을 드림.

백계(百界)
천태종에서 말하는 지옥·아귀·축생·수라·인간·천상·성문·연각·보살·불의 10계(十界)는 그 하나하나가 본래 10계를 곱하여 백계라 한다.

백단(白檀)
흰색의 전단. 전단에는 붉은 것, 흰 것, 검은 것, 자줏빛이 있으나, 백단향의 품질이 가장 좋다 한다.

백률사금동약사여래입상(百栗寺金銅藥師如來立像)
백률사에 봉안된 금동제 약사여래입상. 국보제98호

백반왕(白飯王)
[범] Suklodanaraja 사자협왕의 둘째 아들. 정반왕의 아우. 부처님의 숙부. 아난타·제바달다 등의 아들을 두었다.

백법(白法)
↔ 흑법(黑法). 결백 청정한 법. 곧 선법을 말함. 계·정·혜의 3학(學)과 보시·지계·인욕·정진·선정·지혜의 6도(度) 등의 선근 공덕.

백복장엄(百福莊嚴)
백 가지 복을 쌓은 공덕으로 인하여 갖추어진 부처의 장엄한 상. 곧, 삼십이상(三十二相).

백억세계(百億世界)
부처가 백억 화신이 되어 교화(敎化)시키는 세계. 곧, 온 세상.

백억화신(百億化身)
헤아릴 수 없이 많은 석가의 화신.

백우(白牛)
<법화경>에 있는 3수(羊·○·白牛)와 하나. 흰 소로서 일승법(一乘法)에 비유.

백운(白雲)
절의 큰방 윗목 벽에 써 붙인, 손님의 자리임을 가리키는 문자.

백월산남사(白月山南寺)

창원 백월산에 있는 절.

백의 관음(白衣觀音)
33관음의 하나. 흰옷을 입고 흰 연꽃 가운데에 앉은 관음. 대백의.

백일갈마(白一羯磨)
백이갈마(白二羯磨)라고도 한다. 무슨 일을 결정할 때 시행되는 작법의 한 가지. 대중 가운데서 무슨 일을 행하려 할 적에, 대중을 모으고 먼저 그 일의 내용을 세밀히 사루는 것을 백(白)이라 하고, 다시 일의 가부를 물어 일을 결정하는 것을 갈마라 한다.

백일재(百日齋)
사람이 죽은 지 백 일 되는 날에 드리는 불공.

백중날(百中-百衆-)
명일(名日)의 하나로 음력 칠월 보름날. 백종(百種). 중원(中元).

백중맞이(百中-)
① 백중날에 하는 불공. 백중 불공.
② [민] 무당이 백중날에 하는 굿.

백중 불공(百中佛供)
= 백중맞이.

백천만겁(百千萬劫)
무한한 햇수. 곧, 영원한 시간.

백천삼매(百千三昧)
천만가지일에 마음을 집중시켜 일심불란(一心不亂)이 된 경지. 삼매란 마음이 흔들리지 않고 일심이 되어 편안한 것을 말한다. 곧 물심일여(物心一如) 물아일체(物我一體)의 경지이다.

백팔(百八)
① 인간이 지닌 번뇌(煩惱)의 수.
② 1년의 12개월·24절기(氣)·72후(候)를 합하여 일컫는 말.

백팔번뇌(百八煩惱)
인간이 지닌 108가지의 번뇌. 육근(六根) 즉, 눈, 귀, 코, 혀, 몸, 생각은 각각 어떤 대상을 만나면 그로 인해 좋다, 나쁘다, 평등 하다의 세 가지로 서로 다르기 때문에 18가지의 번뇌를 가져오며, 또한 고통(苦痛), 즐거움으로 고통도 즐거움도 아닌 세 가지 작용으로 18가지의 번뇌를 내게 하니 모두 36가지가 됩니다. 이를 과거, 현재, 미래 3세간의 것을 계산하게 되니 108번뇌가 된다는 것임.

백팔염주(百八念珠)
작은 구슬 108개를 꿴 염주. 백팔번뇌(百八煩惱)를 상징함.

백팔종(百八鐘)
절에서 아침저녁으로, 또는 제야(除夜)에 108번 치는 종.

백호(白毫)
부처의 32상(相)의 하나. 눈썹 사이에 난 흰 터럭으로 광명을 무량 세계(無量世界)에 비친다고 함.

백화도량발원문약해(百花道場發願文略解) (×백화도장)
의상(義湘)스님이 지은 발원문.

번(幡)
[범] Pataka 파다가(波多迦)라고 음역. 증번(證幡)·당번(幢幡)이라고도 한다. 불·보살의 위덕을 표시하는 장엄 도구인 깃발. 이를 만들어 달고 복을 빌기도 한다.

번뇌(煩惱)
① 심신을 괴롭히는 노여움·욕망 따위의 망념(妄念). 누(漏). 진로(塵勞). ② 마음이 시달려서 괴로운 것.

번뇌(煩惱)
고통의 원인은 모두가 번뇌의 집기(集起)에서 비롯된다는 것. 탐. 진. 치. 만. 의 등 8만 4천 번뇌가 있다.

번뇌(煩惱)
나쁜 마음의 작용 인데 몸과 마음을 괴롭히는 악한 견해와 습기(習氣)를 말한다.

번뇌마(煩惱魔)
사마(四魔)의 하나. 몸과 마음을 어지럽혀 깨달음을 얻는데 장애가 되는 번뇌를 이름.

번뇌무진서원단(煩惱無盡誓願斷)
깨침에 방해되는 모든 번뇌를 단연코 끊어 멸하기를 서원하나 이다.

번뇌업고(煩惱業苦)
번뇌 또는 혹(或)과 업(業)과 그로 인한 고(苦).

번뇌장(煩惱障)
번뇌가 마음을 몹시 어지럽게 하는 일.

번뇌탁(煩惱濁)

오탁(五濁)의 하나. 애욕(愛慾)을 탐하여 마음을 괴롭히고 죄를 지음.

범(梵) brahman

인도 브라만교의 최고 원리로서 세계 창조의 근원.

범각(梵閣)

= 범궁(梵宮).

범경(凡境)

보통 장소. ↔ 영지(靈地).

범경(梵境)

절의 경내(境內).

범계(梵戒)

청정한 계율을 일컫는 말.

범계(犯戒)

파계(破戒)라고도 한다. 부처님께서 제정한 계율을 범하여 파한 것. 파례한 이에게는 다섯 가지 허물이 있다. 1. 자신을 해(害)치고, 2, 지혜있는 이에게 꾸중을 듣고, 3, 나쁜 소문이 멀리 퍼지고, 4, 죽을 때에 후회가 생기고, 5, 죽어서 악도에 떨어진다.

범궁(梵宮)

① 범천왕의 궁전. ② '절', '불당'의 총칭. 범각(梵閣).

범납(梵衲)

= 승려를 뜻함.

범륜(梵輪)

법륜(法輪)의 다른 이름. 이 명칭에는 여러 가지 해석이 있으니, 부처님의 설법은 맑고 깨끗한 것이란 뜻.

범망(梵網)

'범망경'의 준말.

범망경(梵網經)

대승계(大乘戒)의 계율에 관한 책. 상권에는 보살의 심지(心地)가 전개되어 가는 모양을, 하권에는 대승계를 설하였음. = 범망.

범망계(梵網戒)

<범망경>에 말한 계율. 10중대계·48경계. 대승행을 하는 보살들이 받아 지니는 계율.

범부(凡夫)
① 평범한 사내. ② 번뇌(煩惱)에 얽매여서 생사(生死)를 초월하지 못하는 사람. 이생(異生).

범서(梵書)
① 범자(梵字)로 기록된 글. 범문. ② = 불경(佛經).

범세계(梵世界)
[범] Brahmaloka 청정한 세계란 뜻. 색계의 모든 하늘. 여기는 음욕을 여읜 범천이 있는 세계란 뜻.

범승(凡僧)
① 평범한 중. ② 당(幢)을 세우지 못하여 종사(宗師)가 되지 못한 중.

범승(梵僧)
불법을 엄수하여 행덕(行德)이 단정하고 깨끗한 중.

범어(梵語)
인도에서 고대에 쓰던 아어(雅語), 곧 산스크리트(Samskrta). 이는 완성이란 뜻을 가진 것. 교육 있는 사회의 용어로서 완성된 언어. 베다(베陀)말의 직계. BC 4~5세기 무렵에 시작되어 많은 문학을 갖고, 인도의 고상한 말로서 현재도 사용. 또 범어라 함은 인도의 조물신(造物神)인 범천이 지었다는데서 생긴 것이라 하며, 혹은 범천을 숭배하는 나라인 인도 곧 범토의 말이므로 범어라 한다고 함.

범왕(梵王)
'범천왕(梵天王)'의 준말.

범음(梵音)
① 범자(梵字)의 음. ② 불경을 읽는 소리.

범음 심원(梵音深遠)
32상(相)의 한 가지. 음성이 부드럽고 맑아 멀리까지 들리는 상.

범전(梵殿)
= 불당(佛堂).

범종(梵鐘)
절에서 사람을 모이게 하거나 시각을 알리기 위하여 치는 종. 불종(佛鐘).

범중천(梵衆天)
[범] Brahmaparisaday-deva 색계

초선천의 첫 하늘. 범파리사(梵派梨沙)라 음역. 대범왕이 영솔하는 하늘 사람들이 이곳에 살므로 범중천이라 함. 이 하늘 사람의 키는 반유순, 목숨은 반겁.

범찬(梵讚)
범어(梵語)로 부르는, 불덕(佛德)을 찬미한 글.

범찰(梵刹)
= 절.

범천(梵天)
만물의 근본인 本有를 신격화한 것으로 인도 불교 성립 이전의 바라문교에서 가장 존숭 되었던 신임. = 범천왕(梵天王).

범천왕(梵天王).
① 브라만교의 교조인 우주 만물의 조화(造化)의 신. 사바 세계를 주재(主宰)함. 범어식 이름은 브라마데바(Brahmadeva). ② 제석천(帝釋天)과 함께 부처를 좌우(左右)에서 모시는 불법 수호의 신. 바라문천. 범천.

범패(梵唄)
부처님의 공덕(功德)을 찬양하는 전통 형식의 노래. 범음(梵音). 성명(聲明).

범학(梵學)
① 불교에 관한 학문. 불학(佛學). ② 범어(梵語)에 관한 학문.

범행(梵行) brahma-carya
① 불도의 수행. ② 맑고 깨끗한 행실.

법(法) dharma
① 삼보(三寶)의 하나. ② 물(物)·심(心)·선(善)·악(惡)의 모든 사상(事相).

법강항마위(法强降魔位)
㉚ 법위등급 여섯단계 중 네 번째 단계. 삼십계문을 잘 지키게 되고 자기의 마음을 항복 받아 자기 마음대로 활용할 힘이 생긴다. 중생세계를 벗어나 불보살 세계로 들어가기 시작하는 경지이다.

법검(法劍)
진리의 검. 부처의 가르침이 번뇌를 잘라 버리는 것을 칼에 비유한 말.

법계(法界)
① 불법의 범위. 만유 제법의 본체인 진여(眞如). ② 불교도의 사회. ③ [민] '법조계(法曹界)'의 준말.

법계(法階)
불도를 닦는 사람의 수행(修行) 계급.

법계불(法界佛)
여래(如來)는 법계에 널리 통한다는 뜻으로, '여래'를 일컫는 말.

법계신(法界身)
= 법신(法身).

법계정인(法界定印)
두 손을 포개어 무릎 위에 얹어놓되, 두 엄지손가락을 서로 맞대고 오른손을 왼손 위에 올려놓는 인상(印相).

법고(法鼓)
① 불교 의식 때에 부처 앞에서 치는 작은 북.

법공양(法供養)
① 불경을 남에게 읽어 들려 주는 일. ② 보살행을 닦아 불법을 수호하고 중생을 이롭게 하는 일.

법권(法眷)
같은 법사(法師) 아래에서 수행하는 동료.

법기(法器)
① 불도를 능히 배우고 수행할 수 있는 소질이 있는 사람. 불연(佛緣)이 있는 사람. ② 공양할 때 밥을 담는 그릇. ③ = 불구(佛具).

법난(法難)
포교 때에 받는 박해.

법담(法談)
① 불법에 관한 이야기. ② 불교의 교리를 좌담식으로 서로 묻고 대답함.

법답(法畓)
법맥(法脈)을 이어받는 제자에게 법사가 물려주던 논밭.

법당(法堂)
불상을 안치하고 설법도 하는 절의 정당(正堂). 법전(法殿).

법도(法度)

법은 법규, 도는 도량(度量)이니 곧 규칙, 달라져서 금제(禁制)하는 뜻으로도 쓴다.

법등(法燈)
① 부처 앞에 올리는 등불. ② 세상의 어두움을 밝히는 등불이라는 뜻으로, 불법을 가리킴.

법락(法樂)
원불교 예복(禮服)의 하나. 교복(敎服)과 법락(法絡)을 예복으로 사용하고 있다. 평상시에는 교복을 착용하고, 특별 행사 때에는 교복에다 법락을 착용한다. 법락은 목에 걸도록 되어있다.

법락(法樂)
① 삼학수행으로 얻는 즐거움. 곧 법열(法悅). ② 출가생활에서 느끼는 즐거움. ③ 불법을 경애(敬愛)하여 착한 덕행(德行)을 쌓고 스스로 즐거워 하는 일.

법랍(法臘)
세속에서의 나이와는 달리 중이 된 뒤로부터 치는 나이. 법세(法歲).

법려(法侶)
불법을 같이 배우는 동료.

법력(法力)
① [민] 법률의 효력. ② 불법(佛法)의 위력.

법론(法論)
불법(佛法)에 관한 의론(議論). 종론(宗論).

법류(法類)
같은 종지(宗旨), 같은 계통의 중.

법륜(法輪)
부처의 교법(敎法).

법륜(法輪)
재래인도의 왕등이 금륜(金輪), 은륜(銀輪), 동륜(銅輪) 등의 수레바퀴를 통하여 세계를 정복하였는데 부처님께서는 진리의 수레바퀴로서 세계를 정복한다는 뜻.

법률(法律)
① 사회생활의 질서를 유지하기 위하여 통치자나 국가가 정하여 국민을 강제하는 규범. 법. 율법. 형급(刑

禁). ② 국회의 의결을 거쳐 제정되는 성문법(成文法)의 한 형식. 헌법의 다음 단계에 놓이는 국법으로, 행정부의 명령이나 입법부·사법부의 규칙 등과 구별됨. ③ 부처가 설법한 가르침과 신자가 지켜야 할 규율. 또는, 부처가 설법한 계율.

법마상전급(法魔相戰級)
㉾ 법위등급 여섯 단계 중 세 번째 단계. 보통급 십계문과 특신급 십계문을 거의 다 지키고, 법몽전급 십계문을 받아 지킨다.

법맥(法脈)
전법(傳法) 의 계맥(系脈).

법멸(法滅)
정법(正法)·상법(像法)·말법(末法)의 삼시(三時)가 지나 불법(佛法)이 없어지는 일.

법명(法名)
① 중이 된 사람에게 종문(宗門)에서 지어주는 이름. 승명(僧名). ② 원불교(圓佛敎)에서, 모든 교도에게 지어 주는 종교상의 이름. ③ 불가(佛家)에서, 죽은 사람에게 붙여 주는 이름. 계명(戒名).

법명(法命)
① 불지(佛智)의 생생한 활동. ② 중의 수명(壽命).

법무아(法無我)
↔ 인무아(人無我). 만유 제법은 모두 인연이 모여 생긴 일시적인 가짜 존재이므로 실다운 체성(體性)이 없음을 말함.

법문(法門)
① 중생이 불법으로 들어가는 문. ② 법사(法師)의 문정(門庭).

법문(法門)
진리의 문이란 뜻이다. 8만 4천의 경론이 모두 진리에 들어가는 문 아님이 없기 때문이다.

법문무량서원학(法問無量誓願學)
한량없는 부처님의 법을 모두 배워 맹세코 익히기를 서원하나 이다.

법물(法物)
법사(法師)로부터 물려받은 논밭이나 금전 따위의 제물.

법보(法寶)
'법(法)'을 삼보(三寶)의 하나로 이르는 말.

법보단경(法寶壇經)
육조 단경의 다른 말.

법복(法服)
① 법관(法官)이 법정에서 입는 옷. ② = 법의(法衣). ③ 제왕의 예복.

법사(法事)
= 불사(佛事).

법사(法事)
① 설법하는 승. ② 심법(心法)을 전하여 준 승. 법주(法主).

법사(法嗣)
법통(法統)을 이어받은 후계자.

법사(法師)
부처의 가르침에 정통하고 교법(敎法)의 스승이 되는 승려.. 법주(法主)라고도 부른다.
승려 또는 출가한 남자를 의미하기도 한다. 또 포교사의 역할도 하는 승려.

법상(法床)
설법하는 중이 올라앉은 상.

법상(法相)
① 천지 만유의 모양. ② 제법(諸法)의 모양을 설명하는 교법(敎法). ③ '법상종'의 준말. ↔ 법성(法性).

법상종(法相宗)
불교 종파의 하나. 우주의 본체보다 현상을 세밀히 분류·설명하는 입장을 취하여 온갖 만유는 오직 식(識)이 변해서 이루어진 것에 불과한 것으로 봄. 유식종(唯識宗). 자은종(慈恩宗). = 법상(法相).

법서(法誓)
부처가 중생을 제도(濟度)하려고 하는 서원(誓願).

법석(法席)
법회 대중이 둘러앉아서 강(講)하는 자리. 법연(法筵).

법성(法性)
만유의 실체(實體). ↔ 법상(法相).

법성(法聲)

① 설법하는 소리. ② 경전을 읽는 소리.

법성종(法性宗)
신라 불교 종파의 하나. 모든 중생은 성불(成佛)할 수 있다는 것을 종지(宗旨)로 함. 원효 대사가 개창함. 원효종. 해동종(海東宗).

법성토(法性土)
삼불토(三佛土)의 하나.

법수(法水)
① [민] = 아비산 가리액(亞砒酸加里液). ② 번뇌를 깨끗하게 씻어 주는 물이 라는 뜻으로, '불법'을 달리 이르는 말.

법시(法施)
삼시(三施)의 하나로. 다른 사람에게 교법을 말하여 선근(善根)을 자라게 하는 일.

법신(法身)
① 삼신(三身)의 하나로 부처의 진신(眞身). 부처의 생신(生身)에 상대하여 일컫는 말. 법계신(法界身). ▷ 보신(報身) · 응신(應身). ② 법체(法體)가 된 몸. 곧, 중의 몸.

법신덕(法身德)
열반(涅槃)을 얻은 사람에게 갖추어진 삼덕(三德)의 하나.

법신불(法身佛)
삼신불(三身佛)의 하나. '대일 여래불(大日如來佛)'을 이르는 말. 비로자나불(毘盧遮那佛).

법신불 일원상(法身佛一圓相)
㉮ 법신불이 곧 일원상이라는 뜻. 법신불은 진리 그 자체, 또는 가장 근원적인 진리를 말한다. 소태산 대종사는 가장 근원적인 진리를 일원상이라 표현했다. 따라서 법신불이 곧 일원상이요, 일원상은 다시 사은으로 화현하고, 사은은 또 다시 우주만유로 전개된다.

법신 사리(法身舍利)
부처님이 말씀하신 깊고 미묘한 가르침 그 자체.

법아(法我)
↔ 인아(人我). 객관의 물(物) · 심(心), 제법에 실로 체성이 있다고 집착

하는 마음. 곧 법집(法執)을 의미.

법안(法眼)
불타의 오안(五眼)의 하나. 모든 법을 관찰하는 눈.

법약(法藥)
중생의 마음의 번뇌를 없애는 불법을 약에 비유한 말.

법어(法語)
① 정법(正法)을 설하는 말. 또는, 불교에 관한 글월. ② = 불어(佛語). ③ = 법언(法言).

법업(法業)
불법에 관한 사업. 법사(法事).

법연(法筵)
① [민] 예식을 갖추고 임금이 신하를 접견하던 자리. ② 불전(佛前)에 절하는 자리. ③ 불도를 설하는 자리. 법좌(法座). ④ = 법석(法席).

법연(法緣)
불법을 듣고 믿게 되는 인연.

법열(法悅)
① 설법을 듣고 진리를 깨달아 마음 속에 일어나는 기쁨. ② 깊은 이치를 깨달았을 때와 같은 황홀한 기쁨. 법회(法喜).

법옹사(法翁師)
= 노법사(老法師).

법왕(法王)
법을 설하는 주왕(主王)이란 뜻으로, 석가 여래를 높여 이르는 말.

법요(法要)
불사(佛事)의 의식.

법우(法雨)
중생을 교화하여 덕화(德化)를 입힘을 '비'에 비유한 말.

법의(法衣)
중이 입는 옷. 법복(法服).

법의(法義)
① 불법의 본의(本義). ② [민] 법의 의의(意義).

법인(法印) dharma-uddana
불교를 외도(外道)와 구별하는 표지.

불법이 참되고 부동 불변(不動不變)한 것을 나타내는 것으로, 소승 불교에서는 무상인(無常印)·무아인(無我印)·열반인(涅槃印)의 삼법인(三法印)으로 하고, 대승 불교에서는 상인(相印)이 일법인(一法印)으로 함.

법인국사보승탑(法印國師寶乘塔)
국보 176호, 서산 보현사에 있음.

법장(法藏)
불교의 교법. 또는, 교법을 실천함으로써 쌓인 공덕.

법장비구(法藏比丘)
법처(法處)·법적(法積)·법보장(法寶藏)·작법(作法)이라고도 번역. 아미타불이 부처되기 전 보살 때의 호칭. 아미타불은 본래 국왕으로서 발심 출가하여 스님이 되고, 호를 법장이라 하였다. 세자재왕불에게 48원을 세우고, 조재영겁(兆載永劫)의 수행을 성취하였으며, 드디어 현재의 아미타불이 되어, 지금 극락세계에서 중생을 교화하며, 항상 법을 말씀하고 있다고 함.

법적(法跡)
불교 유포(流布)의 자취.

법전(法殿)
① [민] 임금이 조하(朝賀)를 받던 정전(正殿). ② = 법당(法堂).

법제자(法弟子)
불법의 가르침을 받는 제자.

법주(法主)
① '부처'의 존칭. ② 한 종파(宗派)의 우두머리. ③ 설법을 주장(主掌)하는 사람. ④ = 법사(法師).

법주사팔상전(法主寺捌相殿) (×별상전)
속리산 법주사에 있는 5층 목조 건물.

법주(法主) 스님
불법을 잘 알아서 어떤 불사(佛事 : 불교의 행사)나 회상(會上 : 모임)의 높은 어른으로 추대된 스님.

법지(法智)
십지(十智)의 하나. 욕계(欲界) 4제(四諦)의 이치를 관하면서, 이 4제의 이치를 미(迷)하여 일어난 번뇌를 끊는 지혜.

법체(法體)
① 우주 만유의 본체(本體). ② 중의 모습.

법취(法聚)
법온(法蘊)이라고도 한다. 취는 쌓아 모은 것. 곧 여러 가지의 법문을 모은 것.

법풍(法風)
'불법(佛法)'을 마음의 번뇌를 날리는 바람으로 비유하여 이르는 말.

법해(法海)
'불법(佛法)'을 바다처럼 넓고 깊다는 뜻으로 이르는 말.

법험(法驗)
수법(修法)에 의해서 나타나는 효험.

법형(法兄)
한 스승에게서 법을 같이 배운 사람을 높여 이르는 말.

법호(法號)
'중'의 아호(雅號).

법화(法話)
불법에 관한 이야기.

법화경(法華經)
'묘법 연화경(妙法蓮華經)'의 준말.

법화경론(法華經論)
법화경의 주석서.

법화삼매(法華三昧)
죄업을 참회하는 수법(修法). 먼저 6시(時) 5회(悔)라 하여 아침·낮·해질녘·초저녁·밤중·새벽의 여섯 때로 참회(懺悔)·권청(勸請)·수희(隨喜)·회향(迴向)·발원(發願)의 다섯 가지 참회를 닦는 것.

법화삼부경(法華三部經)
법화부의 삼경(三經). 곧, 무량의경(無量義經)·묘법연화경(妙法蓮華經)·관보현경(觀普賢經)

법화이처삼회(法華二處三會)
법화경을 설하실 때 두 장소에서 3회에 걸쳐 했다는 말.

법화종(法華宗)
법화경을 종지(宗旨)로 한 불교의 한 종파.

법화참법(法華懺法)
법화경을 외며 죄를 참회하는 천태종의 중요한 법요(法要). = 참법(懺法).

법화회(法華會)
법화경을 강설(講說)하는 법회.

법회(法會)
① 부처님의 가르침을 널리 펴는 모든 의식으로 스님들과 신도들이 법문을 듣기 위하여 실시하는 모임. ② 죽은 사람을 위하여 재를 올리는 모임.

법희(法喜)
불법에 의하여 얻게 되는 마음속의 기쁨.

베다(吠陀) Veda
[범] Beda 비타(毘陀·裨陀)·피타(皮陀) 위타(葦陀·圍陀)·베다(吠馱·吠陀)라고도 음역. 지론(智論)·명론(明論)·무대(無對)라 번역. 인도 바라문교의 근본 성전(聖典).

벽관바라문(壁觀婆羅門)
달마대사의 별칭.

변(變)
① 변상(變相)이라고도 한다. 정토의 모양이나 지옥의 모양을 그린 그림. ② 어떤 물건에서 다른 물건을 내거나 나타내는 것. 예를 들면 유식(唯識)의 소변(所變)이라 하면 일식(一識)으로부터 다른 현상을 나타낸다는 뜻.

변상(變相)
① 형상(形相)을 바꿈. 또는, 바뀐 형상. ② 정토(淨土)의 모양과 지옥의 참상(慘狀)을 그린 그림. 변상도. ③ 부처의 법신(法身)이 여러 형태로 다르게 보이는 모양.

변성남자(變成男子)
부처의 힘으로 여자가 남자로 바뀌어 태어나는 일. 변성(變成).

변성 남자원(變成男子願)
미타 사십팔원(四十八願)의 하나. 여자가 부처를 믿어, 죽은 뒤에 남자로 다시 태어나기를 소원함.

변역 생사(變易生死)
보살이 그 원력(願力)에 의하여 현세(現世)에 나타나서 일부러 받는 생사. 미(迷)·오(悟)의 경계를 지나가는 상태. ↔ 분단 생사(分段生死).

변재천(辯才天)
노래·음악을 맡은 여신(女神). 걸림이 없는 변재가 있어 불법(佛法)을 유포하여 수명(壽命)·증익(增益)·원적퇴산(怨敵退散)·재보만족(財寶滿足)의 이익을 준다고 한다.

변정천(邊淨天)
하늘의 신들의 일종. 또는 색계 제3선천의 3천. 이 하늘에는 맑고 깨끗하며 쾌락이 가득찼다는 뜻으로 변정이라 한다. 여기에 사는 천인의 키는 64유순, 수명 64겁(劫)

변조(邊照)
부처의 광명이 온 세계와 사람의 마음을 두루 비추는 일.

변화(變化)
본래의 형체를 전환하는 것을 변이라 하며, 없던 것이 문득 생기는 것을 화(化)라 한다. 불·보살이 중생을 교화하기 위하여 형상을 변하여 여러 가지 모양을 나타내는 것.

변화신(變化身)
부처가 중생을 제도하고자 여러 가지로 변화한 몸.

변화토(變化土)
부처의 변화신이 있는 불토

별당(別堂)
① 몸채의 곁이나 뒤에 따로 지은 집이나 방. ② 절의 주지나 강사(講師)가 거처하는 곳.

별원(別院)
① 치당 가람(七堂伽藍) 이외에 중이 거처하기 위해 세운 당사. ② 본사(本寺) 외에 따로 지은, 본사 소속의 절.

별원(別願)
보살이 수업 중에 개별적으로 세우는 서원(誓願). ↔ 총원(總願).

별좌(別坐)
불사(佛事)가 있을 때 부처 앞에 음식을 차리는 일. 또는, 그 예물을 차리는 사람.

별해탈계(別解脫戒)
별해탈률의(別解脫律儀)라고도 한다.

삼종계(三種戒)의 하나. 수계(受戒)하는 작법에 의지하며 5계·10계·구족계 등을 받아 지니어, 몸이나 입으로 짓는 악업을 따로 따로 해탈하는 제법.

병고(病苦)
사고(四苦)의 하나. 병은 4대(大)가 조화되지 못하여 생김. 병으로 생기는 고통.

병법(秉法)
불전(佛前)에서 예식을 집행하는 사람의 직명(職名).

병사왕(餠沙王)
[범] Bimbisara 병사(屏沙·瓶沙·병沙)·평사(萍沙)·빈바사라(頻婆娑羅)라고도 쓴다. 죽림정사를 지어 부처님께 공양한 중인도 마갈타국왕의 이름.

병진(並進)
아울러 닦아나감. 곧 어느 한 편에 치우치지 아니하고 두루 원만한 수행을 아울러 하여 완전한 인격을 이루어 가는 것.

보개(寶蓋)
① 상륜(相輪)의 보륜(寶輪)과 수연(水煙) 사이에 있는, 닫집 모양의 부분. ② 보주(寶珠) 등으로 장식된 천개(天蓋).

보광삼매(寶光三昧)
널리 광명을 놓아 사방(사방)을 두루 비치는 삼매.

보국(寶國)
칠보로 장엄한 나라. 서방정토 극락세계.

보당(寶幢)
보배 구슬로 장식한 깃대. 도장(道場)을 장엄하는 데 쓰는 기구.

보동공양(普同供養)
누구나 같이 참여 할 수 있는 공양.

보륜(寶輪)
= 구륜(九輪).

보리(菩提) (×보제) Bodhi
① 도(道)·지(智)·각(覺)의 뜻. ② 불교 최고의 이상인 불타 정각(正覺)의 지혜. 불과(佛果). ③ 정각의 지혜를 얻기 위하여 닦는 도. 곧, 불

과에 이르는 길. 삼보리.

보리문(菩提門)
보리(菩提)에 들어가는 문. 불도(佛道).

보리살타(菩提薩陀)
= 보살(菩薩). = 살타. 상구보살 하화중생(上求菩薩 下化衆生)하는 보살.

보리성(菩提聲)
염불하는 소리.

보리수(菩堤樹)
① 석가가 그 아래에 앉아서 성도(成道)하였다는 나무. 사유수(思惟樹). ② = 보리자나무. ③ [민] 보제수(菩堤樹).

보리심(菩提心)
스스로 불도(佛道)의 깨달음을 얻고, 그 깨달음으로서 널리 중생(衆生)을 교호하려는 마음. 선심(善心).

보리자(菩提子)
보리수 열매 염주를 만듬.

보림(保任)
공부인이 진리를 깨친 후, 안으로 자성(自性)이 요란하지 않게 잘 보호하고, 밖으로 경계에 부딪쳐서 유혹당하지 않게 잘 지켜가는 것.

보방(寶坊)
절을 아름답게 일컫는 말. 급고독 장자가 기타 태자의 동산을 사서 절을 지었다는 옛일에 의하여 이렇게 말함.

보병(寶瓶)
① 꽃병이나 물병을 아름답게 부르는 말. ② 진언 밀교(眞言密敎)에서 관정(灌頂)할 물을 담는 그릇.

보본 법회(報本法會)
절의 개산조(開山祖)나 종조(宗祖)를 추천하는 법회.

보산개(寶傘蓋)
보배 구슬로 꾸며서 우산 모양으로 만든 휘장.

보살(菩薩) Bodhisattva
① 위로 부처를 따르고 아래로 중생을 제도하는, 부처의 버금이 되는 성인. 개사(開士). 보리 살타(菩提薩陀).

상사(上士). ② '보살승(菩薩乘)'의 준말. ③ 나이 많은 여신도(女信徒)를 대접하여 이르는 말. ④ '고승(高僧)'의 존칭. ⑤ '보살할미'의 준말.

보살(菩薩)
① 부처를 도와서 자비를 베풀며 중생교화에 노력하고 있으나 궁극적으로는 成佛의 뜻을 품고 깨달음을 얻기 위해서 힘쓰는 자로써 보리살타의 약칭. ② '깨달음을 구하는 중생'이란 의미를 갖는다. ③ 산스크리트어인 보디사트바(bodhi-sattva)를 소리나는 대로 옮긴 보리살타(菩提薩陀)의 준말.

보살계(菩薩戒)
① 신자가 받는 가장 높은 계로서 보살계를 받을 수 있는 사람은 이미 오계를 받아 지니고 수행하는 신자. ② 대승(大乘)의 보살이 받아 지녀야 할 계율. 대승계(大乘戒).

보살계의소(菩薩戒義疏)
보살계본(菩薩戒本)의 주석서 수나라 지의(지의)가 씀.

보살도(菩薩道)
불과(佛果)를 구하는 보살이 닦는 길.

보살마하살(菩薩摩訶薩)
보살과 마하살.
10지 이상의 보살을 마하살이라고 함.

보살승(菩薩乘)
삼승(三乘)의 하나. 성불하기를 이상으로 삼는 보살이 수행하는 6도(度) 등의 법문. = 보살(菩薩).

보살승(菩薩僧)
출가. 재가를 논하지 않고 위로는 불도를 구하면서 밑으로 중생구제에 노력하는 승가의 명칭(帶妻僧)이고 대심중생(大心衆生)을 말함.

보살영락본업경(菩薩瓔珞本業經)
보살의 수행 과정을 다룬 경.
「영락경」 또는 「본업경」이라고도 함.

보살탑(菩薩塔)
보살의 사리(舍利)를 넣고 쌓은 7층탑.

보살 할미(菩薩-)

머리를 깎지 아니한 여승. = 보살(菩薩).

보살행(菩薩行)
부처 되기를 목적으로 하고 수행하는 자리이타(自利利他)가 원만한 대행(大行), 곧 6바라밀 등의 행업(行業). 보살의 실천행.

보생불(寶生佛)
= 보생 여래(寶生如來).

보시(布施) (×포시)
① 자비심으로 남에게 조건 없이 베푸는 것. ② 불공·불사(佛事)를 할 때, 신도들이 절에 올리는 돈이나 물품. 단시(檀施). ③ 자신의 것을 남에게 주는 것으로, 『금강경』에 "보살은 마땅히 법에 머뭄이 없이 보시할지니 소위 색·소리·냄새·맛·촉감·법에 머문 바 없이 베풀어 주어야 한다"고 했다.

보신(報身)
삼신(三身)의 하나. 공덕이 갖추어진 몸. ▷ 법신(法身)·응신(應身).

보신불(報身佛)
삼신불(三身佛)의 하나. 노사나불(盧舍那佛)인 아미타불.

보싯돈(布施-)
보시로 받은 돈.

보은미(報恩米)
㉞ 진리로부터 받은 은혜에 보은하는 하나의 방법입니다.
대종사께서는 교단 창립 당시부터 제자들에게 적극적으로 권장하여 오늘날에까지 변함없이 시행하여 오는 것입니다.
매일 가족의 수대로 한 숟갈씩 쌀을 절약하여 공익의 사업에 바치자는 것이며 정성을 길들여 가자는 것으로 공부와 사업의 정신이 겸하여 있는 제도입니다.

보은즉불공(報恩卽佛供)
㉞ 피은(被恩)의 도(道)를 보아 그대로 행(行)함이 보은(報恩)이라 하였으니, 천지, 부모, 동포, 법률을 불(佛)의 화신(化身)으로 볼 때에, 보은행(報恩行)이 될 것이며, 이는 바로 사은(四恩) 전(前)에 정성(精誠)을 다 하는 불공(佛供)이라, 실지(實地)불공이며 사실(事實)불공이 될 것이다.

보장(寶藏)
① 아주 소중하게 여겨서 잘 간수해 둠. ② 중생의 괴로움을 구하는 묘법의 비유.

보장(報障)
3장(三障)의 하나. 악업으로 받은 지옥・아귀・축생 따위의 과보 때문에 불법을 들을 수 없는 장애, 이숙장(里熟障)이라고도 한다.

보제존자삼층석탑(普濟尊者三層石塔)
나옹 선사의 탑.

보조선사창성탑(普照禪師彰聖塔)
보조선사를 가리키는 탑 전남 장흥 보림사에 있음. 국보 제263호.

보좌(寶座)
① = 옥좌(玉座). ② 부처가 앉는 자리.

보주(寶珠)
① 보배로운 구슬. ② 위가 뾰족하고 조우 양쪽과 위에서 불길이 타오르고 있는 형상의 구슬. ③ = 여의 보주(如意寶珠). ④ [민] 탑이나 석등롱 따위의 맨 꼭대기에 있는 구슬 모양이 부분.

보처(補處)
주불(主佛)의 좌우에 모신 보살.

보청(普請)
널리 시주를 청하는 것.

보체(保體)
몸을 보호한다는 뜻으로, 살아 있는 사람의 축원문의 이름 밑에 쓰는 말.

보타락(補陀落)
[범] Potalaka 보타락가(補陀落伽)・보달락가(補怛落迦)・포달락가(布咀洛迦)・포다라(逋多羅)・포다(逋多)라고도 쓰며, 광명(光明)・해도(海島)・소화수(小花樹)라 번역. 관세음보살이 계신다는 산 이름.

보탑(寶塔)
① 귀한 보배로 장식한 탑. ② 미술적 가치가 있는 탑. ③ 다보 여래(多寶如來)를 안치한 탑. ④ 절에 있는 탑의 경칭.

보통급(普通級)

㉣ 원불교 법위 6등급중의 첫째 단계. 원불교에 처음 입교하여 법명증과 보통급 십계문과 사종의무를 받는 사람을 말한다.

보현(普賢)
'보현 보살'의 준말.

보현덕(普賢德)
보현보살의 대자비한 행덕이란 뜻. 보살이 자비심으로 일체 중생을 제도하는 덕. 곧 중생을 교화하는 행덕.

보현 보살(普賢菩薩)
① 보살의 이름. 불교의 진리와 수행의 덕(德)을 맡아보며, 지혜의 문수(文殊) 보살과 함께 석가를 협시(脇侍)함. 흰코끼리를 타고 합장하고 있는 상(像)이 일반적임. ② 자비나 理를 상징하는 보살. 대승불교의 보살 가운데 가장 중요한 보살로 모든 부처의 理法을 실천하여 중생을 교화하는 일을 맡고 있음. ③ 문수보살과 함께 석가여래의 협사로 유명한 보살.

복성(福城)
<화엄경> 입법계품의 말. 선재 동자가 문수보살을 뵈온 곳. 선재 동자가 이 때에 근본지를 깨닫고 다시 차별지(差別智)를 얻기 위하여 문수의 가르침을 받아 남쪽으로 110성을 낱낱이 지나면서 53선 지식을 친견.

복업(福業)
3업(三業)의 하나. 복락의 과보를 받을 욕계의 선업.

복인복과(福因福果)
복인을 닦으면 복덕의 과보(果報)를 얻음. 선인 선과(善因善果).

복장(復葬)
① 엎드려 숨는 것. ② 깊이 감추어 두는 것. ③ 불상을 만들 때 가슴 속에 금·음·칠보 등을 넣는 일.

복장(伏藏)
흙에 묻힌 보장(寶藏). 가난한 이의 집에 복장이 있으나 알지 못하던 것을 아는 이가 일러 주어 파내는 것처럼 일체 중생이 불성(佛性)을 갖추고 있으면서도 3계(三界)에 유랑하던 것을 불법을 말하여 깨닫게 하는 것에 비유한 말.

복장 다라니(伏藏陀羅尼)

불상을 만들고 그 가슴속에 금·은·칠보 등을 넣을 때에 외는 다라니.

복장다라니(服藏陀羅尼)
불상(佛像)이나 탱화를 조성하고 뱃속에 넣는 다라니.

복장 주머니(伏藏-)
탱화 불상(幀畫佛像)에 칠보를 넣어서 다는 주머니.

복전(福田)
삼보·부모·가난한 사람을 일컫는 말. 삼보(三寶)를 공양하고 부모의 은혜에 보답하며 가난한 사람에 선행을 베풀면, 마치 농부의 수확과 같이 복이 생긴다는 것.

복지(福地)
① 신선들이 사는 곳. ② 행복을 누리며 잘 살 수 있는 땅. ③ [민] 지덕(地德)이 좋은 땅.

복지이행(福智二行)
복(福)과 지혜의 두 가지 행(行)
6바라밀 중 보시, 지계, 인욕, 정진, 선정 바라밀은 복행(福行)으로 이타(利他)의 행이고, 지혜바라밀은 자리(自利)의 행임.

복표(服標)
상중(喪中)에 열반인과 친족 또는 친지나 동지의 관계에 있는 사람이 열반인에 대한 애도의 뜻으로 왼쪽 가슴에 착용하는 예표(禮標).

본각(本覺)
삼각(三覺)의 하나. 사람이 본디부터 가지고 있는 밝은 마음. 곧, 진여(眞如).

본당(本堂)
① 사원(寺院)에서 본존(本尊)을 모셔 두는 전당(殿堂). ② [민] 주임 신부가 상주(常住)하는 성당. ③ [민] 교육관 등에 대하여, 신도들이 예배를 보는 큰 예배당.

본래공(本來空)
만유 제법(萬有諸法)은 거짓 존재이므로 본디부터 없는 것이라는 말.

본래 면목(本來面目)
① 자기 본래의 모습. ② 중생이 본래 지니고 있는 순수한 심성.

본래 성불(本來成佛)

만물이 다 같다는 견지에서 보면, 중생(衆生)도 본래는 부처라고 하는 말.

본래유(本來有)

= 본유(本有).

본문(本門)

① = 정문(正門). ② 본유(本有)의 묘리를 밝히는 법문(法門).

본사(本寺)

① 자기가 처음 출가(出家)하여 중이 된 절. ② 자기가 있는 절을 남에게 대하여 이르는 말.

본사(本師)

[근본이 되는 교사(敎師)의 뜻] '석가 여래'를 일컫는 말.

본산(本山)

일종(一宗)·일파(一派)의 본종(本宗)이 되는 큰 절. 각 말사(末寺)를 통할하는 곳.

본상(本相)

사본상(四本相). 생(生)·주(住)·이(異)·멸(滅)의 4상(相). 만유 제법을 생멸 변화케 하는 근본 원리이므로 본상이라 한다.

본생설(本生說)

본생담(本生譚)이라고도 함. 일반적으로는 부처님과 여러 사람의 전생에 관한 이야기를 본생설이라 말하는 듯하나, 원래는 부처님의 전세에 관한 이야기를 말함.

본원(本願)

① 본디부터 가진 큰 소원. ② 부처·보살이 중생을 교화하려고 세운 발원(發願).

본원 왕생(本願往生)

부처의 발원으로 구제를 받아 극락에 다시 나는 일.

본유(本有)

사유(四有)의 하나. 사람마다 본래부터 지니고 있는 불성(佛性). 본래유(本來有).

본존(本尊)

① = 주세불(主世佛). ② '석가모니불'을 으뜸가는 부처란 뜻으로 이르는

말. 본존불.

본존불(本尊佛)
= 본존(本尊).

본지(本地)
① 이 지방. 당지(當地). ② 본문(本門)의 증과(證果)를 얻는 지위.

본체(本體)
① 사물의 정체. ② = 본바탕. ③ 기계 따위의 중심 부분. ④ [민] 현상적 사물의 근저에 있는 초감성적 실재(實在). 예 : ~를 파악하다. ↔ 현상. ⑤ = 실상(實相).

본혹(本惑)
↔ 수혹(隨惑). 혹은 번뇌의 다른 이름. 근본혹·근본 번뇌라고도 함. 모든 번뇌가 의지하여 일어나는 근본되는 번뇌. 탐(貪)·진(瞋)·치(癡)·만(慢)·의(疑)·악견(惡見)의 여섯 가지가 있다.

봉도식(奉悼式)
큰 불보살이나 위대한 인물이 열반했을 때 그 업적을 기리며, 그 죽음을 추모하고 슬퍼하여 거행하는 의식(儀式).

봉불(奉佛)
봉불은 법신불 일원상을 봉안(奉安)함을 이름합니다.

봉안(奉安)
㉞ ① 법신불일원상을 신앙의 대상으로 모시는 일. ② 소태산 대종사의 영정(影幀)을 모시는 일.

봉안법회(奉安法會)
조성된 부처님과 부처님 그림이 일정한 장소에 옮겨져 모셔질 때.

부낭(浮낭)
바다를 건너는 사람이 빠지지 않도록 돌 위에 띄우는 큰 주머니. 경전에서는 계율(戒律)에 비유.

부단나(富單那)
[범] Putana 포달나(布怛那)·포단나(布單那)·부다나(富多那)·부타나(富陀那)라고도 쓰고, 취(臭)·취예(臭穢)라 번역. 귀신의 일종. 건달바와 함께 지국천(持國天)의 권속으로 동방을 수호한다고 한다.

부도(浮屠·浮圖)

① = 부처. ② 이름난 중의 유골을 안치한 탑. ③ = 중.

부동 명왕(不動明王)

오대 명왕(五大明王)·팔대명왕(八大明王)의 주존(主尊). 대일 여래(大日如來)가 일체의 악마와 번뇌를 굴복시키기 위해 현화(現化)하여 분노한 모습을 보여 주고 있음.

부동명황(不動明王)

대일 여래(大日如來)가 악마를 항복시키기 위해 나타낸 변화신.

부동심(不動心)

정신수양이 잘 되어 천만 경계에 부딪쳐도 거기에 흔들리지 않는 상태.

부동아라한(不動阿羅漢)

6종(六種) 아라한의 하나. 아라한과를 얻은 이 가운데, 근성이 예리하여 어떤 나쁜 인연을 만나더라도 물러나지 않는 이. 이에 부동 아라한·불퇴 아라한의 두 가지가 있다.

부란나가섭(富蘭那迦葉)

[범] Puranakasyapa 불란가섭(不蘭迦葉)·보랄나가섭(補剌那迦葉)·포뢰나가섭(布賴那迦葉)이라고도 쓰고, 만음광(滿飮光)이라 번역. 6사(六師) 외도(外道)의 하나. 가섭은 성, 부란나는 이름. 사견(邪見)을 일으켜서 온갖 법은 허공과 같이 생멸이 없고, 흑백(黑白)의 업보가 전혀 없다고 하여 인과의 이치를 부정(否定)하는 외도.

부럼

① [민] 음력 정월 보름날 새벽에 까먹는 땅콩·호두·잣·밤·은행 따위의 총칭.

부목(負木)

절에서 땔나무를 공급하는 사람. ▷ 불목하니.

부법장오사(付法藏五師)

세존이 멸도하신 후 교법을 부촉 받은 다섯 선 지식.

부사의경(不思議境)

현재의 한 생각[一念]속에 모든 것이 들어 있으므로 부사의 경이라고 함.

부생(浮生)

덧없는 인생. 인간의 무상함을 말

함. 물 위에 뜬 거품이 생겼다가 금시에 없어지는 데 비유. 또 불 위에 뜬 부평초가 일정한 곳이 없이 떠돌아다니는 데 비유.

부석종(浮石宗)
우리나라에서 '화엄종(華嚴宗)'을 이르는 말.

부장건도(賻藏健度)
범한 죄를 덮어 줘 오히려 다스리는 법.

부적(副殿)
불당(佛堂)을 소제하고 향이나 등(燈)을 보살피는 일을 맡은 사람. 간성(看星).

부전(副殿) 스님
불당을 맡아 시봉하는 소임을 말하며, 예식·불공 등의 법당에서의 예절을 집전하는 스님.

부정시(不淨施)
세속적 명예·복리 등을 위해 하는 보시.

부정지관(不定止觀)
삼종지관(三種止觀)의 하나. 천태종에서 인승(人乘)의 5계(戒)·10선(善)과 같은 얕은 것으로부터 불승(佛乘)인 실상(實相)의 깊은 이치에 향하거나, 혹은 반대로 깊은 것으로부터 얕은 데로 향하거나, 바로 처음부터 실상을 관하는 등, 별로 일정한 법칙을 쓰지 않고 지관을 행하는 것.

부정취(不定聚)
3정취의 하나. 향상(向上) 진보하여 이상경지(理想境地)에 도달할지, 타락 퇴보하여 악도에 떨어질지 결정이 없는 것.

부차(復次) (×복차)
다시 더, 다시 한번의 뜻.

부처 Buddha
① 불교의 교조인 석가모니. 부도(浮屠). 불타(佛陀). 붓다. ② 불교의 대도(大道)를 깨달은 성인(聖人). 공덕주(功德主). ③ = 불상. = 부처님.

부처님(世尊)
[범] Bhagavat : Lokajyestha 바가범(婆迦梵)·로가나타(路迦那他)·로가

야슬타(路迦惹瑟吒)라 음역. 부처님 10호(號)의 하나. 부처님은 온갖 공덕을 원만히 갖추어 세간을 이익케 하며, 세간에서 존중을 받으므로 세존, 즉 부처님이라 하고, 또 세상에서 가장 높으시므로 이렇게 이름.

부처님 출가(出家)

부처님은 약육강식의 모순과 생로병사의 고통을 보고 의지 없는 자에게 의지처가 되고 집 없는 자에게 집이 되기 위해서 출가하였다.

부처님은 집에서 무슨 공부를 하였습니까?

바다하야나로부터 베다와 내명(內明: 철학), 공교명(工巧明: 미술, 공예, 건축, 역산), 성명(聲明: 음악), 의방명(醫方明: 의학, 금주). 인명(因明: 논리) 등 5명과 64종의 문예와 29종의 무예를 익혔다.

부처님 가족

야소다라와 결혼하여 아들 라훌라를 낳았다.

부촉(付囑)

부촉(付囑)이라고도 쓴다. 다른 이에게 부탁함. 부처님은 설법한 뒤에 청중 가운데서 어떤 이를 가려내어 그 법의 유통(流通)을 촉탁하는 것이 상례(常例). 이것을 부촉·촉루(囑累)·누교(累敎) 등이라 한다.

부파불교(剖波佛敎)

기원전 2세기 교단이 상좌부와 대중부 둘로 나뉘어졌다가 대중부와 상좌부에서 각각 또 분열이 이루어져 20부파 혹은 30부파가 되었다. 이것이 부파불교이다.

북가섭암(北迦葉庵) (×부가엽암)

공주 태화산에 있는 절.

북구로주(北俱虜洲)

수미산 북쪽에 있는 당 쾌락이 승한 곳임.

북방불교(北方佛敎)

인도 아소카왕 이후에 인도의 북방에서 일어나 티베트·중국·한국·일본 등지에 전파된 불교. 대승 불교가 중심임.

북병(北瓶)

'북수병(北水瓶)'의 준말.

북본열반경(北本涅槃經)
북량(北凉)의 담무참이 번역한 열반경.

북산주부(北山住部)
부처님이 돌아가신 후 200년경 생긴 부파. 북산에 머물렀던 부파라는 뜻에서 북산주 부라고 함.

북수(北水)
절에서 '뒷물'을 일컫는 말.

북수병(北水甁)
북수를 담아 들고 다니는 병. = 북병.

북숫대(北水-)
절에서 뒷물할 때 쓰는 나무 그릇.

북종(北宗)
① 중국에서 신수(神秀)를 종조(宗祖)로 하는 선종(禪宗)의 한 파. ② [민] '북종화'의 준말. ↔ 남종(南宗).

분(忿)
[범] Krodha 심소(心所) 이름. 소번뇌지법(小煩惱地法)의 하나. 20수번뇌(隨煩惱)의 하나. 몸과 뜻에 맞지 않는 대경(對境)에 대하여, 제 마음을 분노케 하는 정신 작용.

분다리화(分茶利花)
범어 푼다리카(Pundarika)꽃.
백련화(白蓮花)의 인도어.

분단 생사(分斷生死)
목숨과 과보(果報)에 길고 짧음이 있는 범부(凡夫)들의 생사.

분단생사(分段生死)
중생들의 죽음. 시간적[分限]으로 생사하고 형체적[形段]으로 생멸하는 죽음.

분단신(分段身)
중생이 그 업인(業因)에 의하여 받은 육신. 곧, 범부(凡夫)의 몸.

분단신(分段身)
중생이 업에 따라 받은 몸.

분별설삼(分別說三)
근기에 맞춰 3승(三乘)을 설하심.

분별식(分別識)
제6의식(意識). 이 식은 대경(對境)

에 향하여 여러 가지로 생각하고, 식별(識別)하는 작용이 있으므로 이렇게 이름.

분별지상응념(分別智相應念)
세산과 출세간의 법을 분별하고 이에 따르는 지혜.

분소의(糞掃衣)
세속 사람이 버린 헌옷을 주워 빨아서 만든 누더기 옷. 조각조각을 기워 만든 옷이란 뜻에서 납의(衲衣)라고도 함.
납자(衲子), 즉 중이란 용어도 여기서 나옴.

분신(分身)
① 한 주체에서 갈라져 나온 것. ② 부처가 중생을 교화하기 위해 곳곳에 여러 가지 모습으로 나타나는 것. 또는, 나타낸 그 몸.

분심 초려(忿心焦慮)
㉑ 마음속에 분하고 억울한 마음이 치솟아 오르고 초조하고 불안한 생각으로 마음이 안정되지 못하여 온갖 근심 걱정을 다 하는 것. 번민망상과 같은 뜻.

불(佛)
'불타(佛陀)'의 준말.

불가(佛家)
① 불교를 믿는 사람. 또는, 그들의 사회. 불문(佛門). 불법계(佛法界). 상문(桑門). 석가(釋家). 석문(釋門). 석씨(釋氏). 선문(禪門). 승문. ② = 절.

불가득공(不可得空)
18공의 하나.
말과 생각이 모두 끊긴 곳에 세운 공(空).

불가사의광불(不可思議光佛)
아미타 불의 다른 이름.

불가서(佛家書)
불교에 관한 서적. ㉿ 불서.

불가설(不可說)
① 말로는 설명하지 못 함. ② 참된 이치는 체득할 수 있을 뿐, 말로는 설명할 수 없음.

불가일용집(佛家日用集)
조선 고종 때 정행(井幸)이 지은 불

자들의 일상 예절집.

불각(佛閣)
= 불당(佛堂).

불계(佛戒)
부처가 지시한 계율. 오계(五戒)·십계(十戒)

불계(佛界)
① 제불(諸佛)이 사는 세계. 정토(淨土). ② 십계의 하나. 제불의 경계.

불가득(不可得)
공(空)의 다른 이름. 일체법이 모두 공한 것이므로 아무리 얻으려고 해도 얻을 실체(實體)가 없다는 말.

불경(不輕)
구족하게는 상불경보살(常不輕菩薩). 이 보살은 비구·비구니나 재가(在家)한 신도들을 보기만하면 예배하고 찬탄하기를 "나는 당신들을 공경하고, 업신여기지 않노라. 당신들이 모두 보살도를 수행하여 부처가 될 터이다." 하였다. 사람들이 이 말을 도리어 욕되는 말이라 생각하고 작대기나 돌맹이로 마구 던져 때리면, 피해 달아나면서 또 그런 말을 되풀이하였다. 그래서 별명을 지어 이 보살을 불경(不輕)·상불경(常不輕)이라 한다.

불계(佛戒)
또는 불성계(佛性戒)·불승계(佛乘戒). <범망경>에 있는 대승계를 말함. 이 계를 받아 지니면 중생이 본래부터 갖추고 있는 불성을 개발하게 되고, 불성을 개발하면 불과(佛果)에 이르게 된다.

불공(佛供)
부처 앞에 공양하는 일. 법공(法供). 불향(佛享).

불공견삭관음(不空羂索觀音) (×불교견삭)
대자 대비의 견삭을 가지고 중생을 제도하는 관세음보살.
견삭 : 짐승을 묶는 끈.

불공밥(佛供-)
= 퇴식밥.

불공쌀(佛供-)
불공에 쓰는 쌀.

불공여래장(不空如來藏)

↔ 공여래장. 2여래장의 하나. 불공진여(不空眞如)라고도 함. 여래장 곧 진여의 자체에 온갖 덕이 구족하여, 무슨 덕이나 나타내지 못하는 것이 없는 것.

불과(佛果)

불도 수행으로 얻는 과보(果報). 성불(成佛)의 증과(證果).

불교가(佛敎家)

① = 불교도. ② 불교를 연구하는 사람.

불교도(佛敎徒)

불교의 신도. 불교가. = 불도(佛徒).

불교 명절(佛敎名節)

1. 탄생재일 음 4월 8일. 2. 출가재일 음 2월 8일. 3. 성도재일 음 12월 8일. 4. 열반재일 음 2월15일. 5. 우란분(백종)재일 음 7월 15일.

불교 문학(佛敎文學)

① 부처의 세계관과 불교 사상을 주제로 한 문학. '심청전', '원효 대사' 따위. ② 불교의 경전 일반. 불교 경전 그 자체가 심오한 교리를 설명하기 위해 인간의 애욕·증오·질투·정의 등 모든 일을 재미있게 엮었다는 뜻에서 이르는 말.

불교종파주소록

대한불교조계종 법전 김법장 | 서울 종로구 견지동 45 02)735-5864 | http://www.buddhism.or.kr/

한국불교태고종 덕암 이운산 | 서울 은평구 신사동 9-16 02)382-7361~3 | http://www.itaego.or.kr/

대한불교천태종 도용 전운덕 | 충북 단양군 영춘면 백자리 132-1 043)423-7100

http://magickorea.com/korean/chentae/

대한불교진각종 혜일 최효암 | 서울 성북구 하월곡동 22 02)913-0751 | http://www.jingak.or.kr/

대한불교관음종 이홍파 | 서울 종로구 숭인동 178-3 02)763-3345

http://www.kwanum.or.kr/

대한불교총화종 동광 전남정 | 경기도 남양주시 호평동 342-1
031)592-8891

http://www.chonghwajong.org/main

.php

대한불교문종 혜안 조법종 | 서울 성북구 보문동3가 168

대한불교원융종 일공 최법륜 | 서울 구로구 구로2동 704-39

02)853-0531 | http://www.kr108.net

불교총지종 록정 이법공 | 서울 강남구 역삼1동 776-2

02)552-1083 | http://www.chongji.or.kr/

원불교 좌산 이광정 | 전북 익산시 신룡동 344-2 원불교 중앙총부

063)850-3192

http://www.wonduddhism.or.kr

대한불교원효종 송무진 | 서울 종로구 공평동 143 광성빌딩 503호

02)735-0501

불구(佛具)
부처 앞에 쓰는 온갖 제구.

불구부정부증불감(不垢不淨不增不滅) (×불구불정불증불감)
반야심경의 한 구절. 더러운·깨끗함·증가·감소등의 대칭적 개념이 초월된 공(空)을 말함.

불국(佛國)
부처가 있는 나라. 극락 정토(極樂淨土).

불기(佛紀)
불가(佛家)에서 쓰는 연기(年紀). 기원전 565년부터 시작함.

불기(佛器)
부처에게 올리는 밥을 담는 그릇. 모양이 불발(佛鉢)과 같으나 불발은 사시(巳時)에만 쓰고 불기는 아무 때나 씀. 주로 놋쇠로 만듦.

불단(佛壇)
① 부처를 모셔 놓은 단. ② 원불교 각 교당의 법당에서 법신불 일원상(진리 부처님)을 모셔 놓은 단을 의미합니다.

법당의 정면 중앙에 불단을 만들고 법신불 일원상을 모시며 향로·촉대·청수기·향·헌공합·경상 등을 진열하여 장엄을 갖춥니다.

불당(佛堂)
부처를 모셔 놓은 대청이나 집. 범전(梵殿). 불각(佛閣). 불우(佛宇). 불전(佛殿).

불도(佛徒)
'불교도'의 준말.

불도(佛道)
① 부처의 가르침. 법도(법도). 일도(一道). ② 수행(修行)을 쌓아 부처가 되는 길. 불과(佛果)에 이르는 길.

불도무상서원성(佛道無上誓願成)
위없는 부처님의 도를 결정코 성취하기를 서원하나이다.

불도 수행(佛道修行)
불도를 닦음.

불등(佛燈)
① 부처 앞에 바치는 등불. ② 무지(無智)의 암흑을 비추는 부처의 교법(敎法)을 비유한 말.

불량(佛糧)
불공에 쓸 곡식.

불량답(佛糧畓)
'불양답'의 원말.

불력(佛力)
부처의 공력(功力). 위력.

불립 문자(不立文字)
선종(禪宗)에서, 불도의 깨달음은 마음에서 마음으로 전하는 것이므로 따로 언어나 문자를 세워 말하지 않는 일.

불망어계(不妄語戒)
오계 율법의 하나. 거짓말을 하지 말라. 남을 속이거나 욕거나 아부하지 말며 진실로서 말하고 정직하게 행하며 신뢰로서 약속을 지키라는 뜻이니 이것은 모든 중생에게 있어 믿음의 세계를 이룩하는 바탕이 되기 때문입니다.

불멸(佛滅)
석가가 죽은 일.

불명(佛名)
① 부처의 이름. 아미타여래 따위. 불호(佛號). ② 불교를 믿는 사람에게 붙이는 이름.

불모(佛母)
① 부처의 어머니. 곧, 마야부인(摩耶夫人). ② 불법의 진리에 부합되는 최상의 지혜. 곧, 반야(般若). ③ 불상을 그리는 사람.

불목하니
절에서 밥 짓고 물 긷는 일을 맡아서 하는 사람.

불문(佛門)
불가.

불미(佛米)
부처 앞에 올릴 밥을 지을 쌀.

불반(佛盤)
= 불발우(佛鉢宇).

불발(佛鉢)
부처 앞에 올리는 밥을 담는, 굽이 달린 그릇.

불발우(佛鉢宇)
불발을 받쳐 들고 다니는 큰 쟁반. 불반(佛盤).

불방일(不放逸)
[범] Apramada 심소(心所)의 이름. 대선지법(大善地法)의 하나. 나쁜 짓을 막고 마음을 한 경계에 집중하여 모든 착한 일을 닦는 정신작용.

불벌(佛罰)
부처가 내리는 벌.

불법(佛法)
① = 불교. ② 부처가 말한 교법.

불법사인(佛法死人)
비구로서 사 바라이 죄를 범한 이는 불법 가운데 살 수 없는 죽은 자라는 뜻.
사바라밀(四婆羅蜜) : 사음(邪婬)·투도(偸盜)·살생(殺生)·망어(妄語)

불법시생활 생활시불법(佛法是生活 生活是佛法)
불법으로써 생활을 더욱 향상시키고, 생활 속에서 불법의 진리를 찾아가자는 것.

불법계(佛法界)
= 불가(佛家).

불법승(佛法僧)
삼보(三寶) 부처님·부처님의 가르침·스님.

불법시생활(佛法是生活) **생활시불법**(生活是佛法)
㉞ 불법이 생활이요, 생활이 불법이

라는 말씀이니, 다시 말하면, 불법으로 생활을 빛내고, 생활 속에서 불법을 닦아, 불법과 생활이 일치된, 원만한 생활을 하자는 말씀이라 생각한다. 석가 여래께서 깨달으신 진리가 바로 불법이요, 그 진리를 바탕으로 마련하여, 인류 모두가 구제받도록 한 것이 곧 불교의 교법이다. 원불교 역시, 소태산 여래께서 깨달으신 진리가 바로 일원(一圓)의 진리요, 그 진리를 바탕으로 마련하여, 새 시대의 인류가 구제를 받도록 한 것이 원불교의 교법이다.

불변수연(不變隨緣)
불변(不變)하는 본체(本體)가 연(緣)을 따라 생기는 것.

불변이처(不變異處)
변이하지 않는 곳.
조산(曹山) 스님이 동산(洞山)에 스님을 하직할 때 물었다.
"어디로 가는가?"
"불변이처로 갑니다"
"불변이처에 어떻게 갈 수 있는가?"
"가는 것도 불변입니다"

불보(佛寶)
'불(佛)'을 삼보(三寶)의 하나로 이르는 말.

불보(佛寶)
스스로 진리를 깨닫고 다른 이를 깨닫게 하여 자신의 깨달음과 다른 이를 깨닫게 하는 위신력을 갖추신 분을 말함.

불보살(佛菩薩)
부처와 보살.

불본행집경(佛本行集經)
부처님의 전기를 기록한 책.

불부(佛部)
금강계 만다라(金剛界曼荼羅) 5부(部)의 하나. 5불(佛) 중의 중앙에 있는 대일 여래에 해당함. 이치와 지혜를 모두 갖추고 수도를 완성하여 원만한 덕을 나타냄.

불사(佛事)
부처를 위하는 일과 관련되어 불가에서 행하는 모든 일. 법사(法事).

불사(佛師)
불상을 만드는 사람. 불공(佛工).

불사리(佛舍利)
석가모니의 유골. 불골(佛骨).

불사리회(佛舍利會)
불사리를 공양하는 법회.

불사음계(不邪淫戒)
사음하지 말라는 계 5계 중 하나.

불살생(不殺生)
살생을 하지 않는 것. 십계중 하나.

불살생계(不殺生戒)
오계의 율법의 하나. 산 목숨을 죽이지 말라. 성내지 말고 포악한 마음 잔인한 마음을 멀리하며 자비로서 중생의 생명을 아끼고 사랑하라는 뜻이니 이것은 중생에게 있어 평화의 바탕이 되기 때문입니다.

불상(佛相)
부처의 얼굴 모습.

불상(佛相)
부처의 형상을 표현한 조각이나 회상(畫像). 불체(佛體). 부처.

불상응심(不相應心)
상응하지 않는 마음 진여심(眞如心) 마음은 본래 청정하여 번뇌 망상과 상응하지 않음.

불생(不生)
[상주(常住)하여 불생 불멸한다는 뜻] '여래(如來)'의 딴 이름.

불생 불멸(不生不滅)
생겨나지도 않고 없어지지도 않고 항상 그대로 변함이 없음. 곧, 진여 실상(眞如實相)의 존재.

불생일(佛生日)
석가모니의 탄생일. 곧, 사월 초파일. 불탄일.

불서(佛書)
'불가서(佛家書)'의 준말.

불석 신명(不惜身命)
불도 수행·교화·보시(布施) 따위를 위해 몸과 생명을 바침.

불설(佛說)
부처가 가르친 말.

불성(佛性)

① 부처의 본성. 불종(佛種). ② 중생이 부처가 될 가능성.

불성(佛聖)
'부처'를 거룩하게 이르는 말.

불세존(佛世尊)
완전한 깨달음을 여신 부처님이시면 이 세상에서 가장 거룩하신 분.

불소행찬(佛所行讚)
석존의 생애를 시(詩)로 엮은 책. 마명(馬鳴)보살 지음.

불승(佛僧)
자리이타에 충만한 자각각타 각행원만의 보살도를 실천하는 사람.

불승계(佛乘戒)
부처 되기를 원하는 이가 받아 지녀야 하는 계율. <범망경>에서 말한 계법.

불신(佛身)
부처의 몸. 불체(佛體).

불신론(佛身論)
석가불의 몸에 관한 논(論).

불심(佛心)
① 자비스러운 부처의 마음. ② 깊이 깨달아 속세(俗世)의 번뇌에 흐려지지 않는 마음.

불안(佛眼)
오안(五眼)의 하나. 모든 법의 진상(眞相)을 환하게 보는 부처의 눈.

불안(佛顏)
① 부처의 얼굴. ② 부처와 같이 자비심이 많아 보이는 얼굴. ③ 죽은 사람의 얼굴.

불안존(佛眼尊)
부처님의 눈을 인격화하여 존(尊)으로 한 단어.

불어(佛語)
① 부처의 말. 법어(法語). ② 불교의 용어.

불언(佛言)
부처가 한 말. 곧, 경전(經典)에 있는 말.

불연(佛緣)
부처의 인연.

불오성(佛五姓)
부처님께서 출가하시기 전의 속성 닷서 가지. 구담(瞿曇)·감자(甘蔗)·일종(日種)·사이(舍夷)·석가(釋迦).

불요의교(不了義敎)
요 : 의하지 못한 가르침. 요의란 완벽함을 뜻함.

불우(佛宇)
= 불당(佛堂).

불투도계(不偸盜戒)
오계 율법의 하나. 주지 않는 것을 훔치지 말라. 게으르지 말고 남의 재산을 탐하지 말며 진리와 정의를 어기지 말고 힘써 일하고 이웃을 위하여 참된 보시를 하라는 뜻이니 이것은 중생에게 있어 행복의 바탕이 되기 때문입니다.

불은(佛恩)
부처의 은혜.

불음주(不飮酒)
술을 마시지 않는 것.

불음주계(不飮酒戒)
오계(五戒), 또는 십계(十戒)의 하나. 술을 마시는 것을 금한 계율(戒律). 술 먹고 남에게 피해를 끼치지 말며 지혜의 바른 정신으로 자신을 다스리며 항상 맑은 행동으로 깨어있는 사람이 되라는 뜻이니 이것은 모든 중생에게 있어 인격의 완성을 구현하는 바탕이 되기 때문입니다.

불음행계(不淫行戒)
오계 율법의 하나. 사음하지 말라. 예의와 더불어 순결을 지킴으로써 극기의 힘을 키우고, 자제의 능력으로 인격을 도야하라는 말씀입니다. 방일을 멀리하고 타인에게 관대하며 자기를 청정케하는 해탈법을 닦으면 행복이 도래하게 되는 것입니다. 이것은 모든 중생에게 있어서 곧 청정심의 세계를 이룩하는 바탕이 되기 때문입니다.

불의(佛儀)
불교의 의식.

불이법문(不二法門)
불이(不二)의 법문 주(主), 객(客), 정(正), 반(反)등의 차별이 없음을 나타내는 법문.

불일보조국사(佛日普照國師)
보조국사 지눌(知訥)의 시호.

불자(佛子)
① 부처의 제자. ② 보살의 다른 이름. ③ 계(戒)를 받아 출가한 사람. ④ 불교 신자. ⑤ 모든 중생.

불자(佛者)
= 불제자.

불자(拂子) (×비자)
짐승의 털, 삼(삼)등으로 만든 일종의 총채. 벌레를 쫓을 때 씀.
선(禪)에서는 마음의 잡념을 쓸어낸다는 상징물.

불자(佛子)
부처님의 제자란 뜻.

불장(佛藏)
불상을 모셔 둔 곳.

불전(佛典)
= 불경.

불전(佛前)
① 부처의 앞. ② 부처가 세상에 나기 이전.

불전(佛殿)
= 불당(佛堂).

불전(佛錢)
부처 앞에 바치는 돈.

불제자(佛弟子)
불교에 귀의한 사람의 통칭. 불자(佛者).

불조(佛祖)
① 불교의 개조(開祖). 곧, 석가모니. ② 부처와 조사(祖師).

불조계(佛祖系)
석가모니 불을 교조(敎祖)로 하여 이어 온 계통.

불조역대통재(佛祖歷代通載)
원(元)나라 염상(念常)이 지은 책. 고승들의 전기와 불교에 관한 사적을 수록함. 부처님과 조사님의 기록.

불종(佛鐘)
= 범종(梵鐘).

불종(佛種)
불과(佛果)를 내는 종자. 부처가 되기 위한 종자. 부처가 될 가능성이 숨겨 있는 것. 즉 불성(佛性)을 의미함. 부처가 될 소질.

불좌(佛座)
불당(佛堂) 안의 부처를 모신 자리.

불지(佛智)
부처의 원만한 지혜. 불의(佛意).

불찰(佛刹)
= 절.

불청정시(不淸淨施)
청정하지 못한 보시.
주면서 대가를 기대하는 보시.

불체(佛體)
① = 불신(佛身). ② = 불상(佛像).

불타(佛陀)
= 부처. = 불(佛).

불타발마(佛陀跋摩)
Buddhavarman의 한역 인도의 큰 스님.

불타선다(佛陀扇多)
Buddhasanta의 음역 중인도 사람.
중국에 와서 섭 : 대 : 승론 등 많은 경론을 번역함.

불타야사(佛陀耶舍)
사람 이름.

불탁(佛卓)
부처를 모신 탁자.

불탄일(佛誕日)
= 불생일(佛生日). 부처님의 탄생일.

불탑(佛塔)
절에 세운 탑.

불토(佛土)
① 부처가 사는 극락 정토 ② 부처가 교화(敎化)한 땅.

불퇴(不退)
① 물러나지 않는 것. ② 무르지 못하는 것. ③ = 불퇴전.

불퇴전(不退轉)
한번 도달한 수양(修養)의 단계로부

터 뒤로 물러나는 일이 없는 것. 불퇴(不退). ↔ 퇴전(退轉).

불투도(不偸盜)
몰래 훔치거나 가져가지 않는 것.

불투도계(不偸盜戒)
오계(五戒)의 하나. 불여취계(不與取戒)라고도 함. 남의 재물을 훔치지 말라는 계율.

불편 불의(不偏不倚)
어느 한 편에 치우치지도 않고, 어느 무엇에 의지하지도 않고 육근을 바르게 작용하는 것. 곧 중도행·원만행을 말한다.

불학(佛學)
불교에 관한 학문.

불향(佛享)
= 불공(佛供).

불향답(佛享沓)
= 불양답(佛糧沓).

불혜(佛慧)
부처님의 가장 수승하고 위 없는 지혜.

불호(佛號)
① = 불명(佛名). ② 불교 신자가 본명 외에 가지는 이름.

불환과(不還果)
후퇴를 않는 위(位). 후퇴하지 않고 깨달을 수 있는 경지. 소승불교에 있어서 아라한(阿羅漢) 위에 이르는 단계를 나타내는 사과(四果)의 하나, 이미 욕계(欲界)의 모든 번뇌를 끊고 천상에 태어나 욕계에 돌아오지 않는 위(位).

불환향(不還向)
4향(向)의 하나. 일래과(一來果)의 성자(聖者)가 더 나아가 불환과(不還果)에 이르려고 욕계의 제7품·제8품 수혹(修惑)을 끊는 지위. 이것이 불환과에 향하는 길이므로 불환향이라 한다.

붓다
[범] Buddha 눈을 뜬 인간. 미혹의 잠에서 깨어난 인간. 득도(得道)한 인간. 각자(覺者)라고 한역됨. 원래는 석존(釋尊)을 고타마·붓다라 칭한 호

칭이었는데 후에는 깨달은 사람을 폭넓게 통칭하게 되었다. 여래(如來 : 진리를 체현한 완전한 인격자)·정등각(正等覺 : 바른 깨달음을 연 사람)·세존(世尊 : 존귀한 사람) 등의 칭호가 있음.

비교(秘敎)
① = 밀교. ② 비밀의 식을 행하는 종교.

비구(比丘)
출가하여 구족계(具足戒)를 받은 남자 중. ↔ 비구니.

비구니(比丘尼)
출가하여 구족계(具足戒)를 받은 여자 중. 이승(尼僧). 팔리어(語) 비쿠니(bhikkuni)를 음역한 것으로, 걸사녀(乞士女)라고도 함. ↔ 비구.

비구니승(比丘尼僧)
348계를 받고 걸사수행으로 교단의 기강을 확립해가는 스님.

비구니팔기계(比丘尼八忌戒)
비구니로서 범하면 승단 밖으로 내쫓기는 여덟 가지 계.

① 살생 ② 도둑 ③ 음행 ④ 망어 ⑤ 촉(觸) - 남자와의 접촉 ⑥ 남자 외의 일 중 금지된 8가지를 범함. ⑦ 다른 이의 허물을 덮어 줌. ⑧ 잘못이 있는 비구를 추종함.

비구승(比丘僧)
① 출가하여 독신으로 불도를 닦는 중. ② 250계를 받고 걸사수행으로 교단의 기강을 확립해가는 스님. ↔ 대처승.

비나야(毘奈耶) (×곤내야)
田아래 比는 밝을 비, 日아래 比는 하늘 곤, 毗과 毘는 같은 글자임. 불자들을 위해 마련한 계율의 총칭.

비로자나(毘盧遮那) Vairocana
부처님의 진신(眞身)을 나타내는 칭호. '비로자나불'의 준말.

비로자나불(毘盧遮那佛) (×곤로서나불)
① 화엄경의 주존불, 부처님의 법신(法身) ② 연화장 세계(蓮華藏世界)에 살며, 그 몸은 이사무애(理事無매)의 법계(法界)에 두루 차서 큰 광명을 내비추어 중생을 제도한다는 부처. 법신

불(法身佛). = 노자나불·비로자나.
③ 부처의 진신을 나타내는 존칭. 비로사나, 노사나라고도 함.

비로전(毘盧殿)
비로자나불을 모신 법당.

비리야(毘梨耶)
[범] Virya 육(六)바라밀의 하나. 비리야(毘離耶)·미리야(尾唎也)라고도 쓰며, 정진(精進)·근(勤)이라 번역. 마음이 용맹하여 쉬지 아니함. 곧 힘써서 게으르지 아니하는 것.

비마라힐(毘摩羅詰)
= 유마(維摩).

비무량심(悲無量心)
4(四)무량심의 하나. 보살이 슬피 여기는 마음을 일으켜 한없는 중생의 미(迷)한 고통을 건져내어 해탈의 낙을 얻게 하는 마음. 고통을 없애 주는 대비심(大悲心).

비밀(秘密)
① 숨기어 남에게 공개하거나 알리지 않는 일. ② 밝혀지거나 알려지지 않은 속내. ③ 진언종(眞言宗)에서 자가(自家)의 교의를 일컫는 말.

비밀부정교(秘密不定敎)
비밀하고 부정한 가르침.
상대의 소양에 따라 변화하여 가르쳤으므로 부정(不定)이었고, 가르침의 내용이 깊고 넓었으므로 비밀(秘密)이다.

비바사나(毘婆舍那)
자세히 관찰함 관(觀)이라고 번역.

비바사론(毘婆舍論)
율이나 논(論)을 해설한 책의 총칭. (Vibhasa sastra)

비바시(毘婆尸)
과거 7불 중의 제1불.

비범행(非梵行)
또는 부정행(不淨行). 음행.

비법(秘法)
① = 비방(秘方). ② 여의 보주(如意寶珠)를 본존으로 모시고 닦는 법.

비사량(非思量)
사량(思量)에 집착하지 아니하고, 사

념(邪念)을 없애는 일.

비사리(毘舍離)

[범] Vaisali의 음역(音譯). 비야리(毘耶離)·베사리(베舍離)·유야리(維耶離)·광엄성(廣嚴城)이라 번역. 중인도(中印度)에 있는 나라. 항하(恒河)를 사이에 두고 남방(南方)으로 마갈타국과 대치하였던 나라. 부처님께서 계실 때, 이 나라에 자주 왕래하시며 유행(遊行)·유마힐(維摩詰)·암몰나여(菴沒羅女)·보적장자등(寶積長者等)을 교화(敎化)하였다.

비사문(毘沙門)

[범] Vaisravana의 음역(音譯). 사천왕(四天王)의 하나. 북방의 다문천(多聞千)으로 북방수호(北方守護)와 인간의 복덕(복덕)을 주는 일을 맡았으며 항상(恒常) 부처님의 설법(說法)을 듣고 불교를 두호하였음.

비사문천왕(毘沙門天王)

'다문천왕(多聞天王)'의 별칭.

비사밀다라(毘奢蜜多羅)

석가모니 부처님이 어렸을 때 섬긴 스승.

비사부(毘舍浮)

[범] Visvabhu 과거 칠불(七佛)의 제3. 비습바부(毘濕婆附)·비서바부(鞞恕婆附)·비사부(毘舍符)·비사바(毘舍婆)·수섭(隨葉)이라고도 쓰며, 한자로 일체승(一切勝)·변일체(변一切)·일체유(一切有)라 번역. 과거 31겁, 사람의 목숨 6만 세 때에 무유성(無喩城)에서 출생. 종성(種姓): 찰제리. 성은 구리야(狗利若), 부친은 선등(善燈), 모친은 칭계(稱戒), 외아들은 묘각(妙覺), 바라(婆羅) 나무 아래서 성도하여 2회의 설법. 1회 7만 명, 2회 6만 명을 제도하였다 한다.

비상비비상처(非想非非想處)

거친 생각이 없는 비상(非想)이지만 세밀한 생각은 없지 않으므로 비비상이라 함.

비시식(非時食)

때 아닌 때의 식사.
부처님은 정오가 넘어서는 식사를 금했다.

비식(鼻識)

6식(六識)의 하나. 코(鼻○)에 의지하여 일어나서 냄새의 좋고 나쁜 것을 분별하는 심식(心識). 냄새를 맡는 기관(器官)이니 곧 후각(嗅覺).

비원(悲願)
① 꼭 이루고자 하는 비장한 소원.
② 부처나 보살의 자비심에서 우러난 중생 구제의 소원.

비유경(譬喩經)
[범] Avadana 12부경의 하나로 '아바다나'라고 음역한다. 경 가운데서 비유나 우언(宇言)으로써 교리를 설명. 해석한 부분이다.

비인(非人)
① 사람답지 못한 사람. ② 인간이 아닌, 하늘·용·귀신 따위. ③ 중이 스스로를 이르는 말.

비전(悲田)
비전은 복전.

비전(秘傳)
비 : 전은 비밀히 전해 온다는 뜻.

비정(批正)
비 : 정은 미루어 정함임.

비정성불(非情成佛)
우주에 있는 초목, 국토 등의 비정도 성불할 수 있다는 주장.

비지원만(悲智圓滿)
자비(悲)와 지혜(智)가 갖추어짐.

비천(飛天)
① 하늘을 날아다니며 하계(下界) 사람과 왕래한다는 여자 선인(仙人). 천녀(天女). 천인(天人). ② = 가릉빈가(迦陵頻伽).

비하만(卑下慢)
자기보다 훌륭한 사람을 비하하는 생각.

비화경(悲華經)
경전 명칭.

빈가(頻伽)
'가릉빈가(迦陵頻伽)'의 준말.

빈두로파라타(賓頭盧頗羅墮)
[범] Pindolabharadva-ja 16나한의 하나. 부동이근(不動利根)이라 번역. 부처님의 제자. 빈두로는 이름. 파라타는 성. 흰 머리와 길다란 눈썹을 가

진 나한(羅漢). 원래 발차국(跋蹉國) 구사미 성 보상(輔相)의 아들. 어렸을 때 불교에 귀의. 출가하여 구족계를 받음.

빈자일등(貧者一燈)
가난한 사람의 등불이 더욱 빛났다는 비유 설화.

빙공영사(憑公營私)
공사(公事)를 빙자해서 개인의 사리사욕(私利私慾)을 도모하는 것.

ㅅ

사(寺)
[범] Vihara 가람(伽藍)·정사(精舍)·난야(난야). 부처님의 교법(敎法)을 듣고 예배와 공양(禮拜 供養)을 하는 도장(道場), 혹은 승니(僧尼)의 수도장(修道場).

사(死)
[범] Marana 사상(四相)의 하나. 생에 대한 대어(對語). 목숨을 마치는 것. 곧 죽음. 정식(情識)이 정지(情識)하는 것.

사(捨)
[범] Upeksana 삼수(三受)의 하나. 고락우희(苦樂憂喜)와 같이 치우치지 않고 그 중간도 아니요 즐겁지도 않은 불락(不樂)의 감각.

사(師)
① '사괘(師卦)'의 준말. ② 고대 중국 군제(軍制)에서, '여(旅)'의 다섯 배. 곧, 2,500명을 일컬음. ③ [민] 고려시대, 세자 첨사부(世子詹事府)의 으뜸 벼슬 곧, 세자사. ④ [민] 조선시대, 세자 시강원(世子侍講院)의 정 1품 벼슬. 곧, 세자사. ⑤ [민] 조선시대, 세손 강서원(世孫講書院)의 종 1품 벼슬. 곧, 세손사(世孫師). ⑥ 스승.

사가(私家)
자기 한 몸이나 가족만의 행복을 추구하는 개인적 가정. 공가(公家)에 대한 말. 공중사에 힘쓰고 공익에 노력하는데를 공가(公家)라고 하는데 대하여 한 가정을 사가(私家)라고 함.

사가기욕(捨家棄欲)
세상의 욕심을 버리고 5욕을 끊기 위해 승려가 됨.

사가라용왕(娑伽羅龍王)
사 : 사라(Sagara)는 큰 바다. 바다의 용왕.

사갈라성(奢羯羅城)
[범] Sakala 북인도 책가국(磔伽國)의 옛 도성. 마갈타국 유일왕과 싸우다가 폐하여 포로가 되었는데, 석방되어 가습미라·건타라국들을 멸하고 불교 박해(迫害)와 인민 학살의 폭거(暴擧)를 행한 마혜라구라(摩醯邏구羅)가 살던 성.

사개대승(四個大乘)
대승 불교의 사대종파. 곧, 화엄종·천태종·진언종·선종.

사거(四車)
<법화경> 비유품에 있는 양거(羊車)·녹거(鹿車)·우거(牛車)·대백우거(大白牛車)를 말하는데 성문·연각·보살·불승(佛乘)에 비유된다.

사겁(四劫)
세계가 생겨 없어질 때까지의 네 시기. 곧, 성겁(成劫)·주겁(住劫)·괴겁(壞劫)·공겁(空劫). 네겁.

사격(寺格)
절의 높고 낮음의 품격. 문적(門跡)·본산(本山)·별원(別院)·말사(末寺) 등이 있음.

사견(邪見)
① 요사스럽고 바르지 못한 생각이나 의견. ② 오견(五見)·십악(十惡)의 하나. 인과의 도리를 무시하는 망견(忘見)임. ↔ 정견(正見).

사경(寫經)
후세에 전하거나 공양·축복 등을 받기 위하여 경문을 베끼는 일.

사경(寫經)
경전을 옮겨 쓰기.

사계(沙界)
① 갠지스 강의 모래처럼 무수한 세계. ② 무량(無量)·무수(無數)한 것.

사계(事戒)
밖으로 모든 계행(戒行)을 지키는 일.

사계(四界)
지(地)·수(水)·화(火)·풍(風)의 4

대(四大). 계(界)는 본성을 지키는 것. 4가지 원소.

사계(捨戒)
계율을 버리고 지키지 않는 것.

사고(四苦)
인생의 네 고통. 곧, 생고(生苦)·노고(老苦)·병고(病苦)·사고(死苦). 사환(四患).

사고(死苦)
① 사고(四苦)의 하나. 사람이 반드시 죽는 괴로움. ② 죽을 때의 고통. 단말마(斷末魔). ③ 죽을 정도의 심한 고통.

사고팔고(四苦八苦)
① 온갖 심한 괴로움. ② 사고(四苦)에 사랑하는 이와 이별하는 고통, 원수와 만나는 고통, 구하여도 얻지 못하는 고통, 오온(五蘊)이 너무 성한 고통 등 네 가지를 더한 여덟 가지의 괴로움.

사고팔고(四苦八苦)
생·노·병·사의 네 가지 고와 애별리고(愛別離苦), 원증회고(怨憎會苦), 오온성고(五蘊盛苦), 구부득고(求不得苦)의 4고를 더한 고.

사과(四果)
수행도(修行道)의 4가지 성과. 소승에서의 깨달음의 결과, 곧 견도(見道) 이후의 정과(正果)의 4단계. 즉 ① 수다원과(須陀洹果 : 預流果), ② 사다함과(斯陀含果 : 一來果), ③ 아나함과(阿那含果 : 不〇果), ④ 아라한과(阿羅漢果 : 無學果).

사교(邪敎)
정당하지 못한 교법. 곧 외도의 교(敎).

사교(四敎)
① 장교(藏敎)·통교(通敎)·별교(別敎)·원교(圓敎)의 총칭. ② 시(詩)·서(書)·예(禮)·악(樂)의 가르침. ③ 문(文)·행(行)·충(忠)·신(信)의 가르침. ④ 부덕(婦德)·부언(婦言)·부용(婦容)·부공(婦功)의 가르침.

사교입선(捨敎入禪)
일정한 교리를 다 마치고 선종(禪宗)으로 들어가 좌선(坐禪)을 시작함.

사구(死句)

① 평범하고 속되어 선미(禪味)가 적은 구(句). ② 시문(詩文)에서 깊고 은은한 정취가 없는 평범한 글귀. ↔ 활구(活句).

사구(四句)

4구(句)로 된 게문(偈文).

사기(私記)

① 개인의 사사로운 기록. ② 불경의 깊은 뜻에 사사로운 견해를 덧붙여서 해설한 것.

사기말(沙器-)

[민] 사기로 만든 말. 가마터·산신당·서낭당·절터 등에 묻음.

사기업(思己業)

마음의 동기로 인하여 몸과 입으로 말하는 언어동작을 말함.

사난(四難)

부처님을 만나 정법(正法) 듣기 어려운 것을 네 가지로 나눈 것. ① 치불난(値佛難). 부처님이 계실 때에 만나기 어려움. ② 설법난(說法難). 기연(機緣)이 익숙하지 못할 때는 설법하기 어려움. ③ 문법난(聞法難). 교법을 능히 듣기 어려움. ④ 신수난(信受難). 교법을 믿어 받아 지니기 어려움.

사다함(斯陀含) (×사타함)

소승의 수행으로 얻을 수 있는 네 결과의 하나.

다시 한 번 환생하여 깨닫는다는 과위(果位).

사대(四大)

① 세상 만물을 구성하는 땅·물·불·바람의 네 요소 ② [땅·물·불·바람으로 이루오진 것이라는 뜻] 사람의 몸. ③ 도가(道家)에서 말하는, 우주에 존재하는 네 가지 큰 것,. 곧, 도(道)·천(天)·지(地)·왕(王).

사대부경(四大部經)

부수(部數)가 많은 네 가지 경. 화엄경, 열반경, 보적경, 반야경.

사대부조(四大不調)

지(地)·수(水)·화(火)·풍(風)의 사대가 조화되지 않아서 생긴 병.

사대불이신심(四大不二信心)

올바른 신앙생활을 할 수 있는 네 가지 큰 신심. 즉 진리와 내가 하나가 되고, 스승과 내가 하나가 되고, 법과 내가 하나가 되고, 회상과 내가 하나가 되는 철저한 신심을 말한다.

사대성지(四大聖地)

① 카필라국의 룸비니 ② 마가다국의 붓다가야 ③ 녹야원 ④ 구시나가라

사대제자(四大弟子)

부처님의 제자 중에 네 사람의 큰 제자. 사리불·목건련·수보리·마하가섭. 또는 가섭·빈두로·라운·군도발탄.

사도(四倒)

네 가지 뒤바뀐(○倒) 견해. ① 범부의 4도. 생사계에 대하여 그것이 무상(無常)·무락(無樂)·무아(無我)·무정(無淨)인 것을 상·낙·아·정이라고 망집하는 것. ② 2승(乘)의 4도. 열반계가 상·낙·아·정인 것을 무상·무락·무아·무정이라고 망집하는 것. 앞의 것을 유위(有爲)의 4도라 하여 이 그릇된 견해에서 벗어난 것을 2승이라 하고 뒤의 것을 무위(無爲)의 4도라 하여 두 가지 잘못된 견해를 여윈 것을 보살이라 함.

사도(四道)

열반(涅槃)에 이르는 네 길. 곧, 준비 단계에 해당하는 가행도(加行道), 번뇌를 단절하는 무간도(無間道), 진리를 깨닫는 해탈도(解脫道) 깨달음을 완성시키는 승진도(勝進道).

사라수(沙羅樹) Shorea robusta

① 용뇌향과의 상록 교목. 높이 30m 가량으로 3월에 담황색 오판화가 핌. 삭과(蒴果)는 넓은 타원형이며 5개의 날개가 있음. 목재는 건축재·기구재로 쓰이며, 열매는 먹고 씨로 기름을 짬. 히말라야·인도 중 서부에 분포함. ② = 사라 쌍수.

사라 쌍수(沙羅雙樹)

석가가 입적(入寂)한 곳의 주위 사방에 두 그릇씩 서 있던 사라수. 석가가 입적하자, 나무 빛깔이 하얗게 변하여 말라 죽었다고 함. 사라수. 쌍림(雙林).

사량계교(思量計較)

① 정법과 스승을 의심하고 저울질

하는 것. ② 인의대도(仁義大道)를 버리고 권모술수(權謀術數)를 좋아하는 것. ③ 대도정법을 놓고 사도(邪道)에 연연(戀戀)하는 것. ④ 모든 일에 대해서 헤아리고 비교하며 저울질 하는 것.

사류(四流)
4폭류(暴流)를 말함. 폭류는 홍수가 빨리 흐르며, 언덕을 무너뜨리고, 나무 등에 떠내려 보내는 것같이, 좋은 일을 떠내려 보내는 뜻으로 번뇌에 비유.

사륜(四輪)
① 네 개의 바퀴. ② 땅 속에서 이 세상을 버티고 있다는 네 개의 바퀴. 곧, 금륜(金輪)·수륜(水輪)·풍륜(風輪)·공륜(空輪). ③ 전륜왕(轉輪王)의 네 윤보(輪寶). 곧, 금·은·구리·철.

사륜보(四輪寶)
사륜왕이 출현할 때에, 땅속에서 솟아 나는 윤보(輪寶)의 네 가지, 금륜보(金輪寶)·은륜보(銀輪寶)·동륜보(銅輪寶)·철륜보(鐵輪寶).

사륜왕(四輪王)
전륜왕의 네 종류. 금륜왕(金輪王)·은륜왕(銀輪王)·동륜왕(銅輪王)·철륜왕(鐵輪王). 금륜왕은 사람의 목숨 8만 4천세 때 출현하여 4주(四洲)를 통치. 철륜왕은 2만 세 때 출현하여 남섬부주만을 통치한다고 함.

사리(事理)
① 사물의 이치. 도리. ② 현상계(現象界)의 사물·사상(事象)과 그 배후에 있는 절대의 진리.

사리(舍利奢利) sarir
① 불타나 성자(聖者)의 유골. 후세에는 화장한 뒤 나오는 작은 구슬 모양의 것만 가리킴. 불사리(佛舍利). ② 불타의 법신(法身)의 유적인 경전(經典). ③ 송장을 화장한 뼈. 사리골(舍利骨).

사리(舍利)
sarira는 단수형(單數形)이나, 그 복수형(複數形) 은 sarirani이다. 본래 단수형의 뜻은 신체, 또는 유체(遺體)이며, 복수형(複數形)은 유골(遺骨), 영골(靈骨)을 의미한다.

사리불(舍利佛)
[범] Sariputra 부처님 제자 가운데

지혜(智慧)가 제일(第一). 10대 제자의 한 분이었으며, 사리불다(舍利弗多), 사리자(舍利子)라고도 함.

사리불아비담론(舍利不阿毘曇論)
후진(後秦)의 담마야기가 쓴 책.

사리탑(舍利塔)
부처의 사리를 모셔 둔탑.

사마(死魔)
① 사마(四魔)의 하나. 사람의 수명을 빼앗아 오온(五蘊)을 파멸시키는 악마. ② 죽음의 신.

사마(邪魔)
불도(佛道) 수행(修行)을 방해하는 악마.

사마(四魔)
네 가지 마군(魔軍). ① 번뇌마(煩惱魔). 탐욕을 비롯한 여러 가지 번뇌는 우리의 몸과 마음을 시끄럽게 하므로 마라 함. ② 음마(陰魔). 5중마(五衆魔)라고도 하니, 5음은 여러 가지 고통을 내므로 마라 함. ③ 사마(死魔). 죽음은 사람의 목숨을 빼앗으므로 마라 함. ④ 천자마(天子魔). 일명 자재천마(自在天魔). 욕계의 제6천 타화자재천왕이 좋은 일을 방해하므로 마라 한다.

사만성불(四滿成佛)
신만(信滿)·해만(解滿)·행만(行滿)·증만(證滿)을 이룬 성불.

사명(邪命)
[범] Ajiva 사활명(邪活命)이라고도 함. 정당하지 못한 수단으로 생활함. 정명(正命)의 반대.

사명당집(四溟堂集)
사명당 송운(松雲) 스님의 시집(詩集)

사무량심(四無量心)
자(慈)·비(悲)·희(喜)·사(捨)의 네 가지 무량심.

사무색(四無色)
사공처(四空處), 사무색정(四無色定)이라고도 불림. 사공정(四空定)을 닦아서 도달하는 과보. 무색계(無色界)에 있어서 네 가지의 단계적 경지. 형태에 구애되지 않는 네 가지의 마음. 선정수행에 있어서 일체의 물질적인 속박을 받지 않게 된 경계를 4단계로 나눈 것. 공무변처(空無邊處)·무소유처(無所有處)·비상비비상처(比想非非想處)의 네 가지 선정을 말함.

사무소외(四無所畏)
불·보살이 설법할 때 네 가지의 두려움이 없음.

사무애변(四無礙辨)
사무애지(四無礙智)·사무애해(四無礙解)라고도 함. 마음의 방면으로는 지(智) 또는 해(解)라 하고, 입의 방면으로는 변(辨)이라 함. 1. 법무애(法無礙)는 온갖 교법에 통달한 것. 2. 의무애(義無礙)는 온갖 교법의 요의(要義)를 아는 것. 3. 사무애(辭無礙)는 여러 가지 말을 알아 통달치 못함이 없는 것. 4. 요설무애(樂說無礙)는 온갖 교법을 알아 기류(機類)가 듣기 좋아하는 것을 말하는데 자재한 것.

사문(四門)
① 사방의 문. 또는, 네 개의 문. ② [민] '사대문'의 준말. ③ 천태종(天台宗)에서, 진리에 이르는 네 입장. 곧, 유문(有門)·공문(空門)·역유 역공문(亦有亦空門)·비유 비공문(非有非空門). ④ 밀교에서, 만다라(蔓茶羅)의 사방의 문. 동서남북을 수행의 단계로 배열하여 각각 발심문(發心門)·수행문(修行門)·보리문(菩리門)·열반문(涅槃門)이라 이름함.

사문(死門)
① [민] 팔문(八門) 가운데 흉한 문의 하나. 구궁(九宮)의 이흑(二黑)이 본자리가 됨. ② 저승에 들어가는 문. 곧, 죽음.

사문(沙門)
선(善)을 권하고 악(惡)을 그친다는 것이 본뜻으로, 불문(佛門)에 들어 도를 닦는 사람. 곧, 출가(出家)한 중.

사문불경왕자론(沙門不敬王者論)
동진(東晋)의 혜원(慧遠)이 지은 책. 사문은 임금이나 어버이에게 예경할 필요가 없음을 주장.

사문유관(四門遊觀)
석가가 태자로 있을 때 카필라 성에서 놀러 나갔다가 동문 밖에서 노인을, 남문 밖에서 병든 사람을, 서문 밖에서 죽은 사람을, 북문 밖에서 사문(沙門)을 만나 노병사(老病死)의 괴로움을 보고 출가하기로 결심했다는 고사.

사문유관(四門遊觀)
태자 고타마 싯달타가 동서남북 네 문에서 생로병사의 현상을 보고 출가를 결심한 것.

사물(四物)
① 법고(法鼓)·운판(雲板)·목어(木魚)·대종(大鐘)의 명칭. ② [민] 농촌에서 마을 공동으로 쓰이는 네 가지 악기. 즉, 꽹과리·징·북·장구의 총칭.

사미(沙彌) sramanera
① 오중(五衆)·칠중(七衆)의 하나. 불문에 들어가 십계(十戒)를 받고 정식의 중이 되기 위한 구족계(具足戒)를 받기 위하여 수행(修行)하고 있는 어린 중. 사미승. ② 출가하여 십계(十戒)를 받은 남자로, 구족계(具足戒)를 받아 비구(比丘)가 되기 전의 수행자.

사미니(沙彌尼) sramanerika
불도에 든 지 얼마 되지 않은 어린 여자 중.

사미니(沙彌尼) 10계(戒) (사미계)
1. 산목숨을 죽이지 말라. 2. 주지 않는 것을 가지지 말라. 3. 음행하지 말라. 4. 거짓말을 하지 말라. 5. 술을 마시지 말라. 6. 향을 바르거나 꽃다발을 쓰지 말라. 7. 노래하고 춤추고 풍류잽히지 말며 일부러 가서 구경하지도 말라. 8. 높고 넓은 큰 평상에 앉지 말라. 9. 때 아닐 적에 먹지 말라. 10. 금이나 은, 그리고 보물을 갖지 말라.

사미니승(沙彌尼僧)
처음 출가하여 5계 10계를 받고 비구니가 되고저 수행하는 여자수행자.

사미승(沙彌僧)
처음 출가하여 5계 10계를 받고 비구가 되고저 수행하는 남자 수행자. = 사미.

사바(娑婆) sabha
① 석존(釋尊)이 교화하는 경토(境土). 곧, 인간 세계. 사바 세계. 속세계(俗世界). ② 군대·감옥·유곽 등에서, 바깥의 자유로운 세계를 속되게 이르는 말.

사바(娑婆)
번뇌가 많은 이 세상.

사바라밀(四波羅蜜)
① 열반에 갖추어져 있는 상바라밀(常波羅蜜 : 常主의 완성)·낙바라밀(樂波羅蜜 : 至福의 완성)·아바라밀(我波羅蜜 : 자아의 완성)·정바라밀(淨波羅蜜 : 청정의 완성)의 네 가지를 말함. ② 진언밀교에서 금강계 만다라의 주존(主尊). 대일 여래를 중심으로 하여, 동방(앞)의 금강바라밀, 남방(왼쪽)의 보바라밀, 서방(뒤)의 법바라밀, 북방(오른쪽)의 갈마바라밀의 네 보살.

사바 세계(娑婆世界)
= 사바.

사백사병(四百四病)
① 오장에 있는 각 81종의 병을 총합한 405종 중 죽는 병을 제외한 404종의 병. ② 인간이 걸리는 병의 전부. 사람의 몸은 지(地)·화(火)·수(水)·풍(風)의 화합으로 이루어지는데, 그 조화가 되지 않을 때 각각 101종, 합례 404의 병이 생긴다고 함.

사번뇌(四煩惱)
법상종에서 제7 말나식과 항상 상응하는 네 가지 번뇌를 말함. 1 아치(我癡)는 아(我)의 진상을 알지 못하여, 무아(無我)의 이치를 미(迷)한 것. 2 아견(我見)은 실아(實我)가 있다고 집착하는 그릇된 소견. 3 아만(我慢)은 저를 믿는 마음이 너무 높은 것. 4 아애(我愛)는 나라는 데 집착하는 것.

사법(四法)
① 기(起)·승(承)·전(轉)·결(結)의 한시(漢詩) 작법. ② 삼보(三寶) 중 법보(法寶)를 나눈 네 가지 법. 곧, 부처가 말로써 설한 교법(敎法), 교법 중에 포함된 주요한 도리인 이법(理法), 그 도리에 따라 수행할 행법(行法), 그 수행에 의해 얻는 증과인 과법(果法).

사법(嗣法)
법사(法師)로부터 불법(佛法)을 이어받는 것. 또는, 이어받은 사람.

사법계(四法界)
사법계(事法界), 이법계(理法界), 사사무애법계(事事無碍法界), 이사무애법계(理事無碍法界)의 네 가지 법계.

사법인(四法因)

제행무상(諸行無常), 제법무아(諸法無我), 일체개고(一切皆苦), 열반적정(涅槃寂靜)의 법인.

사부(四部)

① 넷으로 나눈 것. ② = 사중(사중). ③ [민] 중국 서적의 네 부류인 경사자집(經史子集). 곧, 경부(經部)·사부(史部)·자부(子部)·집부(集部). 사부서(四部書). ④ [민] '사부 합창'의 준말. ⑤ [민] '사부 합주'의 준말.

사부대중(四部大衆)

출가한 남녀 수행승인 비구·비구니와 재가(在家)의 남녀 신도인 우바새(優婆塞:居士)· 우바이(優婆夷:菩薩)를 통틀어 가리키는 말이며, 사부중 (四部衆)이라고도 한다.
불교 교단인 승가(僧伽)를 이루는 기본 집단이다.

사부중(四部衆)

사부 대중. = 사중(四衆).

사분율(四分律)

율부(律部)의 네 가지.

사불가설(四不可說)

네 가지의 불가설 헤아리기 어려운 네 가지의 부처님 경계.

사불지견(四佛知見)

네 가지의 불지견 개시오입(開示悟入)의 불지견을 말함.

사비법(사毗法)

= 다비법(茶毗法).

사사공양(四事供養)

의복·음식·탕약·침구의 네 가지 물건 공양.

사사무애법계(事事無碍法界)

현상계의 물물이 서로 장애되지 않는 법계

사사무애(事事無碍)

인간 세상의 모든 일에 하나도 걸리고 막힘이 없음.

사상(四相)

① 사람의 일생에서 겪는 네 가지 상(相). 곧, 생(生)·노(老)·병(病)·사(死). 대사상(大四相). ② 만물이 변천하는 네 가지 상. 곧, 생상(生

相)·주상(住相)·이상(異相)·멸상(滅相). ③ 중생이 실체라고 믿는 네 가지 상. 곧, 아상(我相)·인상(人相)·중생상(衆生相)·수명상(壽命相).

사상(死相)
구무학(九無學)의 하나. 사법 아라한(思法阿羅漢). 이는 아라한 중에 성질이 우둔하여 얻은 법을 잃을까 두려워하여 자살하려고 생각하는 이.

사생(四生)
생물의 네 가지 생식 상태. 곧, 태생(胎生)·난생(卵生)·습생(濕生)·화생(化生).

사선(四禪)
욕계(欲界)를 떠나 색계(色界)에서 도를 닦는 초선·이선·삼선·사선의 네 단계. 또는, 그 넷째.

사섭법(四攝法)
중생을 불도에 끌어들이기 위한 네 가지 방법 보시(布施)·애어(愛語)·이행(利行)·동사(同事).

사성(四姓)
[범] Catur-varna 4종류의 족성(族姓)이란 뜻으로, 고대(古代) 인도(印度)의 네 가지 사회 계급을 말한다. 1. 바라문족(婆羅門族)-종교(宗敎) 2. 찰제리(刹帝利)-군주(君主)·정치가(政治家) 3. 베사(베舍)-상공업(商工業)의 서민(庶民) 4. 수다라(首陀羅)-천민계급(賤民階級)

사성(四聖)
① = 사대 성인(四大聖人). ② 중국에서 말하는 복희씨(伏義氏)·문왕(文王)·주공(周公)·공자(孔子)의 네 성인. ③ 아미타불·관세음 보살·대세지(大勢至) 보살·대해중(大海衆) 보살의 네 성인. ④ 불도를 깨달은 이의 네 계단으로 불(佛)·보살·연각(緣覺)·성문(聲聞). ⑤ 문묘(文廟)에 배사한 안자(顔子)·증자(曾子)·자사(子思)·맹자(孟子)의 네 성인.

사성제(四聖諦) (×사성체)
이 세상의 온갖 것을 그 과보의 형태를 따라서 고락의 원인과 결과를 잘 구분하여 놓은 진리.
1. 고성제(苦聖諦) : 고통에 대한 말씀. 2. 집성제(集聖諦) : 번뇌에 대한 말씀. 3. 멸성제(滅聖諦) : 평화에 대한 말씀. 4. 도성제(道聖諦) : 수도에

재한 말씀.

사숙(師叔)
스님의 형제 되는 중.

사승(四乘)
승(乘)은 타고 싣는 기구란 뜻. 중생을 태워 이상경(理想境)에 이르게 하는 교법. ① 성문승·연각승·보살승·일승(一乘). 광택사의 법운 스님이 <법화경> 비유품의 문외(門外)에 있다는 양거(羊車)·녹거(鹿車)·우거(牛車)와 대백우거(大白牛車)에 의하여 이 4승교를 세우다. ② 1승(乘)·3승·소승·인천승. ③ 성문승·연각승·보살승·인천승. ④ 성문승·연각승·인승·천승.

사승(師僧)
= 스님.

사승마유(蛇繩麻喩)
뱀·노끈·삼(麻)으로 비유한 존재의 설명.

밤에 노끈을 밟고 뱀이라고 착각하지만 실은 노끈이며 노끈의 실체는 삼이라는 것.

사시(捨施)
회사·시주(施主)하는 일.

사시마지(巳時麻旨)
사시(巳時)에 부처 앞에 올리는 밥.

사시불공(巳時佛供)
사시(巳時)에 올리는 불공.

사시좌선(四時坐禪)
황혼, 밤중, 새벽, 아침의 좌선.

사신(四身)
불신(佛身)의 4종류. ① 법신(法身)·보신(報身)·응신(應身)·화신(化身). 1. 법신은 진여의 이체(理體). 2. 보신은 수행이 완성되어 복과 지혜가 원만한 것. 3. 응신은 부처님과 같이 기류(機類)에 맞추어 나타난 것. 4. 화신은 응신에서 일시 변화하는 것. ② 법신·보신·법응신·보응신.

사신(捨身)
① 수행(修行)·보은(報恩)을 위하여 속계(俗界)에서의 몸을 버리고 불문(佛門)에 들어가는 것. ② 자기 몸과 목숨을 돌보지 않고 부처의 공양이나 불도를 닦는 일에 몰두하는 것.

사신공양(捨身供養)
보리(菩提)를 위하여 손·발·살 또는 온몸을 부처나 보살에게 바침.

사신성도(捨身成道)
속계에서의 몸을 버리고 불문에 들어가 도를 이룸.

사신행(捨身行)
목숨을 아끼지 않는 심한 수행(修行).

사십구일(四十九日)
① 사람이 죽은 지 49일 되는 날로, 사람이 죽어서 다음 생(生)을 얻을 때까지의 날수. 즉, 중음(中陰)이 차는 날. 칠칠일(七七日). ② 금생(今生)의 죽음과 내세(來世) 사이의 일수임. 즉, 중음의 사이의 날수. ③ '사십구일재(四十九日齋)'의 준말.

사십구일재(四十九日齋)
사람이 죽은지 49일 되는 날에 지내는 재(齋). 삼계(三界)·육도(六道)에 가서 누리는 후생 안락(後生安樂)을 위하여 명복을 빔. 칠칠재(七七齋). 사십구재. = 사십구일.

사십팔야(四十八夜)
아미타불의 사십팔원을 마흔여드레 밤으로 나누어 밤마다 염불하는 일.

사십팔원(四十八願)
아미타불이 일체의 중생을 구제하기 위하여 마음먹었던 마흔 여덟 가지의 서원(誓願).

사아함경(四阿含經)
장 : 아함경, 중 : 아함경, 잡 아함경, 증일 아함경의 네 아함경.

사악도(四惡道)
악인이 죽어서 가는 네 가지 고통스러운 길. 곧, 지옥·아귀(餓鬼)·축생(畜生)·아수라(阿修羅). 사악취. 사취(四趣).

사악취(四惡趣)
네 가지 나쁜 갈래. 사악도(四惡道)라고 한다. 지옥·아귀·축생(畜生)·아수라.

사안락행(四安樂行)
신(身)·구(口)·의(意)·서원(誓願) 안락행. 법화경 안락행원품에 기술됨.

사어(邪語)

정당하지 못한 말. 망어(妄語)·양설(兩說)·추악어(醜惡語)·기어(綺語) 등.

사업(死業)

전세(前世)의 업보로서 죽는 일. 또는, 죽을 업보.

사업(思業)

몸과 입과 뜻을 통하여 행위와 언어를 발동하려 할 때 속마음으로 생각하여지는 심작용(心作用)임.

사업(邪業)

정업(正業)의 반대. 부정(不正)한 행위. 중생을 죽이는 것·훔치는 것·사음(邪淫)하는 것 등.

사업성적(事業成績)

원불교 교도들이 일생동안 정신 육신 물질로 교단에 봉사한 실적을 평가하는 것.

사여의족(四如意足)

네 가지의 여의(如意)와 만족.

사왕(死王)

① 죽은 왕. ② '염마왕(閻魔王)'의 별칭.

사왕천(四王天)

육욕천(六欲天)의 첫째. 수미산(須彌山) 중턱에 있어 사천왕과 그 권속이 사는 곳임. 위로는 제석천(帝釋天)을 섬기고 아래로 팔부중(八部衆)을 지배하여 불법 귀의(佛法歸衣)의 중생을 보호한다고 함. 사천왕천. = 사천.

사원(寺院)

① 절 또는 암자. 정사. 정찰. ② 종교의 교당(敎堂)을 두루 일컫는 말.

사월파일(四月八日)

사월파일 또는 불생일(佛生日). 불탄절(佛誕節). 석가모니 부처님께서 B. C. 623년 4월 8일 해뜰 무렵에 중인도 가비라국의 룸비니 동산에서 마야 왕비의 오른쪽 옆구리로 탄생하신 날. 경·논에 부처님이 나신 날을 2월 8일, 혹은 4월 8일이라 하였으나 자월(子月 : 지금의 음력 11월)을 정월(正月)로 치던 때의 4월 8일은 곧 인월(寅月 : 지금의 정월)을 정월로 치는 2월 8일이므로, 음력 2월 8일이란 것이 맞는다. 그러나 옛적부터 음력 4월 8

일을 부처님 강탄하신 날로 기념하여 왔다. 그런데 1956년 11월 네팔의 수도 카투만두에서 열린 제4차 세계불교도대회에서 양력 5월 15일을 부처님 나신 날로 결정됨으로서, 세계에서 공통적으로 기념하게 되었다.

사위의(四威儀)

행(行)·주(住)·좌(坐)·와(臥). 일상생활에 있어서 온갖 동작하는 몸짓의 4종의 구별(행·주·좌·와)이 부처님의 제계(制戒)에 꼭 들어맞는 행동.

사유(四有)

중생이 나서 죽고 다시 태어날 때까지의 1기(期)를 넷으로 나눈 것. 곧, 생유(生有)·본유(本有)·사유(死有)·중유(中有).

사유(死有)

사유(四有)의 하나. 중생이 속세에서 살다가 수명이 다하여 막 죽으려고 하는 찰나.

사유(思惟)

① 생각하는 것. ② [민] 의지·감각·감정·직관 등과 구별되는 인간의 지적 작용의 하나. 사물의 표상(表象)을 상기하여 이것을 분석하거나 결합하여 새로운 표상을 얻는 일. 협의로는 개념·판단·추리의 작용에 의한 합리적·추상적인 형식의 파악을 가리킴. 사고(思考). ③ 대상(對象)을 분별하는 일. 또는, 정토(淨土)의 장엄을 관찰하거나 선정(選定)에 들기 전의 일심(一心).

사유수(思惟手)

여의륜 관음(如意輪觀音)의 뺨에 댄 손.

사육(四肉)

네발 달린 짐승의 고기.

사은(四恩)

① 사람이 세상에 나서 받는 네 가지 은혜. 곧, 부모·국왕·중생·삼보(三寶)의 은혜. 또는, 부모·사장(師長)·국왕·시주(施主)의 은혜. ② 사은이란 네 가지 큰 은혜를 의미합니다. 네 가지 큰 은혜인 사은은 천지은(天地恩)·부모은(父母恩)·동포은(同胞恩)·법률은(法律恩)을 말합니다.

사은은 진리의 형상 있는 면을 중심하여 네 가지로 분류한 것입니다.

사의(四依)

행(行)의 4의(四依). 출가한 이가 할 네 가지 법. 1. 분소의(糞掃衣)를 입는 것. 2. 항상 밥을 빌어먹는 것. 3. 나무 아래에 정좌(靜坐)하는 것. 4. 부란약(腐爛藥)을 쓰는 것.

사의평등(四義平等)

유식 대승에서 심왕(心王)과 심소(心所)가 상응하는 조건으로 네 가지 평등한 뜻을 세운 것. 시간평등(時間平等)·소의평등(所依平等)·소연평등(所緣平等)·체사평등(體事平等). 1. 시간평등은 일어나는 때가 같은 찰나인 것. 2. 소의평등은 일어나는 의처(依處)를 가지는 것. 곧 동일한 구유(俱有)의 근(根)과 무간멸(無間滅)의 의근(意根)의 2를 의처로 함. 3. 소연평등은 둘이 함께 상사(相似)한 상분(相分)인 것. 4. 체사평등은 자체분(自體分)이 같은 것. 심왕의 자체가 1인 것처럼, 심소도 1임을 요함.

사인사과(邪因邪果)

인도의 4집(四執)의 하나. 우주만유가 생기는 원인을 대자재천이라 하고, 중생의 고락은 이 하늘이 기뻐하고 성내는 데서 온다고 말함과 같이, 부정(不正)한 인과를 주장하는 삿된 말을 주장하는 것.

사일(社日)

[민] 입춘이나 입추가 지난 뒤 다섯째의 무일(戊日). 춘분의 것을 춘사(春社)라 하며 곡식이 생육을 받고, 추분의 것을 추사(秋社)라 하며 곡식의 수확을 감사하는 의례를 지냄.

사자(使者)

① 명령이나 부탁을 받고 심부름하는 사람. 행인(行人). ② 죽은 사람의 혼을 저승으로 잡아간다는 저승의 귀신. ③ [민] 타인의 완성된 의사 표시를 전하는 사람. 또는, 타인이 결정한 의사를 상대방에게 전하는 사람. ④ [민] 부여·고구려의 관직의 하나.

사자(師子)

스승과 제자 중.

사자상승(師資相乘)

스님으로부터 제자에게 학해(學解) 법문이 전해지고, 제자가 이를 받아 지녀 끊이지 않게 함. 스승으로부터 제자로 이어짐.

사자자리(獅子-)

① 부처가 앉은자리. 또는, 고승(高僧)이 앉는 곳. ② [영 Leo] [민] 4월 하순의 저녁에 볼 수 있는 남쪽 하늘의 별자리. 황도 12궁의 사자궁에 해당함. 예좌(예좌).

사자좌(獅子座)

① 부처님이 앉는 상좌(牀座). 부처님은 인간에서 가장 높은 지위에 있는 분이므로 부처님이 설법할 때 앉는 높고 큰 상을 말한다. ② 부처의 자리. 부처의 경지.

사자후(獅子吼)

① [부처의 설법은 그 위엄이 사자후와 같다고 한 고사에서] 부처님의 한 번 설법에 뭇 악마가 굴복 귀의하는 것. ② 크게 부르짖어 열변을 토하는 것. ③ 질투심이 많은 여자가 남편에게 암팡스럽게 발악하는 일의 비유.

사장(四障)

① 불도 수행의 네 가지 장애. 곧, 물질에 혹하는 혹장(惑障), 악업으로 일어나는 악장(惡障), 악취(惡趣)의 보(報)를 받는 보장(報障), 사견(邪見)인 견장(見障). ② 부처가 되지 못하는 사람의 원인이 되는 네 가지 장애. 곧, 선악 인과를 믿지 않는 천제장(闡提障), 자기의 존재에 집착하는 외도장(外道障), 이 세상의 고통을 두려워하는 성문장(聲聞障), 자비심이 없는 연각장(緣覺障).

사장(四藏)

불교 경전의 네 가지. 곧, 경장(經藏)·율장(律藏)·논장(論藏)에 주장(呪藏)이나 잡장(雜藏)을 넣은 것.

사장(師匠)

스승이 제자의 3학(三學)을 성취시키는 것이 마치 공장(工匠)이 기구를 만드는 데 비유하여 하는 말. 스승이 될 만한 훌륭한 사람.

사쟁(四諍) (×사정)

네 가지의 다툼.

① 언쟁(言諍) : 교리의 옳고 그름을 따짐. ② 멱쟁(覓諍) : 동료들의 허물과 약점을 들춰내려는 노쟁. ③ 범쟁(犯諍) : 동료들의 범죄행위를 들춰냄. ④ 사쟁(事諍) : 행사절차에 관한 의견 차이로 생기는 논쟁.

사적비(寺跡碑)

절의 역사(歷史)를 기록한 비석.

사정견(四正見)
3계의 진상에 대한 올바른 네 가지의 견해. 고(苦)·공(空)·무상(無常)·무아(無我).

4정근(四正勤)
이미 생긴 악은 없애고(四正勤) 생기지 않은 악은 방지하고(四正勤) 이미 생긴 선은 자라게 하고(四意勤) 아직 생기지 않은 선은 생기도록(四意勤).

사제(四諦)
영원히 변하지 않는 네 가지 진리. 곧, 고제(苦諦)·집제(集諦)·멸제(滅諦)·도제(道諦). 사성제(四聖諦).

사제(師弟)
① 스승과 제자. 사생(師生). ② 법계상(法系上)으로 아우뻘이 되는 사람.

사종도(四種道)
번뇌를 끊는 수행의 4단계를 말함. 가행도(加行道)·무간도(無間道)·해탈도(解脫道)·승진도(勝進道). 1. 가행도는 한창 번뇌를 끊는 무간도전에 그 예비로써 힘을 더하여 수행하는 기간. 2. 무간도는 기운(氣運)이 무르익어 이제 일찰나에 번뇌를 끊으려는 지위. 3. 해탈도는 번뇌를 끊은 뒤에 바로 택멸무위(擇滅無爲)를 얻게 되는 찰나. 4. 승진도는 그 뒤에 더욱 향상하여 열반에 나아가는 동안.

사종사문(四種沙門)
승도사문(勝道沙門)·시도사문(示道沙門)·명도사문(命道沙門)·오도사문(汚道沙門). 1. 승도사문은 부처님과 독각(獨覺)과 같이 스스로 능히 도를 깨닫는 이. 2. 시도사문은 사리불과 같은 법을 말하여 도(道)를 보이는 이. 3. 명도사문은 아난과 같이 계·정·혜 3학(三學)으로써 목숨을 삼는이. 4. 오도사문은 죄가 많은 비구. 율(律)에서는 마하라(摩訶羅)라 함. 이른바 늙은 비구가 남의 물건을 즐겨 훔치는 것. 일부러 계를 범하여 남의 신시(信施)를 받는 것.

사종선(四種禪)
선정(禪定)의 네 가지. 우부소행선(愚夫所行禪)·관찰의선(觀察義禪)·반연진여선(攀緣眞如禪)·제여래선(諸如

來禪). 1. 우부소행선은 2승이나 외도가 인무아(人無我)를 알고, 고(苦)·무상(無常)·부정(不淨)의 상(相)을 관하여 무상멸정(無想滅定)에 이르는 선. 2. 관찰의선은 인무아·법무아(法無我)와 모든 법의 무성(無性)을 관하고 그 밖에 다른 의리를 관하는 것이 점점 더해가는 선. 3. 반연진여선은 인무아·법무아는 허망한 생각이요. 여실하게 알고 보면 이 생각이 일어나지 아니하는 선. 4. 제여래선은 불지(佛地)에 들어가 법락(法樂)을 받으며, 모든 중생을 위하여 부사의한 작용을 하는 선.

사종아(四種我)
4종류의 아(我). 범부가 잘못 알아 실재한 것처럼 생각하는 아(我). 외도가 말하는 신아(神我). 3승(乘)의 가아(假我). 법신의 진아(眞我).

사좌(師佐)
스님과 상좌(上佐).

사주(師主)
= 스님.

사중(四重)
① 네 겹. ② 살생·투도(偸盜)·사음(邪淫)·망어(妄語)의 네 가지 금계(禁戒)를 범한 큰 죄. 사중금(四重禁). 사중죄.

사중(四衆)
불타의 네 가지 제자. 곧, 비구(比丘)·비구니(比丘尼)·우바새(優婆塞)·우바니(優婆尼)·사부. 사부중(四部衆).

사집(四集)
불교를 배우는 기본적인 네 과목. 곧, 서장(書狀)·도서(都書)·선요(禪要)·절요(節要).

사집(四集)
삿되고 잘못된 견해를 고집하는 것.

사집 학인(四集學人)
불교의 기본 과목인 사집(四集)을 배우는 사람.

사찰(寺刹)
= 절. 예 : 대(大) ~.

사찰(寺刹) (×사살)
절.

사참(事懺)
기도하며 죄과(罪過)를 뉘우쳐 회개하는 일.

사천(四天)
① 사철의 하늘. 곧, 봄의 창천(蒼天), 여름의 호천(昊天), 가을의 민천(旻天), 겨울의 상천(上天). ② '사천왕(四天王)'의 준말.

사천왕(四天王)
사방을 지켜 불법에 귀의한 중생을 수호하는 네 신. 사왕천(四王天)의 주신(主神)으로, 동의 지국천왕(持國天王), 남의 증장천왕(增長天王), 북의 다문천왕(多聞天王)을 가리킴.

사천왕문(四天王門)
절을 지킨다는 뜻으로, 동·서·남·북의 사천왕을 만들어 좌우에 세운 문.

사천왕사(四天王寺)
경주에 있는 절.

사탑(四塔)
부처님 일대의 중요한 영지(領地). 1. 강생처(降生處). 가비라국 룸비니동산. 2. 성정각처(成正覺處). 마갈타국 가야성. 3. 초전법륜처(初轉法輪處). 베나레스국 녹야원. 4. 입열반처(入涅槃處). 쿠시나가라국 발제하변(跋提河邊).

사파(裟婆)
→ 사바.

사판(事判)
절의 모든 재물과 사무를 맡아 처리하는 것.

사판중(事判-)
절의 임원인 스님.

사하(四河)
남섬부주의 북부에 있는 아뇩달지(阿耨達池)에서 흘러내리는 네 갈래의 큰 강. 항하(恒河)·신도하(信度河)·박추하(縛芻河)·사다하(사多河)

사해(四海)
① 사방의 바다. ② 온 세상. 예: ~ 동포. ③ 수미산을 둘러싼 사방의 바다.

사형(師兄)

① 나이나 학덕이 자기보다 높은 사람을 높이어 부르는 말. ② 한 스승 밑에서 불법을 배우는 사람으로, 자기보다 먼저 그 스승의 제자가 된 이.

사혹(事惑)
= 수혹(修惑). 낱낱의 사물의 진상을 알지 못하므로 일어나는 번뇌. 정(情)·의(意)에 관한 것이어서 이를 끊기는 쉽지 않고 오랜 시간에 걸쳐 이를 d라고 끊는 것. → 견수(見修).

사홍서원(四弘誓願)
모든 보살이 공통으로 세우는 네 가지 서원. 곧, 모든 중생을 제도하고, 모든 번뇌를 끊고, 모든 가르침을 배우고, 불도를 깨닫는 네 가지. 총원(總願). ↔ 별원(別願).

사화(四華)
① 석가가 법화경을 말할 때 서조(瑞兆)로서 하늘에서 내려온 네 가지 연화. 곧, 백련화(白蓮華)·대일련화(大日蓮華)·홍련화(紅蓮華)·대홍련화(大紅蓮華). 사종화(四鍾花). ② 백색·청색·홍색·황색의 네 연화.

삭도(削刀)
중의 머리털을 깎는 칼.

삭발날(削髮-)
중의 머리를 깎는, 일정한 날.

삭습(數習) (×수습)
여러 번 되풀이 해 읽힘.

산내 말사(山內末寺)
본산(本山)과 같은 산 안에 있는 말사(末寺). ↔ 산외 말사.

산무(山務)
절에 관한 사무.

산문(山門)
① 산의 어귀. ② 절. 또는, 절의 바깥문.

산문출송(山門黜送) (×산문점송)
산문, 즉 절에서 떨어냄.

산승(山僧)
스님네가 겸손하게 자칭하는 말.

산신각(山神閣)
절에서 산신을 모신 집. 산왕단(山王壇).

산신령(山神靈)
[민] 산을 수호하는 신령. 산군(山君). 산기(山祇). 산령(山靈). 산신.

산신목(山神木)
[민] = 산신 나무.

산왕단(山王壇)
= 산신각(山神閣).

산왕 대신(山王大神)
절이 있는 산을 지킨다는 신장(神將).

산외 말사(山外末寺)
본산(本山)에서 멀리 떨어진, 딴 산에 있는 말사. ↔ 산내 말사(山內末寺).

산화(散華)
4개 법요(法要)의 하나. 꽃을 흩어 부처님께 공양하는 것. 꽃이 피면 부처님께서 오시어 앉으시므로, 하계(下界)에서는 꽃으로써 정토라 함. 또 귀신은 이 향내를 맡고 빛 보기를 싫어하므로 악귀를 쫓고 부처님을 청하는 뜻으로 쓴다.

살생(殺生)
① 짐승이나 사람을 죽이는 것. 10악의 하나. 예 : ~을 금하다. ② = 살생계.

살생계(殺生戒)
5계(戒)의 하나. 생물의 목숨을 죽임을 금지하는 계율. 비구계에서는 이를 살인계(殺人戒)·살축생계(殺畜生戒)로 나누어 앞의 것을 대살생계. 뒤의 것을 소살생계라 한다. 또 이 살생에는 자기 손으로 직접 죽이는 것과 다른 이를 시켜 죽이는 두 가지가 있으나 그 죄는 같다.

살생 금단(殺生禁斷)
자비의 정신을 기르기 위하여, 새·짐승·고기 따위를 잡는 것을 금하는 일.

살생죄(殺生罪)
생물을 무자비하게 죽인 업보로 받는 죄.

살타(薩타) sattva
① = 중생(衆生). ② '보리살타'의 준말.

삼가(三假)

수가(受假)·법가(法假)·명가(名假). 중생들이 실아(實我)·실법(實法)이라고 믿는 미정(迷情)을 없애고, 모든 법이 다 공(空)한 이치를 체달케 하기 위하여 <대품반야경> 제2권에 말한 것. 1. 수가. 중생의 자체가 5온이 뭉친 것이고, 초목이 4대(大)로 이루어진 것처럼 적취(積翠)된 것. 2. 법가. 5온과 4대 그 자체가 허가(虛假)하여 실답지 못한 것. 3. 명가. 모든 법에 붙인 이름이 법이나 생각에 의하여 가(假)로 세운 것.

삼가섭(三迦葉) (×삼가엽)

가섭 삼형제. 우루빈라 가섭, 나제 가섭, 가야가섭.

삼각(三覺)

① 본각(本覺)·시각(始覺)·구경각(究竟覺)의 총칭. ② 각의 삼상(三相). 곧, 자각(自覺)·각타(覺他)·각행 원만(覺行圓滿).

삼강(三綱)

① 유교 도덕의 기본이 되는 세 큰 줄거리. 곧, 군신(君臣)·부자(父子)·부부(夫婦) 사이의 도리로, 군위신강(君爲臣綱)·부위자강(父爲子綱)·부위부강(夫爲婦綱). ② 세 가지 승직(僧職). 곧, 승정(僧正)·승도(僧都)·율사(律師) 또는, 상좌(上佐)·시주(侍主)·유나(維那).

삼거(三車) (×삼차)

양거(羊車)·녹거(鹿車)·우거(牛車)의 세 수레. 법화경에 나오는 말로, 각기 성문승(聲聞乘)·연각승(緣覺乘)·보살승(菩薩乘)에 비유됨.

삼계(三戒)

① 젊어서는 여색을, 장년에는 싸움을, 늙어서는 이욕(利慾)을 경계하라는 공자의 교훈. ② 재가계(在家戒)·출가계(出家戒)·도속 공수계(道俗共守戒)의 세 가지.

삼계(三界)

① 천계(天界)·지계(地界)·인계(人界). ② 중생이 사는 세 계계. 곧, 욕계(欲界)·색계(色界)·무색계(無色界). 삼유(三有). ③ 불계(佛界)·중생계(衆生界)·심계(心界). ④ 과거·현재·미래. 삼세(三世).

삼계교(三階敎)

중국 송나라의 신행(信行)이 만든 불교 교파의 하나.

삼계만령패(三界萬靈牌)
연고 없는 사람의 혼을 위해 안치한 위패.

삼계유일심(三界唯一心)
삼계가 오직 마음에 의해 생긴다는 것. = 삼계 일심(三界一心).

삼계육도(三界六道)
삼계는 중생들이 생사 윤회하는 미망의 세계를 3단계로 나누어 설명하는 것. 욕계(欲界)·색계(色界)·무색계(無色界)의 셋을 말한다. 육도는 일체 중생이 선악의 업인에 따라 필연적으로 윤회하는 길을 여섯 가지로 구분하여 설명하는 것. 천도·인도·수라·축생·아귀·지옥을 육도라 한다.

삼계 일심(三界一心)
삼계는 모두 자기 마음에서 생겨난 것으로, 마음밖에 따로 삼계가 없다는 말. 섬계 유일심.

삼계 제천(三界諸天)
욕계·색계·무색계에 있는 모든 하늘.

삼계 팔고(三界八苦)
삼계의 중생이 받는 여덟 가지 고통. 곧, 생(生)·노(老)·병(病)·사(死)와 애별리고(愛別離苦)·원증회고(怨憎會苦)·구부득고(求不得苦)·오음성고(五陰盛苦).

삼계 화택(三界火宅)
중생의 번뇌가 마치 불타는 집에 있는 것과 같다는 말.

삼고(三苦)
고(苦)의 인연으로 받는 고고(苦苦), 즐거운 일이 무너짐으로써 받는 괴고(壞苦), 세상 모든 현상의 변화가 끝이 없음으로써 받는 행고(行苦)의 세 고통.

삼과(三過)
몸·입·뜻이 저지르는 잘못.

삼관(三觀)
공(空)·가(假)·중(中)·삼제(三諦)의 진리를 관찰하는 일.

삼교(三敎)

부처님 일대의 설하신 법을 세 가지로 나눈 것. 여기에는 여러 가지의 견해가 있다.

삼구(三垢)
사람의 마음을 괴롭히는 탐욕·진에(瞋恚)·우치(愚癡)의 세 가지 번뇌.

삼귀(三歸)
'삼귀의(三歸依)'의 준말.

삼귀오계(三歸五戒)
재가(在家)한 남녀가 처음에 3귀를 받고, 다음에 5계를 받는 법. 계율의 일종으로 이를 받은 이를 남자는 우바새(優婆塞), 여자는 우바이(優婆夷)라 함.

삼귀의(三歸依)
불(佛)·법(法)·승(僧)의 삼보(三寶)에 돌아가 의지함. 삼자귀(三自歸). = 삼귀(三歸).

삼기백겁(三祈百劫) (×삼지백겁)
보살이 중생을 제도하기 위해 삼아승기 동안 수행하고 다시 자신의 성불을 위해 백 겁을 수행한다는 내용.

삼념처(三念處)
초념처(初念處)·제이념처(弟二念處)·제삼념처(弟三念處). 신역(新譯)으로는 삼념주(三念住). 여래에게만 있는 덕의 하나. 부처님께선 항상 남의 거짓과 칭찬에도 불구하고 조금도 마음을 동요치 아니함에 대하여 셋으로 나눈 것. 1. 초념처. 중생이 기뻐하여 설법을 들어도 환희심을 내지 아니하고, 마음이 평정(平靜)한 것. 2. 제이념처. 중생이 한결같이 귀를 기울여 듣지 않아도 걱정하지 않고, 마음이 태연한 것. 3. 제삼념처. 한 곳에서 하나는 기뻐하여 열심히 듣고, 하나는 전혀 듣지 아니함을 보고도 근심하고 기뻐하는 마음을 일으키지 않고, 마음이 항상 평정한 것.

삼다(三多)
1. 많은 선우(善友)들을 친근(親近)하고, 2 많은 법문을 듣고, 3. 많이 신체의 부정(不淨)을 관하는 것. 또 많은 부처님께 공양하고, 많은 선우를 섬기고, 많은 부처님 처소에서 교법을 듣는 것.

삼대력(三大力)
㉿ 삼학 수행을 병진해서 얻게 되는

세 가지의 큰 힘. 인간이 가질 수 있는 힘 중에서 가장 큰 힘인데, 정신수양으로 얻는 힘을 수양력, 사리연 구력으로 얻는 힘을 연구력, 작업취사로 얻는 힘을 취사력이라 한다.

삼덕(三德)
① 정직(正直)·강(剛)·유(柔). ② 지(智)·인(仁)·용(勇). ③ [민] 믿음·소망·사랑. ④ 법신덕(法身德)·반야덕(般若德)·해탈덕(解脫德). 또는, 은덕(恩德)·단덕(斷德)·지덕(知德).

삼도(三道)
① 부모를 섬기는 세 가지 효도. 곧, 양(養)·상(喪)·제(祭). 삼행(三行). ② [민] 군사를 쓰는 세 가지 방법. 곧, 정병(正兵)·기병(奇兵)·복병(伏兵). ③ 미계(迷界)에서 살아가는 세 가지 방법. 곧, 혹도(惑道)·업도(業道)·고도(苦道). ④ 수행하는 세 가지 방법. 곧, 견도(見道)·무학도(無學道)·수도(修道).

삼도(三道·三途)
'삼악도(三惡道)'의 준말.

삼도내(三途-)
저승으로 가는 도중에 있고 죽어서 7일째에 극선(極善)·극악(極惡)하지 않은 사람이 건넌다는 강. 삼도천.

삼독(三毒)
사람의 착한 마음을 해하는 세 가지의 번뇌. 곧, 탐(貪)·진(瞋)·치(癡).

삼랑사지당간지주(三郞寺址幢竿支柱)
경주 삼랑사 터에 있는 당간 지주.

삼론(三論)
삼론종의 주요 경전 세 가지. 나가르주나(Nagarjuna)가 지은 '중론(中論)', '십이문론(十二門論)'과 그의 제자인 데바(Deva)가 지은 '백론(百論)'을 일컬음.

삼론종(三論宗)
불교의 한 종파. 삼론에 의거하여 무상 개공(無相皆空)을 베푸는 것을 목적으로 함. 인도의 나가르주나(Nagarjuna)와 데바(Deva)가 종조(宗祖)이며, 우리나라에서는 고구려 때 성행하였음.

삼륜(三輪)

① 세 개의 바퀴. ② 지하에서 세계를 받치고 있다는 금륜(金輪)·수륜(水輪)·풍륜(風輪). ③ 중생의 번뇌를 없애는 부처의 몸·입·뜻의 힘.

삼륜상(三輪相)

보시하는 데 있어서 보시하는 이. 보시받는 이. 보시하는 물건을 말함. 이 3륜상의 상(相)을 마음에 두는 것을 유상(有相)의 보시라 하니, 참다운 보시바라밀을 행하는 것이 아니고, 3륜상의 상을 없애고 무심(無心)에 주(住)하여 행하는 보시를 3륜의 청정한 보시바라밀이라 한다.

삼매(三昧) Samadhi

① 잡념을 떠나서 한 가지 대상에만 정신을 집중시키는 경지. 이 경지에서 바른 지혜를 얻고, 대상을 올바르게 파악하는 것이라 함. ② 정신 집중, 정신 통일, 명상 등의 의미. 정신을 오로지 하나의 대상에만 집중하는 방법과, 그런 방법을 통해서 도달하게 되는 경지를 통틀어서 삼매라고 한다. 삼매경(三昧境).

삼매경(三昧境)

= 삼매.

삼매당(三昧堂)

중려들이 늘 삼매를 닦는 집. 법화(法華) 삼매당·상행(常行) 삼매당·염불 삼매당 등이 있음. 삼매 도량.

삼매승(三昧僧)

① 삼매당에 늘 있으면서 법화 삼매·염불 삼매 등을 닦는 스님. ② 삼매의 경지에 든 스님.

삼먁삼보리(三藐三菩提)

① 생사의 큰 꿈을 깨달아 일체의 법(法)을 알게 됨. ② 부처가 깨달은 지혜.

삼무(三無)

① 무성(無聲)의 음악, 무체(無體)의 예(禮), 무복(無服)의 상(喪). 곧, 형체는 없고 그 정신만 있음을 이르는 말. ② 무기(無記)·무리(無利)·무익(無益)의 세 가지.

삼묵당(三默堂)

산사에서 말을 하지 못하게 하는 세 장소. 1. 욕실(浴室). 목욕할 때. 2. 승당(僧堂). 식사할 때. 3. 서정(西

淨). 대소변할 때.

삼문(三門)
① 대궐이나 관청·사당 등의 건물 앞에 새운 세 문. 곧, 정문(正門)·동협문(東夾門)·서협문(西夾門). ② 법공(法空)·열반에 들어가는 세 문(門). 곧, 공문(空門)·무상문(無相門)·무작문(無作門). ③ 교(敎)·율(律)·선(禪).

삼밀(三密)
비밀(祕密)의 신(身)·구(口)·의(意)의 삼업(三業). 곧, 계인(契印)을 맺는 신밀(身密), 진언(眞言)을 분명히 외는 구밀(口密), 마음이 진리를 보는 의밀(意密)의 세 가지. ▷ 비밀(祕密).

삼밀가지(三密加持)
부처님의 삼밀(三密)과 상응하는 가피를 얻음.
삼밀이란 신(身)·구(口)·의(意)의 삼업(三業).

삼밀행법(三密行法)
삼밀의 법을 닦는 일.

삼박(三縛)
탐(貪)·진(瞋)·치(癡). 이 세 번뇌는 중생을 얽매어 해탈하지 못하게 하므로 박이라 이름.

삼반물(三般物)
그늘이지지 않는 땅, 메아리가 울리지 않는 산골, 뿌리가 없는 나무의 세 가지를 이르는 말.

삼배(三拜)
① 세 번 절하는 것. ② 세 번 무릎을 꿇고 배례하는 것.

삼법인(三法印)
소승 불교에서, 불교의 세 가지 근본 교의(敎義), 곧, 제행 무상인(諸行無常印)·제법 무아인(諸法無我印)·열반 적정인(涅槃寂靜印).

삼보(三甫)
중생이 감무(監務)·감사(監事)·법무(法務)의 심부름을 하는 중의 총칭.

삼보(三報)
중생이 지은 업(業)으로 받는 과보(果報)를 시기별로 나눈 세 가지. 곧, 순현보(順現報)·순생보(順生報)·순후보(順後報).

삼보(三寶)

① 귀·입·눈. ② 자(慈)·검(儉)·겸(謙). ③ 토지·국민·정치. ④ 불보(佛寶)·법보(法寶)·승보(僧寶).

삼보 가지(三寶加持)

[본음은 '삼보제'] sambodhi
① = 보리(菩提). ② 진성(眞性) 보리·실지(實智) 보리·방편(方便) 보리의 총칭.

삼보인(三寶印)

'불법승보(佛法僧寶)' 넉자를 새긴 도장.

삼복(三福)

세복(世福)·계복(戒福)·행복(行福). 세선(世善)·계선(戒善)·행선(行善)이라고도 함. 1. 세복. 인륜(人倫) 5상(五常)의 도를 지키고 행하여 생기는 복. 2. 계복. 부처님이 제정한 계율을 지켜 생기는 복. 3. 행복. 스스로 불도를 수행하면서 다른 이를 가르쳐 불도에 들어오게 하여 생기는 복.

삼부(三部)

① 세 부분이나 부류. ② 밀교(密教)의 세 부. 곧, 불부(佛部)·연화부(蓮華部)·금강부(金剛部). ③ [민] 고려 충렬왕 34년 (1308)에 육조(六曹)를 개편한 세 관아. 곧, 선부(選部)·민부(民部)·언부(言部). 공민왕 5년 (1356)에 다시 육부(六部)로 개편됨.

삼부정육(三不淨肉)

스님들이 먹지 못할 세 가지의 고기. 1. 자기(自己)를 위하여 죽이는 것을 본 것. 2. 자기(自己)를 위하여 죽였다는 말을 들은 것. 3. 자기(自己)를 위하여 죽인 것이 아닌가 의심되는 것.

삼분별(三分別)

심식으로 하는 작용의 세 가지. 1. 자성분별(自性分別). 앞에 있는 대경을 그대로 깨닫고, 추측하고 사고(思考)하지 않는 단순한 정신작용. 2. 수념분별(隨念分別). 지나간 일을 추억하여 여러 가지 생각을 돌리는 정신작용. 3. 계도분별(計度分別). 널리 삼세(三世)에 걸쳐 아직 현실로 나타나지 않은 일들을 미루어 상상하는 정신작용.

삼불(三佛)

극락 세계에 있다는 아미타불과 그의 협시(脇侍)인 관세음 보살 및 대세지 보살.

삼비량(三比量)
인명학(因明學)에서 말하는 세 가지 비량. 1. 자비량(自比量). 자기만이 허락하는 것으로 구성하는 비량. 2. 타비량(他比量). 다른 이만이 허락하는 것으로 구성하는 비량. 3. 공비량(共比量). 자타(自他)가 함께 허락하는 것으로 구성하는 비량.

삼사(三思)
우리가 사유(思惟)하는 정신 작용을 셋으로 나눈 것. 1. 심려사(審慮思). 어떤 일을 할 것인가를 곰곰이 생각함. 2. 결정사(決定思). 이 일은 꼭 할 것이라고 생각하여 결정함. 3. 동발승사(動發勝思). 신(身)·구(口)를 바르게 작용시키는 심(심)작용.

삼사(三師)
① [민] 고려 시대, 태사(太師)·태부(太傅)·태보(太保)의 총칭. 왕의 최고 고문직으로, 정1품임. ② 구족계(具足戒)를 줄 때 세 사람이 계사(戒師). 곧, 계화상(戒和尙)·갈마사(羯磨師)·교수사(敎授師).

삼사미(三沙彌)
나이에 따라 셋으로 나눈 사미. 곧, 7세부터 13세까지의 구오(驅烏) 사미, 14세부터 19세까지의 응법(應法) 사미, 20세 이상의 명자(名字) 사미.

삼사칠증(三師七證)
수계할 때 증인으로 나서는 전계(傳戒)·갈마(갈磨)·교수(敎授) 3화상과 7명의 덕 높은 큰스님들.

삼사행(三邪行)
사어(邪語), 사업(邪業), 사명(邪命).

삼삼매(三三昧)
공삼매(空三昧), 무상삼매(無常三昧), 무원삼매(無願三昧)

삼색(三色)
① 세 가지의 색법(色法). 곧, 오근(五根)·오경(五境)·무표색(無表色). ② 세 가지 빛깔. ③ = 삼원색. ④ '삼색 과실'의 준말.

삼생(三生)
전생(前生)·현생(現生)·후생(後生)

을 아울러 이르는 말.

삼선근(三善根)
좋은 과보(果報)를 받을 세 가지 행위. 곧, 시(施)·자(慈)·혜(慧).

삼선지식(三善知識)
교수(敎授) 선지식 : 남을 잘 지도하는 선지식.
동행(同行)선지식 : 서로 돕고 책려해 함께 공부하는 선지식.
외호(外護)선지식 : 외부에서 옹호하며 간접적으로 돕는 선지식.

삼성(三性)
사람의 세 가지 성품인 선성(善性)·악성(惡性)·무기성(無記性).

삼세(三世)
① 과거·현재·미래. 또는, 전세·현세·내세. 삼계(三界). 삼제(三際).
② = 삼대(三代).

삼세실유법체항유(三世實有法體恒有)
삼세 : 과거, 현재, 미래.
법체 : 모든 존재.
과거, 현재, 미래에 출현하는 모든 존재는 실재한다고 보는 이론.

삼세 요달(三世了達)
부처의 지혜가 삼세를 밝혀 통달함.

삼세 인과(三世因果)
과거·현재·미래를 통하여 길이 유전되는 인과 관계.

삼세제불(三世諸佛)
과거, 현재, 미래에 출현하는 모든 부처님.

삼승(三乘)
① [민] '세제곱'의 구용어. ② 중생을 열반에 이르게 하는 대승(大乘)의 세 가지 교법. 곧, 성문승(聲聞乘)·연각승(緣覺乘)·보살승(菩薩乘)의 총칭.

삼승교(三乘敎)
성문, 연각, 보살의 가르침과 수행법.

삼시(三施)
세 가지의 보시. 곧, 물질을 베푸는 재시(財施), 설교하는 법시(法施), 병자나 외로운 이를 위로하는 무외시(無畏施).

삼시(三時)

① 과거·현재·미래. ② 농사에 중요한 세 시절. 곧, 논밭을 갈고 씨 뿌리는 봄, 김 매는 여름, 곡식을 거두어들이는 가을 의 세 철. ③ 아침·점심·저녁의 세 끼니.

삼시교(三時敎)

① 부처님 일대의 설교를 셋으로 나눈 것. ② 법상종(法相宗)에서 제 1시는 유교(有敎)라 하여 아함시(阿含時), 제 2시는 공교(空敎)라 하여 반야시(般若時), 제 3시는 중도교(中道敎)라 하여 심밀시(深密時)라고 함.

유교(有敎), 공교(空敎), 중도교(中道敎)

삼시선(三時禪)

새벽·낮·저녁 세 때에 하는 좌선. 삼시 좌선.

삼시업(三時業)

선과 악의 행위의 결과를 받는 3단계.

현세에 지어 현세에 과보를 받는 순 : 현수업(順現受業), 현세에 지어 다음 생애 받는 순 : 차수업(順次受業), 현세에 지어 제2세 이후에 받는 순 : 후수업(順後受業).

삼시염불(三時念佛)

새벽·낮·저녁 세 때에 하는 염불.

삼시 좌선(三時坐禪)

= 삼시선(三時禪).

삼식(三識)

자성 청정(自性淸淨)하는 진식(眞識), 일체 제법(一切諸法)을 변현(變現)하는 현식(現識), 경계(境界)의 분별을 일으키는 분별사식(分別事識)의 세 가지 심식(心識).

삼신(三身)

부처의 세 가지 모양. 곧, 법신(法身)·보신(報身)·응신(應身). 또는, 자성신(自性身)·수용신(受用身)·변화신(變化身). 또는, 법신·응신·화신(化身). 삼불신(三佛身).

삼신(三身)

① 환인·환웅·환검의 세 신인. 삼성(三聖). ② [민] 아기를 점지한다는 세 신령. 삼신령(三神靈). 삼신할머니.

삼신불(三身佛)
법신불(法身佛)·보신불(報身佛)·응신불(應身佛)의 세 부처.

삼신업(三身業)
세 가지의 신업. 살생, 투도, 사음.

삼신여래(三身如來)
법신(法身), 보신(報身), 응신(應身)

삼십계문(三十戒文)
원불교 교도가 지켜야 할 30가지의 계문.

삼십삼신(三十三身)
중생을 구하기 위한 관세음 보살의 서른 세 가지 화신(化身).

삼십삼천(三十三天)
① 욕계 육천(慾界六天)의 서른세 하늘. ② = 도리천(忉利天).

삼십성도(三十成道)
석가 여래가 서른 살에 대도(大道)를 이룬 일.

삼십이상(三十二相)
응화(應化)한 신불(身佛)의 상(相) 중에 보통 사람과 다른 서른 두 가지 상호(相好). 삼십이 대사상. 삼십이 대인상. 삼십이 대장부상.

삼십일 본산(三十一本山)
해방 전, 우리나라 서른한 곳에 두었던 불교의 본산.

삼악(三惡)
① 삼악도(三惡道)·삼악취(三惡趣)의 준말. ② <대법거다라니경> 제1권에 있는 말. ③ 심성(心性)이 한폐(恨弊)하여 좋은 말을 듣지 않음. ④ 항상 간질(奸嫉)을 품고, 남이 자기보다 훌륭함을 미워함. ⑤ 설사 자기보다 훌륭한 줄 알면서도, 부끄러움을 품고 묻지 않는 것.

삼악도(三惡道)
악인이 죽어서 간다는 세 괴로운 세계. 곧, 지옥도(地獄道)·축생도(畜生道)·아귀도(餓鬼道).

삼안거(三安居)
결하(結夏)하는 시기(時期)를 예전 번역본에서는 전(前)·중(中)·후(後)의 3기(三期)로 나눔. 여름 우기(雨期)에는 3개월간(三個月間) 결제(結制)를 하고 좌선(坐禪)하는 것. 4월 16일에 시작함은 전안거, 5월 16일에 시작함은 후안거, 그 중간에 시작함은 중안거. 그 날수는 어떤 안거이든 90일.

삼업(三業)
신업(身業)·구업(口業)·의업(意業). 곧, 몸·입·마음으로 짓는 죄업.

삼업계(三業戒)
= 삼사계(三事戒)

삼업불이문(三業不二門)
신·구·의의 삼업이 서로 상치되지 않는다는 법문.

삼업사위의(三業四威儀)
신·구·의의 삼업과 행(行)·주(住)·좌(坐)·와(臥)의 4위의 우리들 행동의 모든 것.

삼욕(三慾)
세 가지 욕심. 곧, 식욕(食慾)·수면욕(睡眠慾)·음욕(淫慾).

삼원(三願)
아미타불의 48원 중에서 원의 성질에 의하여 셋으로 나눈 것. 1. 섭법신원(攝法身願). 부처님 자신에 대한 원. 2. 섭정토원(攝淨土願). 정토에 대한 원. 3. 섭중생원(攝衆生願). 중생 구제에 대한 원. 이렇게 분류하면 제12, 제13, 제17은 섭법신원, 제31, 제32는 섭정토원, 다른 것은 모두 섭중생원이다.

삼원적증(三願的證)
중국 정토종의 대가 담란(曇鸞)이 지은 책.

삼유(三有)
① = 삼계(三界). ② 본유(本有)·당유(當有)·사유(死有)의 세 가지. ③ 생유(生有)·사유(死有)·중유(中有)의 세 가지.

삼유 생사(三有生死)
욕계(欲界)·색계(色界)·무색계(無色界)를 유전하며 생사를 거듭하는 일. 또는, 그런 범인(凡人)의 생사.

삼유위법(三有爲法)
세 가지의 유위
인연으로 생기는 사물을 유위라 함.

삼유위상(三有爲相)

유위의 세 자기 형태
① 생상(生相) : 미래의 사물을 현재에 있게 함.
② 이상(異相) : 현재의 것을 쇠퇴하게 함.
③ 멸상(滅相) : 쇠퇴하다가 없어지게 함.

삼율의(三律儀)
계율을 세 가지로 나눈 것.

삼응공양(三應供養)
공양을 받을 만한 세 분
① 여래 ② 아라한 ③ 국왕

삼의일발(三衣一鉢)
세 가지의 옷과 발우 하나.

삼인불성(三因佛性)
3종 인(因)의 불성

삼장(三藏)
① 세 가지 불서(佛書). 곧, 경률론(經律論)으로, 경장(經藏)·율장(律藏)·논장(論藏)을 일컬음. ② 경(經)·율(律)·논(論)의 삼장에 통달한 중. ③ 불·보살·성문(聲聞).

삼장(三障)
업장(業障)과 번뇌장(煩惱障)과 보장(報障)을 말함. 여기서 보장은 이숙장(異熟障)과 같은 말. 혹(惑:번뇌)·업(業)·고(苦)를 말함.

삼장재월(三長齋月)
1월 5월, 9월 석달은 각각 초하루부터 보름까지 재계(齋戒)하는 달이라는 뜻.

삼장교(三藏敎)
① 경(經)·율(律)·논(論) 삼장에 설파된 석가의 교법. ② 천태종(天台宗)에서 '소승교(小乘敎)'의 이칭. ③ 성문(聲聞)·연각(緣覺)·보살(菩薩) 세 교설의 총칭.

삼장 법사(三藏法師)
① 경(經)·율(律)·논(論) 삼장에 정통한 법사. ② 당(唐)나라 '현장(玄奘)'의 속칭.

삼재(三才)
① 천(天)·지(地)·인(人). 삼극(三極). 삼원(三元). 삼의(三儀). ② [민] 관상에서, 이마와 턱과 코

삼재(三災)

① 세계를 파멸하는 큰 재난으로, 화재(火災)·수재(水災)·풍재(風災)를 이르는 말. ② 병난(兵難)·질역(疾疫)·기근(饑饉). ③ [민] 불길한 운성(運星)의 하나.

삼재 팔난(三災八難)

삼재와 팔난. 곧, 모든 재난.

삼전법륜(三轉法輪)

부처님이 녹야원에서 세 번 굴린 법륜.

삼정육(三淨肉)

부처님이 병든 비구에게만 먹을 것을 허락한 고기의 세 가지. 1. 자기를 위하여 죽임을 보지 않은 것. 2. 자기를 위하여 죽인 것이란 말을 듣지 않은 것. 3. 자기를 위하여 죽인 것이 아닌가, 의심되지 않는 것. 곧 고깃집에서 파는 것이나, 저절로 죽은 것 따위의 고기.

삼제(三際)

= 삼세(三世).

삼제(三諦) (×삼체)

공제(空諦)·가제(假諦)·중제(中諦) 또는 진제(眞諦)·속제(俗諦)·중제(中諦)의 세 가지 진리.

삼제원융(三諦圓融) (×삼체원융)

공(空)·가(假)·중(中)의 삼제가 원융함.

삼존(三尊)

① '미타 삼존(彌陀三尊)', '석가 삼존(釋迦三尊)', '약사 삼존(藥師三尊)'의 준말. ② 받들어 모셔야 할 세 사람. 곧, 군(君)·사(師)·부(父)를 가리킴.

삼존내영(三尊來迎)

아미타불 염불을 열심히 하면 임종 때 아미타불, 관세음보살, 대세지보살의 삼존이 와서 데리고 간다고 함.

삼존불(三尊佛)

불전의 본존과 좌우 양편에 모신 협시보살이나 불상을 합하여 부르는 말. ① 미타 삼존(아미타불·관세음보살·대세지보살) ② 약사 삼존(약사여래·일광보살·월광보살) ③ 석가 삼존(석가여래·문수보살·보현보살)

삼종(三從)

① 여자가 처녀 때는 부모를 따름. ② 시집가서는 남편을 따름. ③ 남편이 죽은 뒤에는 자식을 따르는 것.

삼종(三宗)

불교의 세 종파. 곧, 화엄종(華嚴宗) · 삼론종(三論宗) · 법상종(法相宗). 또는, 천태종(天台宗) · 진언종(眞言宗) · 법상종(法相宗).

삼종계(三種戒)

또는 삼종률의(三種律儀)라고 한다. 나쁜 짓을 막는 계율을 그 성질상으로 보아 셋으로 분류한 것. 별해탈계(別解脫戒) · 정공계(定共戒) · 도공계(道共戒). 별해탈계는 산란한 마음에서 있는 계, 정공계와 도공계는 입정심(入定心)에 있는 계.

삼종락(三種樂)

세 가지 즐거움. 1. 천락(天樂). 10선(善)을 닦는 이가 천상에 나서 온갖 즐거움을 받음. 2. 선락(禪樂). 수행하는 이가 정(定)에 들어가 마음이 청정하고, 잡념이 없어 적정한 열락(悅樂)에 만족함. 3. 열반락(涅槃樂). 생사하는 미계(迷界)의 고통을 벗고, 열반의 고요한 경지에 이르러 무위안락(無爲安樂)한 것. 부처님의 공덕을 좋아하는 지혜로 나는 즐거움.

삼종상(三種相)

1. 표상(標相). 사물의 표치가 되는 모양. 2. 형상(形相). 길고, 짧고, 모나고 둥근 모양. 3. 체상(體相). 체질을 가리키는 것이니, 열(熱)은 불의 체상인 것과 같은 것.

삼주(三株)

탐(貪) · 진(瞋) · 치(癡). 셋이 마음 속에 깊이 뿌리를 박아 뺄 수 없는 것을 주항(株杭, 뿌리 박힌 나무)에 비유.

삼중(三重)

불교 음악의 성명(聲明)에서 음역(音域)을 셋으로 나눌 때 가장 높은 음역.

삼즉일(三卽一)

삼승(三乘)이 곧 일승(一乘)이라는 주장.

삼지(三智)

① 진지(眞智) · 내지(內智) · 외지(外智). ② 능가경(능伽經)에서, 범부(凡夫)와 외도(外道)의 지혜인 세간지(世

間智), 성문(聲聞)과 연각(緣覺)의 지혜인 세간지(世間智), 성문(聲聞)과 연각(緣覺)의 지혜인 출세간지(出世間智), 불(佛)과 보살의 지혜인 출세간 상상지(出世間上上智). ③ 지도론(智度論)에서, 성문(聲聞)·연각(緣覺)의 지(智)인 일체지(一切智), 도(道)의 종별을 아는 도종지(道種智), 평등한 상(相)과 차별의 상(相)을 아는 일체 종지(一切種智).

삼직(三職)
절의 주지(住持)를 돕는 감무(監務)·감사(監事)·법무(法務)의 세 직원.

삼처전심(三處傳心)
부처님이 세 군데에서 가섭에게 마음을 전한 것.
① 염화미소. ② 다자탑(多子塔) 앞에서 자리를 나눠 앉으심. ③ 쌍림(雙林)의 관(棺)에서 발을 내민 것.

삼천 대계(三千大界)
'삼천대천 세계'의 준말.

삼천 대천(三千大千)
'삼천 대천 세계'의 준말.

삼천대천세계(三千大天世界)
소천·중천·대천 세계의 통칭. 수미산(須彌山)을 중심으로 해·달·사대주(四大洲)·육욕천(六慾天)·범천(梵天)을 합하여 한 세계라 하고, 이것의 천 배를 소천(小天) 세계, 또 이것의 천 배를 중천(中千) 세계, 다시 이것이 천 배를 대천 세계라 함.

삼천대천세계(三千大千世界)
수미산을 중심으로 4대주가 있고 그 밖으로 철위산이 있다. 이 세계를 1세계, 1세계를 천 개 합치면 1소천계(小天界), 소천계를 1천 개 합치면 1중천계(中千界). 천 개의 중천계가 1대천세계. 1대천세계에는 소천, 중천, 대천의 천(千)이 있음으로 삼천의 대천세계라고 함.

삼천불(三千佛)
과거세(過去世)의 천불과 현재세(現在世)의 천불 및 미래세(未來世)의 천불.

삼천 세계(三千世界)
'삼천 대천 세계'의 준말.

삼취정계(三聚淨戒)

[범] Saiam-trividham 대승보살의 계법(戒法). 섭률의계(攝律儀戒)·섭선법계(攝善法戒)·섭중생계(攝衆生戒). 대승·소승의 온갖 계법이 다 이 가운데 소속되지 않은 것이 없으므로 섭(攝)이라 하고, 그 계법이 본래 청정하므로 정(淨)이라 함.

삼칠일사유(三七一思惟)
부처님이 깨닫고 나서 3×7, 21일 동안 홀로 음미하시며 깨달은 경지에 대하여 다시 확인 정리하신 일.

삼품참회(三品懺悔)
세 종류의 참회.
① 상품(上品)참회 : 온몸의 털구멍과 눈에서 피가 나도록 참회함. ② 중품(中品)참회 : 온몸에서 땀이 나고 눈에서 피가 나도록 참회함. ③ 하품(下品)참회 : 온몸에서 열이 나고 눈물이 쏟아지는 참회.

삼학(三學)
① 불교의 계. 정. 혜(戒 定 慧) 세 가지 학문. 곧, 오계(五戒)·팔계(八戒) 등의 계학(戒學), 사선(四禪)·구상(九想) 등의 정학(定學), 사제(四諦)·십이 인연(十二因緣) 등의 혜학(慧學).
② [민] 천문·지리·명과(命課)의 세 학문. ③ 도학(道學)·유학(儒學)·불학(佛學)의 통칭. ④ ㉮ 삼학이란 정신수양(精神修養)·사리연구(事理硏究)·작업취사(作業取捨)를 말합니다.

삼학병진(三學並進)
정신수양·사리연구·작업취사의 삼학공부를 어느 한 편에 치우치지 않고 동시에 아울러 닦아가는 것.

삼함(三緘)
몸·입·뜻을 삼가라는 뜻으로, 절의 큰방 뒷벽에 써 붙이는 글.

삼혜(三慧)
세 가지의 지혜. 경전을 들어서 아는 문혜(聞慧), 진리를 생각하여 아는 사혜(思慧), 선정(禪定)을 닦아서 아는 수혜(修慧).

삼혹(三惑)
도를 닦는 데 장애가 되는 세 가지 번뇌. 곧, 견사혹(見思惑)·진사혹(塵沙惑)·무명혹(無明惑).

삼화(三和)
근(根)·경(境)·식(識)의 세 가지

화합.

삼회향(三回向)
재(齋)를 마친 후 여흥으로 가장 행렬(假裝行列)을 꾸며 흥행하는 땅설법.

삼훈습(三勳習)
세 가지의 훈습.
아집(我執) 훈습, 유지(有支) 훈습, 망언(妄言)훈습.
유지(有支)란 12연기 중 유(有)를 말함.

상(相)
= 유루(有漏).

상(想)
① 작품을 만드는 작자의 생각. ② 대상(對象)을 속으로 가만히 생각하는 일.

상견(常見)
사람은 죽으나 자아(自我)는 없어지지 않으며, 오온(五蘊)은 과거나 미래에 상주 불변(常住不變)한다고 고집하는 그릇된 견해. ↔ 단견(斷見).

상계(上界)
'천상계'의 준말. ↔ 하계(下界).

상관(想觀)
사물을 마음에 떠오르게 하여 관하는 것. 사관(事觀)·이관(理觀) 중의 사관에 해당.

상구(上求)
'상구 보리'의 준말.

상구보리(上求菩提)
보리의 지혜를 구하여 닦는 일. ↔ 하화 중생(下化衆生).

상근(上根)
불도를 잘 닦는 사람. 상기(上機). ↔ 하근(下根).

상단(上壇)
불상을 모신 곳.

상단 축원(上壇祝願)
불상(佛像)을 봉안(奉安)한 상단에서 하는 간절한 축원.

상대(相待)
이것과 저것이 서로 맞서 비로소 존재하는 것. 세 선(線)이 상해하여 비로소 3각(角)을 이룬다. 만일 한 선이 없으면 3각은 존립(存立)하지 못함과 같은 것.

상도(常道)
때와 곳에 따라 변하지 않는 떳떳한 도리. 중도(中道) - 자기의 힘과 형편과 처지에 맞는 것. 변함없는 도. 변함없는 떳떳한 도리.

상락(常樂)
언제나 괴롭지 않고 즐거운 것.

상락아정(常樂我淨)
열반의 4덕(德)
상 : 열반의 경지는 변함이 없음.
락 : 열반에는 생사의 고통이 없이 즐거움만 있음.
아 : 열반에는 아집(我執)이 없음.
정 : 열반에는 번뇌가 없어 청정함.

상량호호지(商量浩浩地)
상량이 호호함.
상량 : 헤아려 생각함, 서로 문답함.
호호 : 물이 넘쳐 급히 흐르는 모습.
지(地) : 어조사
"문답을 주고받는 것이 급하고 급하다"의 뜻.

상륜(相輪)
① 불탑 꼭대기에 있는, 쇠붙이로 된 원기둥 모양의 장식 부분. 공륜(空輪). 구륜(九輪). ② '상륜탑'의 준말.

상륜탑(相輪塔)
한 개의 기둥 위에 상륜을 올린 탑.

상명(常命)
사람의 제 명대로 사는 수명.

상문(桑門)
① = 불가. ② = 승려.

상법(像法)
'상법시'의 준말.

상봉 하솔(上奉下率)
위로는 부모를 모시고 아래로는 아내와 자식을 거느림.

상부종(相部宗)
당나라 법려 스님이 세운 율종(律宗)

상불경보살(常不輕菩薩)
항상 남을 경망하게 생각하지 않았다는 법화경의 보살.

상비량(相比量)

다섯 가지 바량의 하나. 어떤 사물의 모양에 의하여 다른 사실을 추측하는 것. 곧 연기를 보고 불이 있는 줄 아는 것과 같은 따위.

상사각(相似覺)

진실한 각(覺)이 아니고 비슷한 각.

상생상극(相生相克)

㉮ 두 사람의 인연이 서로 좋게 맺어져 서로화합하고 협조하여 잘살게 되는 것이 상생. 이반대의 경우가 상극, 상생상극의 관계는 사람과 사람의 관계뿐만이 아니라 만물과 만물 사이에도 성립한다.

상생상화(相生相和)

사람이나 물건이나 일의 관계가 서로 상생의 선연(善緣)으로 좋게 살아 나고, 상생의 선연으로 화합 융통하는 관계. 상극 상쟁(相克相爭)에 상대되는 말.

상속(相續)

인(因)은 과(果)를 내고, 과는 또 인이 되어 다른 과(果)를 내어 이렇게 인과가 차례로 계속하여 끊어지지 않는 것.

상승(相承)

① 서로 계승함. ② 스님이 제자에게 교법(敎法)을 전하고, 이를 다음에서 다음으로 받아 전하는 것.

상야등(常夜燈)

밤마다 부처님께 켜 공양하는 등.

상온(想蘊)

어떤 일이나 사물을 마음속에 받아들이고 상상하여 보는 여러 가지의 감정과 사상. 오온(五蘊)의 하나.

상응법(相應法)

심(心)·심소(心所)의 다른 이름. 동시에 일어나는 한 무더기의 심·심소에 소의평등(所依平等)·소연평등(所緣平等)·행상평등(行相平等)·시평등(時平等)·사평등(事平等)의 다섯 가지 뜻이 있으므로 상응법이라 함. → 심왕·심소.

상재(上載)

→ 상좌(上佐).

상적광토(常寂光土)

변하지 않는 광명의 세계. 부처의 거처나 빛나는 마음이 세계를 이르는 말.

상제보살(常啼菩薩)

[범] Sadapralapa 살타파륜(薩陀波崙)이라 음역. <지도론> 제96에 있는 보살. 오렸을 때 울기도 잘했고, 또 중생들이 고통 세계에 있음을 보고 운다고 하며, 또 부처님 없는 세상에 나서 공한림중(空閑林中)에서 걱정하며 울기 때문에 용 귀신이 이렇게 이름지었다 함. 16선신(善神)의 그림에는 <반야경>의 수호자라 함.

상좌(上座)

[범] Sthavira [파] Therava 3강(三綱)의 하나이며 상좌(上座)에 앉은 사람이란 뜻. 체비라(體비羅)·실체나(悉替那)라 음역. 절 안의 스님네를 통솔하고, 온갖 사무를 총람(總覽)하는 직명. 덕이 높고 나이 많은 이가 이에 임명된다.

상좌(上佐)

① = 행자(行者). ② 사승(師僧)의 대를 이을 여럿 가운데 높은 사람. × 상재.

상좌(上座)

① 정면에 설치한 가장 높은 사람이 앉는 자리. 고좌(高座). 윗자리. ② 절의 주지·강사·선사(禪師)·원로(元老) 들이 앉는 자리.

상좌부(上座部)

인도 소승교 20부파 중의 1파

상주물(常住物)

절에 속하는 재산의 총칭.

상주불(上住佛)

염주(念珠) 가운데 펜 큰 구슬.

상주 불멸(常住佛滅)

본연 진심(本然眞心)이 없어지지 않고 영원히 있음. 상주 부단(常住不斷).

상주불멸(常住不滅)

㉾ ① 일원상의 진리를 변하지 않는(有○) 입장에서 바라본 것. 일원상으 진리가 과거·현재·미래를 통하여 영원히 불멸하고 항상 그대로 있어서 여여자연·불생불멸 한다는 것. ② 우리의 본래 마음이 영원히 없어지지 아니하고 영원히 존재한다는 것. 불교에서, 본연진심(本然眞心)이 사라지지 않

고 영원히 있음을 이르는 말. = 상주승물(常住僧物) : ① 불교에서 사물현상들이 생멸변화하지 않고 항상 그대로 존속하는 것. ② 절간의 논밭과 중들이 공동으로 쓰는 도구류.

상지전(上知殿)
절에서 대웅전과 법당을 맡아보는 임원(任員)의 숙소.

상토(相土)
성토(性土)의 상대어. 중생의 심량(心量)에 따라 나타나는 넓고 좁고, 깨끗하고 더러운 차별이 있는 세계. 곧 범부들이 보는 온갖 보배로 장엄한 세계와 같은 것.

상품(上品)
① 상등의 품위. ② 질이 좋은 물품 상치. ③ 극락 정토의 최상급.

상품상생(上品上生)
극락에 왕생하는 9품 중의 최고 품.

상품 연대(上品蓮臺)
극락 세계의 가장 높은 연대.

상품중생(上品中生)
극락세계에 왕생하는 이의 9품의 하나. 이 기류(機類)는 대승경전에 말한 깊은 이치를 알고, 제1의(義)인 진리를 듣고도 놀라지 않으며, 인과의 이치를 깊이 믿은 공덕으로 죽을 때에 아미타불·관세음보살·대세지보살의 영접을 받아 극락세계에 가서 나고 7일 후에 무상정변지(無上正邊知)를 깨달아 불퇴위(不退位)에 오르고, 또 시방(十方)의 여러 부처님 정토를 두루 돌아다니면서 공양하고, 1소겁(小劫)을 지난 뒤에 무생법인을 얻는다 함.

상품하생(上品下生)
극락세계에 왕생하는 이의 9품의 하나. 이 기류(機類)는 인과의 도리를 믿어 대승교를 비방하지 않고, 성불하려는 마음을 낸 공덕으로 죽을 때에 불·보살의 영접을 받아 정토를 왕생하고 하룻밤, 하루 낮을 지나 부처님을 뵙고, 교법을 듣고, 3소겁(小劫)을 지나 환희지(歡喜地)에 이른다 함.

상행 삼매(常行三昧)
① 늘 일념으로 염불하는 일. ② 90일을 기한하고 아미타불만을 생각하는 일.

상호(相好)
얼굴의 형상.

색경(色境)
오경(五境)의 하나. 눈으로 볼 수 있는 대상인 객관의 현상을 말함.

색계(色界)
① 삼계(三界)의 하나. 욕계(欲界)와 무색계(無色界)의 중간 세계로 재물에 대한 욕심은 없으나 색심(色心)까지는 벗지 못한 세계. ② 여색(女色)의 세계. 화류계(花柳界).

색법(色法)
색이나 형체를 가지고 있는 현상 세계. ↔ 심법(心法).

색상(色相)
① [민] 색의 3요소의 하나. 유채색으로, 색을 다른 색과 구별하는 근거가 되는 특질. 곧, 빨강·파랑·녹색 등으로 구별되는 특성. ② 육안으로 볼 수 있는 모든 물질의 형상. ③ 불신(佛身)의 모습.

색신(色身)
① 색상(色相)이 있는 몸. 곧, 육체. ② 석가모니나 보살의 육신.

색심(色心)
① 색욕(色慾)이 일어나는 마음. 색법(色法)과 심법(心法). 곧, 유형의 물질과 무형의 정신.

색온(色蘊)
[범] Rupa-skandha 5온의 하나. 색(色)은 스스로 생멸 변화하고, 또 다른 것을 장애한다. 온(蘊)은 모여서 뭉친 것으로 화합하여 한 덩이가 된 것. 어느 면으로 보아도 한 무더기라도 볼 수 있는 것. 5근(根)과 5감관(感官)의 대상이 되는 색(色)·성(聲)·향(香)·미(味)·촉(觸)의 5경(境)과 무표색(無表色)의 11을 말함.

색욕(色欲)
오욕(五欲)의 하나. ① 청·황·적·백 따위의 색깔에 대한 욕심. ② 남녀간의 정욕.

색즉시공(色卽是空)
반야경에 있는 말로서, 유형(有形)의 만물인 색은 모두 인연의 소생(所生)으로서 그 본성은 공(空)이라는 뜻.

색즉시공(色卽是空)
색과 공이 일치함.

생(生)
① = 삶. ② 십이 인연(十二因緣)의 하나. 세상에 태어나는 일.

생고(生苦)
사고(四苦)의 하나. 살아가는 동안에 겪는 고통.

생득선(生得善)
나면서 타고 난 착한 마음.

생로병사(生老病死)
중생이 반드시 겪어야 하는 네 가지 고통. 곧, 나고, 늙고, 병들고, 죽는 일.

생맹천제(生盲闡提) (×생망단제)
나면서부터 앞을 보지 못하는 사람은 빛을 보지 못하는 것처럼 불법을 비방한 과보로 영원히 성불할 수 없는 사람이 된 것.
일천제란 영원히 성불을 하지 못할 생명.

생멸(生滅)
우주 만물의 생김과 없어짐.

생멸거래(生滅去來)
물이 나고 없어지고, 가고 오고하는 것. 만물이 태어났다 죽었다 하는 것.

생무성(生無性)
인연으로 생긴 것은 자성(自性)이 없다는 말.

생반(生飯)
식사 때, 먹기 전에 조금 떠내는 밥.

생법이공관(生法二空觀)
생공관(生空觀)과 법공관(法空觀)
생공관 : 아집(我執)은 공하다는 관.
법공관 : 아집에 의해 일어나는 물질·심(心)이 모두 공하다는 관.

생불불이(生佛不二)
중생과 부처가 둘이 아님. 생불일여(生佛一如)와 같음.

생사(生死)
① 삶과 죽음. ~가 걸린 문제 / ~를 같이하다. ② 인간의 사고(四苦)인 생로병사(生老病死)의 시작과 끝.

생사 대해(生死大海)
생로병사(生老病死)의 인생을 큰 바다에 비유한 말.

생사해탈(生死解脫)
생사에 끌려 다니는 온갖 번뇌망상과 두려움과 슬픔과 속박에서 벗어나 자유롭고 활달한 경지에 도달하는 것.

생소산(生燒散)
아직 살아 있는 사람을 화장(火葬)하는 일. 생화장(生火葬).

생유(生有)
사유(四有)의 하나. 금생(今生)에 태어나던 맨 처음 몸. ▷ 중유(中有)·본유(本有)·사유(死有).

생일 불공(生日佛供)
생일에 올리는 불공.

생자필멸(生者必滅)
생명이 있는 것은 반드시 죽음. 인생의 무상(無常)을 이르는 말.

생전 예수(生前豫修)
죽은 후에 극락에 가게 해 달라고 생전에 미리 재(齋)를 올림.

생주이멸(生住異滅)
생기고 머물고 변화하고 소멸함.

생즉무생(生卽無生)
우리가 보통 '태어난다'고 하는 그 생(生)도, 실상은 인연(因緣)에 의한 가생(假生)에 불과한 것으로, 그 실은 무생(無生)이라는 뜻.

생축(生祝)
살아 있는 사람이 복을 비는 일.

서광(西光)
서방 정토(西方淨土)의 부처의 광채.

서방 극락(西方極樂)
서쪽으로 10만 억 국토(國土)를 지나서 있다는 아미타불의 극락 정토. 서방 세계. 서방 정토.

서방동거토(西方同居土)
서방에 있는 아미타불의 정토 범부와 성인이 함께 사는 곳.

서방정토(西方淨土)
= 서방극락.

서방주(西方主)

서방 극락의 주인공. 곧, 아미타불(阿彌陀佛).

서사(書司)
절에서 '서기(書記)'를 이르는 말.

서산대사(西山大師)
휘(諱)는 휴정(休靜)이며 호(號)는 청허(淸虛)이다. 이조(李朝) 불교계의 제1인자로서 서선(西鮮)인 묘향산에서 주석(住錫)하였기 세칭 서산대사라 칭함.

서역구법고승전(西域求法高僧傳)
당나라 의정(義淨)스님이 쓴 책.

서역중화해동불조원류(西域中華海東佛祖源流)
인도, 중국, 한국의 전법계통을 엮은 책.

서원(誓願)
① 신불(神佛)이나 자기 마음속에 맹세하여 소원을 세우는 것. 또는, 그 소원. ② 보살이 수행의 목적·원망(願望)을 밝히고, 달성을 서약하는 일.

서원
나와 남이 함께 이익을 보고 마음을 깨달아 훌륭한 인격자가 됨으로서 살기 좋은 국토를 만들겠다고 뜻을 세우는 것임.

서원력(誓願力)
서원하는 염력(念力). 서원으로써 신불(神佛)을 감응시키는 힘.

서원문(誓願文)
㉦ 팔만대장경의 서문(序文)인 동시에 우리 경전의 서문이다. 그러므로 대종사께서「이 서원문만하나 가지면 다 멸도 되어 없어지더라도 다시 회상을 펼 수 있는 경문(경문)이라」고 함.

서응본기경(瑞應本紀經)
서응경이라고 함.
부처님의 전생(前生)부터 성도, 초전법륜을 기록함.

서정유통삼분(序正流通三分)
경전의 서분(序分), 정종분(正宗分), 유통분의 삼분을 통칭함.

서품(序品)
경전의 내용을 추려 개론(槪論)한 부분.

서행(西行)
① 서쪽으로 가는 것. ② 서방 세계에 왕생(往生)하는 일.

석(釋)
① 아침저녁으로 부처 앞에 예불(禮佛)하는 일. ② 새벽에 목탁이나 종을 쳐서 사람들을 깨우는 일.

석가(釋迦)
['능력있는 자'란 뜻] ① 고대 인도의 크샤트리아 계급에 속하는 종족의 하나. 석가모니도 이 종족에 속함. ② = 불가(佛家).

석가(釋家)
= 불가(佛家).

석가모니(釋迦牟尼)
불교의 개조(開祖). 성은 고타마, 이름은 싯다르타. 세계 사성인(四聖人)의 한 분. 사제(四諦)·팔정도(八正道)·십이 인연(十二因緣) 등의 교설을 남김. 석씨(釋氏). = 석가.

석가모니불(釋迦牟尼佛)
① 불교의 창시자로서 역사적인 부처. 석가는 종족의 이름이고 모니는 현명한 사람이라는 뜻이므로 곧 석가족의 성자라는 말로 석존이라고도 부름. ② 기원전 623년 중인도 가비라국 성주 정반왕의 아들로 태어났던 역사적 실존 인물로서의 부처님이다. 인생의 고뇌를 깨닫고 출가하여 6년 간 고행을 하였다. 그는 이러한 고행을 통해 금욕만으로는 깨달음에 이를 수 없음을 알고 붓다가야의 보리수 아래에서 7일 만에 드디어 깨달음을 얻고 부처님이 되셨음.

석가모니 여래(釋迦牟尼如來)
석가모니를 신성하게 이르는 말. = 석가 여래·여래.

석가법(釋迦法)
밀교(密敎)에서, 석가모니를 본존으로 하고, 온갖 장애를 물리쳐 병환을 고치는 수법(修法).

석가 삼존(釋迦三尊)
석가불을 중앙에, 양편에 두 보살을 모신 형식. 양편에는 보통 보현(普賢) 보살·문수(文殊) 보살을 배치함. = 삼존(三尊).

석가 세존(釋迦世尊)

'석가모니'를 높이어 이르는 말. 교주(敎主). = 석존(釋尊)·세존(世尊).

석가 여래(釋迦如來)
'석가모니 여래'의 준말.

석가탑(釋迦塔)
석가의 치아·머리털·사리(舍利) 등을 모셔 둔 탑.

석가 탱화(釋迦탱畫)
석가모니의 화상.

석가 행적(釋迦行蹟)
석가모니 일생의 역사.

석감(石龕)
돌로 만든, 불상을 봉안하는 감실(龕室).

석녀(石女)
아이를 낳지 못하는 부인. 돌 된 여자. 범어로는 실달리아가(悉怛理阿迦). 당나라 현장(玄奬) 이후에는 허녀(虛女)라 번역.

석덕(碩德)
① 높은 덕. ② 덕이 높은 사람.

③ 덕이 높은 스님.

석마하연론(釋摩訶衍論)
마하연(Mahayana)을 해석한 책. 용수보살 지음.

석목탁(釋木鐸)
새벽에 사람을 깨우기 위하여 치는 목탁.

석문(釋文)
불교 경론(經論)을 해석한 문구나 문장.

석문(釋門)
= 불가(佛家).

석문가례초(釋門家禮抄)
석문(釋門)의 길흉에 대한 예절을 쓴 책. 조선조 진일(眞一)이 엮음.

석범(釋梵)
제석(帝釋)과 범천(梵天).

석성(石聖)
덕이 높고 믿음이 굳은 승려.

석쇠(釋-)

절에서, 새벽에 여러 사람을 깨울 때, 또는 아침저녁 예불 때에 치는 종.

석씨(釋氏)
① = 석가모니. ② = 불가(佛家). ③ = 스님.

석자(釋子)
석가의 제자. 불자(佛子). 불제자.

석장(錫杖)
중이 짚고 다니는 지팡이. 밑 부분은 상아나 뿔로, 가운데 부분은 나무로 만들며, 탑 모양인 위의 부분에 큰 고리가 있는데, 그 고리에 여러 개의 작은 고리를 달아 소리가 나게 되어 있음.

석전(釋典)
= 불경(佛經).

석정토군의론(釋淨土群疑論)
당나라 회감(懷感)이 지은 정토교 책.

석제환인(釋提桓因)
석은 석가, 제환은 제바에서, 인은 인드라에서 딴 것. 능천주(能天主)라고 함. 도리천의 주인.

석존(釋尊)
'석가 세존'의 준말.

석존제(釋尊祭)
석가 세존의 탄생을 축하하는 의식. 음력 4월 8일에 행함.

석치다(釋-)
절에서 아침저녁으로 예불할 때 종을 치다.

석하다(釋-)
아침저녁으로 부처 앞에 예불을 드리다.

석할지옥(石割地獄)
팔열 지옥(八熱地獄)의 하나. 큰 철산(鐵山)이 양쪽에서 무너져 내려 죄인을 압살한다고 함.

선(禪)
① 삼문(三門)의 하나. 마음을 가다듬고 정신을 통일하여 무아 정적(無我靜寂)의 경지에 몰입하는 일. ② '선종(禪宗)'의 준말. ③ '좌선(坐禪)'의 준말.

선가(禪家)
① 참선하는 중. 선객(禪客). ② 참선하는 집.

선가 오종(善家五宗)
선종의 다섯 종파. 곧, 임제종(臨濟宗)·운문종(雲門宗)·조동종(曹洞宗)·위앙종(潙仰宗)·법안종(法眼宗)·오파(五派).

선객(禪客)
= 선가(禪家).

선견율비바사론(善見律毘婆沙論)
율장 번역서 마갈타국 불음(佛音)이 지음.

선견천(善見天)
사방을 보는 것이 자유 자재로운 하늘.
색계(色界) 제4선천(第四禪天)의 하나.

선계상(宣戒相)
수계제자(受戒弟子)에게 계를 널리 선포 지킬 것을 내려주는 의식.

선과(善果)
좋은 과보(果報). 또는, 착한 일에 대한 갚음. 선보(善報). ↔ 악과(惡果).

선교(善巧)
부처가 교묘한 방법으로 사람에게 이익을 줌.

선교(禪敎)
① 선종(禪宗)과 교종(敎宗). ② 선학(禪學)과 교법(敎法).

선교방편(善巧方便)
부처님이 중생을 제도하는 것이 오묘하고 근기에 맞는 것.

선교양종(禪敎兩宗)
선종(禪宗)과 교종(敎宗)

선궁(禪宮)
= 절.

선근(善根)
① 좋은 과보(果報)를 낳게 하는 착한 일. ② 온갖 선을 낳는 근본. 덕본(德本).

선근마(善根魔)

십마(十魔)의 하나. 자기가 하고 있는 좋은 일에 집착하는 일.

선나다(禪-)
선방에서 참선을 마치고 나오다. ↔ 선들다.

선남(善男)
① 성품이 착한 남자. ② 불법(佛法)에 귀의한 남자. ↔ 선남자. 선녀(善女).

선남선녀(善男善女)
① 착한 남자와 착한 여자. 곧, 착하고 어진 사람들. ② 불법에 귀의한 남녀.

선내다(禪-)
'선나다'의 사역형. ↔ 선들이다.

선녀(善女)
① 성품이 착한 여자. ② 불법에 귀의한 여자. ↔ 선남(善男).

선니(禪尼)
불문(佛門)에 들어간 여자. ↔ 선문(禪門).

선당(禪堂)
참선(參禪)하는 집. 절 안의 왼쪽에 있음.

선대(禪-)
선방에서, 참선을 시작하거나 끝 낼 때 치는 제구. 대쪽으로 부챗살처럼 만들어 치면 찰그락 소리가 남.

선대(禪臺)
선(禪)대를 올려놓는 상. 선상(禪床).

선덕(先德)
진언종(眞言宗)·천태종(天台宗) 등에서, 덕망 있는 죽은 중을 일컫는 말.

선덕(禪德)
선리(禪理)에 조예가 깊어 덕망이 높은 사람.

선덕(禪德) 스님
선원 대중스님들 중에 연세가 많고 덕이 높으신 스님.

선도(禪道)
① 참선(參禪)하는 도. ② = 선종(禪宗).

선들이다(禪-)
'선들다'의 사역형. ↔ 선내다.

선래비구(善來比丘)
당자의 원력이 크고 부처님이 그의 자질을 인정해서 부처님이 "선래, 비구야!"하면 이내 머리카락이 깎여지고 스님이 된다는 비구.

선림(禪林)
① 선종(禪宗)의 사원. ② 선정(禪定)을 닦는 절. 선원(禪院).

선무외(善無畏)
인도의 스님.

선문(禪門)
① = 선종(禪宗). ② = 불가(佛家). ③ 불문(佛門)에 들어간 남자. ↔ 선니(禪尼).

선문염송(禪門염頌) (×선문점송)
고려 고종 때 진각(眞覺)국사가 지은 책.

선미(禪味)
① 참선의 오묘한 맛. ② 탈속(脫俗)한 취미.

선방(禪房)
참선하는 방. 선실(禪室).

선법(禪法)
참선하는 법.

선보(善報)
= 선과(善果).

선본(善本)
좋은 결과를 얻을 수 있는 원인. 곧, 선근 공덕(善根功德). 또는, 일체의 선의 근본.

선부속(禪膚粟) (×선부율)
부속은 추울 때 나타나는 피부의 소름 같은 것.
참선하는 사람의 엄숙한 모습.

선사(禪寺)
선종의 절. 선찰(禪刹).

선사(禪師)
① 선종(禪宗)의 법리(法理)에 통달한 중. ② '중'의 높임말. ③ 조선 시대, 중덕 법계(中德法階)에서 수행을 두 해 더한 중에서 주는 선종의 셋째 법계. ④ [민] 고려 시대, 승려의 한

법계. 선종에서 대선사와 삼중 대사의 사이임.

선상(禪床)
① 설법하는 스님이 올라앉는 법상(法床). ② = 선대(禪臺).

선서(善逝)
잘 저 언덕에 도달한 사람, 지혜의 힘으로 번뇌를 끊고 최후의 결과에 도달한 사람, 훌륭하게 완성한 자를 말한다.

선서(善逝)
[범] Sugata 부처님 10호의 하나. 수가타(須伽陀)라 음역. 호거(好去)·묘왕(妙往)이라고도 번역. 인(因)으로부터 과(果)에 가기를 잘하여 돌아오지 않는다는 뜻. 부처님은 여실히 저 언덕r에 가서 다시 생사해(生死海)에 빠지지 않기 때문에 이렇게 이른다.

선승(禪僧)
① 선종(禪宗)의 중. ② 참선하는 중.

선승당(禪僧堂)
선당(禪堂)과 승당(僧堂).

선신(善神)
사람에게 복을 주는 신.

선실(禪室)
① = 선방(禪房). ② '중'을 높여 이르는 말.

선심(善心)
① 선량한 마음. ② 남에게 베푸는 후한 마음. ③ = 보리심(菩提心). ↔ 악심(惡心).

선악 무기(善惡無記)
모든 것을 선과 악, 그리고 선도 악도 아닌 것의 셋으로 나눈 것.

선악 불이(善惡不二)
선악이 각각 따로 있는 것이 아니고, 평등 무차별한 한 가지 불리(佛理)로 귀착된다는 말.

선악업과위(善惡業果位)
선과 악의 업에 의해 얻은 지위.

선악업보(善惡業報)
선악간에 지은대로 과보를 받게 되는 것.

선업(先業)
① 조상이 남겨 놓은 사업. 선대(先代)의 사업. 전서(前緒). ② 전생(前生)에 지은 선악의 업인(業因). 숙업(宿業).

선업(善業)
좋은 과보(果報)를 얻을 만한 착한 일. 정업(淨業). ↔ 악업(惡業).

선열(禪悅)
선정(禪定)의 경지에 들어선 기쁨.

선열식(禪悅食)
선정(禪定)으로 몸과 마음의 양식을 얻음.

선왕재(善往齋)
죽은 뒤에 극락에 가기 위하여 살아 있을 때에 불전에 공양하는 재.

선원(禪院)
① 선종(禪宗)의 사원(寺院). ② 선정(禪定)을 닦는 도량(道場). 선림(禪林).

선원제전집(禪源諸詮集)
중국의 규봉 종밀(圭峰宗密)이 지은 책. 선문의 제가(諸家)들이 쓴 책의 중요 부분을 모음.

선율(禪律)
① 선종(禪宗)과 율종(律宗). ② 선종의 계율.

선의(禪衣)
선승(禪僧)이 입는 옷.

선인(善因)
선과(善果)를 낳는 원인이 되는 선행(善行). ↔ 악인(惡因).

선인 선과(善因善果)
선업(善業)을 쌓으면 반드시 좋은 과보(果報)가 있음. ↔ 악인 악과(惡因惡果).

선재동자(善財童子)
화엄경 입법계품에 나오는 주인공.

선정(禪定)
참선하여 삼매경에 이르는 것.

선조(仙鳥)
= 가릉빈가.

선종(禪宗)
불교의 한 종파. 이심전심(以心傳心)의 묘법으로 참선(參禪)에 의해 본성을 터득함을 중요시함. 선도(禪道). 선문(禪門). ↔ 교종(敎宗).

선지식(善知識)
① 사람을 불도로 교화·선도하는 덕이 높은 중. 지식(智識). ↔ 악지식(惡知識). ② 진종(眞宗)에서, 염불의 교육을 권하는 사람. 또는, 법주(法主)를 일컬음. ③ 선종(禪宗)에서 사승(師僧)의 존칭.

선찰(禪刹)
= 선사(禪寺).

선탑(禪榻)
참선할 때 앉는 의자.

선학(禪學)
선(禪)에 관한 학문.

선학원(禪學院)
불교의 선리(禪理)를 연구할 목적으로 세운 학원.

선현(禪賢) 스님
포교일선에서 종사하다 선원으로 들어오신 연세 많은 스님.

선화(禪話)
선학(禪學)에 관한 이야기.

선화륜(旋火輪)
불을 쥐고 재빨리 돌릴 때 보이는 화륜(火輪). 이 바퀴 모양으로 나타난 불빛이 실재한 것처럼 보이지마는 실로 그렇지 않기 때문에 이것으로써 일체 사법(事法)이 가상(假想)임을 비유함.

선회(禪會)
참선을 하는 모임.

설경(說經)
① 경전을 해설하는 것. ② [민] 조선 시대에 경(經)을 설명하던 경연청(經筵廳)의 정 8품 벼슬.

설계(設戒)
계율(戒律)을 설명하여 들려주는 것.

설교사(說敎師)
경전을 해설하여 설법하는 사람.

설근(舌根)

5근(根)의 하나. 설식(舌識)으로 하여금 맛을 알게 하는 기관(器官). 곧 혀를 말함. 맛을 알고 말을 하는 근본이므로 근(根)이라 함.

설명기도(說明祈禱)

㉠ 법회나 기도 행사 때에 말이나 글로써 법신불 전에 감사·사죄·기원 등을 올리고 맹세하는 것 같이 참석한 대중이 잘 듣고 감동을 받아 스스로 큰 각성이 생길 수 있는 내용의 글이나 말로써 법신불게 기원을 올리는 것이다.

설무구칭경(說無垢稱經)

유마경의 다른 명칭.

설법(說法)

불교의 교의(敎義)를 풀어 밝히는 것. 담의(談義).

설법인(說法印)

설법할 때 나타내는 수인(手印) 전법륜인(轉法輪印)이라고도 함.

설산(雪山)

[범] Himavat 인도의 북쪽에 뻗은 큰 산. 산꼭대기에 언제나 눈이 있으므로 이렇게 이름. 히말라야 산의 옛 이름.

설산 대사(雪山大士)

'석가'를 높이어 이르는 말.

설산 동자(雪山童子)

① 설산에서 고행을 하던 때의 석가. ② 태자의 신분을 버리고 히말라야산에 들어가 수도하던 시절의 부처님.

설산 성도(雪山成道)

석가가 설산에서 수행(修行)하여 도를 깨닫고 성도(成道)한 일.

설산 수도(雪山修道)

석가가 전세(前世)에 설산에서 행한 수도(修道).

설판(設辦)

신도·승려가 한 법회(法會)의 모든 비용을 마련하는 일.

설판 재자(設辦齋者)

한 법회의 모든 비용을 마련하여 내는 사람.

섭대승론(攝大乘論)
인도의 무착(無着) 스님이 지은 책.

섭말귀본법륜(攝末歸本法輪)
지말적인 법문으로부터 시작하여 근본법륜을 굴림.

섭법신원(攝法身願)
스스로 법신을 얻겠다고 세운 서원.

섭선법계(攝善法戒)
보살이 온갖 선을 닦는 것.

섭수(攝受)
① 관대한 마음으로 남을 받아들이는 것. ② 부처가 자비심으로 일체 중생을 두둔하고 보호하는 것. 호념(護念). ↔ 절복(折伏).

섭심(攝心)
마음을 가다듬어 흩어 지지 않게 하는 것.

섭율의계(攝律儀戒)
대승보살이 행위와 언행을 가다듬어 선행을 하는 계.

섭중(攝衆)
중생을 거두어 보호하는 것.

섭중생계(攝衆生戒)
[범] Sattvarthjakriyasilam 3취정계의 하나. 또 요익유정계(饒益有情戒)라고도 함. 대승보살이 대자비심으로써 중생을 교화하는 것.

섭중생원(攝衆生願)
이중생원(利衆生願)이라고도 한다. 모든 부처님이 보살 때 세운 본원 중에, 중생을 이익케 하고 구제하려는 데 속한 본원. 아미타불의 48원에서 제12·13·17·31·32의 5원을 제하고, 다른 43원은 모두 섭중생원.

섭취(攝取)
① 영양이 되는 물질을 몸 안에 받아들이는 것. ② (긍정적 요소를) 받아들이는 것. ③ 부처가 자비의 광명(光明)으로써 중생을 제도하는 것.

섭화(攝化)
중생을 거두어 보호하여 교화하는 것.

섭화수연(攝化隨緣)
부처님께서 중생의 기연(機緣)을 따

라 여러 가지 수단으로 중생을 섭수하여 교화함.

섭화이생(攝化利生)
중생을 섭화하여 이익하게 함.

성겁(成劫)
4겁(四劫)의 하나. 세계가 생기고 인류가 번식하는 시기.

성공(性空)
모든 사물의 근본이 원래는 공허하다는 말.

성공(聖供)
부처에게 음식을 바치는 일.

성관세음(聖觀世音)
육관음(六觀音)·칠관음(七觀音)의 하나. 본래의 모습의 관음. 보관(寶冠)에 아미타불의 화불(化佛)을 달고, 왼손에 연꽃을 들고 있는 모습 등으로 나타냄.

성관음(聖觀音)
'성관세음'의 준말.

성교(聖敎)
① 책봉할 때 내리던 임금의 교명(敎命). ② 성인의 가르침. ③ = 카톨릭교. ④ 석가 소설(釋迦所說)의 교법. 또는, 그 밖의 성자의 불교 전적(典籍). ⑤ = 불교.

성도(成道)
① 도를 닦아 이루는 것. ② 학문의 참뜻을 깊이 체득하게 하는 일. ③ 깨달아 불타(佛陀)가 되는 일. 특히, 석존(釋尊)이 음력 섣달 초 여드렛날 보리수 아래서 큰 도를 이룬 일.

성도(聖道)
① 성도의 길. ② = 성도문.

성도문(聖道門)
정토교(淨土敎)에서 가르치는, 깨달음을 얻는 방편의 하나. 곧, 이 세상에서 자력(自力)으로 성자(聖者)가 됨으로써 깨달음을 얻는 것을 말함. 성도(聖道).

성문(聲聞) sravakas
① 부처의 설법을 듣고 사제(四諦)의 이치를 깨달아 아라한(阿羅漢)이 된 불제자. ② = 명성(名聲). ③ = 소문.

성문승(聲聞乘)
삼승(三乘)의 하나. 부처의 설법을 듣고 아라한(阿羅漢)의 깨달음을 얻게 하는 교법.

성불(成佛)
① 모든 번뇌를 끊고 해탈하여 불과(佛果)를 얻는 것. 부처가 되는 것. 득불. 성불도(成佛道). ② 사람이 죽음을 이르는 말.

성불도(成佛道)
= 성불.

성상(性相)
만물의 본성(本性)과 현상(現相).

성소 작지(成所作智)
사지(四智)의 하나. 도를 닦아 얻은 지혜.

성유식론(成唯識論)
당나라 현장 스님이 번역한 책.

성자(聖者)
① = 성인. ② 모든 번뇌를 끊고 정리(正理)를 깨달은 사람. ③ [민] 거룩한 신도나 순교자를 일컫는 말. 세인트(saint).

성자(聖者)
⑳ ① 일원상의 진리를 깨치고, 삼학 수행으로 삼대력을 얻어, 일체중생을 교화하는 불보살, 곧 성인(聖人). ② 종교상의 뛰어난 수행을 쌓고 덕행을 베푸는 사람. 천만 번뇌를 끊고 마음의 평화를 얻은 사람. ③ 거룩한 신도나 순교자.

성자 필쇠(盛者必衰)
융성하던 것도 결국 쇠퇴해짐.

성정이문(聖淨二門)
정토사상 중 성도문(聖道門)과 정토문(淨土門).
스스로 노력해 성불하는 법이 성도문, 아미타불을 염불하여 정토에 왕생하는 법이 정토문.

성종(性宗)
↔ 상종(相宗). 현상 차별의 세계를 초월하여, 만유 제법의 진실한 체성을 논하는 종지(宗旨).

성종(聖鐘)
① 성자의 종성(種性)이란 뜻. 불도

에 들어가 계·정▼혜 3학을 닦는 이.
② 성자되는 행법. 현재의 의복·음식·와구(臥具)에 만족하며, 악을 끊고 선을 닦기를 좋아하는 이.

성주괴공(成住壞空)
㉻ 우주의 진화·순환·변천하는 과정을 시간적으로 네 단계로 분류해서 설명하는 말. 우주 대자연을 불변하는 입장에서 보면 불생불멸이요, 상주불멸이지만, 변하는 입장에서 보면 잠시도 쉬지 않고 순간순간 전변 무상한 것이다.

성중(聖衆)
극락세계에 있는 모든 보살.

성찬(聖餐)
① 부처 앞에 올렸던 음식. ② [민] 성찬식때 쓰는 음식.

성화(聖花)
불전(佛典)에 바치는 꽃.

세간(世間)
① = 세상. ② 중생이 서로 의지하며 사는 세상.

세간해(世間解)
세간 출세간의 온갖 일을 다 한다는 뜻, 즉 세상을 완전히 이해한 자를 말한다.

세계(世界)
[범] Lokadhatu 로가타도(路迦馱覩)라 음역. ① 세는 천류(遷流) 또는 파괴의 뜻. 계는 방분(方分)의 뜻. 시간적으로 과거·현재·미래의 3세를 통하여 변화하고 파괴되며, 한편 공간적으로 피차·동서의 방분이 정해 있어 서로 뒤섞이지 않음을 말함. 보통으로는 생물들이 의지하여 사는 국토. ② 세는 격별(隔別), 계는 종족(種族)의 뜻. 각각 다른 종류가 차별하여 서로 같지 않음을 통틀어 말함.

세계기시(世界起始)
불교의 우주 개벽론.

세법(世法)
속세(俗世)의 법. ↔ 불법(佛法).

세존(世尊)
'석가 세존'의 준말.

세지(世智)

세속지(世俗智)·세간지(世間智)라고도 함. 세간 일반의 지혜.

소(疏)

① 임금에게 올리는 글. ② 죽은 사람을 위하여 부처 앞에 명부에 적는 글. ③ 경(經)·론(論)을 주해한 것.

소겁(小劫)

사람 목숨 8만 세에서부터 100년마다 1세씩 줄어들어 10세에 이르기까지의 동안을 감겁(減劫)이라 하고, 10세로부터 100년마다 1세씩 늘어 8만세에 이르기까지의 동안을 증겁(增劫)이라 하니, <구사론>에서는 1증겁과 1감겁을 합하여 1소겁이라 함.

소마(蘇摩)

[범] Soma의 음역. ① 라마과(蘿摩科) 식물. 데칸고원과 미얀마에 남. 줄기에는 마디가 있고, 꽃은 작으며, 흰색에 옅은 녹색이 섞이다. 길이 3~4촌의 열매를 맺으며, 속에 타원형의 작은 씨가 있다. ② 인도 고대신화에 나오는 달의 신 찬드라(Candra)를 불교에서 부르는 이름. 소마제바라고도 한다. 달(月)과 달빛을 의미함. ③ 인도에서 예로부터 제사에 쓰던 술. '소마'라는 풀의 즙에서 우유와 밀가루를 섞어 발효하여 만든다. ④ 소마를 신격화한 주신(酒神). 병을 고쳐 주고 수명을 연장해주며 용기를 준다고 한다.

소만(小滿)

[만물이 점차로 생장하여 가득 찬다는 뜻] 24절기의 하나. 양력 5월 21일경.

소목(燒木)

① 대궐에서 쓰던 잘게 쪼갠 참나무 장작. ② 화장(火葬)에 쓰는 나무.

소바하(蘇波訶)

[범] Svaha [사바하]라 읽음. 사바하(娑婆訶)·살바하(薩婆訶)·사박하(莎縛訶)·소화하(蘇和訶)라고도 하며, 성취(成就)·길상(吉祥)·원적(圓寂)·식재(息災)·증익(增益)·무주(無主)·억념지(憶念持) 등이라 번역. 밀교에서 다라니 끝에 붙여 부르는 말. 좋은 공물(供物)이란 뜻으로 원래는 신(神)에게 물(物)을 올릴 때 인사말로 쓰던 것.

소사미(小沙彌)

젊은 사미.

소상(塑像) (×삭상)
흙으로 만든 불상.

소생지(所生支)
12지 중 애(愛)·취(取)·유(有)를 능생지라 함에 대하여, 생(生)·노사(老死)를 이렇게 말함.

소서(小暑)
24절기의 열한째. 양력 7월 7일경. 이 때부터 본격적인 더위가 시작됨. ▷ 대서(大暑).

소설(小雪)
24절기의 스무째. 양력 11월 22, 23일경임. 이 때의 태양의 황경(黃經)은 240°가 됨. ▷ 대설(大雪).

소소영령(昭昭靈靈)
㉘ 소스(昭昭)는 매우 밝고 밝은 모양을 나타내고, 영령(靈靈)은 마음 작용의 영묘불가사의 힘을 나타낸다. 소소영령은 우리의 본래성품의 작용을 형용하는 말로서, 사리가 훤히 밝게 드러나서 매우 신령스러운 조화를 나타낸다는 말.

소승(小乘) hinayana
후기 불교의 2대 유파의 하나. 수행을 통한 개인의 해탈을 가르치는 교법. 석가(釋迦)가 열반한 후 여러 갈래의 불교가 전개된 중에서 보살(菩薩)의 도(道)를 설법하는 한 파가 일어나 스스로 대승(大乘)이라 칭하며, 자기 득탈(得脫)을 주로 하는 성문(聲聞)·연각(緣覺)의 가르침을 소승(小乘)이라고 얕잡아 부른 것에서 유래하는 말. ↔ 대승(大乘).

소승(少僧)
중이 자기를 낮추어 이르는 말. 젊은 중. ↔ 노승(老僧).

소승경(小乘經)
소승 불교의 경전. 사아함경(四阿含經)을 위시하여 인연 본생(因緣本生) 등을 설명하는 모든 원시 경전(原始經典)을 이름. ↔ 대승경(大乘經).

소승 불교(小乘佛敎)
소승을 주지(主旨)로 하는 교파의 총칭. 인도·스리랑카·미얀마·타이 등에 전하여져 있으며, 우리나라에는 대승 불교가 전래되기 이전에 전래하였음. ↔ 대승 불교.

소승종(小乘宗)
우리나라에 대승 불교가 들어오기 전에 먼저 온 소승파 불교.

소연(所緣)
↔ 능연. 마음으로 인식하는 대상. 6식의 대상으로 인식되는 6경(境)과 같은 것.

소연박(所緣縛)
2박의 하나. 소연은 삼식(三識)에 인식되는 객관 대상. 심식이 객관 대상 때문에 그 작용이 국한되어 속박됨을 말함. 안식(眼識)은 색만 인식하는 것이고, 그 위의 성(聲)·향(香) 등을 대경으로 하지 못함과 같음을 말함.

소예참(小禮懺)
부처 앞에 절을 간단히 올리는 예배.

소정천(少淨天)
[범] Parittasubha-deva 색계 18천의 제7. 3선천(禪天)의 제1천. 파율다수바(波栗多首婆)라 음역. 이 하늘의 의식은 즐겁고 청정하다는 뜻으로 정(淨)이라 하고, 제3선천 중에서 가장 저열한 탓으로 소(少)라 함. 키 : 16 유순, 목숨 : 16겁.

소지(掃地) 스님
선원밖에 청소를 담당하는 스님.

소천세계(小千世界)
불교의 한 세계관. 욕계(慾界)로 이루어진 일세계(一世界)를 천 개 모은 것으로, 수미산(須彌山)을 중심으로 하여 이루어진 한 세계.

소한(小寒)
24절기의 스물셋째. 태양의 황경(黃經)이 285°에 도달했을 때, 양력 1월 6일경으로 연중 가장 추운 때임.

속(俗)
① ↔ 승(僧). ② 출세간에 대하여 세간을 말함. ③ 시대의 풍습. 토지의 습관 등. ④ 세간, 범부, 보통의 뜻.

속객(俗客)
① 속세에서 온 손. ② 아담한 멋이 없는 사람을 약간 흘하게 이르는 말.

속고승전(續高僧傳)

당나라 도선(道宣)이 지은 책. 명승들의 기록임.

속명(俗名)
① 본명·학명 외에 통속적으로 부르는 이름. ② 중의 출가하기 전의 이름. ③ 속된 명성.

속성(俗姓)
불이되기 전의 성.

속아(俗我)
↔ 진아(眞我). 가아(假我)라고도 함. 세속에서 '나(我)'라 일컫는 것은 5온이 가(假)로 화합한 것에 불과한 것이므로 '나'라고 할 진체(眞體)가 없지만, 가(假)로 '나'라는 이름을 붙인 것. 곧 세속에서 말하는 나(我).

속연(俗緣)
① 속세와의 인연. ② 중이 출가하기 전의 친척이나 연고자.

속제(俗諦)
속세의 실상에 따라 알기 쉽게 설명한 진리. 자타(自他)의 차별이 있는 현실 생활의 이치. 세제(世諦). ↔ 진제.

손말사(孫末寺)
말사에 속하여 본사(本寺)의 지배를 간접으로 받는 작은 절.

손제자(孫弟子)
제자의 제자.

솔성(率性)
㉣ ① 사람의 본성을 회복하여 일상생활 속에서 잘 활용하는 것. 사람의 본성. ② 천도(天道)에 순응하고 나아가 천도를 자유자재로 활용하는 것.

솔도파(率堵婆率堵婆) stupa
① 부처의 사리를 모시거나 절을 장엄하게 하기 위하여, 또는 묘표(墓表)나 공양(供養) 따위를 위하여 쌓은탑. 판도파(板堵婆). ② 후세에 공양하기 위하여 묘의 뒤에 세우는, 꼭대기가 탑 모양으로 된 긴 널판. 범자(梵字)나 경문(經文)을 기입했음. 탑파(塔婆).

송(頌)
범어 가타(伽陀)의 번역. 경·논 중에 시(詩) 형식으로 부처님 덕을 찬미하거나, 교법의 이치를 말한 글. 보통은 게송이라 한다.

송경(誦經)
① 점치는 소경이 경문을 외는 것.
② 불경을 외는 것.

송낙(松낙)
송라로 짚주저리 모양으로 만든, 여승(女僧)이 쓰는 모자. 송라립(松蘿笠).

송추(誦추)
주리반특가의 별명. 비구가 되었으나 기억력이 없어서 부처님께서 '비로 쓸어'란 말을 외우라고 했다. 그러나 백날 동안을 외워도 '비로'를 외우면 '쓸어'를 잊고, '쓸어'를 외우면 '비로'를 잊었다고 해서 이렇게 이른다.

쇄쇄낙낙(灑灑落落) (×여여낙낙)
사물에 구속되지 않는 모습.

쇠상(衰相)
쇠하여진 모양.

수(受)
[범] Vedana ① 정신 작용의 하나. 구사(俱舍)에서는 10대지법(十大地法)의 하나. 유식(唯識)에서는 5변행(五變行)의 하나. 곧 감각을 말함. 바깥 경계를 마음에 받아들이는 정신 작용. 이에 고수(苦受)·낙수(樂受)·사수(捨受)가 있다. ② 12연기의 하나. 수지(受支)를 말함.

수계(受戒)
부처의 가르침을 받드는 자가 반드시 지켜야 할 계율을 받는 것.

수계(授戒)
처음으로 불문(佛門)에 들어온 사람에게 계율을 주는 것.

수계건도(受戒犍度)
수계하는 법.

수계법회(受戒法會)
부처님의 가르친 도리의 원칙을 전수하는 법회로 5계, 10계, 48계, 250계, 5백계 등 삼천세위의(三千細威儀)와 팔만세행(八萬細行)이다.

수계의식(受戒儀式)
일정기간동안 신도와 승려로서의 교양을 갖춘 뒤에 3사(師: 戒師. 作法師. 敎授師) 7증(證)이 있는 자리에서 수계식(득도식).

수계자 발원(發願)

부처님전에 삼귀의를 다짐하고 오계를 받은 고 공덕으로 삼악도와 팔난에 떨어지지 않고, 부처님의 일을 성취하고 이 공덕을 법계의 일체 중생에게 베풀어서 모두 보리심을 일으키고, 이 땅 위에는 정토를 이루게 하여 영원한 자유를 몸으로 실현하고 자비를 생명으로 생명의 실상을 보아 평등 평화 행복으로 다 함께 생사에서 해탈케 하여지겠다는 염원.

수관(受灌)

관정(灌頂)을 받는 것.

수구(水口)

① 물을 들이거나 흘려 내보내는 곳. ② [민] 풍수지리에서, '득(得)'이 흘러간 곳.

수기(授記)

부처님께서 제자들에게 미래에 최고의 깨달음을 얻어 부처가 될 것이라고 예언, 약속하는 것. 부처님이 수행자에게 성불의 약속을 주는 것.

수기설(授記說)

[범] Vyakarana 12부경(十二部經)의 하나. 수기는 범어로 화가라(和伽羅)라 하니, 부처님께서 보살·2승 등에게 다음 세상에 성불하리란 것을 낱낱이 예언하는 교설(敎說). 수기(授記)와 같은 의미.

수능엄경(首愣嚴經)

경전 이름.

수다원(須陀洹) (×수타환)

소승 성문의 네 가지 수행과(修行果) 중의 하나. 무루의 도에 처음 들어간 계위.

수달(須達)

[범] Sudatta 부처님과 같은 때 사위성에 살던 부호(富豪). 기원정사를 지어 부처님께 드린 사람. 수달다(須達多)·소달다(蘇達多)라고도 음역. 선시(善施)·선수(善授)·선온(善溫) 등이라 번역. 또 가난한 이에게 혜시(惠施)하므로 급고독(給孤獨)이라고도 함. 바사닉 왕의 주장리(主藏吏).

수대(水大)

지대(地大)·풍대(風大)·화대(火大)화 더불어, 만물을 구성하는 요소인 사대(四大)의 하나. 습성(濕性)으로 물질을 섭인(攝引)하는 기능이 있음.

수도(修道)
① 도를 닦는 것. ② 삼도(三道)의 하나. 수행을 함에 있어서, 견도(見道)의 다음으로 온갖 지적(智的)인 미혹을 벗어난 단계.

수도승(修道僧)
도(道)를 닦는 중.

수두(水頭) 스님
대중스님들의 세면장을 책임지는 스님.

수라(修羅)
① '아수라(阿修羅)'의 준말. ② 싸움을 잘하는 용맹한 귀신의 이름.

수라장(修羅場)
① 아수라왕(阿修羅王)이 제석천(帝釋天)과 싸운 마당. ② 싸움이나 기타의 이유로 혼란에 빠진 곳. 또는, 그러한 상태.

수련법회
어떠한 불교적 방법을 통하든지 일정기간동안 수련 일을 정하고 정신수양과 육체단련을 하는 법회.

수로가(首盧迦)
[범] Sloka 범어의 게송(偈頌). 곧 운문(韻文)의 일종. 또 경·논의 글자수를 계산하는 단위의 이름. 32자를 1수로가라고 하여 삼천송(三千頌)·일만송(一萬頌) 등이라 말함.

수륙재(水陸齋)
① 바다와 육지의 여러 귀신을 위하여 올리는 재(齋). 수륙회(水陸會). ② 물이나 육지에 있는 외로운 귀신들과 배고파 굶주리는 아귀들게 법식(法食)을 베푸는 법회이다.

수륙재의(水陸齋儀)
수륙재 지내는 절차.

수륜(水輪)
[범] 3륜(三輪)의 하나. 땅 밑에 있어 대지를 받치고 있는 물. 풍륜 위에 있으며 깊이는 11억 2만 유순. 넓이는 지름 12억 3천 4백 5십 유순 둘레는 36억 1만 3백 5십 유순이라 함.

수미단(須彌壇)
① 법당 정면 부처님을 모신 단.

② 절의 불전(佛殿) 안에 부처를 모셔 두는 단. 수미산을 본뜬 것이라고 함. 사각·팔각·원형 등의 모양이 있음. 수미좌.

수마(睡魔)
못견디게 밀려오는 졸음을 마(魔)의 힘에 비유하여 일컫은 말.

수마제(須摩提)
[범] Sukavati ① 안락국(安樂國)·극락(極樂)이라 번역. 아미타불이 계시는 청정한 국토 ② 인도 사위성의 수달 장자 딸 수마가디(Sumagadhi). 수마제(須摩提)·삼마갈(三摩竭)이라 음역하고 선무독(善無毒)·선현(善賢)이라 번역.

수면(睡眠)
[범] Middha 심소(心所)의 이름. 부정지법(不定地法)의 하나. 마음을 암매(闇昧)케 하는 정신 작용. 의식이 깊이 잠자는 것을 수(睡), 5식(識)이 캄캄하여 작용하지 않는 것을 면(眠)이라 함.

수미산(須彌山)
불교의 우주관에 있어서 세계의 중앙에 솟아 있다는 산. 높이는 8만 유순(由旬)으로 꼭대기 궁전에는 제석천(帝釋天)이, 중턱에는 사왕천이 삶. 이 주위에는 동심원 모양으로 일곱 겹의 산이 있고, 그 바깥쪽에 동서남북에 승신(勝身)·섬부(贍部)·우화(牛貨)·구로(俱盧)의 네 주(州)가 있으며, 섬부주(贍部州)가 사람들이 사는 세계에 해당한다고 함. = 수미(須彌).

수발타라(須跋陀羅)
[범] Suvhadra 부처님 제자 중의 한 사람. 선현(善賢)이라 번역. 부처님께서 입멸하려 하실 때 의심나는 것을 묻고, 부처님보다 먼저 죽었다 함. 부처님의 일생 중에 마지막에 교화한 제자.

수범수제(隨犯隨制)
죄를 지을 때마다 계율을 정함.

수법행(隨法行)
법에 따라 수행함.

수보리(須菩提) (×수보제)
부처님 10대제자 가운데 한 분.

수사(首寺)

도(道)나 군(郡) 안에서 첫째가는 절. 수찰(首刹).

수색마니(隨色摩尼)
마니보주(摩尼寶珠). 이 보주는 본질이 투명(透明)하여 별다른 색이 없고, 물에 던지면 물색을 따르고, 푸른데 있으면 푸른 것을 비치므로 이렇게 이름.

수습지관좌선법요(修習止觀坐禪法要)
중국의 천태대사 지의(智顗)가 지은 책. 지(止)와 관(觀)과 좌선하는 방법의 요결(要決)을 기록함.
"좌선법 요" 또는 "소- 지관"이라고도 함.

수승 화강(水昇火降)
㋎ 좌선을 할 때, 몸의 물기운을 위로 오르게 하고, 불기운을 아래로 내리게 하는 것.

수심결(修心訣)
보조국사 지눌이 지은 책. 마음 닦는데 필요한 것들을 모음.

수연(隨緣)
↔ 불변(不變). 물이 바람이라 연(緣)을 따라 물결이 일어남과 같이 다른 영향을 받아 동작함.

수연진여(隨與眞如)
인연 따라 나타나는 진여.

수연진여(隨緣眞如)
인연에 따라서 생멸이 끊임없는 현상. 진여가 마후와 깨달음의 연에 의해 차별대립이 있는 제 현상을 나타내는 방변을 이름 하여 말함.
진여는 분변 부종한 것이나 마치 몽이 외연(外緣)인 바람에 의하여 물결이 일어남과 같이 외부의 무명인연에 응하여 삼라만상을 내고 또 물결이 물의 성질을 잃지 아니함과 같이 외연에 의하여 만법을 내는 부분에서 진여를 수연이라 함. 불변진여(不變眞如)의 반대.

수연진여지파(隨緣眞如之波)
불변진여(不變眞如)를 물에 비유하고 또한 수연진여(隨緣眞如)를 물결에 비유한 것.

수온(受蘊)
5온의 하나. 수(受)는 받아들인다는

뜻. 고(苦)·낙(樂)·사(捨)를 감수(感受)하는 정신 작용. 6식(識)과 6(境)이 접촉함에 의하여 생기는 6수(受)의 무더기.

수용신(受用身)
삼신(三身)의 하나. 2가지가 있다. 1. 자수용신(自受用身). 다른 보살이 보고 들을 수 없는 불신으로서 자기가 얻은 법락(法樂)을 자기만이 즐겨하는 몸. 2. 타수용신(他受用身). 10지(地)에서 초지(初地) 이상의 보살이 볼 수 있고, 자기가 받는 법락을 다른 보살에게도 주는 불신. 이를 법신·용신·화신의 3종신에 배당하여 자수용신을 법신. 타수용신을 응신이라 한다.

수용토 (受用土)
부처님이 수행하여 그 결과로 얻은 국토 자수용토(自受用土)와 타수용토(他受用土)가 있다.

자수용 토 : 자기만을 위한 원을 닦아 얻은 국토

타수용 토 : 타인을 위해 세운 원으로 얻은 국토

수유(須臾) (×순유)
잠시 동안.

수인(修因)
선악(善惡)의 인(因)을 닦는 것.

수인 감과(修因感果)
선악의 인(因)을 행함에 따라서 즐겁고 괴로운 과보(果報)를 느낌.

수자상(壽者相)
4상(四相)의 하나. 우리는 선천적으로 길든 짧든 간에 일정한 목숨을 받았다고 생각함.

수자실교(隨自實敎)
부처님께서 자신이 증득(證得)한 내용을 따라 가르친 내용.

수자외도(壽者外道)
중생뿐만 아니고 돌·나무 따위도 수명이 있다고 주장하는 외도의 일파.

수자의삼매(隨自意三昧)
자신이 생각나는 대로 좇아 수행하여 얻는 삼매.

수적(垂迹)
부처나 보살이 중생을 구제하기 위하여 신의 모습으로 환생(幻生)하는 일.

수제공덕원(修諸功德願)

아미타불 48대원(大願) 중 19원 반드시 6바라밀을 닦아 임종할 때 성중(聖衆)과 함께 정토로 가겠다는 원(願).

수좌(首座)

선종의 승당에서 한 대중의 우두머리 되는 사람을 일컫는다. 제일좌(弟一座)·좌원(座元)·선두(禪頭)·수중(首衆) 등이라고도 함. 우리나라에서는 선원에서 참선하는 스님네를 수좌라 함.

수주(數珠)

또는 염주(念珠). 불·보살께 예배할 때 손목에 걸거나 손으로 돌리는 법구(法具)의 하나. 또 염불하는 수를 세는 데 쓰기도 함. 108개로 한 것은 108번뇌 끊음을 표한 한 것. 절반인 54개로 한 것은 보살 수행의 계위(階位)인 4선근 10신·10주·10행·10회향·10지를 나타내고, 또 잘반인 27개로 함은 소승은 27현성(賢聖)을 표시한다고 하는 것이 일반의 말.

수주공덕경(數珠功德經)

다라니 또는 부처님을 외는 공덕이 큼을 적은 경전. "염주를 헤아리는 공덕"을 나타낸 경전.

수지(受持)

경전(經典)을 받아 항상 잊지 않고 머리에 새겨 가지는 것.

수찰(首刹)

= 수사(首寺).

수천(水天)

[범] Varuna 박로나(縛魯拏)·바루나(婆樓那)라 음역. 물의 신이라 번역. 물에 자유자재한 힘이 있는 신(神). 수신이므로 서방에 속하여 서방을 수호하는 천(天)이 되다. 태장계 만다라 외금강부원의 서문(西門) 곁에 그려짐. 형상은 옅은 녹색으로 거북을 타고, 오른손에 칼을 쥐고 왼손에 용삭(龍索)을 가졌다. 관(冠) 위에는 오룡(五龍)이 있다.

수행(修行)

① 행실·학문·기예 등을 닦음. ② 계율을 지키거나 깨달음을 얻기 위하여 특정한 종교적 행위를 행하고, 부처의 가르침을 실천함. 불도(佛道)에

힘씀. ③ 생리적 욕구를 금하고 정신 및 육체를 훈련함으로써, 정신의 정화나 신적(神的) 존재와의 합일을 얻으려고 하는 종교적 행위.

수행자(修行者)
불도를 닦는 사람.

수혜(修慧)
삼혜(三慧)의 하나. 선정을 닦아 얻는 지혜. 수습(修習)하여 얻는 바른 지혜.

수혹(修惑)
이혹(二惑)의 하나. 또는 사혹(思惑). 세간 사물의 진상을 알지 못하는 데서 생기는 번뇌. 혹(惑)은 곧 번뇌.

수희(隨喜)
마음으로 귀의(歸依)하여 참기쁨을 느끼는 것.

수희공덕(隨喜功德)
다른 사람이 잘 한 일을 내가 잘 한 것처럼, 다른 사람의 좋은 일을 나의 좋은 일처럼 같이 따라서 좋아하고 기뻐하는 공덕. 대개 다른 사람의 좋은 일이나 잘한 일에 대해서 시기 질투나 비난을 하기 쉽다. 수희공덕을 쌓음은 내가 직접 잘한 것처럼 그 공덕이 크다고 한다.

숙두(熟頭)
반찬을 장만하는 사람.

숙명력(宿命力)
부처님만이 가진 십력(十力)의 하나. 중생들의 전생을 꿰뚫어 보는 부처님 지혜 힘. 그 범위는 일세(一世)로부터 천만세(千萬世)의 전생을 아신다 함.

숙명통(宿命通)
6통(六通)의 하나. 또는 숙명지통(宿命智通). 지난 세상의 생애, 곧 전세의 일을 잘 아는 신통력. 통력의 크고 잡음에 따라 일세(一世)·이세(二世), 또는 천만 세(千萬世)를 아는 차이가 있다.

숙사(叔師)
= 사숙(師叔).

숙선개발(宿善開發)
지난 세상에 지은 선을 드러냄.

숙세(宿世)

= 전생(前生).

숙업(宿業)
숙세(宿世)의 인업(因業). 선업(先業).

숙연(宿緣)
지난 세상에 맺은 인연.

숙인(宿因)
= 숙연(宿緣).

숙작외도(宿作外道)
현재 받는 고락은 다 전세에 이미 결정된 것이라고 주장하는 외도.

숙죄(宿罪)
① 전생(前生)에 지은 죄. ② [민] 오래 전부터 내려오는 죄라는 뜻으로 '원죄(原罪)'를 이르는 말.

숙주생사지력(宿住生死智力)
부처님만이 가진 십력(十力)의 하나. 중생들의 나고 죽을 때와 아울러 지난 세상의 일을 아는 지혜 힘.

숙주수념지력(宿住隨念智力)
부처님께만 있는 십력(十力)의 하나. 지난 세상의 일을 기억함에 따라 다 아는 지혜.

숙주지증명(宿住智證明)
Purva-nivasa-anusmrti-jnana-vidya 3명·6통(三明·六通)의 하나. 구족하게는 숙주수념지작증명(宿住隨念智作證明). 줄여서는 숙명명(宿命明). 자신이나 타인의 과거 세상의 살던 곳. 종성(種姓) 등을 아는 지혜.

순결택분(順決擇分)
[범] Nirvedhabhagiya 4선근위(四善根位). 결택분인 견도(見道)의 무루지(無漏智)에 순하여 무루지를 내게 하는 지위. 번뇌가 없는 세계의 통달로 방향 지어진 계위(階位).

순경(順境)
마음먹은 일이 뜻대로 되어가는 경우. 또는 순조로운 환경. 역경(逆境)에 상대되는 말로서 수행에 방해로운 경계가 없고, 모든 일이 수행이 잘 되도록 도와주는 경계.

순고수업(順苦受業)
삼수업(三受業)의 하나.
욕계(欲界)에서 짓는 악업(惡業)에

의해 고(苦)를 받는 것.
순:락 수 업(順樂受業), 순:불고불락수 업(順不苦不樂受業)등은 같은 맥락에서 읽으면 된다.

순례법회(巡禮法會)
성지를 순례하면서 선조들의 유품을 관광하므로서 신앙심을 기르고 정진을 꾀하는 법회.

순류(順流)
① 물이 아래로 흐르는 것. ② 물이 흐르는 쪽으로 좇는 것. ③ 번뇌 생사의 흐름을 다라 열반의 깨달음으로부터 차차 멀어지는 것. ↔ 역류(逆流).

순무루상속(純無漏相續)
번뇌 없는 순수한 마음이 계속됨.

순생보(順生報)
삼보(三寶)의 하나. 현세(現世)에서 지은 선악의 행동에 따라 내세에서 받는 그 과보(果報). 순생업(順生業).

순생업(順生業)
= 순생보(順生報).

순석(巡錫)
중이 석장(錫杖)을 짚고 돌아다닌다는 뜻으로, 중이 각지를 돌아다니며 수행(修行)·교도(敎導)하는 일.

순세외도(順世外道)
[범] Lokayata 인도의 한 학파. 노가야다(路歌夜多)라 음역. 기원(起源)은 늦어도 6세기 이전. 보통으로 차르바카(Carvaka)라 함은 이 학파의 시조의 이름인 듯. 지(地)·수(水)·화(火)·풍(風) 4원소의 존재만을 인정하고, 정신을 부정하여 오로지 육체적 욕망만을 만족함으로써 목적을 삼는 극단적인 쾌락주의의 일파.

순역(順逆)
① 순종과 거역. ② 순리(順理)와 역리(逆理). ③ 순연(順緣)과 역연(逆緣).

순연(順緣)
① 늙은 사람부터 차례로 죽는 일. ② 착한 일이 인연이 되어 불교 신자가 되는 일. ↔ 역연(逆緣).

순정이론(順正理論)
"아비달마 순:정 이론"의 준말.

순차업(順次業)

삼시업(三時業)의 하나. 순차수업(順次受業)이라고도 한다. 현세에서 업을 지어 다음 세상에서 그 과보를 받음.

순해탈분(順解脫分)

[범] Moksabhagiya 3현위(賢位)를 말함. 해탈은 열반, 분은 인(因)이란 뜻. 3승의 3현위는 열반에 순응하여 해탈하기 위한 인(因)이 된다는 뜻으로 이렇게 말함. 유식(唯識)에서 말하는 5위(位)의 자량위(資糧位)에 해당.

순현보(順現報)

삼보(三寶)의 하나. 현세에서 지어 현세에서 받는 선악에 대한 과보. 순현업(順現業).

순현업(順現業)

= 순현보(順現報).

순후보(順後報)

삼보(三寶)의 하나. 현세에서 지은 선악에 대하여 삼생(三生) 이후에 받는 과보. 순후업(順後業).

순후업(順後業)

= 순후보(順後報).

술몽쇄언(述夢瑣言)

조선 말기 월창거사(月窓居士) 김대현(金大鉉)의 저서. 불교의 정수를 꿈에 실어 기록함.

스님

스승님(師主)의 뜻. 도제(徒弟)가 자기의 은사(恩師)에 대한 칭호로 가장 존경하는 이름. 일반적으로 출가 수도하는 승려를 통틀어 일컫는 말.

습기과(習氣果)

이과(二果)의 하나. 과거세에 선·악의 업을 닦아 익힌 기분(氣分)이 발현하는 현세의 선·악의 과보(빈·부·귀·천). 이과(二果)란 과보를 분별하여 두 가지로 나눈 것은 말하는데 습기과와 보과(報果)가 있다. 습기과는 등류과(等流果)이며 보과는 이숙과(異熟果)를 말한다.

습생(濕生)

① 사생(四生)의 하나. 습한 곳에서 사는 일. 또는, 그 곳에서 사는 생물. 뱀·개구리 따위. ② [민] 식물이 축축한 곳에서 자라나는 것. 예 : ¶~

식물.

승(乘)

사람을 태워서 열반의 피안(彼岸)에 이르게 하는 교법(敎法).

승(乘)

① 미(迷)에서 오(悟)에 나아가는 힘. ② 신과의 합일을 위해 노력할 때에 도움을 받는 결정적 수단으로서 탈 것을 말한다.

승(僧)

교법대로 수행하는 자. 곧, 불제자(佛弟子). 또는, 불교의 교단.

승가(僧家)

① 승의 집. ② 승의 사회.

승가(僧伽) samgha

비구, 비구니, 우바새, 우바이의 4부 대중 즉, 불교단체를 총칭한 말.

승가라(僧伽羅)

[범] Simhala 사자주(師子州)·집사자국(執師自國)이라 번역. 인도의 남쪽에 있는 세일론을 말함.

승가람(僧伽藍)

'승가람마'의 준말.

승나승열(僧那僧涅)

스스로 사홍서원을 맹세함.

승니(僧尼)

스님과 여승.

승답(僧畓)

스님의 소유로 되어 있는 논.

승당(僧堂)

중이 좌선하며 거처하는 집.

승당불하(承當不下)

승당을 할 수 없음.
승당 : 맡겨진 소임을 감당함.

승도(僧徒)

수행(修行)·습학(習學)하고 있는 중의 무리.

승두선(僧頭扇)

중의 머리처럼 머리가 동그랗게 된 부채.

승려(僧侶)

= 스님.

승률(僧律)
불교의 계율.

승림(僧林)
= 큰절.

승만경(勝鬘經)
1권. 유송(劉宋)의 구나발다라 번역. <승만사자후일승대방편방광경(勝鬘師子吼一乘大方便方廣經)>의 준말. <대보적경> 제9 승만부인회와 동본이역(同本異譯). 사위국 바사닉 왕의 딸로서 아유사국으로 시집 간 승만 부인이 부처님께 대하여 자기의 사상을 여쭈고, 부처님이 이를 기쁘게 받아들인 것을 경의 내용으로 하다.

승만부인(勝鬘夫人)
[파] Srimala 인도 사위국 바사닉 왕의 딸. 아유사국왕 우칭(友稱)의 부인. <승만경>의 중심인물.

승명(僧名)
= 법명(法名).

승문(僧門)
= 불가(佛家).

승방(僧房)
'여승방(女僧房)'의 준말. 이원(尼院).

승보(僧譜)
승니(僧尼)의 보첩(譜牒).

승보(僧寶)
'승(僧)'을 삼보(三寶)의 하나로 이르는 말.

승보(僧寶)
스승의 교법을 들으며 스승의 가르침에 따라 정법(正法)을 실천하려는 수행승들이 서로를 격려하며 살아가는 아름답고 평화로운 공동체, 즉 부처님을 대신하여 세상에 정법을 전하고 중생을 지도·교화하는 이들의 모임인 승단을 지칭함.

승보(僧寶)
승(僧)이란 승가(僧伽)가 생략된 말로 화합하는 무리.

승복(僧服)
스님의 옷. 승의(僧衣).

승소(僧梳)

중의 빗. 곧, 필요 없는 물건을 이르는 말.

승원(僧院·僧園)

절의 구역 안.

승의(僧衣)

= 승복(僧服).

승재(僧齋)

스님네를 초대하여 재식(齋食)을 공양하는 것. 시승(施僧)이라고도 하며, 받은 이의 정도에 따라 공덕의 차이가 있다 하여, 악인(惡人)보다는 선인(善人)에게 선인 중에서도 계(戒)를 지니지 않는 이 보다는 계를 지니는 이에게 공양하는 것이 보통 우리나라·인도·중국·일본 등에서도 성대히 행하여 천승재(千僧齋)·만승재(萬僧齋) 등이 있다.

승적(僧籍)

출가하여 승려가 된 이에 대하여 그 소속의 최고 기관에서 승려의 신분을 등록한 명부. 교적(教籍) 또는 종적(宗籍)이라고도 함.

승중(僧-)

'신중'의 원말.

승중(僧衆)

중의 무리.

승직(僧職)

중의 벼슬.

승통(僧統)

① [민] 승군(僧軍)을 통솔하던 승직(僧職)의 하나. 섭리(攝理). ② 고려시대, 승려의 법계(法階)의 하나. 교종(教宗)의 으뜸 벼슬로 선종(禪宗)의 대선사(大禪師)와 비슷함.

시(施)

[범] Dana 단나(檀那)라 음역. 보시(布施)라 번역된 말의 줄임. 아끼는 마음을 여의고 남에게 물품을 거저 줌. 여기에 재시(財施)·법시(法施)·무외시(無畏施)의 3종이 있다.

시(時)

24불상응행법(不相應行法)의 하나. 시간·기회·계절·상황의 의미. '그 시대에·그 순간에'라는 뜻. 과거·현재·미래라는 3시(三時)의 구별만이 세워지는 지나가는 시간.

시각(始覺)
삼각(三覺)의 하나. 불법을 듣고 무명(無明)에서 벗어나 깨달음을 얻는 일.

시기(尸棄)
[범] Sikhi ① 과거 7불(佛)의 제2. 식(式)·식힐(式詰)·식기나(式棄那)라고도 쓴다. 과거 장엄겁(莊嚴劫)에 출현한 1천불(佛) 중 제999불. 사람 목숨 7만세 때 광상성(光相城)의 찰제리종에 출생, 아버지 : 명상(明相). 어머니 : 광요(光曜). 분타리나무 아래서 정각을 이루고, 3회에 걸쳐 설법. 1회 : 10만 인, 2회 : 8만 인, 3회 : 7만 인의 제자를 얻었다 함. ② 범천(梵天)의 다른 이름.

시납(施納)
절에 시주로 금품 따위를 바치는 일.

시다림(尸茶林)
① 인도 마가다국 라자그리하 북쪽에 있던 숲. 성문 안 사람들의 묘지였음. ② 새로 죽은 사람에게 마지막으로 하는 설법.

시다림 법사(尸茶林法師)
죽은 사람에게 마지막으로 설법하는 승.

시무외(施無畏)
중생들에게 두려움 없음을 줌.

시무외인(施無畏印)
무소외(無所畏)인 덕을 베풀어 두려움을 제거하는 인상(印相). 오른팔을 꺾어 어깨높이까지 오른손을 올리되, 다섯 손가락을 펴서 손바닥이 밖을 향하게 한다. 때로는 시원인(施願印)으로 통하여 사용됨.

시무외여원인(施無畏與願印)
불상에서 오른손은 다섯 손가락을 펴 어깨(혹은 가슴) 높이까지 올리며 왼손은 손가락을 모두 펴서 무릎 근처로 늘어뜨리되 양손 모두 바깥쪽을 향하게 한 인상(印相). 모든 부처님의 공통된 인상으로써, 석가모니 부처님상에서도 보이지만 아미타불에도 이런 인상이 있음.

시물(施物)

시주(施主)로 내는 재물.

시바라밀(施婆羅蜜)
보시 바라밀.

시방(十方) (×십방)
동·서·남·북 그리고 그 사이의 방위와 상과하를 더한 열 방향.

시방공(十方空)
아무것도 없는 빈 시방세계.

시방 세계(十方世界)
온 세계.

시방 왕생(十方往生)
시방 정토에 왕생하는 일.

시방정토(十方淨土) (×십방정토)
시방에 있는 여러 불국토

시복(施福)
시주가 많이 들어오는 복.

시비왕(尸毘王)
[범] Sivi 인도 고대의 성왕(聖王). 매에게 쫓기는 비둘기를 구하기 위하여 자기의 살을 매에게 준 임금. 석가모니의 전생 중의 한 모습. <본생만론> 제1권, <현우경> 제1권 등에 있다.

시비이해(是非利害)
㉘ 시(是)는 선 또는 정의, 비(非)는 악 또는 불의, 이(利)는 복락이나 행복, 해(害)는 죄고나 불행을 뜻한다.

시식(施食)
천도식(薦度式)이 끝난 뒤나 분탄일 등에 일체의 잡귀에게 음식을 주고 경전을 읽으며 염불을 하는 법식(法式).

시식권공언해(施食勸供諺解)
불공에 필요한 진언. 권공 시 : 식문을 한글로 번역한 책.
연산군 때 인수대비의 명으로 만듬.

시식대(施食臺)
= 시식돌.

시식돌(施食-)
시식(施食)을 행하는 곳. 시식대. 시식석. 헌식돌.

시아귀회(施餓鬼會)
지옥에 떨어져 고생하는 명령들을

위해 법식(法食)을 주는 법회.

시 : 식회라고도 함. 시식을 하는 사람은 단명(短命)과 재난을 면한다고 함.

시왕(十王) (×십왕)
① 죽음 다음의 세계에서 죄의 경중(輕重)을 판결하는 열 명의 왕. ② 저승에서 죽은 사람을 재판한다고 하는 10위(位)의 왕(王). 십대왕(十大王). 제왕(諸王).

시왕전(十王殿)
시왕을 모신 법당.

시왕청(十王廳)
① 저승에서 시왕이 거처하는 곳. ② 저승 또는 명부(冥府).

시은(施恩)
① 은혜를 베푸는 것. ② 시주(施主)로부터 받은 은혜.

시의(施義)
다른 사람에게 현금이나 물품을 베푸는 것. 공익사업에 현금이나 물품을 흔쾌히 의연(義捐)하는 것.

시자(侍者)
① 귀한 사람을 모시는 사람. 시인(侍人). ② 설법사를 모시는 사람.

시자(侍者) 스님
어른스님들을 옆에서 받들어 모시는 스님.

시적(示寂)
보살이나 높은 스님의 죽음.

시주(施主)
중에게 또는 절에 물건을 베풀어주는 사람. 또는, 그 일. 단나(檀那). 단월(檀越). 화주(化主).

시처비처지력(是處非處智力)
부처님 10력 중 장소를 아는 능력

식(識)
[범] Vijanaa [파] Vinnana ① 요별(料別)하는 뜻. 경계에 대하여 인식하는 마음의 작용. 이에 6식(識)·8식·9식의 구별이 있다. ② 마음의 작용을 심(心)·의(意)·식(識)으로 나누어 말하기도 함. ③ 12인연의 제3. 소승에서는 과거세의 혹(惑)·업(業)에 의하여 심식(心識)이 처음 모태(母胎)에 들

어가는 일찰나의 지위. 대승에서는 미래에 3계에 태어날 몸의 주체인 제8식을 낼 이숙무기(異熟無記)의 종자를 말함.

식려응심(息慮凝心)
염려를 놓고 마음을 모음. 즉 정심(定心)

식무변처지(識無邊處地)
9지(九地)의 하나. 무색계의 제2천. 식지천(識知天)·식처천(識處天)이라고도 한다. 앞의 지(地)에 대한 공(空)이 무변함을 싫어하며, 마음을 돌려 식(識)을 반연하며, 식과 상응하여 마음이 고정되어 움직이지 아니하고, 3세(世)의 식이 다 정중(定中)에 나타나 청정하고 적정(寂靜)한 과보(果報)를 말함,

식신(食神)
[민] 음식을 맡은 귀신.

식온(識蘊)
[범] Vijnana-skandha 5온의 하나. 식은 요별(了別)하는 뜻. 외계(外界)에 대하여 사물의 총상(總相)을 식별(識別)하는 마음의 본체. 곧 안식(眼識)·이식(耳識)·비시(鼻識)·설식(舌識)·신식(身識)·의식(意識)을 통틀어 식온이라 함.

식인귀(食人鬼)
사람을 잡아먹는다는 귀신.

식제연무(息諸緣務)
참선 수행자가 모든 인연 있는 일을 쉬는 것임.

식차마나(式叉摩那)
구족계(具足戒)를 받기 위해 예비 수행을 하고 있는 사람.

식차마나승(式叉摩那僧)
10세이상 20세 미만의 정학녀(正學女)로서 6법계를 지키며 비구니가 되기 희망하는 예비비구니.

신(信)
[범] Sraddha 신앙. 5근의 하나. 대선지법(大善地法)의 하나. 심왕(心王 : 심작용의 근본)·심소(心所 : 마음의 움직임)로 하여금 대경을 올바르게 인식케 하며, 마음에 의혹이 없게 하는 정신작용.

신견(身見)

5견(見)의 하나. 살가야견(薩迦耶見 : 我와 我所에 집착하는 견해)을 말함. 몸속에 실체로서의 아(我)가 있다고 하는 잘못된 견해. 또 아(我)를 망집(妄執)이라 하고, 아(我)에 속한 기구·권속 등을 나의 소유라고 여기는 잘못된 견해.

신근(信根)

5근(根)의 하나. 불·법·승의 3보와 고(苦)·집(集)·멸(滅)·도(道)의 4제(諦).

신남(信男)

불교를 믿는 남자. 우바새(優婆塞). ↔ 신녀(信女).

신녀(信女)

불교를 믿는 여자. 우바이(優婆夷). ↔ 신남(信男).

신력(信力)

[범] Sraddha-bala 5력(力)의 하나. 부처님의 교법을 믿고 움직이지 아니함. 부처님에 대한 굳은 귀의를 의미하며 믿음을 힘으로 간주하여 말함.

신력(神力)

불·보살이 가지고 있는 신변부사의(神變不思議)한 동작. 불가사의한 힘.

신만성불(身滿成佛)

보살의 수행 계위 중 10신위(十信位)의 마지막인 만심(滿心)에서 성불함.

신무표업(身無表業)

신업(身業)은 표시가 없는 업이지만 언젠가는 그 결과를 나타낸다는 말.

신발의(新發意)

처음으로 보리(菩提)의 마음을 냄. 새로이 불문(佛門)의 한 사람이 됨.

신변(神變)

신비한 변화, 신력(神力)으로 불가사의한 동작을 변현함. 신통과 같음.

신변가지(神變加持)

부처님이 불가사의한 능력[神變]으로 중생을 가호(加護)함.

신사(信士)

우바새(優婆塞). 불교를 믿고 배우는 재가(在家)의 남자.

신삭(新削)
갓 중이 된 사람.

신삼구사의삼(身三口四意三)
몸으로 범하는 세 업 - 살생, 도둑질, 사음.
입으로 범하는 네 업 - 망어, 기어, 악구, 양설.
뜻으로 범하는 세 업 - 탐욕, 진에 사견(邪見).

신상신통락(身相神通樂)
극락세계에 태어나면 몸의 자태가 불가사의하고[神] 5통(五通)에 통달함.
5통 : 도통(道通), 신통(神通), 의통(依通), 보통(報通), 요통(妖通).

신성취발심(信成就發心)
10신(十信)을 성취하고 다시 10주(十住)에 들어가 직심(直心), 심심(深心), 대비심(大悲心)을 일으킴.

신식(身識)
[범] Kayavijnana 5식(識)·6식·8식의 하나. 객관 대상을 촉경(觸境)으로 하고 이를 분별하여 아는 작용, 곧 몸으로 바깥 경계와 접촉하여 분별 인식하는 감각.

신심명(信心銘)
3조 승찬 스님이 쓴 게송집(偈頌集).

신심환희(信心歡喜)
아미타불의 구원을 믿어 조금도 의심치 않음.

신안락행(信安樂行)
늘 몸이 안락하게 좌선함.

신앙(信仰)
불·보살이나 여러 성자(聖者)의 가르친 말씀을 그대로 믿고 앙모함.

신업(身業)
삼업(三業)의 하나. 몸으로 지은 죄업(罪業). 상생·투도(偸盜)·사음(邪淫) 등.

신여의통(身如意通)
상대와 장소, 시기(時期)에 따라 몸을 변화시켜 교화함.

신족통(神足通)
6통의 하나. 신여의통(身如意通)을 말함. 시기(時機)에 웅하고 크고 작은 몸을 나타내어, 자기의 생각대로 날아다니는 통력(通力).

신중

'여승(女僧)'을 속되게 이르는 말.

신중(神衆)

= 화엄신장(華嚴神將).

신토(身土)

범부, 성자가 살고 있는 몸과 그 국토.

신통(神通)

우리 마음으로 헤아리기 어렵고, 생각할 수 없는 무애자재(無碍自在)하고 초인적인 능력.

신통승(神通乘)

진언종을 말함. 여래의 신변부사의(身變不思議)한 가지력(加持力)으로 말씀한 교승(敎乘)이란 뜻.

신편제종교장총록(新編諸宗敎藏總錄)

고려 대각 국사(大覺國師) 의천(義天)스님이 지은 장경 목록.
새로 편찬한 제종(諸宗)의 교장(敎藏)을 모두 수록한 책이란 뜻.

신해행증(信解行證)

믿음·이해·수행·증득

실달다(悉達多)

[범] Siddhartha의 음역. 부처가 출가하기 전 태자일 때 이름. 뜻을 이루게 한다는 의미.

실담(悉曇)

[범] Siddham의 음역. 성취(成就)·길상(吉祥)이라 번역. 인도의 문자인 범어(산스크리트). 넓은 뜻으로 마다(摩多, 點○)라 번역. 모음(母音)·체문(體文, 文音)을 총칭.

실대승교(實大乘敎)

방편을 겸하지 않은 진실한 교법.
반대) 권 대승교.

실라말나(室羅末拏)

[범] Sramana 사문(沙門)·상문(桑門)의 범어 이름. 애써서 불도를 수행한다는 뜻을 가졌다. 본래는 외도나 불교도를 막론하고, 일반적으로 출가한 이를 일컫던 이름.

실상론(實相論)

↔ 연기론(緣起論). 만유의 본체 또는 현상을 포착하여 본체는 무슨 물건

이며 현상은 허망한가, 진실한가를 궁구(窮究)하여 횡(橫)으로 연구한 교리

실상반야(實相般若)
반야 지혜로 관조하여 밝혀낸 실상.

실상화(實相花)
온갖 법의 실상은 불교인들이 똑같이 연구하려는 것이므로, 이를 누구나 보려고 하는 꽃에 비유하는 말.

실아(實我)
↔ 가아(假我). 실제인 '나'. 자기에게 아(我)란 실다운 존재를 인정하여 한 주재력(主宰力)이 있다는 것.

실유(實有)
삼라 만상(森羅萬象)은 공(空)인데도, 중생의 미망(迷妄)한 정(情)으로 이를 실재(實在)라고 하는 일. ↔ 가유(假有).

실지(實智)
진실을 바르게 받아들이는 지혜. 곧, 사물(事物)의 있는 그대로의 진실한 모습을 밝게 아는 지혜. 근본지(根本智). ↔ 권지(權智).

실지(悉地)
[범] Siddhi 성취(成就)라 번역. 진언(眞言)하는 행자가 도달하는 오(悟)의 경지. 곧 손으로 인(印)을 결(結)하여 우리의 동작으로 하여금 부처님의 작업과 같게 하며, 입으로 진언을 외워 부처님의 지언과 같게 하며, 뜻으로 중생과 부처가 둘이 아닌 관(觀)에 주(住)하여 부처님의 의업(意業)과 같게 함. 이와 같이 3밀(密)의 수행을 체달하여 비로소 부처에게서 자기를 보고, 자기에게서 부처를 보는 경지에 도달함.

실지기도(實地祈禱)
㉮ 대상에 따라 실질적으로 직접 올리는 기도. 기도의 대상이 있을 때에 법신불의 은혜와 위력을 빌려 상대편에게 직접 공을 드리는 것.

실효(失曉)
밝는 줄도 모르고 늦도록 자는 것. 날이 새는 것을 모르고 자는 것.

심(心)
[범] Citta 마음. 심왕(心王)이라고도 한다. 대경의 특수상(特殊相)을 인취(認取)하는 심소에 대하여, 의식작용

의 본체이며, 대경의 일반상(一般相)을 인지(認知)하는 정신작용이 심왕이다.

심경(心經)
<반야바라밀다심경>의 약칭.

심고(心告)
진리 앞에 자기의 느낌을 고백하며 뜻과 같이 이루어지기를 비는 일.

심공(心空)
심성(心性)이 끝없이 넓고 커서, 온갖 것을 다 포함한 것을 허공에 비유하는 말.

심광(心光)
색광의 상대어. 내광(內光)·지혜광(智慧光)이라고도 함. 불심(佛心)을 빛에 비유한 것.

심광섭호(心光攝護)
부처님의 자비광명이 염불하는 이를 보호함.

심교간(心交間)
서로 마음을 툭 터놓고 살아가는 벗의 관계 또는 우정·의리·감응도교·이심전심. 심심상련하는 사이. 심교간에는 천리를 떨어져 살아도 마음이 항상 같이 있고 이해관계를 앞세우지 않는다. 심교 : 마음을 터놓고 사귀는 벗.

심구(心垢)
마음을 더럽히는 때. 곧, 번뇌.

심단(心丹)
정신 수양을 통해서 얻게 되는 진실하고 견고한 마음.

심밀해탈경(深密解脫經)
해심밀경(海深密經)의 다른 이름.

심심(深心)
① 온갖 선행(善行) 쌓기를 좋아하는 굳은 마음. ② 3심(心)의 하나. 여래의 본원을 깊이 믿는 마음.

심왕여래(心王如來)
대일 여래(大日如來)의 다른 이름.

심월(心月)
달과 같이 밝은 마음. 곧, 도를 깨달은 마음의 비유.

심인(心印)

선가(禪家)에서, 글이나 말에 의하지 않고 이심전심으로 전해지는 부처의 내적 깨달음의 내용.

심전(心田)
마음이 능히 선악의 싹을 내는 것이, 마치 밭이 온갖 식물을 내는 것과 같으므로 비유하는 말.

심지(心地)
마음이 일체 만법을 내는 것이, 마치 땅에서 풀·나무 등을 내는 것과 같으므로 이렇게 말함. 또 마음은 삼업(三業) 중에 가장 수승하므로 이같이 이른다.

심진여문(心眞如門)
기신론 2문 중의 1문
일심(一心)에 진여문(眞如門)과 생멸문(生滅門)이 있음.

심행처멸(心行處滅)
심행처가 멸한 곳.
심행처 : 마음의 작용이 미치는 곳. 곧 생각과 분별이 끊어진 상태.

십계(十戒)
열 가지이 계율. 불살생(不殺生)·불투도(不偸盜)·불망어(不忘語)·불사음(不邪淫)·불음주(不飮酒)·부도식향만(不塗飾香鬘)·불가무관청(不歌舞觀聽)·부좌고광대상(不坐高廣大狀)·불비시식(不非時食)·불축금은보(不蓄金銀寶).

십계(十戒)
사미(沙彌)·사미니(沙彌尼)가 지켜야 할 10계, 보살이 지니는 10정계(淨戒), 보살(菩薩)이 중생에게 지키게 하는 10계, 천태종(天台宗)의 10계, 10선계(善戒), 10중금계(重禁戒) 등이 있다.

십계(十界)
십계 또는 십법계(十法界). 미계(迷界)·오계(悟界)를 총괄하여 10종으로 한 것. 지옥·아귀·축생·아수라·인간·천상(이상 迷界)·성문·연각·보살·불(이상 悟界).

십계호구(十界互具)
십계가 각각 10계를 갖춤.
10계 : 지옥계, 아귀계, 축생계, 아수라계, 인간계, 천상계, 성문계, 연각계, 불·보살계.

십고(十苦)

사람이 받는 열 가지 고통. 생·노·병·사·수(愁)·원(怨)·고수(苦受)·우(憂)·통뇌(痛惱)·생사유전고(生死流轉苦)를 말함.

십념(十念)

① 중이 나무 아미타불의 명호를 신자에게 주어 부처와 인연을 맺어 주는 일. ② 불(佛)·법(法)·승(僧)·계(戒)·시(施)·천(天)·휴식(休息)·안반(安般)·신(身)·사(死)의 열 가지를 정성껏 염(念)하는 일.

십념왕생(十念往生)

비록 오역죄를 저지른 사람일지라도 나무 아미타불을 열 번만 염(念)하면 극락왕생한다는 말.

십대론사(十大論師)

유식 삼십송(唯識三十頌)을 해석한 인도의 10선 지식들.

십대수(十大數)

인도에서 산수로써 계산할 수 없는 많은 수의 열 가지. 1. 아승기(阿僧祇). 2. 무량(無量). 아승기를 아승기 곱한 것. 곧 아승기전(阿僧祇轉). 3. 무변(無邊). 아승기전을 아승기전 곱한 것. (이 아래 것도 한 모양). 4. 무등(無等). 5. 불가수(不可數). 6. 불가칭(不可稱). 7. 불가사(不可思). 8. 불가량(不可量). 9. 불가설(不可設). 10. 불가설불가설(不可說不可說). <신화엄경> 아승기품에 있다.

십도(十度)

도(度)는 범어 바라밀(波羅蜜)의 번역. 열반의 오경(悟境)에 이르는 보살 수행의 총칭.

십락(十樂)

극락 세계에 가나기를 발원하는 염불 행자가 가지는 열 가지 즐거움. 1. 성중래영락(聖衆來迎樂). 2. 연화초개락(蓮花初開樂). 3. 신상신통락(身相神通樂). 4. 오묘경계락(五妙境界樂). 5. 쾌락무퇴락(快樂無退樂). 6. 인접결연락(引接結緣樂). 7. 성중구회락(聖衆俱會樂). 8. 견불문법락(見佛聞法樂). 9. 수심공불락(隨心供佛樂). 10. 증진불도락(增進佛道樂)

십력(十力)

[범] Dasa-balah 부처님께만 있는 열 가지 심력(心力). 1. 처비처지력(處非處智力). 2. 업이숙지력(業異熟智

力). 3. 정려해탈등지등지력(靜廬解脫等持等至智力). 4. 근상하지력(根上下智力). 5. 종종승해지력(種種勝解智力). 6. 종종계지력(鍾鍾界智力). 7. 변취행지력(변趣行智力). 8. 숙주수념지력(宿住隨念智力). 9. 사생지력(死生智力). 10. 누진지력(漏盡智力).

십마(十魔)

10종의 번뇌를 마군에 비유. 욕(欲)·우수(憂愁)·기갈(飢渴)·애(愛)·수면(睡眠)·포외(怖畏)·의(疑)·함독(含讀)·이양(利養)·고만(高慢).

십만 억토(十萬億土)

중생(衆生)이 사는 사바 세계와 극락 세계의 중간에 있는 불토(佛土)의 총칭.

십무진계(十無盡戒)

보살이 지키는 10가지의 계율.

십무진장(十無盡藏)

보살이 지닌 10가지의 무진한 덕(德).

십바라밀(十波羅蜜)

바라밀은 도(度)·도피안(到彼岸)이라 번역. 보살은 이를 수행하여 중생을 제도하여 생사의 미해(迷海)를 벗어나고 열반의 언덕에 이르게 함. 1. 단나바라밀(檀那波羅蜜:布施). 2. 시라바라밀(尸羅波羅蜜:持戒). 3. 찬제바라밀(찬提波羅蜜:忍住). 4. 비리야바라밀(毘利那波羅蜜:精進). 5. 선나바라밀(禪那波羅蜜:禪定). 6. 반야바라밀(般若波羅蜜:智慧). 7. 오파야바라밀(烏波野波羅蜜:方전). 8. 바라니타나바라밀(波羅尼陀那波羅蜜:願). 9. 바라바라밀(波羅波羅蜜:力). 10. 야양낭바라밀(惹孃曩波羅蜜:智).

십번뇌(十煩惱)

탐(貪)·진(瞋)·치(癡)·만(慢)·의(疑)·신견(身見)·변견(邊見)·사견(邪見)·견취견(見取見)·계금취견(戒禁取見)

십법계(十法界)

줄여서는 십계(十界). <법화경>에서는 지옥·아귀·축생·아수라·인간·축생(이상 六凡)·성문·연각·보살·불(이상 四聖)을 말함. <이취석론>에서는 6범(凡) 중에서 아수라를 빼고, 4성(聖) 중의 불을 나누어 권불(權佛)·실불(實佛)로 하여 10법계라 함.

십변처(十便處)

[범] Dasa-Krtsna-ayatanani 6대(大)와 4현색(顯色)에 가득한 줄로 관하는 관법(관법)의 열 가지. 지변처(地便處)·수변처(水便處)·풍변처(風便處)·청변처(靑便處)·황변처(黃便處)·적변처(赤便處)·백변처(白便處)·공무변처변처(公無邊處便處)·식무변처변처(識無邊處便處).

십복덕(十福德)

참회(懺悔)의 열 가지 복덕(福德)을 말함.

1. 번뇌의 힘을 태워 없앤다. 2. 능히 천도(天道)에 가게 한다. 3. 사선락(四善樂)을 얻게 한다. 4. 보마니주(寶摩尼珠)를 비오게 한다. 5. 영원한 생명으로 늘어나게 한다. 6. 영원한 즐거움의 궁궐에 들어가게 한다. 7. 섬계(贍界)의 감옥에서 벗어나게 한다. 8. 부처의 꽃을 피어나게 한다. 9. 부처님의 지혜의 거울을 얻게 한다. 10. 보배 있는 장소에 이르게 한다.

십불이문(十不二門)

열 가지의 불이문.

십사(十捨)

중생의 어두운 마음 10가지를 없애라는 것.

1. 탐욕심내어 구하려는 마음 2. 분노하는 마음 3. 선인선과를 모르고 어리석은 마음 4. 남을 미워한 마음 5. 남을 원망한 마음 6. 슬퍼하는 마음 7. 불평 불만하는 마음 8. 자존심 아만된 마음 9. 인색하는 마음 10. 무명(無明)한 마음을 말하며 반대로는 10악이 있다.

십선(十善)

① 십악(十惡)을 행하지 않는 일. 또는, 십계를 지키는 것. 십선업. ② 전세에 십선(十善)을 행한 과보(果報)로 현세에서 받는다고 하는 천자(天子)의 지위.

십선계(十善戒)

십선의 계

십선 : 불살생, 불투도, 불사음, 불망어, 불기어, 불양설, 불악구, 불탐욕, 불진에, 불사견

십 선계로 읽으면 좋은 계율 10가지가 됨.

십선업(十善業)

십선을 지킴.

십송률(十誦律)
소승의 율법을 담은 책.
본래는 80송(誦)이던 것을 10송으로 줄였음.

십수면(十隨眠)
탐(貪)·진(瞋)·치(癡)·만(慢)·의(疑)·견(見)에서 이견을 나누어 유신견(有身見)·변집견(邊執見)·사견(邪見)·견취견(見取見)·계금취견(戒禁取見)으로 한 10여종의 혹(惑). 중생을 따라 일어나는데, 그 모양이 미세하여 알기 어려우므로 수면이라 함. 근본번뇌의 다른 이름.

십승행(十勝行)
열 가지의 뛰어난 행.

십시일반(十匙一飯)
열 사람이 한 숟씩 보태면 한 사람이 먹을 분량이 된다는 뜻으로, 여러 사람이 힘을 합하면 한 사람을 돕기가 쉽다는 뜻.

십악(十惡)
몸과 입과 마음으로 짓는 열 가지 죄악. 곧, 살생(殺生)·투도(偸盜)·사음(邪淫)·망어(妄語)·기어(綺語)·양설(兩舌)·악구(惡口)·탐욕(貪慾)·진에(瞋恚)·사견(邪見).

십악업도(十惡業道)
10가지의 악업, 10선의 반대.

십여시(十如是)
법화경 방편품의 열 가지 실상(實相) : 상(相), 성(性), 체(體), 역(力), 작(作), 인(因), 연(緣), 과(果), 보(報), 본말구경(本末究竟)의 열.

십연화장세계(十蓮華藏世界)
한없는 연화자아 세계, 불국토.

십우도(十牛圖)
마음의 소를 찾는 10가지 과정을 표시한 그림.

십육관(十六觀)
아미타불의 불신(佛身)과 국토를 관찰하는 16가지 방법.

십육라한(十六羅漢)
나한은 아라한의 준말. 번뇌를 멸하고, 회신멸지(灰身滅智)하여 생사유

전계(生死流轉界)에서 벗어난 것을 말하거니와 여기서는 길이 세간에 있으면서 교법(敎法)을 수호하려고 서원한 열여섯 명의 불제자(佛弟子)를 일컫는다. 1. 빈도라발라타사(頻度羅跋羅墮사, Pindolabharadvaja) 2. 가낙가벌차(迦諾迦伐蹉, Kanakavatsa) 3. 가낙가발리타사(迦諾迦跋釐墮사, Kanakabharadvaja) 4. 소빈타(蘇頻陀, Suvindaz) 5. 낙구라(諾矩羅, Nakula) 6. 발타라(跋陀羅, Bhadra) 7. 가리가(迦理迦, Kalika) 8. 벌사라불다라(伐闍羅弗多羅, Vajraputra) 9. 수박가(戌博迦, Jivaka) 10 반타가(半咤迦, Panthaka) 11. 라호라(羅怙羅, Rahula) 12. 나가서나(那伽犀那, Nagasena) 13. 인게타(因揭陀, Ingada) 14. 벌나바사(伐那婆斯, Vanavasi) 15. 아시다(阿시多, Ajita) 16. 주다반타가(住茶半咤迦, Cudapanthaka)

십육심(十六心)

견도위(見道位)에서 일어나는 16사지의 관심(關心) 1. 고법지인(苦法智忍) 2. 고법지(苦法智) 3. 고류지인(苦類智忍) 4. 고류지(苦類智) 5. 집법지인(集法智忍) 6. 집법지(集法智) 7. 집류지인(集類智忍) 8. 집류지(集類智) 9. 멸법지인(滅法智忍) 10. 멸류지인(滅類智忍) 11. 멸류지(滅類智) 12. 도법지인(道法智忍) 13. 도법지(道法智) 14.. 도류지인(道類智忍) 15. 도류지(道類智)

십이 인연(十二因緣)

과거의 지은 업(業)에 따라서 현재의 과보(果報)를 받으며, 현재의 업을 따라서 미래의 고(苦)를 받는 열둘의 인연. 곧, 무명(無明)·행(行)·식(識)·명색(名色)·육입(六入)·촉(觸)·수(受)·애(愛)·취(取)·유(有)·생(生)·노사(老死). 십이 연기(十二緣起). 십이지(十二支).

십이두타행(十二頭陀行)

십이두타행 또는 십이두타(十二頭陀)라고 한다. 두타(頭陀)는 수치(修治)·두수(抖數)·기제(棄除)라 번역. 번뇌진(煩惱塵)을 제거하고, 의·식·주를 간단히 하여 불도를 수행하는 데 12조(條)의 행법(行法)이 있다.

십이부경(十二部經)

십이부경 또는 십이분경(十二分經)·십이분교(十二分敎) 부처님의 일대 교설(敎設)을 그 경문의 성질과 형식으로 구분하여 12로 나눈다.

십일면 관세음(十一面觀世音)

칠관음 또는 육관음의 하나. 본체(本體)외에 머리 위에 조그만 11개의 얼굴을 가지고 있는 관세음 보살임.

십일면관세음보살(十一面觀世音菩薩)

11얼굴을 가진 관세음 보살.

십일면관음(十一面觀音)

[범] Ekadasamukha 또는 대광보조관음(大光普照觀音). 아수라도에 있는 중생들을 구제하는 보살. 머리 위에 열 한개의 얼굴이 있는 관음으로서 10면(面)은 보살이 수행하는 계위(階位)인 십지(地)를 나타냄.

십일촉(十一觸)

신식(身識)으로 받아들이는 열한 가지 감각. 견(堅)·습(濕)·난(煖)·동(動)·중(重)·경(輕)·할(할)·삽(澁)·기(飢)·갈(渴)·냉(冷)

십종득계연(十種得戒緣)

구족계를 얻는 열 가지 인연.

십종방편(十種方便)

<화엄경> 60권본의 제40권 아세간품(아世間品)에 있다. 1. 보시방편(보施方便) 아낌없이 몸·목숨·재물을 주고 갚음을 바라지 않음. 2. 지계방편(持戒方便) 계율을 지키고 수행을 하되 마음에 집착하지 아니함. 3. 인욕방편(忍辱方便) 어떤 괴로움이라도 달게 받음. 4. 정진방편(精進方便) 몸과 마음을 굳게 먹어 용맹심을 일으키고 게으르지 아니함. 5. 선정방편(禪定方便) 온갖 번뇌와 번뇌로부터 생기는 5욕(欲)을 여의고, 날카로운 뜻으로 해탈하는 법을 수습(修習)함. 6. 지혜방편(知慧方便) 우치(愚癡)의 번뇌를 여의고 온갖 공덕을 쌓아 진지(眞智)의 개발(開發)에 노력함. 7. 대자방편(大慈方便) 평등한 대자심을 일으켜 일체 중생을 이익케함. 8. 대비방편(大悲方便) 만유의 자성이 없음을 알고, 평등한 대비심으로 중생을 대신하여 고통을 받음. 9. 각오방편(覺悟方便) 걸림이 없는 자세한 지혜로써 중생의 자성을 알아 의혹이 없게 함. 10. 전불퇴법륜방편(轉不退法輪方便) 진실한 교(敎)를 말하여 중생을 교화하고, 가르침과 같이 수학하며 지혜를 연구하여 수행의 계위(階位)에서 물러

나지 않게 함.

십주비바사론(十住毘婆沙論)
인도의 용수 보살이 쓴 책.

십중금계(十重禁戒)
보살이 지켜야 할 10가지의 엄한 금지 계.
① 불살생. ② 불투도. ③ 불사음. ④ 불망어. ⑤ 불고주(不沽酒) ⑥ 불설과(不說過) - 남의 허물을 떠들어 대지 말 것. ⑦ 불자찬 훼타(不自讚毁他) - 제자랑 하며 남을 비방하지 말 것. ⑧ 불간(不慳) - 제것을 아끼고 남의 것을 욕하지 말 것. ⑨ 부진(不瞋) - 화내지 말 것. ⑩ 불방삼보(不謗三寶) - 삼보를 비방하지 말 것.

십진여(十眞如)
10가지 진여.

십팔공(十八空)
[범] Astadasasunyata 공(空)을 본체와 작용으로 관찰한 것. 1. 내공(內空) 2. 외공(外空) 3. 내외공(內外空) 4. 공공(空空) 5. 대공(大空) 6. 제일의공(第一義空) 7. 유위공(有爲空) 8. 무위공(無爲空) 9. 필경공(畢竟空) 10. 무시공(無始空) 11. 산공(散空) 12. 성공(性空) 13. 자상공(自相空) 14. 제법공(諸法空) 15. 불가득공(不可得空) 16. 무법공(無法空) 17. 유법공(有法空) 18. 무법유법공(無法有法空) <대품반야경> 제3권 <대집경> 제54권에 있음.

십팔불공법(十八不共法)
부처님만 지니고 있는 18가지의 공덕.

십팔종진동(十八種震動)
대지(大地)가 6종으로 진동하는 데 낱낱이 3종의 동(動)이 있으므로 18종이 됨. 곧 공(動)에 동(動)·변동(변動)·등변동(等변動)이 있는 것과 다른 기(起)·용(踊)·진(震)·후(吼)·격(擊)의 5종에도 각각 변(변)·등변(等변)이 있어서 모두 합하여 18종이 있음을 말함.

십행(十行)
보살이 수행하는 계위(階位)를 52위(位)로 한 것 중에서, 10신(信)·10주(住)에서 나아가 묘각(妙覺)에 이르는 한계 위의 이름. 보살이 10주위의 나중에서 불자(佛子)인 인가를 얻은 뒤에 다시 나아가 이타(利他)의 수행을 완수하기 위하여 중생 제도에 노력하는 지위를 10으로 나눈 것. 환희행(歡喜行)·요익행(饒益行)·무진한행(無瞋恨行)·무진행(無盡行)·이치란행(離癡亂行)·선현행(善現行)·무착행(無着行)·존중행(尊重行)·선법행(善法行)·진실행(眞實行)

십현담(十玄談)
당나라 안 찰(安察)이 지은 10수(首)의 게송.

십호(十號)
부처님께서 지니고 계신 공덕상(功德相)을 일컫는 열 가지 명호. 여래(如來)·응공(應供)·정변지(正변知)·명행족(明行足)·선서(善逝)·세간해(世間解)·무상사(無相士)·조어장부(調御丈夫)·천인사(天人師)·불세존(佛世尊)

십혹(十惑)
① 5리사(利使)·5둔사(鈍使)를 말함. ② 분(忿)·복(覆)·간(간)·질(嫉)·뇌(惱)·해(害)·한(恨)·첨(諂)·광(誑)·교(교)

십회향(十廻向)

[범] Dasa-parinamana 보살이 수행하는 계위(階位)인 52위(位) 중에서 제31위에서 제40위까지 10행위(行位)를 마치고 다시 지금까지 닦은 자리(自利)·이타(利他)의 여러 가지 행을 일체 중생을 위하여 돌려주는 동시에 이 공덕으로 불과를 향해 나아가 오경(悟境)에 도달하려는 지위. 구호일체중생이중생상회향(○○一切衆生離衆生相廻向)·불괴회향(不壞廻向)·등일체제불회향(等一切諸佛廻向)·지일체처회양(至一切處廻向)·무진공덕장회향(無盡功德藏廻向)·입일체평등선근회향(入一切平等善根廻向)·진여상회향(眞如相廻向)·무박무착해탈회향(無縛無着解脫廻向)·입법계무량회향(入法界無廻向).

싯다르타 [Siddhartha Gautama]
석가가 출가하기 전, 태자 때의 이름. 실달다(悉達多).

쌀북
절에서 밥을 지을 때 여러 사람의 쌀을 모으기 위하여 치는 북. 미고(米鼓).

아(我)

[범] Atman 주재(主宰)·자아(自我)·신체(身體)의 뜻. 자기의 자체, 곧 자기 주관의 중심. 일반 불교에서는 이것을 나누어 실아(實我)·가아(假我)·진아(眞我)의 3종으로 분별. 1. 실아는 인도 재래의외도가 주장하는 것으로, 범부의 망정(妄情)에 스스로 존재한 아(我)의 사상을 말한다. 이 아는 무상(無常)이 아니고 상주(常住)하여 독존하는 것으로, 그 능동(能動)은 국왕·재상과 같이 자재한 것. 2. 가아는 실제로 나라 할 것이 존재한 것이 아니고 5온(蘊)이 화합하여 인과가 상속하는 몸이기 때문에 다른 것과 구별하기 위하여 나라고 이름한 것. 3. 진아는 대승에서만 말하는 것으로 열반의 4덕인 상(常)·낙(樂)·아(我)·정(淨)의 아덕(我德)을 말함. 진(眞)으로써 성품을 삼는 뜻으로 진아라 한다.

아가니타(阿迦尼吒)

[범] Akanistha [파] Akanittha 아가니사탁(阿迦尼師託)·아가니사타(阿迦尼師吒)·아가니슬체(阿迦尼瑟체)라 음역. 줄여서 니사타(尼師吒)·니타(尼吒)·이타(二吒)라 한다. 색구경천(色究竟天)이라 번역. 색계 18천(天)의 가장 위에 있는 하늘.

아가타(阿伽陀)

[범] Agada 아게타(阿揭陀)라고도 한다. 약제(藥劑)의 이름. 번역하여 보거(普去)·무병(無病)·무가(無價)라 하며, 변하여 불사약(不死藥)·환약(丸藥). 정토교에서는 염불이나 서원(誓願)에 비유하여 멸죄(滅罪)·멸지우(滅智愚)의 덕을 표시한다.

아갈라(阿獦羅)

[범] Agara 경(境)이라 번역. 인식의 대상. 눈·귀·코·혀·몸·뜻에 대한 색·성·향·미·촉·법 등 6경.

아견(我見)

또는 신견(身見), 오견(五見)의 하나. 보통으로 '나'라 함은 오온(五蘊)이 화합한 것으로서 참으로 '나'라 할 것이 없는데 '내'가 있는 줄로 잘못 아는 견해.

아귀(餓鬼)

① 파율(破律)의 악업(惡業)을 저질러 아귀도(餓鬼道)에 떨어진 귀신. 몸이 앙상하게 마르고 목구멍이 바늘구멍 같아서 음식을 먹을 수 없어 늘 굶주린다고 함. ② 염치없이 먹을 것을 탐하는 사람의 비유. ③ 욕심을 부리다 죽은 다음 태어나는 몹쓸 몸.

아귀도(餓鬼道)

삼악도(三惡道) 또는 육도(六道)의 하나. 아귀들이 모여 사는 세계로, 늘 굶주리고 매를 맞는다고 함.

아나발저(俄那鉢底)

[범] Ganapati 아나파저(俄那波底)라고도 하며, 환희라 번역. 혹은 비나야가(毘那夜迦)라 하여, 상비(象鼻)라 번역. 이는 밀교의 비신(秘神) 대성환희천(大聖歡喜天) 바라문 교도가 말하는 가네사(Ganesa). 처음은 상수마(常隨魔)라 하여 항상 사람의 틈을 엿보는 악한 귀신으로 나중에 부처님께 귀의하여 9,800의 귀왕들을 거느리고 삼천세계를 수호하며 삼보를 수호하는 신이 되었다.

아나타빈다타(阿那他擯荼陀)

[범] Anathapindada [범] Anathapindika 아나타빈다게리나파저(阿那他擯荼揭利那破底)·아나타빈다타사야(阿那他擯荼馱寫耶)·아나타빈다타사나(阿那他擯荼馱寫那)·아나빈저(阿那貧底)·아난빈저(阿難貧抵)·아나빈(阿那賓)이라 음역. 급고독(給孤獨)이라 번역. 인도 사위성의 수달 장자(須達)의 이름. → 수달.

아난타(阿難陀)

[범] Ananda 부처님 10대 제자의 한 분. 줄여서 아난. 무염(無染)·환희(歡喜)·경희(慶喜)라 번역. 부처님의 사촌동생으로 가비라성의 석가 종족(부왕에 대하여는 곡반왕·감로반

왕·백반왕의 이설이 있다)의 집에서 출생. 8세에 출가하여 수행하는데 미남인 탓으로 여자의 유혹이 여러 번 있었으나 지조가 견고하여 몸을 잘 보호하여 수행을 완성하였다. 그의 전기에 의하면 1. 부처님께서 전도 생활하신 지 20년 후에 여러 제자들 중에서 선출되어 친근한 시자가 되었다. 2. 다문(多聞) 제일의 제자가 되어 부처님 멸도하신 후에 대가섭을 중심으로 제1차 결집 때에 중요한 위치를 차지하다. 3. 부처님의 이모 교담비의 출가에 진력한 일들이 있다. 또 어떤 기록에는 3종 아난, 4종 아난을 말하였으나 이는 부처님 일대의 설법을 전파한 덕을 나타낸 거일 듯.

아뇩다라샴막삼보리(阿耨多羅三먁三菩리) (×아뉴다라삼모삼보제)

위없이 최고이고, 바르고, 평등하고, 두루한 깨달음. 무상 정 : 등 : 정각.

아리야식(阿梨耶識)

제8식(識). = 알라야식(alaya識).

아라한(阿羅漢) arhat

① 소승 불교의 교법을 수행하는 성문(聲聞) 4과 가운데 가장 높은 지위. 온갖 번뇌를 끊고 깨달음을 얻어 공덕을 갖춘 성자(聖者)를 이름. ② 여래의 열 가지 칭호 중 하나. 무생(無生). 응진(應眞). = 나한(羅漢).

아라한과(阿羅漢果)

아라한의 깨달음의 경지. 곧, 소승 불교의 궁극에 이른 성자의 지위.

아란야(阿蘭若) aranya

[한적한 수행처라는 뜻] 절·암자 따위를 일컫는 말.

아만심(我漫心)

㉺ 아상(我相)과 교만으로 가득 찬 마음. 아만심을 내지 않기 위해서는 스스로 잘 아는 체하거나 잘난 체하지 말고 늘 겸손과 양보의 미덕을 갖추어야 한다.

아미타경(阿彌陀經)

중국 후진(後秦)의 구마라습(鳩摩羅습)이 한역(漢譯)한 경전. 아미타의 공덕과 극락 세계의 일, 또는 그 곳에 태어나기 위하여 중생이 갖추어야 할 바를 기록함.

아미타 만다라(阿彌陀曼茶羅)

아미타 여래를 가운데 두고 관세음·문수·미륵·유마의 네 보살을 배치하여 그린 만다라.

아미타불(阿彌陀佛)

대승 불교의 정토교(淨土敎)의 중심을 이루는 부처. 중생(衆生) 제도(濟度)의 대원(大願)을 세워 서방의 극락정토에서 교화(敎化)하고 있다고 함. 자력으로 성불할 수 없는 사람도 이 부처를 믿고 염불을 하면 극락에 갈 수 있다고 함. = 미타·미타불·아미타·타불. 서방 극락세계에 살면서 중생을 위해 자비를 베푸는 부처. 무량수불 또는 무량광불이라고도 함. 48원으로 극락세계를 장엄하여 고통중생을 구제하시는 분.

아미타 삼존(阿彌陀三尊)

아미타불과 그를 좌우에서 모시는 대세지(大勢至) 보살과 관세음보살.

아미타 여래(阿彌陀如來)

'아미타(阿彌陀)'의 높임말.

아방 나찰(阿房羅刹)

지옥에서 죄인을 괴롭히는 옥졸.

아법구유종(我法俱有宗)

아(我)와 법(法)을 동시에 인정하는 종파. 아는 주관, 법은 객관.

아비 규환(阿鼻叫喚)

① 아비 지옥과 규환지옥. ② 여러 사람이 비참한 지경에 빠져 울부짖는 참상(慘狀)을 형용하는 말.

아비달마구사론(阿毘達磨俱舍論)

인도의 세친(世親)보살이 지은 책. 줄여서 구사론(俱舍論).

아비달마대비바사론(阿毘達磨大毘婆沙論)

불멸 후 400년 후에 지은 책.

아비삼불타(阿毘三佛陀)

[범] Abhisambuddha 아유삼불(阿惟三佛)이라고도 쓰며, 현등각(現等覺)이라 번역. 부처님이 깨달은 지혜.

아비 지옥(阿鼻地獄)

= 무간 지옥(無間地獄).

아사타선(阿私陀仙)

[범] Asita 중인도 가비라 국에 있던 선인의 이름. 아사타(阿斯陀)·아

사(阿私)·아이(阿夷)라고도 쓰며, 무비(無比)·불백(不白)·단정(端正)이라 번역. 실달다 태자가 탄생하였을 때 관상(觀相)을 보았다고 한다.

아상(我相)

① 몸과 마음에 실재의 '나'가 있고, 그것은 '나의 소유'라고 집착하는 생각. ② 자기의 처지를 자랑하여 다른 사람을 업신여기는 마음.

아상(我想)

참다운 내가 있는 줄로 여기는 잘못된 생각.

아설시(我說示)

[범] Asvajit [파] Assaji 아습바시(阿濕婆恃)·아습바서(阿濕婆誓)·아사유시(阿奢踰時)·아사바사(阿捨婆사)·아습파시다(阿濕波시多)·아습박벌다(阿濕縛伐多)·아습파유기다(阿濕波祈多)·아수파유기(阿輸波踰祺)·아수(阿輸)·알비(頞비)라고도 음역. 마승(馬勝)·마성(馬星)·조마(調馬)·마사(馬師)라 번역. 아야다교진여 등과 함께 맨 처음 불제자가 된 사람. 5비구의 하나. 사리불을 부처님께 귀의케 한 사람.

아설타수(阿說他樹)

[범] Asvattha 학명 : Ficusreligiosa 뽕나무과 중 무화과에 딸린 사철 푸른 교목. 아습파타(阿濕波他)·아사파타(阿舍波陀)·아수타(阿輸陀)라 음역. 보리수(菩堤樹)의 원명. 길상수(吉祥樹)·무죄수(無罪樹)라 번역. 부처님께서 이 나무 아래에서 성불하셨으므로 보리수라 한다. 옛적부터 성수(聖樹)라 하여 신(神)에 공물(供物)하는 기구를 만들고 공화(供火)에는 호마목(護摩木)으로 쓰인다.

아소견(我所見)

자신에게 속한 모든 물건은 본디 일정한 임자가 없는 것인데도 자기의 소유물이라고 고집하는 편견.

아수라(阿修羅) asura

고대 인도의 선신(善神)이었으나 후에 제석천과 싸우는 귀신으로 육도(六道) 팔부중(八部衆)의 하나가 된 귀신. = 수라(修羅).

아수라도(阿修羅道)

육도(六道)의 하나. 아수라들이 모여 늘 싸움만 하는 세계. 교만심과 시기심이 많은 사람이 죽어서 간다고 함.

수라계.

아수라왕(阿修羅王)
아수라도의 우두머리. 범천 제석(梵天帝釋)과 싸워 정법(正法)을 멸하려는 악귀임.

아술달(阿術達)
[범] Asucita 인도 마갈타국 아사세 왕의 딸로 12세에 대도(大道)를 논했다고 한다. B.C. 5세기경 사람. 무우수(無憂愁)라 번역.

아승기(阿僧祇) asamkhya
산수로 표현할 수 없는 가장 많은 수. 또는, 시간. 무량(無量). 무한(無限).

아승기겁(阿僧祇劫)
겁의 수가 무량함. 무한의 시간.
= 무량겁(無量劫).

아야교진여(阿若橋陣如)
다섯 비구니 중의 한 분.

아아소(我我所)
나와 내게 딸린 것들.

아왕(鵞王)
부처님을 말함. 부처님의 상호(相好)에 수족만강상(手足縵綱相)이란 특수한 모양이 있다. 거위와 같이 손발가락 사이에 막(膜)이 있으므로 이렇게 말함.

아육(阿育)
[범] Asoka 구역은 아서가(阿恕伽), 신역은 아수가(阿輸伽) 번역하여 무우(無憂). B.C. 2세기에 전 인도를 통일하고 불교를 보호한 왕. 남전, 북전에 그 기록이 똑같지 않으나 왕은 BC 321년경 인도에 공작왕조를 개창한 전타굴다 대왕의 손자, 빈두사라 왕의 아들로 출생. 어려서 성품이 거칠고 사나워서 부왕의 사랑이 없었다. 영토인 덕차시라 국에 반란이 일어나자, 이를 정복 귀순케 하다. 부왕이 죽은 후 이모형(異母兄) 수사마를 죽이고 즉위.

아육왕(阿育王)
아소카(Asoka) 왕.

아이다시사훔바라(阿夷多翅舍훔婆羅)
[범] Ajitakesakambala [파] Ajitakesakambali 육사외도(六師外道)

의 하나. → 육사외도.

아자관(阿字觀)
우주와 인생을 "아"자에 모아 관함.

아잔타
[범] Ajanta 궁정의 이름. 서인도 아우랑가바드의 동북으로 55마일 지점. 아잔타 촌에 있다. 뭄바이(봄베이)에서 동북으로 231마일쯤 떨어진 Pachola 역(驛)에 하차(下車) Fardapur 읍에서 약 3마일 되는 곳에 있다. 동굴은 깊은 계곡을 끼고 있는 절벽에 판 것. 총계 29개(그 속에 5는 불당, 다른 24는 강당과 僧院이 있음) 굴의 벽·천정·기둥에 있는 조각·벽화는 인도 고대의 미술을 대표한 것으로 유명. 제작 시대는 BC 2세기에서 AD 7세기까지라고 추정.

아제아제(阿諦아諦) (×계체계체)
반야심경 끝 게송의 첫 부분. "가자 가자"

아집(我執)
① ↔ 법집(法執). 또는 인집(人執)·생집(生執). 아(我)를 실재한 줄로 집착하는 소견. ② 이치의 시비곡직(是非曲直)에 표준이 없이 자기의 의견에만 집착하여 아(我)를 고집하는 것.

아하하(阿呵呵)
아(阿)는 어조사. 하하(呵呵)는 웃는 소리. 선가에서 스승과 제자가 문답 토론하다가 이치가 다하고 말이 끝날 때에 스승이 입을 벌리고 웃는데 나는 소리. 이것은 말 밖의 남은 뜻을 알리는 것.

아함경(阿含經) agama
① 석가모니의 언행록. ② 소승 불교 경전(經典)의 총칭.

악(惡)
[범] Akusala 3성(性)의 하나. 불선(不善)이라고도 한다. 현세나 내세에 자기나 남에게 대하여 좋지 아니한 결과를 가져올 성질을 가진 바탕.

악견(惡見)
백법(百法)의 하나. 6번뇌의 하나. 모든 법의 진리에 대하여 가지는 잘못된 견해.

악과(惡果)

나쁜 짓에 대한 갚음. 악보(惡報). ↔ 선과(善果).

악구(惡口)
십악(十惡)의 하나. 신역(新譯)에서는 추악한 말. 남을 성내게 할 만한 나쁜 말.

악기식(惡氣息)
기식(氣息)은 말. 악취가 나는 숨을 쉬는 것. 쓸데없는 말을 벌려 놓음. 학인이 마음에 얻은 것이 없으면서 혀끝으로만 지껄이는 것을 스승이 꾸중하는 것. 입으로 방귀 뀐다는 뜻.

악도(惡道)
= 악취(惡趣). 나쁜 일을 지은 탓으로 장차 태어날 곳. 여기에 3악도·4악도·5악도 등이 있다.

악도외(惡道畏)
5포외의 하나. 나쁜 짓을 하고 삼악도에 떨어질 것을 두려워 함.

악마(惡魔)
① 불도를 방해하는 악신(惡神). 마라(魔羅). ② 악·불의·암흑을 의인화(擬人化)한 것. 사람을 악으로 유혹하고 멸망시키는 것. 유태교·크리스트교에서는 신의 적대자임. 타천사(墮天使). ③ 남을 못살게 구는 아주 흉악한 사람이나 악령(惡靈).

악성(惡性)
삼성(三性)의 하나. 악한 짓을 하기를 좋아하는 성질. <관념법문>에는 악성인의 5가지가 있다. 1. 진리를 비방하고 거짓을 행함. 2. 바른 것을 비방하고 삿된 것을 행함. 3. 옳은 것을 비방하고 그른 것을 행함. 4. 실다움을 비방하고 헛됨을 행함. 5. 선을 비방하고 악을 행함. <우독초>에는 이에 의하여 악성(惡性)·사성(邪性)·허성(虛性)·비성(非性)·위성(僞性)을 들었다.

악업(惡業)
악한 결과를 받을 입·몸·뜻으로 짓는 동작. 5악·10악 등이 있다.

악연(惡緣)
① 악으로 이끄는 온갖 일. ② 나쁜 인연. ③ 서로 화목하지 못한 부부간의 인연.

악우(惡友)

정당치 아니한 행위를 하여 자기를 사도(邪道)로 인도하며 불리한 결과를 이루게 하는 벗. <선생경>에는 6종을 말하고, <시가라월 육방례경>에는 4악우와 4악지식을 말한다.

악인(惡因)
나쁜 결과를 낳는 원인.

악인 악과(惡因惡果)
나쁜 일을 하면 반드시 나쁜 결과가 따름. ↔ 선인 선과.

악인연(惡因緣)
나쁜 인연.

악지식(惡知識)
나쁜 법. 사특한 법을 말하며, 사람으로 하여금 마도(魔道)에 들게 하는 이. 악우(惡友)·악사(惡師)와 같다.

안거(安居)
출가자에게는 매년 우한기(雨寒期)를 통하여 안거라는 것을 하는데 우리나라에서는 음력 4월 15일부터 7월 15일까지 여름안거(夏安居)가 시행되고 10월 15일부터 1월 15일까지 3개월간 겨울안거(冬安居)가 시행되므로 이를 9순안거라 하기도 함.

안근(眼根)
오근(五根)·육근(六根)의 하나. 눈의 감각을 생기게 하는 기반이 되는 것. 안식(眼識)으로 하여금 형태·색체 등을 감각케 하는 시각기관, 곧 눈.

안나반나(安那般那)
수식법(數息法). 호흡에 정신을 집중시켜 정신을 통일하는 수행법.

안락(安樂)
서방 극락세계의 별명. 안락국·안락세계.

안락국(安樂國)
= 극락.

안락 세계(安樂世界)
극락정토. 극락세계.

안락 정토(安樂淨土)
= 극락.

안립제(安立諦) (×안립체)
안립이란 벌여 놓는다는 뜻. 진여(眞如)는 언어도단(言語道斷)이지만 방편으로써 말과 생각을 펴서 나타냄.

안선(安禪)
= 좌선(坐禪). 좌선하면 몸과 마음이 편안하다는 뜻.

안식(眼識)
[범] Caksurvijnana 5식(五識)의 하나. 모양·빛깔 등을 분별하고 아는 작용. 시각(視覺).

안심 입명(安心立命)
모든 의혹과 번뇌를 버려 마음이 안정되고, 모든 것을 천명(天命)에 맡김.

안양(安養)
① 마음을 편하게 지니고 몸을 쉬게 하는 것. ② '안양 정토'의 준말.

안좌(安坐)
① 부처 앞에서 무릎 꿇고 앉는 것. ② 편하게 앉는 것. ③ 부처를 법당에 봉안(奉安)하는 것.

안하처(安下處)
안전하게 여장을 푸는 곳. 절의 내빈이 임시로 쉬는 방.

암자(庵子)
① 큰 절에 딸린 작은 절. ② 중이 임시로 거처하며 도(道)를 닦는 집. = 암(庵).

암주(庵主)
암자의 주인. 또는, 암자에 거처하는 중.

암하 고불(巖下古佛)
① 바위 밑의 오래 된 불상(佛像). ② [산골에 사는 착하기만 하고 진취성이 없는 어리석은 사람이란 뜻] 강원도 사람의 별명. 암하 노불(巖下老佛).

암하노불(巖下老佛)
= 암하 고불.

앙가국(鴦伽國)
[범] Anga 인도에 있었던 16대국의 하나. 앙굴다라국이라고도 한다. 마갈타국의 동쪽에 있는 나라.

앙가사다(鴦伽士多)
[범] Angajata 생지(生支)라 번역. 남자의 생식기.

앙화(殃禍)

① 모든 재앙과 액화(厄禍). 재앙은 천변지이로 인하여 받게 되는 불행한 사고, 액화는 모질고 사나운 운수로 인하여 몸이나 마음이나 또는 일에 뜻밖의 변고를 당하여 받게 되는 괴로움이나 피해. ② 죄업으로 인하여 받게 되는 고통.

애(愛)

[범] Trsna 12인연의 하나. 애지(愛支). <구사론>에서는 남녀 16~17세 이후에 애욕이 생기기 시작하나 아직 음욕을 만족함이 이르지 못한 때. <성유식론>에서는 다음 생을 받을 인연이 될 탐번뇌(貪煩惱)라 한다. 모두 임종시에 일어나는 탐애(貪愛).

애견(愛見)

애(愛)는 사물에 대하여 애착을 일으킴. 견(見)은 사물과 이치에 대하여 억측하는 것.

애견대비(愛見大悲)

애견을 버리지 못하고 내는 대비심. 애견(愛見)이란 사물에 대한 집착.

애근(愛根)

다른 번뇌를 내게 하는 근본이다.

애도(愛道)

[범] Mahaprajapayi 마하파사파제(摩訶波사婆提)라 음역되며 애도(愛道)라고 번역. 부처님의 이모. 마야 왕비께서 입멸하신 후에 부처님을 양육한 사람.

애락(愛樂)

① 바른 일, 진실한 가르침 등을 마음으로 믿고 바라고 구함. ② 사랑스럽고 즐거운 일.

애별리고(愛別離苦)

팔고(八苦)의 하나. 부모·형제·처자·애인 등과 생별(生別)·사별(死別)함으로써 받는 괴로움. 사랑하는 사람과 헤어지는 고통.

애안(愛眼)

자비스러운 부처의 눈.

애어(愛語)

좋은 말을 함.

애염(愛染)

= 애집(愛執).

애염명왕(愛染明王)

불법을 보호하는 명왕의 하나. 몸은 붉고 눈이 셋, 팔이 여섯, 머리에는 사자관을 썼음. 어리석은 사랑으로 생기는 가정의 파란을 다스리고, 남녀간의 갈등을 풀어 법문을 깨닫게 하는 사랑의 신임.

애요(愛樂) (×애락)

사랑하고 좋아함.

애욕(愛欲)

탐애하고 욕락하는 뜻. 사물을 탐애하고 욕구하는 마음.

애증(愛憎)

하나는 친애하는 정으로 맞이하고, 하나는 미워하는 생각으로 배척함. 사랑과 증오.

애집(愛執)

자기의 소견이나 소유를 너무 생각하는 일. 애염(愛染). 애착(愛着).

야단법석(野壇法席)

원래는 들판에 임시로 설법하는 자리를 만든 것을 말하는데, 여기에 주최측과 많은 사부대중이 한 데 모이므로 사방이 분주하고 시끌벅적해지기 때문에 뜻이 변하여 소란스러운 곳이나 떠들썩한 자리를 가리키는 말이 되었다.

야순(夜巡) 스님

밤중에 순시를 책임지는 스님.

야차(夜叉) yaksa

① 모습이 추악하고 잔인한 귀신. 하늘을 날아다니며 사람을 괴롭힌다고 함. ② = 염마졸(閻魔卒). ③ [민] 사나운 귀신의 하나. 두억시니.

약사(藥師)

'약사 유리광 여래'의 준말.

약사보살(藥師菩薩)

약사여래는 정확하게 말하면 약사유리광여래 부처님이다. 약사여래가 계시는 세계의 이름이 동방에 있는 정유리 세계이므로 동방정유리계의 교주라고 지칭되기도 함.

약사불(藥師佛)

질병의 고통을 없애주는 부처. 약살유리광여래 또는 대의왕불이라고도 함.

약사 삼존(藥師三尊)

중생을 질병에서 구원하여 준다는 부처. 곧, 약사 여래와 일광 보살·월광 보살의 총칭.

약사십이신장(藥師十二神將)
약사여래경에 나오는 12신장.

약사 여래(藥師如來)
'약사 유리광 여래'의 준말. 중생의 원에 응하여 영험을 보이시는 응신불의 일종으로서 중생들의 온갖 아픔을 치료하여 잘 살도록 해주시는 부처님.

약사유리광여래(藥師유리光如來)
중생을 질병에서 구원해 주고, 법약(法藥)을 준다는 부처. 왼손에 약병, 오른손으로 시무외(施無畏)의 인(印)을 맺고 있음. 약사여래불. 약사 여래.

약왕(藥王)
'약왕 보살'이 준말.

약왕. 약상보살(藥上菩薩)
양약을 베풀어 중생의 몸과 마음의 병을 치료해 주는 보살임.

약왕 보살(藥王菩薩)
25보살의 하나. 양약(良藥)을 주어 중생의 몸과 마음의 병이나 괴로움을 덜어 주고 고쳐 주는 보살. 약왕(藥王).

양계(兩界)
① [민] 고려·조선 시대의 특별 행정구역. 평안도 지방인 서계(西界)와 함경도 지방인 동계(東界)를 일컫는 말. 군사적으로 중요한 지역임. ② 밀교(密敎)의 금강계(金剛界)와 태장계(胎藏界).

양계만다라(兩界蔓茶羅)
태장계(胎藏界)와 금강계(金剛界) 만다라.

양공(良工)
① 재주가 뛰어난 공인(工人). 양장(良匠). ② 가사(袈裟)를 짓는 침공(針工).

양설(兩舌)
이쪽 저쪽에 가서 서로 다른 말을 함.

양유관음(楊柳觀音)
버들개 가지를 든 관세음보살.

양족존(兩足尊)
복덕과 지혜가 구족(具足)한 부처님.

어간(御間)
절의 법당이나 큰 방 한복판에 있는 칸.

어록(語錄)
고승이 평생에 하던 법문과 말씀을 그 문인이나 시자들이 필기하여 편찬한 책.

어린이 오계(五戒)
1. 자비심으로 생명을 사랑하라. 2. 보시를 행하며 복덕을 지어라. 3. 몸과 마음에 청정행을 닦아라. 4. 진실을 말하고 신뢰를 지켜라. 5. 언제나 밝고 바른 지혜를 가져라.

어변성룡(魚變成龍)
물고기가 변하여 용이 된다는 말로서, 아주 곤궁하던 사람이 부귀하게 된다든가, 아주 못난 사람이 크게 성공하게 된다든가, 후진국이 선진국으로 성장한 것을 비유한 말. 「개천에서 용 난다」는 속담은 이를 두고 한 말이다.

어업(語業)
= 구업(口業). 3업의 하나. 입으로 말을 하는 업. 이에 표업(表業)·무표업(無表業)이 있다. 표업은 표시할 수 있는 업이니 입에서 나오는 말. 무표업은 표시할 수 없는 것이란 뜻. 표업의 힘으로 나쁜 짓을 방지하는 것과 같은 세력을 내는 것.

어역묘법연화경(御譯妙法蓮華經)
조선조 간경도감에서 조각해서 인쇄한 법화경.

억겁(億劫)
무한히 긴 오랜 세상 또는 세월.

업경(業鏡)
지옥 염마왕청에 있는 거울. 여기에 비추면 죽은 이가 생전에 지은 선악의 행업이 그대로 나타난다고 한다.

억불(抑佛)
불교를 억제하는 것.

억천만겁(億千萬劫)
무한한 시간.

언교(言敎)
불타(佛陀)가 말로 가르친 교훈.

언설법신(言說法身)
말로 표현한 법신.

언어도단심행처멸(言語道斷心行處滅)
진리는 말할 수도 생각할 수도 없다는 말.

업(業)
몸과 입과 뜻을 발동하는 작용을 말하는데 사업(思業)과 사기업(思己業)의 두 종이 있음.

업감연기(業感緣起)
세상의 모든 것은 업에 의해 생긴다는 이론.

업고(業苦)
전생의 나쁜 짓으로 말미암아 받는 고통.

업과(業果)
= 업보(業報).

업구(業垢)
또는 죄구(罪垢). ① 업은 살생 등의 악업. 구(垢)는 탐(貪)·진(瞋)·치(癡) 등의 번뇌. ② 죄업의 때(垢).

업귀(業鬼)
정도(正道)를 방해하는 악업(惡業).

업도(業道)
3도(道)의 하나. 업을 말함. 몸·입·뜻으로 짓는 선악의 행업(行業)은 사람으로 하여금 6취(趣)에 가게 하므로 도(道)라 한다.

업력(業力)
과보(果報)를 가져오는 업의 큰 힘.

업병(業病)
전세에 지은 악업에 의하여 받는 병. 사람의 힘으로는 고칠 수 없는 병.

업보(業報)
선·악의 업에 의하여 받는 고락의 과보 = 업과(業果).

업보신(業報身)
업보에 의해 받은 몸.

업비량(業比量)
물건이 움직이는 것을 보고 무엇이라고 비량하는 것.

업액(業厄)
악업(惡業)의 대가로 받는 재난.

업연(業緣)
업연의 인연.

업원(業冤)
전생에 지은 죄 때문에 이승에서 받는 괴로움.

업인(業因)
선악이 과보(果報)를 일으키는 원인.

업종(業種)
① 우리들이 몸과 입과 뜻으로 지은 선악의 업은 마치 종자가 열매를 맺는 것같이 고락의 과보를 내는 것이므로 업종이라 한다. ② 업종자(業種子)의 준말.

업죄(業罪)
전세(前世)에 지은 죄.

업해(業海)
넓고 큰 업보의 세계.

업화(業火)
① 불같이 일어나는 노여움. ② 악업의 갚음으로 받는 지옥의 맹렬한 불.

여(如)
① 시간·공간을 초월하여 변하지 않은 자체. 제법(提法)의 본체(本體)·이체(理體)·이성(理性)·진여(眞如) 등을 말하는 경우. ② 현상 그대로의 모양. 으레 그렇다(法如然)는 것을 말하는 경우. ③ 평등하게 차별이 없다는 뜻. 일여(一如)·여동(如同)이라 말하는 경우. ④ 사물이 서로 비슷한 것을 표하는 경우 등에 쓰는 말.

여거사(女居士)
여자도 거사(居士)라 한다. 여장부라고 하는 말과 같다.

여년(驢年)
십이지(十二支) 가운데 나귀 해는 없으므로, 끝내 만날 기약이 없다는 뜻.

여동대
절에서, 여동밥을 떠놓는 조그마한 밥그릇.

여동밥
중이 귀신에게 주기 위해 밥을 먹기

전에 여동대에 한 술씩 떠놓는 밥.

여두통(-桶)
여동밥을 담아 두는 통.

여래(如來)
① 진리의 세계에 도달한 사람 또는 진리의 세계에서 설법하러 온 사람이라는 뜻. ② 석가모니 부처님을 일컬어 불경에서 사용되고 있는 용어 가운데 하나.

여래법장(如來法藏)
여래의 자리(自利)·이타(利他)하는 공덕을 말한다. 여래께서 일체의 선근 공덕을 간직하였으므로 법장.

여래장(如來藏)
미계(迷界)에 있는 진여. 미계의 사물은 모두 진여에 접수되었으므로 여래장이라 함. 진여가 바뀌어 미계의 사물이 될 때는 그 본성인 여래의 덕이 번뇌 망상에 덮이게 되므로 여래장이라 함.

여래장연기(如來藏緣起)
여래장은 미계(迷界)에 있는 잔여. 여래장이 모든 사물을 나고 없어지게 한다는 이론.

여량지(如量智)
현상계의 변화와 차별에 따라 그 차별, 수량을 아는 불·보살의 지혜.

여설수행(如說修行)
부처님의 가르침대로 수행함.

여섯때
하루를 아침·한낮·저녁·초밤·밤중·새벽의 여섯으로 나누어 염불과 독경을 하는 때.

여스님(女-)
'여승(女僧)'을 높여 이르는 말. ↔ 남스님.

여승(女僧)
여자 중. 비구니(比丘尼). ↔ 남승(男僧).

여승(餘乘)
다른 탈것의 뜻. 승은 중생을 태워서 피안(彼岸)에 이르게 하는 배나 수레를 말함. 자파(自派)의 교의(敎義)를 종승(宗乘)이라 하는데 대하여 타종(他宗)의 교의를 말함.

여승당(女僧堂)
= 신중절.

여승방(女僧房)
신중절.

여시아문(如是我聞)
[나는 이와 같이 들었다는 뜻] 부처님의 말을 제자인 아난(阿難)이 몸소 들었다는 뜻을 나타내어 경전(經典)의 모두(冒頭)에 적은 말.

여실공(如實空)
진여의 자체 내용을 표현하는 말. 진여의 체성은 온갖 사상을 초월하여 절대적인 것이므로 일체의 언설(言說)·사려(思慮)를 부정하여 버렸다는 뜻으로 공(空)이라 함. 단순히 한 물건도 없는 공이란 의미는 아니다. 이 공이란 뜻이 진여의 진실한 내용을 표시하므로 여실한 공이라 한다.

여여불(如如佛)
여여의 이치를 깨달은 부처님. 여여(如如)란 진여(眞如)와 같음.

여여자연(如如自然)
과거·현재·미래를 통하여 영원한 세월에 우주 대자연 그대로 존속해 있다는 말.

여원인(如願印)
중생의 소원을 만족시키는 것을 나타내 보인 손자세.

여의륜관음(如意輪觀音)
관세음보살.

여의주(如意珠)
[범] Cintamani 또는 여의보주(如意寶珠). 이 구슬은 뜻대로 여러 가지 욕구하는 것을 내므로 여의주라 한다. 여의륜 관음은 두 손에 이 보주를 가졌고 사갈라 용왕(사竭羅 龍王)의 궁전에도 있다고 한다. → 마니(魔尼).

여환(如幻)
모든 일의 무상함이 환영(幻影)과 같음.

역수(逆修)
① 죽기 전에, 죽은 뒤의 복을 빌기 위하여 미리 칠칠일(七七日)의 불사(佛事)를 닦는 일. ② 젊어서 죽은 사람의 명복을 살아남은 부모가 비는 일. ③ 자기가 복 받으려고 죽은 사람의

명복을 비는 일.

역승(役僧)
일하는 중.

연(緣)
[범] Pratyaya 순익자생(順益資生)의 뜻. 물건이 생길 때에 친한 원인이 되는 것과 힘을 주어 인으로 하여금 과를 낳게 하는 것. 결과를 내는데 장애가 되지 않는 힘. 만일 인과 연을 나누어 말하면 친한 원인인 것을 인, 멀리 도와주는 것을 연이라 한다. 4연(緣)으로 말하면 인연은 인즉연(因卽緣)으로 전의 것에 속하고, 소연연(所緣緣)·증상연(增上緣)·등무간연(等無間緣)을 연이라 한다.

연각(緣覺) pratyeka-buddha
12인연의 이치를 관찰하여 홀로 깨달았다는 뜻으로, '독각(獨覺)'을 달리 이르는 말.

연각승(緣覺乘)
= 독각승(獨覺乘).

연각탑(緣覺塔)
연각(緣覺)·성문(聲聞)을 중심으로 하여 세운 탑.

연기(緣起)
① [범] Patitya-samutpada 다른 것과의 관계가 연(緣)이 되어 생기(生起)하는 것. 인연생기(因緣生起)의 뜻. 연(緣)이 되어서 결과를 일으킴. 구사종(俱舍宗)의 업감연기(業感緣起), 유식종의 뇌야연기(뇌耶緣起) <기신론(起信論)>의 진여연기(眞如緣起), <화엄경>의 법계연기(法界緣起), 진언종(眞言宗)의 6대연기(六大緣起) 등이 있다. ② 기연설기(機緣說起)의 뜻. 중생의 지혜로 이해할 수 있는 정도로 설법한 것.

연등(燃燈)
① '연등절'의 준말. ② '연등회'의 준말.

연등법회(燃燈法會)
등불을 켜고 하는 법회.

연등절(燃燈節)
[등을 달고 불을 켜는 명절이라는 뜻] 사월 초파일. = 연등.

연등회(燃燈會)

정월 보름날에 불을 켜고 부처에게 복을 빌며 노는 놀이. 신라 때에 비롯되어, 고려 태조 때부터는 매년 백성의 복을 빌기 위해 국가적인 행사로 열었음. 연등. ▷ 팔관회(八關會).

연력(緣力)
↔ 인력(因力). 외부로부터 와서 도와주는 인연이 되는 힘. 염불하는 행자가 선지식에게 불법을 듣는 것 등.

연비(燃臂)
계(戒)를 받는 마음의 굳은 약 속의 징표로서 향불로 자기의 팔을 태우는 의식을 말함.

연생(緣生)
일체만법(一切萬法)은 인연 화합(因緣和合)을 따라서 생겨남.

연성(緣成)
인연에 의하여 이루어지는 것.

연연(緣緣)
= 소연연(所緣緣). 4연(四緣)의 하나. 심식(心識)을 능연(能緣), 객관계(客觀界)를 소연(所緣)이라 한다. 심식은 소연인 객관계를 연으로 하여 비로소 작용을 일으킬 수 있으므로 객관계가 심식을 내게 하는 연이 된다는 뜻으로 객관계를 소연이라 함.

연종보감(蓮宗寶鑑)
원나라 진도(晋度)가 쓴 염불에 관한 책.

연좌(宴坐)
= 좌선(坐禪).

연좌(蓮座)
'연화좌'의 준말.

연화국(蓮花國)
연꽃의 나라. 곧, 극락 정토.

연화대(蓮花臺)
① 극락 세계에 있다는 대(臺). = 연대(蓮臺). ② [민] 정재(呈才) 때에 추는 춤의 한 가지. 임금의 덕화로 연꽃의 정(精)이 나타나서 노래하고 춤을 춘다는 내용의 춤.

연화소(緣化所)
불사(佛事)를 특별히 맡아보는 임시 사무소

연화장세계(蓮華藏世界)
비로자나 부처님의 세계.

연화좌(蓮華坐)
① 연꽃 모양의 불좌(佛座). ㉾ 연좌(蓮座). ② [민] 연꽃 모양을 새긴 대좌(臺座).

연화좌(蓮華座)
화좌(華座)·연화대(蓮花臺)·화대(華臺)·연대(蓮臺)라고도 한다. 불·보살이 앉는 연화의 대좌(臺座). 연화는 진흙 속에서 나서도 물들지 않는 덕이 있으므로, 불·보살이 앉은 자리를 삼다.

연화초개락(蓮華初開樂)
연꽃에 쌓여 극락세계에 처음 왕생해 피어나는 기쁨.

열두 신장(-神將)
[민] 판수나 무당이 경을 욀 때 부르는 신장. 십이신. 십이 신장(十二神將).

열반(涅槃)
① 불도를 완전하게 이루어 일체의 번뇌를 해탈한 최고의 경지. 니르바나 (nirvana) 멸도(滅度). ② = 입적(入寂).

열반경(涅槃經)
일체중생실유불성(一切衆生悉有佛性: 일체 중생은 불성을 갖추고 있다)이라는 말로 더 많이 알려진 경전이 열반경이다. 이 경전의 정식 명칭은 대반열반경(大般涅槃經)이다. '대반열반'이란 '완전하고 위대한 열반'이라는 의미이다. 석존이 입멸할 당시의 상황, 석존이 임종하는 장면을 중심으로 설해져 있다.

열반당(涅槃堂)
열반당은 연수당(延壽堂)·무상원(無常院)·성행당(省行堂)·장식료(將息療) 등으로도 불린다. 병든 스님들을 수용하고 치료하는 곳.

열반 적정(涅槃寂靜)
열반의 경지는 모든 모순을 초월한 고요하고 청정(淸淨)한 경지라는 뜻.

열반종(涅槃宗)
불교의 한 종파. 열반경(涅槃經)을 그 근본 성전(聖典)으로 함. 우리나라에서는 신라 때 보덕 화상(普德和尙)

이 개종하였음.

열중(悅衆) 스님
결재 대중을 통솔하는 소임자 스님.

염라 대왕(閻羅大王)
염라국의 임금. 죽어서 지옥에 떨어진 인간의 생전의 행동을 심판하고 다스림. 야마(夜摩). 염마. 염마 대왕.

염(染)
'물든다 · 때묻는다 · 더럽히다'라는 뜻. 번뇌.

염(念)
[범] Smrti 심소(心所)의 이름. 구사종(俱舍宗)으로는 대지법(大地法)의 하나. 유식종(唯識宗)으로는 오별경(五別境)의 하나. 주관(主觀)인 마음이 객관인 대경(對境)을 마음에 분명히 기억하여 두고 잊지 않는 정신. 지나간 일을 기억할 뿐만 아니라, 현재의 순간에도 행하여져서 마음으로 객관대상을 분별할 때 반드시 존재하는 것.

염계(染界)
사바세계. 곧 이 세계. 이 세계에는 더러운 것이 가득하므로 이렇게 말한다.

염근(念根)
[범] Smrtindriya 오근(五根) 하나. 근은 작용이 있는 것. 염은 대경(對境)을 마음에 품고 잊지 않는 작용.

염력(念力)
오력(五力)의 하나. 한 가지 일을 전심으로 생각하여 모든 마장(魔障)을 물리치고 산란하지 않는 힘. 꾸준히 생각에 몰두하는 힘.

염리(厭離)
속세가 싫어 떠나는 것.

염리 예토(厭離穢土)
온갖 더러움이 쌓인 이 속세를 싫어하여 떠남.

염마(閻魔)
= 염라 대왕.

염마왕(閻魔王)
죽음 세계의 왕.

염마장(閻魔帳)

염라 대왕이 죽은 사람의 생전의 죄상(罪狀)을 적어 둔 장부.

염마졸(閻魔卒)
염라국에 살며 죄인을 다루는 옥졸. 귀졸(鬼卒). 야차(夜叉). 염라졸.

염마천(閻魔天)
[범] Yama 호세천(護世天)의 하나. 20천(天)의 하나. 염마왕과 같다. 밀교에서는 천부(天部)에 참예한 염마천이라 한다.

염마청(閻魔廳)
죽은 사람의 죄상을 문초하는 염라국의 법정. 염라청.

염마 하늘(閻魔-)
밀교(密敎)에서 받드는 염라 대왕. 염마천.

염부 과보(閻浮果報)
중생(衆生)이 속세(俗世)에서 받는 인과 응보(因果應報).

염부제(閻浮提)
수미산 남쪽에 있는 세계. Jambu-dvipa.

염부진(閻浮塵)
현세(現世)의 더러운 티끌.

염불(念佛)
부처의 모습과 공덕을 생각하면서 '나무 아미타불'을 외거나 불명을 부르는 일.

염불(念佛)
부처님이나 보살님의 이름과 모습을 끊임없이 마음에 집중함으로써 번뇌와 망상을 없애 깨달음을 이루고 불국정토에 왕생하는 수행방법.

염불 삼매(念佛三昧)
염불에 의하여 잡념을 없애고 부처의 진리를 보게 되는 경지.

염불 송경(念佛誦經)
= 염송(念誦).

염불십종심(念佛十種心)
1. 무손해심(無損害心) 2. 무핍뇌심(無逼惱心) 3. 낙수호심(樂守護心) 4. 무집착심(無執着心) 5. 기정의심(起淨意心) 6. 무망실심(無亡失心) 7. 무하열심(無下劣心) 8. 생결정심(生決定心) 9. 무잡염심(無雜染心) 10. 기수념심(起隨

念心)

염불왕생(念佛往生)
열심히 염불하여 극락 왕생을 이루는 일.

염불퇴(念不退)
부처님에 대한 생각이 단 한 순간도 물러나지 않음.

염상속(念相續)
부처님을 생각하는 마음이 끊이지 않고 계속됨.

염색(染色)
가사의 빛. 청(靑)·흑(黑)·목란(木蘭) 등 3종의 괴색(壞色)으로 물들이는 것이므로 염색.

염송(念誦)
마음속으로 부처를 생각하고 불경을 외는 것. 염불 송경(念佛誦經).

염시(念施)
[범] Tyaganu-smrti 6념(六念)의 하나. 염사(念捨)라고도 한다. 보시는 탐하는 마음을 여의고, 청정한 공덕이 있는 줄로 생각하는 것.

염식(念食)
구종식(九種食)의 하나. 염(念)은 호념(護念), 억념(憶念)하는 것. 식(食)은 몸과 마음을 기르는 것. 수행하는 이가 얻은 선법(禪法)을 생각하고 호지(護持)하며 잊지 아니하여, 선근(善根)을 기르고 혜명(慧命)을 돕는 것을, 세간의 식물이 신체를 기르는데 비유하여 염식이라 한다.

염심(染心)
번뇌로 말미암아 더럽혀진 마음.

염안반(念安般)
호흡을 생각하는 수행법.

염정(染淨)
염(染)은 더러운 번뇌. 정은 번뇌에 더럽히지 않고 청정한 것.

염정(念定)
염(念)은 정념(正念), 정(定)은 정정(正定). 정념이란 것은 참된 지혜로 정도를 생각하여 삿된 생각이 없는 것. 정정이란 것은 참된 지혜로써 산란하고 흔들리는 생각을 여의고 몸과 마음을 고요하게 하고, 진공(眞空)의 이치를 관하며 가만히 있고 마음을 이동치 아니하는 것.

염정 제법(染淨諸法)
㉠ 더럽고 깨끗하고 아름답고 추악한 일체의 현상. 물심(物心)의 모든 현상을 더럽고 깨끗하고 아름답고 추하다고 분별하는 것. 모든 현상을 분별심에 집착해서 보는 것은 곧 번뇌망상이 된다.

염주(念珠)
수주(數珠)라고 하며 염불할 때나 진언을 외울 때, 또는 절을 할 때에 그 수를 헤아리기 위해서 사용합니다.

염처(念處)
[범] Smrtyupasthana 염(念)은 관조(觀照)하는 지혜와 함께 일어나는 염의 심소(心所). 처(處)는 관(觀)하는 대상 경계. 신(身)·수(受)·심(心)·법(法)의 대상을 향하여 부정(不淨)·고(苦)·무상(無常)·무아(無我)라고 관하는 지혜를 일으킬적에 염으로 하여금 그 경계를 머물게 하므로 염처 또는 염주(念珠)라 한다. 안정된 마음의 관상(觀相).

염향인(染香人)
[염불하는 사람은 부처의 공덕이 몸에 가득히 밴다는 뜻] 염불하는 사람을 이르는 말.

염혜(染慧)
번뇌(煩惱)로 인하여 더럽혀진 지혜.

염화미소(拈華微笑) (×점화미소)
[석가가 연꽃을 들어 대중에게 보였을 때 카시아파(Kasyapa)만이 그 뜻을 깨달아 미소지었다는 뜻] 마음에서 마음으로 전함. 이심전심. 교외 별전. 염화 시중.

염화시중(拈花示衆) (×점화시중)
염화미소와 같음.

염휴식(念休息)
[범] Upasamanu-smrti 십념(十念)의 하나. 고요한 장소에 있어서 온갖 세속 인연을 멀리하고 거기서 성도(聖道)를 닦을 것을 생각함.

영가(靈駕)
= 영혼.

영각(影閣)
고승(高僧)의 초상을 모신 곳.

영각(靈覺)
= 영혼(靈魂).

영감(靈鑑)
① 신불(神佛)의 영묘한 조감(照鑑). ② 영묘한 감식(鑑識).

영겁(永劫)
영원한 세월. 백겁.

영공(靈供)
부처나 죽은 사람의 영전에 바치는 잿밥. 영반(靈飯).

영단(靈壇)
영혼의 위패를 두는 단.

영답(影畓)
'영위답(影位沓)'의 준말.

영당(影堂)
한 종파(宗派)의 조사(祖師), 한 절의 개조(開祖), 또는 덕이 높은 중의 화상을 모신 사당. 영전(影殿). 영도(影圖).

영대강(永代講)
죽은 사람의 명복을 빌기 위하여 해마다 신도를 모아 불경을 강설(講說)하는 일.

영락(瓔珞)
[범] Keyura 구슬을 꿰어 몸에 달아 장엄하는 기구. 인도의 귀인들은 남녀가 모두 영락을 입으며, 보살도 이것으로 단장함. 후세에는 불상이나 불상을 모시는 궁전을 장엄할 적에 꽃 모양으로 만든 금붙이와 주옥(珠玉)을 섞어 쓰는 것을 영락이라고 하였다.

영반(靈飯)
= 영공(靈供).

영산(靈山)
① 신령한 산. 영봉(靈峰). ② 신불(神佛)을 모셔 제사 지내는 산. 신산(神山). ③ '영취산(靈鷲山)'의 준말.

영산재(靈山齋)
영산회상에서 석가여래와 가섭상좌가 염화미소한 도리를 널리 법계에 알리기 위하여 지내는 재인데 앞의 수륙재가 수륙의 주인 없는 귀신과 아귀들을 중심으로 재내는 재라면 영산재는 온 세계 모든 성현들을 모아 공양하고 온 세계의 수도승들을 청하여 봉양하고 법문을 듣고 시방고혼들을 천도하는 재이다.

영산회(靈山會)
석가 여래가 영취산(靈鷲山)에서 제자들을 모아 설법한 일.

영산회상(靈山會上)
부처님이 영취산에서 설법하시던 장면을 노래한 악곡.

영산회상(靈山會相)
석가모니께서 설법한 영산회의 불보살을 노래한 악곡. 영산회상곡이라고도 함.

영상(影像)
불(佛)·신(神) 도는 사람의 모양을 나무로 조각하거나 천에 그린 목상 또는 탱화.

영소(領所)
절의 사무소.

영수(靈水)
[민] 불가사의한 효험이 있는 물. 영검한 물.

영실(靈室)
망인의 영혼을 모시는 곳. 궤연(几筵).

영아행(嬰兒行)
오행(五行)의 하나. 영아는 인천(人天)·소승(小乘)의 지혜가 얕은 데 비유. 보살의 오행 중에서 인천·소승 등 지혜가 얕은 이들을 교화하기 위하여 자비한 마음으로 그들과 같이 작은 선행을 함.

영위답(影位沓)
신자가 영상(影像) 앞에 향불을 피우기 위하여 절에 헌납한 논.

영육쌍전(靈肉雙全)
교리 표어의 하나. 인간의 정신과 육신을 아울러서 건전하고 튼튼하게, 조화 있고 균형 있게 발전시켜 가는 것. 정신생활과 물질생활, 정신과 육신, 이상과 현실의 조화 발전으로 영육일치의 생활을 하는 것. 육체에 대해 정신이 더 중요하다는 생각이나, 영혼보다 육체가 더 중요하다는 생각에 사로 잡히면 영혼과 육체의 균형 있는 조화 발전을 가져오기 어렵다. 인간은 정신과 육신의 조화를 이루는 것이 바람직하다.

아무리 정신이 아름답더라도 육체가 병든 사람은 세상을 위해 크게 공헌하거나 가치 있는 삶을 살기가 어렵다. 마찬가지로 육체가 아무리 건강하더라도 정신이 병들고 타락한 사람은 세상에 해독을 끼치기가 쉽고 스스로도 불행해지기 쉬운 것이다. 그래서 아름다운 정신에 건강한 육체를 가져야 하는 것이다.

영지(靈地)
신불(神佛)의 영검이 있는 땅. ↔ 범경(凡境).

영천영지(永天永地)
불생불멸(不生不滅)·무시무종(無始無終)의 영원한 천지. 천지는 영원무궁·영세무궁이다. 시작도 없고 끝도 없고, 생함도 없고 멸함도 없이 영원무궁한 천지에 일원의 진리를 여여자연하고, 그 진리 따라 인생은 생·로·병·사로 변화한다.

영총(靈寵)
신불(神佛)이 내리는 은총.

영취산(靈鷲山)
기사굴산(耆闍堀山)의 번역어. 중인도 마갈타국 왕사성 부근에 있는 산. 부처님이 설법하시던 곳. 이 산에는 신선들이 살았고, 또 독수리가 많이 있으므로 영취산. 또는 취두(鷲頭)·취봉(鷲峰)·취대(鷲臺)라고도 한다. 또 많은 취령(鷲靈)들이 산상에 있으므로 이렇게 이름 지어진 것이라 하며 혹은 산의 모양이 독수리 머리와 비슷하므로 이렇게 이름.

예불(禮佛)
부처에게 경배하는 것.

예수(豫修)
죽은 뒤에 극락으로 가고자 미리 공을 닦는 것.

예수재(豫修齋)
① 죽어서 좋은 곳으로 가기 위하여 불전에 올리는 재. ② 죽은 후의 불사(佛事)를 생전에 미리 닦음.

예신(穢身)
더러운 몸.

예심(穢心)
더러운 마음.

예좌(猊座)

① 부처가 앉는 자리. ② 고승이 앉는 자리. ③ [민] = 사자자리.

예찬(禮讚)

① 불(佛)·법(法)·승(僧) 삼보(三寶)를 예배하고, 그 공덕을 찬탄하는 것. ② 훌륭한 것, 좋은 것, 아름다운 것을 높이고 기리는 것.

예찬자(禮讚者)

예찬을 하는 사람.

예참(禮參)

부처나 보살 앞에 예배하는 것.

예참(禮懺)

부처나 보살 앞에 예배하고 참회하는 것.

예토(穢土)

[더러운 국토라는 뜻] '이승'을 이르는 말. ↔ 정토(淨土).

예하(猊下)

① 부처나 보살이 앉는 자리. ② 고승(高僧)에 대한 경칭으로, 중에게 보내는 서장(書狀)의 법명(法名) 아래에 적는 말.

오(午)

① 지지(地支)의 일곱째. ② '오시(午時)'의 준말. ③ '오방(午方)'의 준말.

오(汚)

[범] O 더러워짐. 실담 12운(韻)의 하나. 50자문의 하나. 밀교(密敎)에서 오(汚)자를 부르면 일체법폭류불가득(一切法瀑流不可得)의 이(理)에 제합한다고 한 것은 범어 Oghotara(瀑流)의 머리글자를 취하여 해석한 것. 폭류불가득이란 것은 물심제법(物心諸法)이 생멸하고 변화하여 잠간도 정지하지 않음을 폭류에 비유한 것임.

오가(五家)

① 선가 오종(禪家五宗). 곧, 임제종(臨濟宗)·위앙종(爲仰宗)·조동종(曹洞宗)·운문종(雲門宗)·법안종(法眼宗). ② 5사람의 명인(名人). ③ 다섯 집.

오개(五蓋)

마음을 덮어 선법을 할 수 없게 하는 다섯 가지의 번뇌를 말한다. 탐욕이 마음을 덮는 탐욕개(貪慾蓋) 분노가 마음을 덮는 진에개(瞋恚蓋) 마음이 흐려지는 수면개(睡眠蓋) 마음이 요동하고 근심이 생기는 도회개(掉悔蓋) 법에 대하여 결단 없이 미루는 의법개(疑法蓋)가 있다.

오견(五見)

다섯 가지의 그릇된 견해. 1. 유신견(有身見) 심신에 실체적 자아가 존재한다고 보는 아견(我見)과 모든 물건을 내 것이라고 집착하는 아소견(我所見)을 합한 것. 2. 변집견(邊執見). 모든 것은 단절한다거나 모든 것은 상주(常住)한다고 한쪽으로 극단적으로 치우치는 그릇된 경해. 3. 사견(邪見) 원인과 결과가 없다고 보는 그릇된 견해. 4. 견취견(見取見) 자기의 견해가 최고라고 생각하는 그릇된 견해. 5. 계금취견(戒禁取見). 외도(外道)의 이상한 계율이나 맹세를 지키는 것을 해탈의 참 원인이라고 하는 견해.

오경(五境)

5개 감각기관의 대상. 다섯 종류의 외계의 대상. 색, 소리, 향기, 맛, 촉감. 이것들은 색온(色蘊)에 해당한다.

오계(五戒)

① 세속에 있는 불자들이 지켜야 할 다섯 가지 금계(禁戒). 곧, 살생·투도(偸盜)·사음(邪淫)·망어(妄語)·음주(飮酒)를 금하는 일. 오상(五常). ② [민] = 세속 오계.

오계(悟界)

오도(悟道)의 세계. ↔ 미계(迷界).

오계(五戒)

① 불살생이니 살생하지 않고 방생하는 것이요. ② 불투도니 도둑질하지 않고 보시하는 것. ③ 불간음이니 간음을 하지 않고 청정을 지키는 것. ④ 불망어이니 거짓말 하지 않고 참말만 하는 것이며, ⑤ 불음주니 술 마시지 않고 정신을 맑히는 것이다.

오고(五苦)

① 인생의 다섯 가지 괴로움. 곧, 생(生)·노(老)·병(病)·사(死)·옥(獄). 또는, 생로병사고(生老病死苦)·애별리고(愛別離苦)·원증회고(怨憎會苦)·구부득고(求不得苦)·오음성고(五陰盛苦). ② 미계(迷界)의 다섯 가지 괴로움. 곧, 제천고(諸天苦)·인도고(人道苦)·축생고(畜生苦)·아귀고(餓

鬼苦)·지옥고(地獄苦).

오고(午鼓)
왕이 정전(正殿)에 임어하여 있을 때, 정오를 알리기 위하여 치는 북.

오고령(五鈷鈴)
불교에서 쓰는 요령의 하나. 밑은 방울손잡이, 끝은 다섯 고리 모양.

오과(五過)
다섯 가지의 과실(過失). ① 계율을 지키지 아니하여 생기는 5가지의 결과. 1. 자신을 해함. 2. 지혜 있는 이에게 꾸중을 받음. 3. 나쁜 이름이 유포됨. 4. 죽을 적에 후회함. 5. 죽어서 지옥 등의 악도에 떨어짐. ② 정교(正敎)에 대하여 바른 견해를 얻지 못하면 5과가 생긴다. 1. 옳게 믿지 못함. 2. 용기가 감퇴됨. 3. 사람을 속임. 4. 법을 비방함. 5. 성법(聖法)을 소홀히 여김.

오과(五果)
① 원인에 대한 결과를 5가지로 분리한 것. 이숙과(異熟果)·등류과(等流果)·이계과(離繫果)·사용과(士用果)·증상과(增上果) ② 소승(小乘)의 증과(證果)를 5가지로 나눈 것. 수다원과(須陀洹果)·사다함과(斯陀含果)·아나함과(阿那含果)·아라한과(阿羅漢果)·벽지불과(辟支佛果) ③ 과실(果實)을 5가지로 나눈 것. 핵과(核果)·부과(부果)·곡과(穀果)·회과(檜果)·각과(角果).

오관(五觀)
① 식사할 때 비구가 생각하는 5가지의 관문(關門). 1. 공이 얼마나 든 것인가를 헤아려 음식이 오는 곳을 생각함. 2. 자기의 덕행이 공양을 받을 만한가 못한가를 헤아려 생각해 봄. 3. 마음을 방비하고, 허물을 여의는 데는 3독(毒)보다 지낼 것이 없는 줄을 관함. 4. 밥 먹는 것을 약으로 여겨 몸이 여윔을 치료함에 족한 줄로 관함. 5. 도업(道業)을 성취하기 위하여 이 공양을 받는 줄로 관함. ② 5안(眼)으로 보는 것이 서로 달라 생기는 차이. 1. 육안(肉眼)은 색의 거친 모양을 관함. 2. 천안(天眼)은 색(色)의 인과의 세밀한 상을 관함. 3. 혜안(慧眼)은 색법심법(色法心法)의 거칠고 세밀한 상과 공제(空諦)의 이치를 관함. 4. 법안(法眼)은 색심(色心)의 인과의 추한상, 세밀한 상과 가제(假諦)의 모든

법을 관함. 5. 불안(佛眼)은 앞의 4관을 겸하고 중도불성(中道佛聖)의 이치를 관함.

오교(五敎)
신라 불교가 한창 성했을 적에 경교(經敎)를 공부하는 종파가 5개로 나뉨. 1. 열반종. 무열왕때에 보덕이 세움. 2. 남산종(율종). 선덕왕 때에 자장 율사가 세움. 3. 화엄종. 문무왕 때에 원효, 신문왕 때에 의상 대사가 세움. 4. 법상종. 경덕왕 때에 진표율사가 세움. 5. 법성종. 시대와 종조(宗祖) 미상.

오교장(五敎章)
당나라 현수 스님이 쓴 책.

오구족(五俱足)
다섯 기구가 구족함.
꽃병 둘, 촛대 둘, 향로를 합하면 5개가 됨.

오근(五根)
① 외계를 인식하는 다섯 가지기관. 곧, 안근(眼根)·이근(耳根)·비근(鼻根)·설근(舌根)·신근(身根). ② 번뇌를 누르고 성도(聖道)로 이끄는 다섯 가지의 근원. 곧, 신근(信根)·정진근(精進根)·염근(念根)·정근(定根)·혜근(慧根).

오납의(五衲衣)
다섯 가지의 납의.
납의 : 남이 버린 헝겊을 모아 만든 누더기 옷.

오대(五大)
일체의 물질에 편재(遍在)하여 그것을 이루고 있는 다섯 가지 요소. 곧, 지(地)·수(水)·화(火)·풍(風)·공(空)을 이름. 오륜(五輪).

오대력보살(五大力菩薩)
삼보(三寶)를 호지하는 큰 힘을 지닌 다섯 보살.

오대 명왕(五大明王)
'오대존 명왕'의 준말. 다섯 대명왕. 오 : 대도 명왕(大導明王)이라고도 함.

오대존(五大尊)
'오대존 명왕'의 준말.

오덕(五德)
1. 사유재산을 모으지 않고 걸식하

며 살아간다. 2. 번뇌·망상을 깨뜨려 버린다. 3. 탐욕과 분노와 無知로 불타고 있는 데서 뛰쳐나와 해탈(解脫)의 자리에 머무른다. 4. 계율을 청정(淸淨)하게 지킨다. 5. 외도(外道)와 악마를 두렵게 여긴다는 것이다.

오도(五道)

① 중생이 선악(善惡)의 업보에 의하여 가는 다섯 세계. 곧, 천도(天道)·인도(人道)·축생도(畜生道)·아귀도(餓鬼道)·지옥도(地獄道). 오악취(五惡趣). 오취(五趣). ② [민] 고려시대의 행정 구역 중 중부 이남의 다섯 구역. 곧, 양광도(楊廣道)·경상도(慶尙道)·전라도(全羅道)·교주도(交州道)·서해도(西海道).

오도(悟道)

① 번뇌를 해탈하고 불계(佛界)에 들어갈 수 있는 길. ② 불도의 진리를 깨닫는 것.

오도 명관(五道冥官)

명부(冥府)에서 오도 중생의 선악을 판단하는 관인(官人).

오득(悟得)

㉾ 진리를 깨달아 체득함. 견성성불과 같은 뜻. 삼학수행으로 일원의 진리를 깨닫고, 삼대력을 얻어 대자대비로 중생을 제도함. 성불제중·제생의세의 경지에 도달하는 것.

오력(五力)

[범] Panca balani 불교에 대한 실천 방면의 기초적 덕목(德目)이 되는 5가지. 1. 신력(信力). 불법을 믿고 다른 것을 믿지 않는 것. 2. 진력(進力). 선을 짓고 악을 폐기에 부지런하는 것. 3. 염력(念力). 사상을 바로 가지고 사특한 생각을 버리는 것. 4. 정력(定力). 선정(禪定)을 닦아 어지러운 생각을 없게 하는 것. 5. 혜력(慧力). 지혜를 닦아 불교의 진리인 4제(四諦)를 깨닫는 것.

오륜(五輪)

① = 오대(五大). ② 왼쪽으로부터 청(靑)·황(黃)·흑(黑)·녹(綠)·적(赤)의 순으로 5대륙을 상징하여 W자형으로 연결한 다섯 개의 고리. 올림픽 마크.

오륜탑(五輪塔)

땅·물·불·바람·하늘의 오대(五

大)를 상징하는 다섯 부분으로 이루어진 탑. 맨 밑은 땅을 상징하며 네모꼴이며, 그 다음 층은 물을 상징하며 원형, 그 위층은 불을 상징하며 세모꼴이며, 그 다음 층은 바람을 상징하며 반달 모양, 맨 위층은 하늘을 상징하며 보주(寶珠) 모양을 이룸. 사리탑(舍利塔)이나 공양탑(供養塔)등으로 세움.

오명(五明)
인도의 브라만 계급이 연구한 다섯 가지 학술. 곧, 성명(聲明)·공교명(工巧明)·의방명(醫方明)·인명(因明)·내명(內明)을 내오명(內五明)이라 하고 성명·공교명·의방명·주명(呪明)·부명(符明)을 외오명(外五明)이라 함.

오묘(五妙)
오관(五官)의 대상인 색(色)·성(聲)·향(香)·미(味)·촉(觸)의 다섯 가지가 아름답고 맑고 훌륭함을 이르는 말.

오무간업(五無間業)
무간 지옥에 떨어질 다섯 가지의 나쁜 업.

오미(五味)
5가지의 맛. ① 신맛·쓴맛·단맛·매운맛·짠맛. ② 유미(乳味)·낙미(酪味)·생소미(生酥味)·숙소미(熟酥味)·제호미(醍醐味). 우유를 정제하면 차례로 이 5가지의 맛이 난다. 천태종에서는 부처님의 일대 교설을 5시로 나눈 데 비유한다.

오미죽(五味粥)
12월 8일 성도일에 먹는 죽. 5곡을 섞어 쑴.

오바라밀(五波羅蜜)
보살이 수행하는데 필요한 보시(布施)·지계(持戒)·인욕(忍辱)·정진(精進)·선정(禪定)이 다섯 가지 바라밀.

오방장군(五方將軍)
[민] 오방(五方)을 지키는 신. 곧, 동의 청제(青帝), 서의 백제(白帝), 남의 적제(赤帝), 북의 흑제(黑帝), 중앙의 황제(黃帝).

오백계(五百戒)
비구니(比丘尼)가 지켜야 하는 온갖 계율. 삼백사십팔계(三百四十八戒)의 구족계(具足戒)를 가짓수가 많다는 뜻에서 이르는 말임.

오백 나한(五百羅漢)

석가 여래가 입적한 후 그의 가르침을 결집(結集)할 때에 모인 오백 사람의 아라한(阿羅漢).

오보(五寶)

금·은·진주·산호·호박(琥珀)의 다섯 가지 보물.

오부대승경(五部大乘經)

화엄경, 대집경, 대품반야경, 법화경, 열반경의 다섯경전.

오부율(五部律)

부처님의 돌아가신 후 100년 경에 율장(律藏)이 다섯으로 나눠진 것.

오부정식(五不正食)

비구로서 먹어서 안 될 다섯 가지 식품.

오분향(五分香)

계향, 정향, 혜향, 해탈향, 해탈지견향

오 : 분향이라고 읽으면 다섯 번 향을 태운다는 뜻으로 와전됨.

오불성(五佛性)

불성을 다섯으로 분류한 것.

오불 성으로 읽으면 다섯 부처님의 성격이 됨.

오비구(五比丘)

5군비구(五群比丘)라고도 한다. 부처님께서 출가하시던 때 부왕의 명으로 태자를 모시고 함께 고행하던 이들. 부처님께서 성도하신 후 녹야원에서 처음 교화하여 비구가 된 다섯 사람. 아야교진여·아사바사·마하나마·발제리가·바사파.

오상(五相)

진언 행자(眞言行者)가 초발심(初發心)으로부터 성불에 이르기까지 닦고 익히는 다섯 단계의 수행.

오상(五常)

① = 오륜(五倫). ② 인(仁)·의(義)·예(禮)·지(智)·신(信)의 다섯 가지 덕. ③ 아버지는 의리로, 어머니는 자애로, 형은 우애로, 아우는 공경으로, 자식은 효도로 대해야 하는 마땅한 길. 오전(五典). ④ = 오계(五戒).

오색기(五色旗)

동. 서. 남. 북. 중앙의 5방을 표시하

기도 하고 청. 황. 적. 백. 흑의 5색인 종이 하나 되는 것을 의미함.

오선(五善)
① 사술(射術)에 있어서의 다섯 가지 선덕(善德). 곧, 화지(和志)·화용(和容)·주피(主皮)·화송(和頌)·흥무(興舞) ② 오계(五戒)를 잘 지키는 일.

오승(五乘)
해탈에 이르게 하는 교법(敎法)을 다섯 가지로 나눈 것. 곧, 인승(人乘)·천승(天乘)·성문승(聲聞乘)·연각승(緣覺乘)·보살승(菩薩乘).

오식(五識)
오근(五根)에 의하여 대상을 지각하는 다섯 가지 작용. 곧, 안식(眼識)·이식(耳識)·비식(鼻識)·설식(舌識)·신식(身識).

오신통(五神通)
다섯 가지 불가사의한 힘.
천안통(天眼通), 천이통(天耳通), 숙명통(宿命通), 타심통(他心通), 신족통(神足通)
오신 통으로 읽으면 다섯 신(神)에 통한 자로 됨. 불교에서 말하는 신(神)은 불가사의한 능력을 말한다.

오악(五惡)
오계(五戒)를 어기는 다섯 가지 악한 일. 곧, 살생(殺生)·투도(偸盜)·사음(邪淫)·망어(妄語)·음주(飮酒).

오안(五眼)
수행에 의하여 도를 이루어 가는 차례를 다섯으로 나눈 것. 곧, 육안(肉眼)·천안(天眼)·법안(法眼)·혜안(慧眼)·불안(佛眼).

오역(五逆)
① 무간 지옥(無間地獄)에 떨어질 다섯 가지 악행(惡行). 곧, 살부(殺父)·살모(殺母)·살아라한(殺阿羅漢)·파화합승(破和合僧)·출불신혈(出佛身血). ② 주군(主君)·부·모·조부·조모를 사해(弑害)하는 일.

오역죄(五逆罪)
무간지옥에서 떨어질 다섯 가지의 큰 죄.
① 살부(殺父). ② 살모(殺母). ③ 살아라한(殺阿羅漢). ④ 파화합승(破和合僧) ⑤ 출불신혈(出佛身血)

오오백년(五五百年)

부처님의 돌아가신 뒤 불교의 쇠퇴를 500년 단위로 나눠 다섯 단계를 설정한 것.

오오 백년으로 읽으면 2500년이 됨으로 잘못.

제1오백년 : 지혜가 있는 사람이 많다. 제2오백년 : 선정을 닦는 사람이 많다. 제3오백년 : 불경 배우는 이가 많다. 제4오백년 : 절과 탑 세우는 이가 많다. 제5오백년 : 불법이 쇠퇴해져 논쟁과 투쟁이 많다.

오오보살(五五菩薩)

극락왕생을 바라는 중생에게 아미타불이 보내는 25명의 보살들.

오 오보살이라고 읽으면 전혀 다른 의미가 됨.

오온(五蘊)

색(色)·수(受)·상(想)·행(行)·식(識)의 다섯 가지 의식작용 및 그 대상. 색(色)은 스스로 변화하고 또 다른 것을 장애하는 물체, 수(受)는 고(苦)와 낙(樂)을 느끼는 마음 작용, 상(想)은 외계(外界)의 물건을 마음속에 그리는 것, 행(行)은 인연으로 생겨 시간으로 변천함, 식(識)은 의식하고 분별함을 가리킨다.

오온세간(五蘊世間)

색(色), 수(受), 상(想), 행(行), 식(識)의 오온이 만들어 내는 존재.

오욕(五慾)

① = 오진(五塵). ② 재(財)·색(色)·음식·명예·수면(睡眠)에 대한 욕심.

오위백법(五位百法)

심(心), 심소(心所), 색(色), 불상응행(不相應行)

무위(無爲)의 5종 중심의 8법, 심소의 51법, 색의 11법, 불상응행의 24법, 무위의 6법을 다한 100법.

오율율(烏律律)

오는 까마귀, 율율은 높고 큰 모양, 검고 높고 큰 것, 칠흑 같은 어둠을 오율율이라 함.

오음(五音)

또는 5성(聲)·5조자(調子). 다섯 가지의 음조. ① 궁(宮). 가장 탁한 소리. 상(商). 다음 탁한 소리. 각(角). 반은 맑고 탁한 소리. 치(치).

조금 맑은 소리. 우(羽). 가장 맑은 소리. ② 입술소리(脣音)·혓소리(舌音)·어금니소리(牙音)·잇소리(齒音)·목구멍소리(喉音).

오음성고(五陰盛苦)
욕망이 왕성해서 마음과 몸뚱이가 마음대로 되지 않는 피로움이다.

오인(五忍)
<인왕경>에서 보살의 계위를 다섯 가지로 나눈 것. 1. 복인(伏忍). 번뇌를 끊지 못하였으나 관해(觀解)를 익혀 이를 굴복시키고, 일어나지 못하게 하는 지위. 곧 10주(住)·10행(行)·10회향(廻向)의 보살. 2. 신인(信忍). 관하는 마음이 진전되어 증득(證得)할 법을 믿고 의심치 않는 지위. 곧 초지(初地)·이지(二地)·삼지(三地)의 보살. 3. 순인(順忍). 전의 믿음에 의하여 다시 나은(勝) 지혜를 연마하여 무생(無生)의 증과(證果)에 순하는 지위. 곧 4지(地)·5지·6지의 보살. 4. 무생인(無生忍). 제법무생의 진리를 깨달아 아는 지위. 곧 7지(地)·8지·9지의 보살. 5. 적멸인(寂滅忍). 종종의 번뇌를 끊어 버리고 청정무위 잠연적정(淸淨無爲 湛然寂靜)에 안주(安住)하는 지위. 곧 10지(地)·등각(等覺)·묘각(妙覺)의 지위.

오입(悟入)
도를 깨달아 진리의 세계로 들어가는 것.

오정심(五定心)
부정관(不淨觀), 자비관(慈悲觀), 인연관(因緣觀), 수식관(數息觀), 관불관(觀佛觀)의 다섯 관법으로 마음을 가다듬는 수행법.

오종락(五種樂)
출가락(出嫁樂)·원리락(遠離樂)·적정락(寂靜樂)·보리락(菩提樂)·열반락(涅槃樂)

오종불남(五種不男)
남자의 생식기가 불구한 것 다섯 가지. 1. 생불남(生不男). 나면서부터 남근이 발육되지 못한 것. 2. 건불남(건不男). 칼로 남근을 잘라버린 것. 3. 투불남(妬不男). 다른 이의 음행을 보고야 정욕을 일으키는 것. 4. 변불남(變不男). 다른 이와 음행을 할 때에 남근을 상실하여 불구가 되는 것. 5. 반불남(半不男). 반달은 남근을 사용하고 반달은 사용하지 못하는 것.

오종불녀(五種不女)
여자의 생식기가 불구한 것 다섯 가지. 나(螺)·문(紋)·고(鼓)·각(角)·맥(脈).

오종설법(五種說法)
부처님이 다섯 가지로 한 설법. 곧 언설(言說)·수의(隨宜)·방편(方便)·법문(法門)·대비(大悲)

오종승(五種僧)
승려를 그 도업(道業)에 따라 5가지로 나눔. 무치승(無恥僧)·아양승(瘂羊僧)·붕당승(朋黨僧)·세속승(世俗僧)·승의승(勝義勝).

오중음(五中陰)
사람이 죽은 뒤 내생(來生)을 얻지 못하여 생사의 중간에 있는 오칠일 동안. 곧, 35일간을 이르는 말.

오중탑(五重塔)
= 오층탑.

오지근(五知根)
오종의 아는 기관. 눈, 귀, 코 입, 피부.

오진(五塵)
사람이 마음을 더럽히는 다섯 가지. 곧, 색(色)·성(聲)·향(香)·미(味)·촉(觸). 오욕(五慾).

오차물(五借物)
중생이 빌려 사는 다섯 가지 물질. 곧, 흙·물·불·바람·공기.

오체 투지(五體投地)
절하는 법의 한 가지. 먼저 두 무릎을 땅에 꿇고 두 팔을 땅에 대고, 다음에 머리를 땅에 닿도록 절을 함.

오취(五趣)
중생이 선악의 업보에 따르게 이르게 되는 다섯 곳. 곧, 천상·인간·지옥·축생(畜生)·아귀(餓鬼)·오도(五道)를 본떠서 만든 다섯 층으로 된 탑. 오중탑.

오취생사륜(五趣生死輪)
[범] Bhavacakra : Panca-gandaka 십이연기도(十二緣起道)·오도륜(五道輪)이라고도 한다. 지옥·아귀(餓鬼)·축생(畜生)·인간·천상의 5취에

생사윤회(生死輪廻)하는 모양을 그린 것. 이는 본래 부처님께서 중생으로 하여금 생사를 싫어하고, 열반을 원하게 하기 위하여 절 문간의 벽에 그리게 한 것. 먼저 바퀴 모양을 그리고 중앙에 바퀴통을 두고, 그 통에서 5폭(○)이 뻗어 나와 5취를 표시하다. 바퀴통의 아래에는 지옥을 양변에는 축생과 아귀를 위에는 인간과 천상을 그린다. 이런 그림은 옛적부터 인도에서 유행하였으며 현재 아잔타 굴전(窟殿)에도 남아 있다.

오칠일(五七日)
사람이 죽은 뒤의, 35일 동안. 또는, 35일째 되는 날.

오탁(五濁)
세상의 다섯 가지 더러운 것. 곧, 명탁(命濁)·중생탁(衆生濁)·번뇌탁(煩惱濁)·견탁(見濁)·겁탁(劫濁).

오탁악세(五濁惡世)
오탁이 나타나는 나쁜 세상.
오탁
① 겁탁(劫濁) : 수명이 짧은 세상.
② 견탁(見濁) : 견해가 틀린 세상.
③ 번뇌탁(煩惱濁) : 번뇌가 많은 세상.
④ 중생탁(衆生濁) : 악한 행위만 많이 하는 세상. ⑤ 명탁(命濁) : 불지혜가 없는 세상.

오통(五通)
① 온갖 통력(通力)을 5가지로 분류한 것. 1. 도통(道通). 중도(中道)의 진리를 증득한 후에 대용(大用)을 일으키고, 무심하게 물건에 응하여 만유(萬有)를 교화함이 마치 영상·수월·공화(影像·水月·空華)와 같이 일정한 자체가 없는 것. 2. 신통(神通) 신(神)은 심신. 고요한 마음으로 만물을 관조(觀照)하여 숙명(宿命)을 기억하며 가지가지의 분별이 모두 정력에 따르는 것. 3. 의통(依通). 술법(術法)으로 자재(自在)하게 일을 짓는 것. 신선에게 영특한 술이 있는 것과 같다. 4. 보통(報通). 과보로서 저절로 있는 통력(通力). 신(神)이 일을 미리 알며, 제천이 형상을 변화하며, 중음신이 태어날 곳을 미리 알며, 용이 변화함과 같은 것. 5. 요통(妖痛). 여우가 늙어서 변화하며, 목석의 요정이 화현(化現)하여 사람과 신에게 실리는 것과 같은 것. ② = 5신통.

오행오음표(五行五音表)

[민] 궁(宮)·상(商)·각(角)·치(徵)·우(羽)의 다섯 음이, 오행인 토(土)·금(金)·목(木)·화(火)·수(水)에 각각 응하여 60갑자의 납음(納音)의 기초를 이루는 것을 적은 표

오향(五香)

① 다섯 가지의 향. 곧, 전단향(栴檀香)·계설향(鷄舌香)·침수향(沈水香)·정자향(丁子香)·안식향(安息香). ② [민] 다섯 가지의 약재. 곧, 감인(甘仁)·복령(茯笭)·백출(白朮)·인삼(人蔘)·사인(砂仁).

옥지(玉池)

㉘ 좌선을 할 때 마음 기운을 단전에 집중하면 혀끝과 치아 사이에서 맑은 침이 나오는 곳.

옥호(玉毫)

부처의 두 눈썹 사이에 있는 흰털.

온(蘊)

[범] Skandha 범어 색건타(塞健陀)의 번역. 무더기. 물건이 모여 쌓인 것. 보통 5온(五蘊)이라 하면 일체 만유를 색(色)·수(受)·상(想)·행(行)·식(識)의 다섯 가지로 유취(類聚)함을 말한다. 구역(舊譯)에서는 음(陰).

온식(蘊識)

① 유정(有情)이란 말. 심식을 쌓았다는 뜻. 함식(含識)과 같다. ② 식(識)이란 말. 식은 5온(五蘊) 중의 하나인 뜻.

온처계(蘊處界)

온은 오온, 처는 12처, 계는 18계.

옴마니반메훔(唵摩抳半銘吽)

[범] Om mani padmehum 또는 옴마니팔니훔. 라마교 신즉 부르는 주문으로 관세음보살의 진언(眞言)이다. 연화수(蓮華手) 보살게 귀의하여 극락에 왕생하기를 바라면서 부르면 죽은 후에 육도(六道)에 들어가서 유전하는 재액을 벗는 공덕을 얻는다고 함. 또 몸에 지니거나 손에 가지거나 집에 두어도 같은 공덕이 있다고 믿는다.

와법(臥法)

옆으로 눕는 방법. 오른편 옆구리를 아래로 하고, 누어서 발을 포개고 가사로 몸을 덮고 바른 일을 생각하는 일.

왕상(往相)
공덕을 쌓아서 모든 중생에게 베풀어주는 일.

왕생(往生)
이 세상을 떠나 정토(淨土)에가 태어나는 날.

왕생 극락(往生極樂)
= 극락 왕생.

왕생론(往生論)
천친(天親) 지음. <무량수경우바제사원생게>의 준말.

왕생 안락(往生安樂)
극락에 가서 안락한 생활을 함.

왕생일정(往生一定)
신앙심을 얻어 극락 왕생함이 틀림없음.

외감부동(外感不動)
바깥 경계가 아무리 흔들어도 마음이 거기에 끌려가지 않음.

외교(外敎)
불교 이외의 종교. ↔ 내교(內敎).

외도(外道)
[범] Tirthaka : Tirthika ① 외교(外敎)·외학(外學)·외법(外法)이라고도 한다. 인도에서 불교 이외의 모든 교학. 종류가 많아 96종이 있고, 부처님 당시에는 여섯 가지의 외도가 있었다. Tirthaka는 신성하고 존경할 만한 은둔자(隱遁者)라는 뜻이나 불교에서 보면 모두 다른 교학이므로 외도라 한다. ② 불교 이외의 종교, 곧 외도의 법을 받드는 이도 외도라 한다.

외마(外魔)
밖으로부터 와서 수도를 방해하는 마군. 4마 중의 천마에 속한다. 천태종에서는 이것을 퇴척귀(褪惕鬼)·시마귀(時마鬼)의 3종으로 나눈다.

외법(外法)
외술(外術)·술(術)이라고도 한다. 불법이외의 교법.

외연(外緣)
↔ 내인(內因). 밖으로부터 힘을 주어 사물의 성립을 돕는 기운, 곧 증상연(增上緣).

외지(外智)

삼지(三智)의 하나. 바깥으로 물질적 현상계를 대상으로 하여 관찰하는 지혜. ↔ 내지(內智).

외학(外學)
불교 외의 학문. ↔ 내학.

요설(樂說) (×락설)
중생이 원하는 바를 파악하여 적절히 설법함을 좋아함.

요설(樂說)
중생의 근기에 맞게 설법하기를 좋아함.

요승(妖僧)
정도(正道)를 어지럽히는 요사 스러운 중.

요의경(了義經)
진실한 뜻을 분명하게 드러낸 경전.

요잡(繞匝)
부처를 중심으로 그 주위를 돌아다니는 일. 위요(圍繞).

요정(樂定) (×락정)
선정(禪定)에 들기를 좋아함.

참선하기를 좋아함.

욕(欲)
구사(俱舍)에서는 대지법(大地法)의 하나. 유식(唯識)에서는 5별경(別境)의 하나. 심소(心所)의 이름. 자기가 좋아하는 대경(對境)에 대하여 그것을 얻으려고 희망하는 정신 작용.

욕계(欲界·慾界)
삼계(三界)의 하나. 식욕·음욕·물욕 따위가 강한, 중생이 머무르는 세계.

욕계계근본번뇌(欲界繫根本煩惱)
욕계에 얽혀 일어나는 근본 번뇌.

욕계 삼욕(欲界三欲)
욕계의 세 욕심. 곧, 식욕·수면욕·음욕.

욕두(浴頭) 스님
대중스님들의 목욕물을 책임지는 스님.

욕불(浴佛)
= 관불(灌佛).

욕불일(浴佛日)
파일(八日).

욕불회(浴佛會)
부처님 오신날 아기 불상을 목욕시키는 것.
관불회(灌佛會)라고도 함.

욕사행(欲邪行)
= 사음(邪淫).

욕생(欲生)
극락 세계에 왕생하기를 바라는 마음.

욕여의족(欲如意足)
뛰어난 선정(禪定)을 얻으려는 욕구가 간절함.

욕자(欲刺·慾刺)
바늘로 몸을 찌르듯 오욕(五欲)이 심신을 괴롭게 함을 일컫는 말.

욕진(欲塵)
① 욕정(欲情)이 마음을 더럽힘을 먼지에 비유하여 이르는 말. ② 육욕(六欲)과 오진(五塵).

욕천(欲天·慾天)
욕계(欲界) 가운데 있는 여섯 하늘. 육욕천(六欲天).

욕해(欲海·慾海)
애욕의 넓고 깊음을 바다에 비유한 말.

욕화(欲火·慾火)
불같이 일어나는 욕심.

용(龍)
[범] Naga 8부중(八部衆)의 하나. 불법을 수호하는 신. 본래 인도에 사는 용 종족들이 뱀을 숭배하는 신화에서 일어나는 것. 사람의 얼굴과 사람의 형체로 갓 위에 용의 모양을 표하고 신력이 있고 구름과 비를 변화시킨다고 함.

용녀성불(龍女成佛)
<법화경> 제바달다품에 있는 말. 사갈라 용왕의 딸은 나이 겨우 8세이지만 지혜가 숙성하였다. 문수보살의 교화로 제법실상(諸法實相)의 진리를 깨닫고 석가모니 부처님께 귀의 변신하여 남자가 되고, 보살행을 수행. 남방 무구세계에 가서 성불하였다고 한

용상(龍象)

생전에 덕이 높고 행적이 뚜렷한 중을 사후(死後)에 높여 이르는 말. 용상지력.

용신(龍神)

= 용왕(龍王).

용신경(龍神經)

[민] = 용왕경(龍王經).

용심법(用心法)

마음을 마음대로 잘 사용하는 법. 마음을 정성스럽게 사용하는 법. 자기 마음을 자기 마음대로 잘 사용하는 사람이 가장 훌륭한 사람이며, 원불교는 마음 사용하는 법을 가르치는 종교이다.

용왕(龍王)

용 가운데의 임금. 용궁을 다스리며, 구름을 일으키고 비를 내려 중생의 번뇌를 식힌다고 함. 용신(龍神).

용화수(龍華樹)

[범] Nagavrksa 나가수(那伽樹)·용화보리수(龍華菩提樹)라고도 한다. 금사도과(金絲桃科)에 속하는 교목. 학명 : Mesuna Roxburghii Wigh : Mesuna ferrea L. 인도 히말라야의 동쪽 벵갈지방, 인도 반도의 동서쪽, 안다만도 등에 야생(野生). 인도에서 많이 기른다. 미륵보살은 56억 7천만 년 후의 이 세계에서 출생하여 이 용화수 아래서 성도한다고 함.

용화회(龍華會)

미륵 보살이 설법하는 법회.

우거(牛車) (×우차)

소가 끄는 수레.
대승(大乘) 보살승(菩薩乘)에 비유함.

우기(雨期)

여름 3개월. 부처님 당시에 비가 많이 오는 기간을 수양하는 시기로 정한 것. → 안거.

우담발라화(優曇跋羅華)

[범] Udumbara 또는 오담바라(烏曇波羅)·오담발라(鄔曇鉢羅)·우담발화(優曇鉢華)·우담화(優曇華)라 번역. 상과(桑科)에 딸린 무화과의 일종. 학

명 : Ficus Glomerata. 나무 크기는 한 길 남짓하고 잎은 4~5촌. 뾰족한 끝이 가늘고, 꽃은 자웅의 구별이 있다. 3천 년 만에 한번 꽃이 핀다 하여, 몹시 희귀한 일에 비유.

우담화(優曇華)

① 인도에서, 삼천 년에 한 번씩 꽃이 핀다는 상상의 식물. 꽃이 필 때에는 금륜 명왕(金輪明王)이 나타난다고 함. ② [Ficusgiomerata] [민] 뽕나뭇과의 낙엽 교목. 잎은 달걀꼴이며 자웅 동주로서 꽃은 무화과 나무처럼 잘 보이지 않음. 열매는 식용하고, 잎은 가축 및 코끼리의 사료로 씀. 인도 원산임.

우란분경(盂蘭盆經)

목련존자가 돌아가신 어머니의 고통을 구한 내용을 담은 경전.

우란분경(盂蘭盆經)

다음과 같은 부처님의 말씀이다.
"선남자야 만일 비구, 비구니, 우바새, 우바이, 국왕, 태자, 대신, 재상, 만민, 선인들로서 자비로운 효행을 행하는 이는 모두 현재의 부모나 과거의 7세 부모를 위하여 7월 15일 불환희일(佛歡喜日), 승자자일(僧自恣日)에 백가지 맛있는 것을 우라분(盂蘭盆)에 담아 시방의 자자하는 스님에게 베풀고 현재의 부모를 위해서는 백 년 동안 병이 없고 일체 고뇌와 근심이 없기를, 그리고 과거의 7세 부모를 위해서는 아귀의 고통을 떠나서 사람과 하늘에 태어나서 복과 즐거움이 무궁하기를 발원해야 한다."

우루빈나가섭(優樓頻螺迦葉)

부처님 제사.

우모진(牛毛塵)

소털 끝에 붙을 만한 작은 분량.

우바리(優婆離) (×우파리)

부처님 10대 제자 중 계율을 가장 잘 지킨 분.
밀행제일.

우바새(優婆塞) Upasioka

① 출가(出家)하지 않고 불제자가 된 남자. ② 남자 불교 신도의 총칭. 근사(近事). ↔ 우바이.

우바새계경(優婆塞戒經)

일명 선생경(善生經)이라고 부르는

경전

속가의 남자가 지킬 오계를 다룸.

우바이(優婆夷)

시도 5계를 받고 위로 불승을 공경하고 밑으로 자기수행에 열심하며 중생을 구제하는 여자신도.

우발라화(優鉢羅華)

[범] Utpala 연꽃의 일종. 학명 : Nymphaea tetragona.. 곧 수련(睡蓮). 근경(根莖)은 물 밑에 뻗고, 잎만 수면에 뜬다. 7월에 흰 꽃이 피는데 아침에 피고, 저녁에 오무린다. 보통 청련화라 함.

우왕(牛王)

소 가운데 왕. 소의 몸집과 빛깔이 다른 소보다 훨씬 훌륭한 것. 부처님의 덕이 모든 사람 가운데서 가장 훌륭한 데 비유.

우요(右繞)

부처를 중심으로 하여 오른쪽으로 도는 것.

우주 만유(宇宙萬有)

㉾ 법신불의 응화신. 우주 안에 있는 온갖 사물, 우주만물, 삼라만상, 유정·무정, 동물·식물·광물 등 일체를 다 포함하는 말.

우타이(優陀夷)

[범] Udayin 오타이(烏陀夷)라 음역. 출현(出現)이라 번역. 가비라성의 국사의 아들로 정반왕에게 뽑혀 실달다 태자의 학우(學友)가 된다. 변론을 잘하여 태자의 출가를 막으려던 사람. 후에 출가하여 부처님의 제자가 된다.

우파사가(優婆塞)

신도 5계를 받고 위로는 불승을 공경하고 밑으로는 자기수행을 열심히 하며 중생을 구제하는 남자신도.

우행(雨行)

[범] Varsakara [파] Vassakara 중인도 마갈타국 아사세 왕국의 대신의 이름. 우사(雨舍)·우사(禹舍)·우집(雨執)·행우(行雨)라고도 함. 아사세왕이 태자 때에 부왕 빈바사라 왕을 폐할 적에 우행이 제바달다를 달래어 태자의 역모를 보조함. <대열반경> 33권에 있다.

운당(雲堂)

[운수승(雲水僧)들이 모이는 당이라는 뜻] 중이 좌선(坐禪)하여 거처하는 집. 승당(僧堂). 구름집.

운수(雲水)
행각하는 중. 또는 운수납자(雲水衲子)라고도 한다. 선승(禪僧)이 구름이나 물과 같이 정처 없이 행각함을 말함.

운심(運心)
보살계를 받을 때, 전계사의 앞에서 마음을 돌리어 자기의 죄를 참회함. 여기에 순류(順流)·역류(逆流)에 각각 10심이 있다. 순류는 생사의 흐름에 따르는 향하적(向下的) 방면. 역류는 생사의 흐름에 거슬리는 향상적 방면.

운판(雲版)
절에서 부엌 등에 달아 놓고 식사 시간을 알리기 위하여 치는 기구. 청동이나 쇠로 구름 모양으로 만듦.

울다라승(鬱多羅僧)
[범] Uttarasanga 가사의 일종. 울다라승(鬱多羅僧). 우다라승(優多羅僧)·욱다라승가(郁多羅僧伽)라 음역. 상의(上衣)·상착의(上着衣)라 번역. 3의(三衣)의 하나. 칠조(七條)를 말한다. 보통 때 맨 위에 입는 옷. 또 왼쪽 어깨를 덮으므로 좌견의(左肩衣). 값이 5조와 9조의 중간이므로 중가의(中價衣)라고도 한다.

원(願)
[범] Pranidhana 니저(尼底)라 음역. 바란다는 뜻으로, 바라는 것을 결단코 얻으려는 희망.

원각사기(圓覺私記)
원각경의 요점을 자세히 풀어 놓은 책. 연담(蓮潭) 지음.

원각사지다층석탑(圓覺寺址多層石塔)
탑골공원에 있는 탑.

원력(願力)
부처에게 빌어 원하는 바를 이루려는 염력(念力).

원바라밀(願波羅蜜)
[범] Pranidhana-paramita 10바라밀(波羅蜜)의 하나. 바라밀은 도피안(到彼岸)·도(度)라 번역. 피안인 이상경에 도달하려는 보살 수행의 총칭. 지

금은 이러한 수행을 완성하려고 원하는 희망.

원불(願佛)
사사로이 모시고 소원을 비는 부처.

원불교(圓佛敎)
1916년 전라북도 익산군에 총본산(總本山)을 두고 박중빈(朴重彬)이 개창한 종교. 법신불(法身佛)의 일원상(一圓相)을 신앙의 대상으로 하며 동그라미를 그 상징으로 나타냄. '원불교 교전'을 주요 경전으로 하며 불교의 현대화·생활화를 주장함.

원오선사(圓悟禪師)
중국 임제종의 스님.

원융무애(圓融無碍)
만법이 원융하여 일체의 거리낌이 없음.

원음(圓音)
① 진리의 말씀. 법(法)된 말씀. 곧 일원상의 진리를 전해주는 말씀. ② 모난 데가 없이 원만한 말씀. 다른 사람을 제도해 주고 좋은 길로 이끌어 주는 말씀.

원적(怨賊)
인명(人命)을 해(害)하고, 재물을 겁탈하는 도적.

원적(圓寂)
원만한 적정(寂靜). 범어 파라닉박남(波羅匿縛男)의 번역. 번뇌 잡염(雜染)의 세계를 여의고 청정한 열반계에 돌아가는 뜻. 부처님께서 열반하신 것. 후세에 스님들의 죽음을 귀적(歸寂)·입적(入寂)·시적(示寂)이라 하는 것은 이것이 달라진 것.

원적 무별(圓寂無別)
⑭ 마음속에 번뇌 망상을 다 끊어버리고 청정무구한 열반의 세계에 들어가서 일체의 사량 분별이 잠자는 상태.

원주(院主) 스님
사찰의 사무를 주재하는 스님. 감사(監寺), 감원(監院) 으로 사찰의 살림살이를 맡는 스님을 말함.

원증회고(怨憎會苦)
8고(苦)의 하나. 세상에서 받는 고통 중에 자기가 원수라고 생각하는 사람과 만나서 함께 살지 않을 수 없는 고통.

원진살(元嗔煞)

① 부부 사이에 까닭 없이 생기는 한때의 갈등을 이르는 말. ② [민] 궁합에서, 서로 꺼리는 살.

원토(願土)

서방 극락세계를 말한다. 아미타불의 48원력에 의하여 성취된 국토란 뜻.

원효대사(元曉大師)

의상(義湘), 원측(圓測), 혜초(慧初) 대사등과 함께 통일신라시대에 배출한 원효(元曉)는 교학의 발전과 민중교화에 지대한 공헌을 하였음.

월개(月蓋)

인도 비야리 국의 장자. 이 나라에는 임금이 없고 5백 장자들이 다스리더니, 월개가 대중에게 추대되어 임금이 되었다. 일찍이 악역(惡疫)이 유행할 때에 부처님께 구제를 구하니, 부처님께서 아미타불·관세음보살·대세지보살 3존(三尊)을 염하라고 교화하셨다. 월개는 시키는 대로 여러 사람과 함께 일심으로 염하니 문득 3존이 나타나 악역이 흔적을 감추었다 한다.

월광보살(月光菩薩)

[범] Candraprabha 전달라발랄바(戰達羅鉢刺婆)라 음역. 금강계 만다라의 현겁 16존의 제10. 태장계 만다라 문수원(文殊院) 중에 있는 일존.

월단평(月旦評)

[관상(觀相)을 잘 보기로 유명한 후한(後漢)의 허소(許劭)라는 사람은 매월 초하루마다 마을 사람들의 인물을 평했는데, 그 때마다 인물에 대한 평을 다르게 발표했다는 고사에서] 인물에 대한 비평.

월등삼매(月燈三昧)

부처님이 월등 동자에게 설한 법문.

월비니죄(越毘尼罪)

비니(毘尼), 즉 계율을 위반한 죄. 부처님의 계율을 어기는 죄. 후세에는 가벼운 죄를 지칭하는 이름이 되었다.

위목(位目)

종이에 성현이나 혼령의 이름을 적은 것.

위요(圍繞) (×위효)

① (어떤 지역이나 현상을) 둘러싸는 것. ② = 요잡(繞匝).

위음왕불(威音王佛)

[범] Bhisma-garjita-svaraja <법화경> 상불경 보살품에 있다. 공겁(空劫) 때에 맨 처음이란 뜻으로도 쓰고, 종문(宗門)에서는 본분향상(本分向上) 실제이지(實際理地)의 뜻을 나타내는 말.

위축(爲祝)

나라를 위해 하는 기도.

위타천(韋陀天)

불법을 수호하는 신장. 위천장군(韋天將軍)이라고도 한다. 4천왕 중 남방증장천의 8장의 하나. 32천의 우두머리, 당나라 때 도선(道宣) 율사를 만난 후부터 가람에 모셔지게 되었다. 속설에는 마군이 와서 부처님 사리를 훔쳐갔을 적에 추적하여 찾았다고 함. <열반경>에 제석천이 부처님 다비하는데 와서 두 치아를 주웠다가 나찰에게 하나를 빼앗겼다는 데서 기인한 말인 듯.

유(有)

① 십이 인연(十二因緣)의 하나. 미계(迷界)에 태어나는 원인인 업을 짓는 자리. ② [민] 직접 경험에 나타나는 실재(實在). ↔ 비유(非有). ③ 있는 것. 또는, 존재하는 것. ↔ 무(無).

유가(瑜伽) yoga

주관·객관의 모든 사물이 서로 응하여 융합하는 일. 곧, 경(境)은 심(心)과 서로 응하고, 행(行)은 이(理)와 서로 응하고 과(果)는 모든 공덕(功德)과 서로 응하는 따위.

유가사지론(瑜伽師地論)

유가사의 17지를 논한 책.
미륵 보살이 저술함.

유가유식(瑜伽唯識)

유가론과 유식론.

유공중(有空中)

유교(有敎), 공교(空敎), 중도교(中道敎)의 삼시교(三時敎).

유교(遺敎)

① = 유명(遺命). ② 부처와 조사(祖師)가 후인을 위하여 남긴 교법.

유교경(遺敎經)

부처님의 마지막 말씀을 담은 경전.

유구(有句)

유·무(有無)의 뜻을 4구(句)로 구별한다. 제1구 유(有)이고 무(無)가 아니다(有句). 제2구 무이고 유가 아니다(無句). 제3구 역유(亦有)이고 역무구(亦無句). 제4구 유도 아니고 무도 아니다(O非句). 이 중의 제1구.

유나(維那) 스님

총림의 모든 규율·규칙을 총괄 하는 스님.

유루(有漏)

[범] Sasrava [파] Sassava ↔ 무루(無漏). 누(漏)는 누설한다는 뜻. 우리들의 6문(門)으로 누설하는 것. 곧 번뇌. 이 번뇌를 따라 늘어나는 뜻을 가진 법.

유루업(有漏業)

유루의 업, 번뇌에 사로잡힌 행동.

유리(유璃)

[범] Vaidurya 7보(寶)의 하나. 베유리(베유璃)·베유리야(베유璃耶)·비두리(毘頭梨)·베노리야(베노璃耶)의 음역. 원산보(遠山寶)·불원산보(佛遠山寶)라 번역. 6면체·능형(菱形)·12면체 등으로 된 결정체로서 푸른빛을 띠었다. 중앙아시아 바이칼 호(湖)의 남안 지방 등에서 산출.

유리왕(유璃王)

[범] Virudhaka 사위국의 왕. 자세히는 비유리(毘유璃)·비로택가(毘盧擇迦)라고 한다. BC 6세기에 바사닉 왕의 아들로 태어났다. 부처님께서 성도 하신 후 40년에 부왕이 없는 때를 틈타 왕위를 빼앗고 가비라국(迦毘羅國)의 석가 종족을 멸망시켰다 한다.

유마(維摩)

[범] Vimalakirti 부처님의 속제자(俗弟子). 유마힐(維摩詰)·비마라힐(毘摩羅詰) 등이라고 음역됨. 정명(淨名)·무구칭(無句稱)이라 번역. 인도 비야리국의 장자로서 속가에 있으면서 보살행업을 닦은 이. 그 수행이 갸륵하여 불제자로도 미칠 수 없었다고 한다.

유마경(維摩經)

대승(大乘)의 깊은 뜻에 대한 유마와 문수(文殊) 보살 간의 문답을 기록하여 놓은 불경. 불극품·방편품·보살품 등 14품(品)으로 엮어 있음. 정명경(淨名經).

유마힐소설경(維摩詰所說經)
유마경의 온전한 경 제목.

유무력대연(有無力待緣)
존재[有]는 인(因)이 될 수 있지만 혼자서는 결과를 만들 능력이 없으므로 연이 있어야 한다는 이론.

유불(儒佛)
유교와 불교.

유불(濡佛)
노천에 안치한 부처. 노불(露佛).

유불선삼도(儒佛仙三道)
유교·불교·도교의 세 가지 도.

유상(有想)
상념(想念)을 가지고 있음을 이르는 말. ↔ 무상(無想).

유순(由旬)
[범] Yojana 또는 유사나(踰사那)·유연(由延). 인도 잇수(里數 : 거리)의 단위. 성왕(聖王)의 하루 동안 행정(行程). 40리(혹 30리)에 해당. 또 대유순은 80리. 중유순은 60리, 소유순은 40리라고 한다. 일(一)리도 시대를 따라 그 장단이 같지 않음. 일(一)리를 360보(步), 1,080척이라 하면 일(一)유순은 6마일의 22분의 3에 해당.

유식종(唯識宗)
= 법상종(法相宗).

유심(唯心)
① 이 세상의 모든 사물·현상은 마음이 변화하여 생긴 것이며, 마음 이외의 존재는 있을 수 없다고 하는 화엄경(華嚴經)의 중심 사상. 또는, 부처나 진리가 자기 마음의 내부에 있다고 하는 생각. ② [민] 마음이나 정신적인 것을, 실재하는 것 또는 중심적인 것이라고 생각하는 입장. ↔ 유물(唯物).

유심 연기(唯心緣起)
만법(萬法)은 한마음으로 나타내는 것이라고 설명하는 연기설(緣起說).

유심정토(唯心淨土)
정토(淨土)는 마음의 현현(顯現)으로서, 마음 밖의 실재가 아니라는 말. 곧, 극락정토는 마음속에 있는 경질임을 일컬음.

유아독존(唯我獨尊)
① 세상에서 자기 혼자 잘났다고 뽐내는 태도. ② '천상천하 유아독존'의 준말.

유아작용(唯我作用)
① 오직 자기의 마음·자기의 양심의 가르침에 의해서 동작하는 것. ② 자기의 마음·자기의 양심을 표준삼아 육근동작을 하는 것.

유애(有涯)
전변(轉變)하여 상주하지 않는 세계. 곧, 이승.

유연(有緣)
관계가 있음을 말한다. 불·보살이 중생을 제도할 때에 인연 있는 이가 먼저 교법을 믿는다. 교화하는 것, 믿는 것이 모두 전세의 깊은 인연으로 말미암는 것.

유전(流轉)
① 이리저리 떠도는 것. ② 쉬임없는 변천. ③ 생사 인과(因果)가 서로 무궁하게 이어지는 것. 윤회. ↔ 환멸(還滅).

유정(有情)
마음이 있는 중생.

유정천(有頂天)
9천 가운데 가장 높은 하늘 세계.

유지(類智)
십지(十智)의 하나. 색계·무색계의 4제(諦)의 도리를 관하여, 일어나는 번뇌를 끊는 지혜. 만유제법(萬有諸法)의 진리를 아는 지혜는 법지(法智)와 비슷하므로 유지라 한다.

유치(由致)
불보살을 청할 때 그 까닭을 먼저 아뢰는 일.

유학(有學)
소승의 성문(聲聞)이 계·정·혜 3학(三學)을 닦음.
반대) 무학(無學).

육경(六境)
육식(六識)의 대상이 되는 여섯 경계. 곧, 색(色)·성(聲)·향(香)·미(味)·촉(觸)·법(法)의 총칭.

육계(六界)

① = 육도(六道). ② = 육대(六大).

육계(肉髻) (×육길)
부처님 머리에 솟아오른 상투 같은 부분.

육군비구(六群比丘)
부처님 계실 때 나쁜 짓을 많이 하던 6인의 비구.

육근(六根)
육경(六境)을 인식 판단하기 위한 능력이 있는 기관. 곧, 안(眼)·이(耳)·비(鼻)·설(舌)·신(身)의 오관(五官)과 의근(意根).

육근 청정(六根淸淨)
진리를 깨달아 육근의 탐욕과 집착을 끊고 깨끗하여짐. 안··이·비·설·신·의의 여섯 감각기관이 각각 색·성·향·미·촉법을 대하면서도 집착이 없다.

육난(六難)
여섯 가지의 어려운 일. 1. 불세(佛世)를 만나기 어려움. 2. 정법(正法)을 듣기 어려움. 3. 선심(善心)을 내기 어려움. 4. 문명한 나라에 태어나기 어려움. 5. 사람의 몸을 얻기 어려움. 6. 모든 근(根)을 구족하기 어려운 것.

육대(六大)
만상(萬象)을 만드는 여섯 가지의 근본 원소. 곧, 지(地)·수(水)·화(火)·풍(風)·공(空)·식(識)의 총칭. 육계(六界).

육도(六道)
① 중생이 선악인 업인(業因)에 따라 윤회하여 이르는 여섯 세계. 곧, 지옥도(地獄道)·아귀도(餓鬼道)·축생도(畜生道)·아수라도(阿修羅道)·인간도(人間道)·천상도(天上道). 육계(六界). ② ㉞ 인간이나, 생명을 가진 존재들이 정신과 육신을 통하여 지은바 업연에 따라 그 과보로 나타난 세계를 여섯 등분하여 본 것.
즉, 천도(天道)·인도(人道)·수라(修羅)·축생(畜生)·아귀(餓鬼)·지옥(地獄)을 의미합니다.

육도윤회(六道輪廻)
중생이 저지른 업(業)에 따라 생사를 반복하는 여섯 가지의 세계. 지옥, 아귀, 축생, 아수라, 인간, 천상을 말한다. 도(道)는 상태, 세계, 이르는 곳이라는 의미이며 취(趣)라고도 함.

육도집경(六度集經)
육도 즉 육바라밀의 차례에 따라 보살행의 인연을 모은[集] 경전.

육미(六味)
여섯 가지 맛. 쓴맛(苦味)·신맛(신味)·단맛(단味)·매운맛(辛味)·짠맛(짠味)·싱거운 맛(싱味).

육바라밀(六波羅蜜)
보살이 중생을 이익하게 하는 여섯 가지 덕목이다.
보시, 지계, 인욕, 정진, 선정, 지혜가 그것이다.

육부대승경(六部大乘經)
화엄경, 해심밀경, 여래출현공덕장엄경, 아비달마경, 능가경, 후엄경(대승밀엄경)의 여섯 경전.

육사외도(六師外道)
부처님 당시 세력을 떨치던 6명의 철학자들.

육상(六相)
화엄종에서 만유의 모든 법에 낱낱이 여섯 가지의 모양이 있음을 말함. ① 총상(總相). 만유의 모든 법을 한 체(體)로 잡아 관찰하는 평등적 부문. 마치 가옥의 전체를 하나의 집이라고 칭하는 것과 같음. ② 별상(別相). 부분적으로 관찰하는 차별적 부문. 마치 가옥을 이루는 기둥·기와·석재 따위를 낱낱이 떼어서 하나씩 보는 것과 같음. ③ 동상(同相). 낱낱의 것이 동일한 목적을 향하여 서로 협력하고 조화하는 통일적 부문. 마치 가옥의 기둥과 들보 따위가 상호 맞물려 조화를 이루어 하나의 집으로 완성되는 것과 같다. ④ 이상(異相). 낱낱이 제각기 본위(本位)를 지켜 피차의 고유한 상태를 잃지 않고 서로 다른 점이 있는 것. ⑤ 성상(成相). 낱낱이 서로가 의지하여 동일체의 관계를 이룬 것. ⑥ 괴상(壞相). 낱낱이 어떤 일체(一體)인 관계로 묶였으나 한편으론 각자의 본위를 잃지 않는 것. 마치 가옥의 기둥과 들보가 서로 조화를 이뤄 하나의 집으로 완성되지만 각기 고유한 모양을 지키고 있는 것과 같다.

육색(六色)
절에서 큰 불사(佛事)가 있을 때에,

음식을 분담하여 만드는 일.

육색방(六色傍)
절에서 큰 행사를 할 때 맡은 소임. 방문(榜文).

육식(六識)
육근(六根)에 의하여 대상을 지각하는 여섯 가지 작용. 곧, 안식(眼識)·이식(耳識)·비식(鼻識)·설식(舌識)·신식(身識)·의식(意識).

육십갑자(六十甲子)
[민] 천간(天干)의 갑(甲)·을(乙)·병(丙)·정(丁)·무(戊)·기(己)·경(庚)·신(辛)·임(壬)·계(癸)와, 지지(地支)의 자(子)·축(丑)·인(寅)·묘(卯)·진(辰)·사(巳)·오(午)·미(未)·신(申)·유(酉)·술(戌)·해(亥)를 차례로 배합하여 예순 가지로 늘어놓은 것. 육십화갑자.

육안(肉眼)
오안(五眼)의 하나. 중생의 육신에 갖추어 있는 눈.

육욕(六欲)
범부가 이성에 대해 갖는 여섯 가지의 욕락(欲樂). 1. 색욕(色欲). 청·황·적·백·흑 등 빛깔에 대한 탐욕. 2. 형모욕(形貌欲). 미모(美貌)에 대한 탐욕. 3. 위의자태욕(威儀姿態欲). 걸음 걷고 앉고 웃고 하는 등의 애교에 대한 탐욕. 4. 언어음성욕(言語音聲欲). 말소리·음성·노래에 대한 탐욕. 5. 세활욕(細滑欲). 이성(理性)의 부드러운 살결에 대한 탐욕. 6. 인상욕(人相欲). 남녀의 사랑스런 인상(人相)에 대한 탐욕.

육인(六因)
[범] Sad-hetu 보살 수행의 계위(階位)를 10신(信)·10주(住)·10행(行)·10회향(廻向)·10지(地)·등각(等覺)·묘각(妙覺) 등 7가지로 나누고, 그 중에서 맨 나중의 묘각은 구경(究竟) 원만한 불과(佛果)임에 대하여, 앞의 6가지는 불과에 이르는 수행의 인(因)이므로 육인이라 한다.

육욕천(六欲天)
욕계(欲界)의 여섯 하늘. 곧, 사왕천(四王天)·도리천(忉利天)·야마천(夜摩天)·도솔천(도率天)·화락천(化樂天)·타화자재천(他化自在天). 욕천(欲天).

육자(六字)
① '육자 명호'의 준말. ② '육자 다라니'의 준말.

육자 다라니(六字陀羅尼)
문수 보살의 진언(眞言)인 '암파계타나마(闇婆計陀那摩)' 또는 '암박계담납막(唵縛鷄淡納莫)'의 여섯 자. 육자 진언.

육자대명주(六字大明呪)
"옴마니 반메 훔"의 여섯 자 주.

육자명호(六字名號)
'나무 아미타불'의 여섯 자.

육자 염불(六字念佛)
'나무 아미타불'의 여섯 글자를 외며 하는 염불.

육재일(六齋日)
한 달 중 깨끗이 재계(齋戒)하는 여섯 날. 곧, 음력 8·14·15·23·29·30일. 이 날은 사천왕이 득세하여 사람의 선과 악을 살핀다고 하여 몸을 조심함.

육종계(六種戒)
보살이 받아 지니는 여섯 가지의 계율. 1. 회향계(廻向戒). 대보리에 회향하는 것. 2. 광박계(廣博戒). 온갖 배운 바를 섭수하는 것. 3. 무죄환희처계(無罪歡喜處戒). 탐착(貪着)·욕락(欲樂) 등을 멀리 여의는 것. 4. 항상계(恒常戒). 목숨이 다하여도 배운 바를 버리지 않는 것. 5. 견고계(堅固戒) 일체의 이양(利養)·공경·번뇌를 위하여 계율을 깨뜨리지 않는 것. 6. 시라장엄구상응계(尸羅莊嚴具想應戒). 모든 계의 장엄을 구족하는 것.

육종성(六種性)
보살 행위 여섯 가지.

육진(六塵)
육경(六境)을 말한다. 이 육경은 육근(六根)을 통하여 몸속에 들어가서 우리들의 정심(淨心)을 더럽히고, 진성(眞性)을 덮어 흐리게 하므로 진(塵)이라 한다.

육통(六通)
육신통(六神通)이라고도 한다. 여섯 가지의 불가사의한 신통력. 초인적인 여섯 가지의 공덕 작용. 1. 천안통(天眼通) 육안으로 볼 수 없는 것을 보는 신통. 2. 천이통(天耳通) 보통 귀로는 듣지 못할 음성을 듣는 신통. 3. 타심통(他心通) 타인의 생각을 아는 신통. 4. 숙명통(宿命通) 지나간 세상의 생사를 자재하게 아는 신통. 5. 신족통(神足通) 또는 여의통(如意通) 부사의하게 경계를 변하여 나타나기도 하고, 마음대로 날아다니기도 하는 신통. 6. 누진통(漏盡通) 자재하게 번뇌를 끊는 힘.

육착심(六着心)

집착하는 6가지 마음.

탐착심(貪着心), 애착심(愛着心), 진착심(瞋着心), 치착심(痴着心), 욕착심(欲着心), 만착심(慢着心).

육추(六麤) (×육록)

기신론(起信論) 삼세(三世) 육추(六麤)이론.

육하(六河)

<열반경>에 강물로 비유한 여섯 가지. 생사하(生死河)·열반하(涅槃河)·번뇌하(煩惱河)·불성하(佛性河)·선업하(善業河)·악법하(惡法河).

육화경(六和敬)

① 동계(同戒) 화경 : 함께 계를 지킴. ② 동견(同見) 화경 : 같은 견해를 가짐. ③ 동행(同行) 화경 : 같은 수행을 함. ④ 신자(身慈) 화경 : 신업이 대자대비함. ⑤ 구자(口慈) 화경 : 구업이 대자대비함. ⑥ 의자(意慈) 화경 : 의업이 대자대비함.

윤전(輪轉)

수레바퀴가 도는 것같이 3계(界) 6도(道)를 돌아다니면서 벗어날 기약이 없는 것 = 윤회.

윤회(輪廻)

[범] Samsara 사람이 죽었다가 나고 죽어 몇 번이고 이렇게 반복함을 말한다. 불교에서 말하는 3계(界) 6도(道)에서 미(迷)의 생사를 거듭하는 것.

율사(律師)

① 십법(十法)을 갖추고 계율을 잘 지키는, 계율의 사범인 고승. ② 승관(僧官)의 하나. 불제(佛制)에 의하여 승니(僧尼)의 그릇된 일을 검찰함.

율장(律藏)

삼장(三藏)의 하나. 석존(釋尊)이 제정한 계율에 대한 전적(典籍)을 모은 교전(敎典).

율종(律宗)
= 계율종(戒律宗).

은물(恩物)
① 은사(恩師)가 물려 준 물건. ② 유치원에서 유희나 놀이 때에 쓰는 물건. ③ 은혜로 주는 물건.

은사(恩師)
① 가르침의 은혜를 끼친 스승. 은부(恩傅). ② 처음 중이 된 후 길러 준 스님.

은생어해(恩生於害)
은혜가 해에서 나옴. 해에서 은을 얻음.

은전(恩田)
3복전(福田)의 하나. 또는 보은복전(報恩福田)·보은전. 부모·사장(師匠)을 말함. 양육하고 교육한 은혜가 있음. 은혜를 갚는 생각으로 모시면 장래에 행복의 결과를 받는다는 뜻으로 은전이라 함.

은현자재(隱顯自在)
숨었다 나타났다 하는 진리가 자유자재하는 것. 곧 유무 순환의 도를 말한다.

음계(婬戒)
음욕에 대한 예율. 사(四)바라이죄의 하나. 10중금계(重禁戒)의 하나. 계율에 7중(衆)의 구별이 있다. 재가(在家)의 우바새·부아이는 부부 이외의 사람과 관계하는 것을 경계한 것. 또 부부간이라도 비시(非時)·비처(非處)·비량(非量)·비지(非支)에 행함을 금지하고, 출가한 이는 온갖 음행을 금지. 5중(衆) 중의 사미·사미니·식차마나 중에 음행이 있으면 멸빈악작죄(滅擯惡作罪)라 하여 가사를 빼앗고 절에서 빈출(擯出), 즉 추방한다. 비구·비구니가 범하면 바라이죄가 된다.

음식(飮食)
냄새·미각(味覺)·촉각(觸覺)을 자체로 하고, 뱃속에 들어가 소화되어 몸의 기관을 자양(資養)하는 물질.

음악(音樂)
풍악에는 성악(聲樂)·기악(器樂)·무악(舞樂)의 3가지가 있는데 제2기악, 악(樂)이라고도 함.

음부(陰符)
= 저승.

음양상승(陰陽相勝)
음과 양의 두 기운이 서로 밀고 밀어서 순환함을 뜻한다. 음양의 두 기운이 서로 조화하고 서로 밀어서(相O) 순환불궁하는 것을 말한다.

응공(應供)
[범] Arhat 응수공양(應受供養)의 뜻. 범어 아라하를 번역한 말. 온갖 번뇌를 끊어서 인간·천상의 중생들로부터 공양을 받을 만한 덕 있는 성자(聖者). 부처님.

응병여약(應病與藥)
부처님이 깨닫지 못한 중생에게 근기에 따라 필요한 가르침을 줌.

응신(應身) nirmana-kaya
부처의 삼신(三身)의 하나. 중생을 구제하기 위하여 부처의 가르침을 받아들일 수 있는 중생의 능력 정도에 따라 여러 가지 모습으로 이 세상에 나타난 부처의 몸. 현신(現身). 화신(化身).

응신불(應身佛)
삼신불의 하나. 곧, 석가여래를 일컬음.

응신토(應身土)
부처님 응신이 거주하는 국토.
응신이란 부처님이 중생교화를 위해 중생과 같은 모습으로 나타남.

응진(應眞)
= 아라한(阿羅漢).

응화(應化)
① 불보살이 중생을 구제하기 위하여 여러 형태로 변신(變身)하여 이 세상에 나타나는 것. ② = 적응.

응화신(應化身)
㉠ 응화법신·응화신불·응신불이라고도 한다. 불보살이 중생제도를 위하여 무량무변한 몸을 나타내는 것. 좁게는 제불제성이 응화신이고, 넓게는 우주의 삼라만상이 곧 응화신이다. 인연에 응하여 화현한 몸 즉 인연 따라 나타난 실체. 진리 그대로 나타나 있는 실체 또는 모습. 불보살이 중생을 구제하기 위하여 여러 형태로 이 세상에 나타나는 일.

응화이생(應化利生)
부처님이나 보살이 중생에게 상응한 몸을 변신하여 교화시킴.

의근(意根)
6근(六根)의 하나. 전념(前念)의 6식이 멸하고, 후념(後念)의 6식이 일어날 의거가 되는 점으로 전념의 6식을 말한다. 5식에는 5근이 있는 것같이, 의근은 특히 제6의식의 근거할 데를 말한다. 이를 의계(意界) 또는 의근계(意根界)라고 하는 것은 <구사론>의 말. 우리의 마음을 전념·후념으로 나누고, 전념의 8식 심왕(心王)을 말한다. 이것이 후념에 일어날 온갖 심적(心的) 현상을 이끌어낼 수 있는 근거라는 의미로 하는 말.

의두(疑頭)
화두(話頭)·공안(公案)이라고도 한다. 진리를 깨치기 위한 큰 의심.

의발(衣鉢)
① 가사(袈裟)와 바리때. ② [중이 죽을 때 자신의 의발을 후계자에 전하던 일에서] 교법(敎法)이나 불교의 오의(奧義)를 뜻함.

의발각(衣鉢閣)
가사와 바리때를 넣어 두는 집. 바리때집.

의방명(醫方明)
5명(五明)의 하나. 의술에 관한 학술.

의생신(意生身)
[범] Manomaya-kaya 마노말야(摩奴末耶)의 번역. 신역에서는 의성신(意成身)이라 함. 부모가 낳은 육신이 아니고, 생각하는 대로 생기는 몸. 곧 화생신(化生身)·변화신(變化身)·겁초(劫初)의 인신(人身)·색계신·무색계신·중유신(中有身)을 포함한다.

의소(義疏)
경론(經論)의 뜻을 해거한 글.

의식(意識)
육식(六識)의 하나. 8식의 하나. 의근(意根)에 의한 식이라는 뜻. 곧 제6식, 제7말나식에 의속(依屬)한 식. 물심(物心)의 모든 현상의 총상(總相)을 요별(了別)함이 그 성능(性能). 의식은 무상천(無想天)에 태어날 적, 무상정(無想定)을 얻을 적, 멸진정(滅盡

定)에 들 적, 숙수시(熟睡時), 민절시(悶絕時)를 제하고는 다른 때에는 언제든지 기존(起存).

의식구족(衣食具足)
참선 수행자가 옷과 음식을 갖추는 것임.

의신(依身)
육체를 말한다. 심식(心識)이 의지할 곳이란 뜻.

의안락행(意安樂行)
마음이 안락하여 수행함.

의언진여(依言眞如)
말에 의지하여 표현된 진여.

의업(意業)
삼업(三業)의 하나. 모든 사념(思念).

의왕(醫王)
불·보살을 말한다. 불·보살이 중생의 번뇌병을 치료하여 깨달은 경계에 이르게 하는 것이, 마치 명의(名醫)가 중환자에게 약을 써서 고치는 것과 같다는 뜻.

의요(意樂)
[범] Asaya 아세야(阿世耶)의 번역. 의념요욕(意念樂欲)하다 뜻. 어떤 목적을 향하여 나아가려는 취지.

의정이보(依正二報)
의보(依報)와 정보(正報)
의보는 산하대지, 정보는 그 속에 사는 인물들.

의착(依着) (×의저)
집착함.

의타기성(依他起性)
혼자의 원인으로는 어렵고 다른 연(緣)을 기다려 나타내는 현상.

이간어(離間語)
양설(兩舌)을 말한다. 두 사람에게 대하여, 번갈아 서로 반대되는 말을 하고, 그리하여 쌍방의 사이를 막아서 불화(不和)하게 하는 말.

이고득락(離苦得樂)
번뇌망상이나 고통에서 벗어나 즐거움을 얻는 것.

이구(二求)

중생이 가지고 있는 두 가지의 욕구(欲求). 1. 득구(得求). 여러 가지 낙(樂)을 얻으려고 요구함. 2. 명구(命求). 오래도록 낙을 얻기 위하여, 오래 살기를 욕구하는 것.

이근(二根)
① 승의근(勝義根)·부진근(扶塵根). 이 두 가지 근(根)에 의하여 우리들의 5근이 성립. ② 이근(利根)·둔근(鈍根). ③ 남근(男根)·여근(女根).

이근(耳根)
[범] Srotrandriya 5근(根)의 하나. 소리를 듣고, 이식(耳識)을 이끌어내는 기관, 귀.

이금당(已今當)
'과거', '현재', '미래'의 총칭.

이락(利樂)
① 이익과 안락. 내세의 이익을 이(利). 현세의 이익을 낙(樂)이라 한다. ② = 이락유정(二樂有情).

이란(伊蘭)
[범] Eranda 대극과(大戟科)에 딸린 식물의 이름으로 아주까리에 속하는 일종. 본래 아프리카에서 산출하여 인도에 분포된 식물. 줄기 6~8척, 잎은 녹색 혹은 붉은빛이 있으며, 직경 1~척쯤이고 7개로 갈라진다. 싯나무와 비슷. 장타원형(長橢圓形)의 종자에 독이 있음. 예로부터 나쁜 냄새가 나는 독초로 유명하며 냄새가 40리에 이른다고 한다. 전단향의 상대로 경전에 많이 비유.

이박(二縛)
우리의 마음을 속박하여 자재하지 못하게 하는 두 가지. ① 견혹(見惑), 수혹(修惑)의 두 번뇌가 대경(對境)을 반연하는 데서 생기는 속박. 상응박(相應縛)·소연박(所緣縛). ② 능연박(能緣縛)·소연박(所緣縛).

이법계(理法界)
사법계(四法界)의 하나. 모든 법의 차별을 일관(一貫)하여 존재한 체성(體性)으로서 본체평등계(本體平等界)의 방면에서 이름한 우주(宇宙).

이법사(尼法師)
불경을 가르치는 여승 법사.

이불란사(伊弗蘭寺)

고려 소수림왕 4년에 세운 절.

이사무애법계(理事無碍法界)
본체(理)와 현상(事)이 장애되지 않고 서로 융화된 우주.

이색신(二色身)
실색신(實色身), 즉 보신(報身)과 화색신(化色身), 즉 응신(應身)의 두 색신(色身)이색 신으로 읽으면 색깔이 둘이 몸이 됨.

이생(利生)
부처나 보살이 중생을 이롭게 해주는 일.

이선천(二禪天)
4선천(禪天)중 두 번째 선천.

이소성대(以小成大)
작은 것으로부터 시작하여 큰 것을 이룩한다는 뜻.

이승
살아 있는 이 세상. 금생(今生). 금세(今世). 차생(此生). 차세(此世). 차승(此乘). ↔ 저승.

이승(尼僧)
= 비구니.

이승(二乘)
① 성문승(聲聞乘)과 연각승(緣覺乘)의 두 가지를 말함. 승(乘)은 탈 것의 의미. 성문(聲聞)은 스승의 가르침에 의해 깨달은 사람으로 부처님의 가르침을 직접 듣고 사제(四諦)의 진리에 의해 깨달은 사람들 및 그 입장을 말함. 연각(緣覺)은 이법(理法)을 체득하여 스스로 깨달은 사람으로 부처님의 가르침에 의하지 않고 혼자 십이인연(十二因緣)의 진리를 관찰하여 깨달은 사람들 및 그 입장을 말함. 대승(大乘)의 견지에서 보면 이 두 종류의 사람들 및 입장은 자기완성에 머물러 많은 타인의 구제로 나아가지 않음으로 열등한 입장(小乘)이라고 볼 수 있음. ② 일승(一乘) 이외의 제2의 탈 것. ③ 대승과 소승. 성문(聲聞)과 보살(菩薩).

이아견(二我見)
두 종류의 아견. 1. 인아견(人我見) 2. 범부의 몸이 색(色)·수(水)·상(相)·행(行)·식(識)의 5온(蘊)으로 가화합한 것임을 깨닫지 못하고, 5온의 자신에 진실한 체(體)가 있고, 용(用)이 있다고 고집하는 망견(妄見).

이연(異緣)
불가사의한 인연이라는 뜻으로, 남녀의 인연을 일컫는 말.

이왕이수(易往易修)
극락 정토에 왕생하기도 쉽고 수행하기도 쉬움. 이왕 이행.

이제(二諦)
진제(眞諦)와 속제(俗諦).

이조단비(二祖斷臂)
선종 제2조 혜가(慧可) 스님이 달마 조사로부터 법을 얻기 위해 왼쪽 팔을 잘랐다는 고사.

이종참회(二種懺悔)
1. 사참회(事懺悔) 몸·입·뜻의 삼업(三業)을 삼가며, 예불하고 송경하는 작법으로 죄과를 고백하고, 회개하는 것. 2. 이참회(理懺悔) 모든 법의 실상(實相)인 만법개공(萬法皆空)의 진리를 관하여 죄악은 망심으로 지은 것이요, 망심은 자체가 없으므로 죄악도 공한 줄로 체달하여 모든 죄를 멸하는 것.

이지상응(理智相應)
이(理)와 지(智)가 일치함.
이는 진리, 지는 진리를 증득하는 지혜.

이천(二天)
① 범천(梵天)과 제석천(帝釋天).
② 일천자(日天子)와 월천자(月天子).
③ 다문천(多聞天)과 지국천(持國天).

이타(利他)
자리(自利)의 대응어로 말함. 다른 이를 이롭게 함. 다른 이에게 공덕과 이익을 베풀어주며 중생을 구제하는 것.

이토(二土)
두 종류의 국토. ① 정토와 예토(穢土). ② 보토(報土)와 화토(化土). ③ 보토(報土)와 응토(應土). ④ 사토(事土)와 이토(理土). ⑤ 성토(性土)와 상토(相土).

이해탈(二解脫)
① 혜해탈(慧解脫)과 심해탈(心解脫). ② 성정해탈(性淨解脫)과 장진해

탈(障盡解脫) ③ 유위해탈(有爲解脫)과 무위해탈(無爲解脫) ④ 혜해탈과 구해탈(俱解脫). ⑤ 시해탈(時解脫)과 불시해탈(不時解脫).

이행(利行)
자기는 뒤로 하고, 먼저 다른 이를 이롭게 하는 행위. 곧 이타행(利他行)

이행(易行)
① 행하여 나가기 쉬움. ② 타력(他力)의 수행(修行). 또는, 염불(念佛)의 수행. ↔ 난행(難行).

이행도(易行道)
행하기 쉽고 깨닫기 쉬운 교법. 또는, 아미타의 발원하는 힘에 의하여 극락에 왕생하기 쉬운 길. ↔ 난행도

이혹(二惑)
혹장(惑障)을 두 가지로 나눈 것. ① 견혹(見惑)과 수혹(修惑). ② 계내혹(界內惑)과 계외혹(界外惑) ③ 통혹(通惑)과 별혹(別惑). ④ 현행혹(現行惑)과 종자혹(種子惑). 보통은 견혹과 수혹의 두 가지를 말한다.

인(因)
① 인명학(因名學)에서 종(宗)·인(因)·유(喩)의 3지(三支)를 세우는 중에서 인은 종을 성립시키기 위한 이유(理由). 예를 들면 '소리는 무상(無常)하다(宗). 소작성(所作性)인 고로(因) 와병(瓦甁) 등과 같다(喩)' 할 때에 소리는 상주성(常住性)을 가지지 아니한 것을 입증(立證)하려면 그것이 인연으로 성립된 것임을 설명함이 필요. 이것이 인. ② 만물이 생기는 가까운 원인.

인(印)
① 나무·상아·뿔·수정·돌·쇠 따위에 글자나 그림 또는 부호를 새기어 개인·단체·관청의 표지(標識)로 문서나 물건에 찍어서 증거를 삼는 것. ② = 결인(結印).

인경(引磬) (×인성)
대중의 주의를 끌기 위해 치는 악기의 이름.

인과(因果)
원인과 결과. 원인 중에 인(因)과 연(緣)이 있다. <구자론>에서는 4연(緣)·6인(因)·5과(果)를 들고, <유식론>에서는 4연·10인·5과를 들었다.

일체 만상의 생성괴멸(生成壞滅)하는 미오(迷悟)의 세계 모양들은 인과관계에 말미암지 않는 것이 하나도 없다고 한다.

인과보응(因果報應)
사람이 짓는 선악의 업인에 따라 거기에 상응하는 과보가 있게 되는 것.

인과응보(因果應報)
전생(前生)에서의 행위의 결과로서 현재의 행·불행이 있고, 현세에서의 행위의 결과로서 내세(來世)에서의 행·불행이 생기는 일. 인과 보응.

인당(印堂)
관상술(觀相術)에서, 양 눈썹 사이를 이르는 말.

인도(引導)
① 이끌어 지도하는 것. ② 길이나 장소를 안내하는 것. ③ 장사 지내기 전에 중이 관 앞에서 혼령이 깨달음을 얻도록 설법하는 것.

인도(人道)
[범] Manusya 5도(五道)의 하나. 인간계(界)를 말함. 과거에 5계(戒)나 중품(中品) 10선(善)의 인(因)을 닦은 이가 나는 갈래(趣).

인도(印度)
[범] Indu 아시아 대륙의 남쪽에 돌출한 큰 반도. 중국에서는 연독(身毒)·천축(天竺)·현두(賢豆)라 하고, 현장(玄奘) 이후부터 인도라는 명칭을 썼다. 지형이 동서 7천리, 남북 8천리, 총 면적 2,324만 방리(方里 : 430만㎢) 인구 4억 5천만, 종교는 인도교·마호메트교·기독교가 있으며, 이 밖에 실론·네팔·부탄 등에 불교가 있다. 옛적에 아리안족의 일부가 중앙아시아로부터 파미르고원을 넘어 인더스 강 유역에 오서 인도 문화의 기초를 형성한 이래, 사상·문화상, 중요한 지위를 차지. 18세기 후반에 영국인에게 정복되어 1877년 이래 영국의 지배하에 예속, 2차대전 후에 독립국이 되었다.

인로왕보살(引路王菩薩)
죽은 사람의 영혼을 극락세계로 인도하는 보살.

인명입정리론(因明入正理論)
인명은 불교 논리. 인명으로 정리에 들어가는 방법을 다룬 책.

인명 초학자의 편의를 위해 쓴 책.

인명정리문론(因明正理門論)
인명의 대표작.

인비인(人非人)
사람도 아니고 짐승도 아닌 그렇다고 귀신이랄 수도 없는 존재.

인상(人相)
아인사상(我人四相)의 하나. 5온(蘊)의 화합으로 말미암아 생긴 것 가운데, 우리는 사람이니 지옥취(地獄趣)나 축생취(畜生趣)와 다르다고 집착(執着)하는 견해.

인업(因業)
① 내세(來世)의 과보(果報)를 이끌어 내는 현세(現世)의 업(業). ② 전세(前世)로 부터의 인연에 의하여 현세의 과보를 맺는 운명.

인연(因緣)
① 서로의 연분. 연고(緣故). ② 어느 사물에 관계되는 연출. ③ 내력 또는 이유. ④ 인(因)과 연(緣). 곧, 결과를 만드는 직접적인 원인과, 그 인(因)으로 말미암아 얻을 간접적인 힘.

일체 중생은 인과 연에 의하여 생멸(生滅)한다고 함. 유연(由緣).

인왕(仁王)
불법의 수호신으로 사문(寺門)이나 수미단(須彌壇) 전면의 좌우에 안치하는 한 쌍의 금강 역사(金剛力士). 금강신(金剛神).

인왕문(仁王門)
인왕의 상(像)을 안치한 절의 문.

인왕호국반야바라밀다경(仁王護國般若婆羅蜜多經)
인왕경.

인욕(忍辱)
[범] Ksanti 육(六)바라밀의 하나. 십(十)바라밀의 하나. 욕됨을 참고 아주(安住)하는 뜻. 온갖 모욕과 번뇌를 참고 원한을 일으키지 않음.

인유(人有)
칠유(七有)의 하나. 유는 미(迷)의 결과를 이름 한 것. 중생이 과거에서 인계(人界)에 날 인(因)을 닦아서, 현세의 과(果)를 얻는 것으로, 생사가 상속하여 인과(因果)가 없어지지 않고 존재하는 것. 인간계(人間界)를 말함.

인허진(隣虛塵)
가장 작은 물건, 허(虛)에 가까울 정도의 크기.

인욕(忍辱)
① 욕되는 일을 참음. ② 아무리 곤욕을 당하여도 마음을 움직이지 않고 참고 견딤. 곧, 여러 가지 모욕을 참고 받아 마음을 움직이지 않는 수행(修行).

인장묘발(寅葬卯發)
[민] 장사 지낸 뒤에 곧 복(福)을 받음.

인접(引接)
① 들어오게 하여 응접하는 것. ② [민] 왕이 의정(議政)을 인견(引見)할 때, 시신(侍臣)을 시켜 맞게 하는 것. ③ 아미타불이 염불 행자(念佛行者)를 맞아 극락 정토로 인도하는 것.

인좌(引座)
도사(導師)를 설법하는 자리로 인도하는 일.

인천(人天)
① 인간계와 천상계(天上界). ② '군주(君主)'의 별칭.

인훈습경(因熏習鏡)
<기신론>에서 설하는 사경(四鏡)의 하나. 모든 세상의 경계는 모든 진여(眞如)와 본각(本覺) 가운데에 나타나는 것이며, 따로 어떤 실체를 가진 존재가 진여 안에서 나온다고 할 수도 없고 진여 밖에서 안으로 들어오는 일도 없다. 진여의 본질을 잃어버릴 것도 없고 파괴될 것도 없다. 전체가 그대로의 모습으로 진여 안에 나타나는 것이 거울과 같음을 말한다.

일간(一間)
[범] EKavicika 에가비지가(예迦鼻至迦)라 음역. 소승 성자(聖者)의 계위(階位)에 넷이 있는 중, 불환과(不還果)에 이르려고 수행하는 성자가 욕계의 수혹(修惑) 중에서 7~8품을 끊고 아직 1~2품의 혹(惑)이 남아서 불환과를 증득하지 못함을 말함. 곧 한 간격을 두었다는 뜻으로 불환향(不還向)의 성자를 말한다.

일계(一界) (×일길)

육계와 같은 뜻.

일광. 월광보살(日光月光菩薩)
약사불을 좌우에서 모시고 있는 보살임.

일념(一念)
① 한결같이 끊임없는 생각. ② 전심(傳心)으로 염불하는 일.

일념불생(一念不生)
모든 생각을 초월한 깨달음의 경지.

일념삼천(一念三千)
한 생각 가운데 삼천의 법계를 갖출 수 있다는, 천태종(天台宗)의 교지(敎旨). 사람의 마음이 곧 전 우주라는 뜻임.

일래과(一來果)
[범] Sakrdagamin 성문(聲聞) 사과(四果)의 하나. 사다함(斯陀含)이라 음역. 일래과는 뜻 번역. 욕계(欲界)의 수혹(修惑) 9품(品) 중 상 6품을 끊는 이가 얻는 증과(證果). 아직 나머지 3품의 번뇌가 있으므로 그를 끊기 위하여 인간과 천상에 각각 한 번씩 인간에서 이 과를 얻으면 반드시 천상에 갔다가 다시 인간에 돌아와서 열반에 이르며, 천상에서 이 과를 얻으면 먼저 인간에 갔다가 다시 천상에 돌아와 열반의 증과를 얻는다. 이렇게 천상과 인간 세계를 한번 왕래하므로 일래과라 한다.

일련탁생(一連托生)
① 사후(死後)에 극락정토에서 서로가 같은 연대(蓮臺) 위에 왕생하는 일. ② 어떤 일의 선악(善惡)이나 결과에 대한 예견(豫見)에 관계없이 최후까지 행동과 운명을 같이하는 일의 비유. ▷ 탁생(托生).

일미(一味)
부처님의 교설을 외면적으로 관(觀)하면 다종다양(多種多樣)한 듯하나, 그 뜻은 하나라는 뜻.

일방(一棒) (×일봉)
선(禪)의 사승(師僧)이 죽비(竹篦)로 제자를 깨우치는 일.

일법랍(一法臘)
중이 득도(得道)한 후의 한 해.

일불(一佛)

① 한 몸으로 된 부처. ② '아미타여래'의 다른 이름.

일불국토(一佛國土)
= 일불 세계.

일불성도(一佛成道)
모든 중생이 다 부처가 된다는 말.

일불세계(一佛世界)
아미타불이 중생을 교화하여 불교에 귀의시켜 공덕을 베푸는 세계. 일불국토. 일불토.

일불승(一佛乘)
모든 중생이 부처와 함께 같은 불인(佛因)에 의하여 같은 불과(佛果)를 얻는 궁극의 교법.

일불정토(一佛淨土)
① 아미타불의 정토. ② 일불의 극락 세계.

일심(一心)
만유의 실체인 진여(眞如). <기신론>에서는 일심을 세워 만유의 본체인 진여의 모양과 만유가 전개하는 상태를 설명하고, <화엄경>에서는 3계(三界)가 별법(別法)이 아니고, 오직 일심으로 된 것이라 함과 같은 것.

일여(一如)
일은 절대유일(絶對唯一), 여(如)는 꼭 같다는 뜻. 차별 없이 평등함.

일원(一圓)
⑭ 대종사님께서 깨치신 교리의 이름(대종경 서품 1장). 원불교에서 우주만유의 궁극적인 진리를 상징하는 말. <일원상> 또는 <일원상의 진리>라고도 한다. 일(一)은 모든 수(數)의 시초, 모든 모양(양)의 전체, 모든 양(量)의 총합, 질(質)의 순수를 의미한다. 원(圓)은 원만하고 뚜렷하고 온전하다는 뜻이다. 또 일은 모든 것을 하나로 합친다는 뜻이 있고, 원은 하나로 통한다는 뜻.

일원상(一圓相)
⑭ 일원상은 하나의 둥그러운 모양 즉 원을 일원상이라 합니다. 일원상은 진리의 모양이며 원불교 교도의 신앙 대상임과 아울러 수행의 표본입니다.

일월등명불(日月燈明佛)
이 부처님의 광명이 하늘에서는

해・달과 같고, 땅에서는 등불과 같으므로 일월등명불이라 함. 오랜 겁전(劫前)에 나서 중생을 위하여 돈교(頓敎)・점교(漸敎)라고 나타내어 <법화경>을 설법했다. 2만 동명불(同明佛)이 계속 출현하여 설법하였으므로 2만 등명불이라고도 한다. 최후에 일월등명불이 묘광보살에게 <법화경>을 설하였고, 묘광은 또 대중에게 설하였는데, 청중 8백 명 중에 구명보살(求名菩薩)이 있었다. 묘광보살은 지금의 부처이며 구명보살은 미륵이라 함.

일장육상(一丈六像)
1자 육척의 부처, 즉 장육상. 부처님 때 사람의 키는 8척.

일종(日種)
[범] Suryavamsa 부처님의 속성 다섯 가지(구담・감자・일종・석가・사이) 중의 하나. 정반왕의 육대조왕(六代祖王)의 출가 걸식하면서 산중에 있던 시절에 산야꾼에게 백조(白鳥)로 오인(誤認)되어 사살되었는데 그 핏덩이에게 두 줄기 감자(甘蔗)가 나고 그 감자가 볕에 쪼이어 성장하여서 한 남자와 한 여자가 되었다 한다.

일즉일체(一卽一切) (×일즉일절)
객체와 전체가 차별이 없음.

일체개고(一切皆苦)
삼법인(三法印)의 하나.
일체의 사물이 무상 무아인 것을 깨닫지 못하고 그에 집착하여 고통을 받음.

일체(一切)
[범] Sarva 살바(薩婆)의 번역. 만물의 전체. 곧 온갖 것・모든 것・원통의 뜻. 2가지가 있다. 사물의 전체를 말할 때의 일체(少分의 一切)와 제한된 범위의 전부를 말하는 일체(小分의 一切).

일체경(一切經)
= 대장경(大藏經).

일체경음의(一切經音義)
장경의 음과 의미를 해석한 책. 당나라 현응(玄應)이 지음.

일체중생실유불성(一切衆生悉有佛性)
모든 생명체는 부처되는 성품이 있다.

일체지(一切智)

[범] Sarvajna [파] Sabbanna 3지(智)의 하나. 일체 제법의 총상(總相)을 개괄적으로 아는 지혜. 천태(天台)에서는 성문(聲聞)·연각(緣覺)의 지혜라 하고, 구사(俱舍)에서는 부처님의 지혜라 한다.

일품(一品)

경전에서는 각각 다른 뜻을 말한 각 장(各章)을 의미.

임종업성(臨終業性)

임종 때가 돼서 비로소 왕생할 업이 완성됨.

입(入)

① 근(根)과 경(境)이 서로 섭입(涉入)하여 식(識)을 냄. ② 진리를 깨달음. ③ 사물을 이해하는 것.

입견도(入見道)

견도위에 들어감.
견도위란 사제(四諦)의 진리를 바로 보아 범부에서 성자의 자리에 드는 수행의 단계.

입교(入敎)

입교란 원불교를 다니기로 뜻을 세우거나 약속을 하고 그 절차를 밟는 것을 뜻합니다.

입멸(入滅)

= 입적(入寂).

입법계품(入法界品)

화엄경의 마지막 품. 선재동자가 53명의 선지식을 찾아다니며 법계(法界)의 이치를 배움.

입산(入山)

① 산에 들어가는 것. ② 출가하여 중이 되는 것.

입선(入禪)

참선하러 선방(禪房)에 들어가는 것.

입안(入眼)

① '성취'의 뜻. ② 의안(義眼)을 끼우는 것. 또는, 그 의안.

입적(入寂)

스님이 죽는 것. 열반. 입멸(入滅). 입정.

입정(入定)

① 선정(禪定)에 들어가는 것. ↔ 퇴정. ② 수행하기 위하여 방안에 들어가는 것. ③ = 입적(入寂).

ㅈ

자각(自覺)
삼각(三覺)의 하나. 부처님 자리(自利)의 덕. 스스로 깨달아 증득하여 알지 못함이 없는 것. 또 각타(覺他)에 대하여 중생이 자신의 미혹함을 돌이켜서 깨닫는 것.

자거(거渠) (×차거)
칠보 중의 하나. 백산호나 조개껍질로 만든 보배.

자량(資糧)
자재(資財)와 식량(食糧). 보살 수행의 오위(五位) 가운데 처음을 자량위라 한다. 이것은 보리·열반에 이르기 위하여 여러 가지 선근 공덕의 자량을 모으는 뜻.

자력(自力)
① 자기의 힘만으로 수행(修行)하여 불과(佛果)를 얻고자 하는 법력(法力). ↔ 타력(他力). ② 제 스스로의 힘.

자력교(自力敎)
제 힘으로 공(功)을 쌓아 번뇌를 끊고 부처의 깨달음을 얻으려는 성도문(聖道門)의 교. ↔ 타력교(他力敎).

자력문(自力門)
자기가 수행(修行)하는 공으로 불과(佛果)를 얻으려는 법문.

자력 염불(自力念佛)
자력 회향(自力回向)을 위하여 하는 염불. ↔ 타력 염불.

자력종(自力宗)
자신의 수행으로 불과(佛果)를 얻으려고 하는 종지(宗旨). 천태종(天台宗)·진언종(眞言宗)·선종(禪宗) 따위가 이에 속함.

자리이타(自利利他)
자신을 위한 수행과 남을 위한 수행.

자마생(作麽生) (×작마생)
자마(作麽)란 중국어로 '무엇' '어떻게'의 의문말 어조사.
자마생은 "어찌 하려는가?"의 선문답.

자무량심(慈無量心)
중생을 한량없이 사랑하는 마음.

자비(慈悲)
① 사랑하고 불쌍히 여기는 것. ② 중생(衆生)들에게 복을 주고, 괴로움을 없게 하는 일.

자비방편(慈悲方便)
㉮ 불보살이 중생을 교화하기 위하여 대자대비심으로 베푸는 무량 방편. 불보살은 중생의 근기와 때와 장소에 따라 거기에 맞는 천만가지 무량 방편을 베푼다. 불보살의 자비 방편은 그 수가 한량이 없다고 해서 천만 방편, 무량 방편이라고도 한다.

자비옷(慈悲-)
'가사(袈裟)'의 별칭.

자비인욕(慈悲忍辱)
① 중이 반드시 지켜야 할 자비와 인욕. ② 보살이 중생을 구제하기 위해 자비심으로 고난을 참고 견딤.

자비인정교화(慈悲人情敎化)
자비심으로써 인정(人情)을 통해 교화하는 것. 자선사업을 베풀고, 보시(布施)·애어(愛語)·이행(利行)·동사(同事) 등으로써 정의(情誼)를 건네서 은연중 교화하는 일.

자선(子璿) (×자준)
중국 송나라 때의 스님. 화엄종의 대가.

자성(自性)
'자성 본불(自性本佛)'의 준말.

자성 계(自性戒)
㉮ 마음 고향에 있어서는 모든 분별과 시비가 끊어진 자리이나 접촉하는 상대를 따라 동하게 되는 마음 가운데에서 시비가 생기는 것이니 일이 있을 때나 없을 때 나를 물론하고 한 마음

일으킬 때에 시비이해를 초월한 자성 자리에 근본하여 귀의함이 곧 자성의 계이다.

자성광명(自性光明)
자성청정심에서 나오는 지혜와 광명.

자성 극락(自性極樂)
자성청 정심이 그대로 극락정토라는 말. 자성은 일원의 체성과 합일한 경지요, 원래 청정하여 좌복고락이 텅 비고 번뇌망상이 끊어진 자리이므로 자성이 곧 그대로 청정극락이 된다.

자성미타유심정토(自性彌陀唯心淨土)
마음 가운데 아미타불이 있고 마음 가운데 극락정토가 있음.

자성반조(自性返照)
천만경계 속에서 항상 자성의 계·정·혜를 찾는 공부. 분별심·차별심·번뇌망상심·증애심·편착심·삼독오욕심 등을 끊고 항상 자성의 본래 자리를 살피고 반성하는 것.

자성 본불(自性本佛)
본래부터 갖추고 있는 불성(佛性). = 자성(自性).

자성불(自性佛)
본래부터 지니고 있는 불성.

자수성각(自修成覺)
스승의 지도없이 스스로 수행하여 스스로의 힘으로 대각성불(大覺成佛)함.

자성신(自性身)
① 삼신(三身)의 하나. → 법신(法身). ② 사신(四身)의 하나. 진언 밀교에서 4법신을 세움. 자성신은 일체 제법의 본체인 동시에 모든 부처님의 본불(本佛)인 대일여래(大日如來)를 말한다.

자수용삼매(自受用三昧)
수행하여 얻은 깨달음을 스스로 즐기는 삼매.

자수용신(自受用身)
자수용의 몸.

자승자박(自繩自縛)
① [제가 만든 줄로 제 몸을 옭아

묶는다는 뜻] 자신이 한 말과 행동에 자신이 옭혀 들어감. ② 제 마음으로 번뇌를 일으켜 괴로워함.

자심미타(自心彌陀)
자기의 본래 마음이 곧 아미타불이라는 뜻.

자씨(慈氏)
'자씨 보살'의 준말.

자씨 보살(慈氏菩薩)
'미륵 보살'의 이칭. = 자씨.

자씨존(慈氏尊)
'미륵 보살'의 높임말.

자업자득(自業自得)
자기가 선악의 업을 지어서 자신이 그 고락(苦樂)의 과보를 받음. 곧 자인자과(自因自果)의 업도(業道)를 말한다.

자연법(自然法)
① [@ jus naturale] [민] 시대와 공간을 초월한, 보편 타당한 법률. ↔ 인정법(人定法)·실정법(實定法). ② 우주 그대로의 진여(眞如)한 제법(諸法). ③ [민] 자연계의 모든 사물을 지배하는 필연적 법칙. 자연율(自然律).

자연지(自然智)
또는 무사지(無師智)라고도 한다. 공용(功用)을 빌리지 않고 자연히 생긴 부처님의 일체종지(一切種智)

자재(自恣) (×자차)
1. 범어(梵語) 발랄바랄나의 번역으로 수의(隨意)라고도 하는데. 9순안거가 끝난 뒤에 모든 대중이 한데 모여 그 동안의 생활을 지적하고 . 질문. 반성하여 책려하는 것을 말함. 2. 하안거(夏安居 : 여름 안거)의 마지막 날 같이 공부하던 스님들이 모여서 서로 견(見), 문(聞), 의(疑) 삼사(三事)를 가지고 그동안 지은 죄를 고백(告白)하고 참회하는 행사(行事).

자자일(自恣日)
여름 안거의 마지막 날. 혹은 7월 16일(음).

자작자수(自作自受)
자기가 선악의 업을 짓고, 그 과보를 자기가 받는 것. 곧 자업자득(自業

自得)과 같은 말.

자정수(子正水)
[민] 자정 때에 길어서 먹는 물. 매일 마시면 건강해진다고 함.

자증(自證)
① 스스로 자기가 증명이 되거나 자기를 증명하는 것. ② 스스로 깨달아 아는 것.

자증관정(自證灌頂)
세 관정의 하나. 스스로를 보살(菩薩)의 자리에 놓고 관정하는 일. ▷ 결연 관정·전교 관정.

자차(咨嗟) (×차차)
안타까운 탄식을 함.

자행 자지(自行自止)
㉔ 진리를 깨치지 못한 사람이 스스로를 깨친 사람으로 잘못 알아서 함부로 제멋대로 행동하는 것. 이런 사람은 스승이 없다.

작가라(斫迦羅)
[범] Cakravada 작갈라(灼獦羅)·삭가라(爍迦羅)·작가바라(斫迦婆羅)라고 도 음역. 윤위산(輪圍山)이라 번역. 곧 철위산(鐵圍山).

작의(作意)
[범] Manaskara <구사론> 대지법(大地法)의 하나. <유식론> 오변행(五변行)의 하나. 선(善)·불선(不善)·무기(無記)의 일체 심왕(心王)에 따라 일어나는 마음의 작용. 마음을 일깨워 바깥 대상을 향하여 발동케 하는 정신작용.

잠쇄(賺殺) (×겸살)
속여서 미치게 함. 남을 미혹하게 함.

잠연(湛然) (×감연)
중국 당나라 때 스님의 이름(711~782)

잡독선(雜毒善)
잡독이 들어 있는 선. 범부가 하는 선에는 욕심과 반대급부가 들어 있음을 잡독으로 비유함.

잡비유경(雜譬喩經)
경과 율에 대한 인연과 비유를 모은 경전.

잡상관(雜想觀)
관무량수경 16관의 하나.
아미타불, 관세음보살, 대세지보살이 여러 모양으로 나타냄을 관(觀)하는 수행.

잡아비담심론(雜阿毘曇心論)
법구(法救)가 지은 "아바딤 심론"의 주석서.

잡아함경(雜阿含經)
4아함의 하나.
부처님 초기설법이 수록됨.

잡주계(雜住界)
지옥·아귀·축생·사람·천(天)이 섞여 사는 세계.

잡화경(雜華經)
화엄경의 다른 이름.
많은 수행으로써 불과(佛果)가 장엄한 것을 잡화에 비유함.

장(障)
[범] Avarana 가리운다, 막는다는 뜻. 세간·출세간의 도(道) 행함을 장애하는 번뇌.

장경(藏經)
'대장경'의 준말.

장경판(藏經板)
부처의 일대교(一代敎)의 사적을 새겨 놓은 판.

장등시주(長燈施主)
부처 앞에 불을 켜는 기름을 시주함.

장로(長老)
[범] Ayusmat 존자(尊者) 혹은 구수(俱壽)라고도 번역. 아유솔만(阿臾率滿)이라 음역. 지혜와 덕이 높고 법랍이 많은 비구를 통칭. 젊은 비구가 늙은 비구를 높여 부르는 이름. 기년(耆年) 장로·법(法) 장로·작(作) 장로의 세 종류가 있다.

장륙(丈六)
높이가 일장 육척(一丈六尺)인 불상(佛像)을 일컫는 말. 장륙불.

장발승(長髮僧)
머리털을 길게 기른 중.

장부(丈夫)

[범] Purusa 육근(六根)이 완전한 남자. 본래 키가 일장(一丈)이 되는 사람을 사람 가운데 가장 훌륭한 사람이라고 하는 것이나, 불성(佛性)의 이치를 깨달은 이도 장부라 하며, 이러한 뜻으로 여자도 장부라 할 수 있다. 또 부처님을 대장부라고 함은 사람 가운데 영웅이며, 가장 수승한 분이란 뜻.

장삼(長衫)
검은 베로 길이가 길고 소매를 넓게 만든 스님의 웃옷.

장삼띠(長衫-)
장삼 위에 띠는 헝겊 띠.

장삼이사(張三李四)
① [장씨의 셋째 아들과 이씨의 넷째 아들이라는 뜻] 이름이나 신분이 특별하지 않은 평범한 사람들. ② 사람에게 성리(性理)가 있는 줄은 아나 그 모양이나 이름을 지어 말할 수 없음의 비유.

장약(狀若) (×상약)
서로 같음.

장양(長養)
기르고 양성함. 부모가 자식을 정성들여 키움. 자녀는 부모의 정성으로 장양되고, 이는 곧 부모은이 됨.

장엄(莊嚴)
좋고 아름다운 것으로 국토를 꾸미고, 훌륭한 공덕을 쌓아 몸을 장식하고, 향·꽃들을 부처님께 올려 장식하는 것들. 또 <관무량수경>에 '모든 악업으로써 스스로 장엄하다'고 한 것은 악한 업을 몸에 쌓아 모음을 말한다.

장자(長者)
[범] Sresthin : Grhapati 실례슬타(室隷瑟타)·의력하발저(疑力賀鉢底)라 음역. 인도에서 좋은 집안에서 나서 많은 재산을 가지고 덕을 갖춘 사람을 불러 장자라 한다. 수달 장자·월개 장자 등.

장재(長齋) (×장제)
오랫동안 계율을 굳게 지킴.

장통원별(藏通圓別)
부처님이 설한 내용을 장교·통교·원교·별교로 나눈 것.

재(齋)

몸과 입과 뜻을 정제(整齊)하는 것을 말하는데 불교에서 행하는 49재 백일재 성도재 같은 것이 모든 영혼과 산 사람의 정신과 육체를 밝히는 일이므로 불교에서는 불사일체를 재로 총칭함.

재가(在家)

남자는 우바새(優婆塞), 여자는 우바이(優婆夷)라 하여 남자 출가자인 비구와 여자 출가자인 비구니와 함께 불교 교단의 사부대중(四部大衆)을 이룬다.

재가계(在家戒)

삼계(三戒)의 하나. 재가(在家)한 사람이 지켜야 할 오계(五戒)와 팔계(八戒)를 이름.

재가승(在家僧)

① 집을 떠나지 않고 집에서 불법을 닦는 중. ② (지난날에) 함경북도 변두리 지방에서 아내를 얻고 속인과 마찬가지로 살던 중.

재계(齋戒) (×제계)

마음을 가지런히 하고 삼감.

재궁사찰(齋宮寺刹)

무덤을 지키고 명복을 빌기 위하여 무덤 옆에 지은 절.

재당(齋堂)

선사(禪寺)의 식당.

재도감(齋都監)

재 올리는 것을 감독하는 중.

재색명리(財色名利)

재물욕(財物欲)·색욕(色欲)·명예욕(名譽欲)·이욕(利欲). 모든 사람이 재색명리를 추구 한다.

재속(在俗)

= 재가(在家).

재수 발원(財數發願)

재수가 좋아지기를 부처에게 비는 일.

재수불공(財數佛供)

부처에게 재수 발원으로 올리는 불공.

재욕(財慾)

오욕(五慾)의 하나. 재물을 탐내는

욕심.

재일(齋日)
① 재계(齋戒)하는 날. ② [민] 대재(大齋)·소재(小齋)를 지키는 날.

재일(齋日) (×제일)
좋은 일을 하는 날.
한달 중 8일, 14일, 15일, 23일, 29일, 30일을 육재일이라고 함.

재일법회(齋日法會)
재는 범어 오포사타(Uposadha)로서 몸과 입과 뜻 3업을 깨끗이 제어하여 악업을 짓지 않는 것을 말함.

재장(齋場)
① 불공하는 곳. ② 제사 지내는 곳. ③ 밥 먹는 곳. 재소(齋所).

재전(齋錢)
= 잿돈.

재회(齋會)
① 죽은 사람을 제도하기 위하여 중들이 모여 경을 읽고 불공을 드리는 것. ② 불교를 믿는 사람들이 모여 중을 공양하는 것. ③ 조선시대, 성균관 재생(齋生)이 재중(齋中)의 공사(公事)를 처리하는 모임.

적광(寂光)
세상의 번뇌를 끊고 적정(寂靜)의 진리에 의하여 발하는 진지(眞智)의 광명. 또는, 고요히 빛나는 마음.

적념(寂念)
적정(寂靜)한 생각. 곧 선정(禪定).

적멸(寂滅)
① 번뇌의 세계를 완전히 벗어난 경지. ② 사라져 없어지는 것. 곧, 죽음.

적멸궁(寂滅宮)
불상을 놓아두지 않고 법당만 있는 불전.

적멸도량(寂滅道場)
화엄경을 설한 장소. 비로자나 부처님을 모신 법당.

적새새(赤灑灑) (×적려려)
아무 것에도 구애되지 않고 자유 자재한 모양. 적(赤)은 "아무 것도 없다"의 뜻이고, 새새는 "청정하여 물들지 않음"의 뜻.

적소린(赤小鱗) (×적초린)
영리한 납승(衲僧)을 말함.

적인선사조륜청정탑(寂忍禪師照輪淸淨塔)
곡성 태안사에 있는 탑. 국보 421호.

적적성성(寂寂惺惺)
지극히 고요하면서도 밝고 밝은 것.

적정(寂靜)
번뇌에서 벗어나 고(苦)를 면한 해탈·열반의 경지.

적조조(赤條條)
적은 공하여 아무 것도 없음.
조조는 깨끗이 없어진다는 뜻. 깨끗하여 아무것도 없음.

전(纏)
[범] Paryavasthana 번뇌의 다른 이름. 번뇌가 현재 작용하고 있는 상태. 번뇌는 사람의 몸과 마음을 얽매어 자유롭지 못하게 하는 것이므로 전이라 한다.

전교관정(傳敎灌頂)
비밀교(秘密敎)의 학습을 성취하였을 때에 대아사리(大阿闍梨)의 지위를 받고, 이것을 다른 사람에게 전하여 주는 지위에 오르기 위한 밀교의 의식.

전다(奠茶) (×존다)
차를 불전에 공양함.

전단(栴檀)
[범] Candana 전단(栴檀)·전단나(栴檀那)·전탄나(栴彈那)라고도 음역. 여약(與藥)이라 번역. 향나무 이름. 상록수로 보통 20~30피트(○)의 크기, 나무에는 향기가 있다. 조각도 하고, 뿌리와 함께 가루를 만들어 향으로 쓰고, 향유를 만들기도 한다. 1~2촌 되는 칼끝 모양의 잎이 마주 나고, 꽃은 주머니 모양이며, 씨가 굳고 둥근 열매가 연다. 인도의 남쪽 데칸고원 지방에서 많이 난다.

전단서상(栴檀瑞像)
전단향 나무로 부처님의 상서로운 형상을 만듦.

전도(顚倒)
[범] Viparyasa 평상한 도리를 어기

고 바른 이치를 위반함. 바른 견해나 본연의 상태의 반대인 모양.

전등(傳燈)
불법(佛法)의 정맥(正脈)을 주고 받는 일.

전등록(傳登綠)
경덕전등록의 준말 30권 석가이래 조조(祖祖)의 법맥을 체계하고 범어를 기록한 것.

전면(轉眄) (×전목)
잠깐 사이.

전무출신(專務出身)
일정 기간이나 또는 일생을 생령과 세상을 위하여 희생 봉사하기로 뜻을 세우고 원불교에 귀의한 사람을 통칭하여 전무출신이라 합니다.

전물(奠物)
부처나 신에게 올리는 물건.

전미개오(轉迷開悟)
번뇌의 미(迷)를 벗어나 열반의 깬 마음에 이르는 것. 미혹을 돌이켜 깨달음으로 감.

전발(傳鉢)
= 전의발(傳衣鉢).

전법(傳法)
교법(敎法)을 전하여 주는 것.

전법륜(轉法輪)
부처가 정도(正道)를 열어서 설법하는 일. 법륜을 굴림, 설법을 함.

전법륜인(轉法輪印)
설법할 때 나타내 보이는 부처님의 손 모양.
설법인이라고도 함.

전불후불중생(前佛後佛衆生)
전불은 석가모니불, 후불은 미륵불, 석가모니불 이후 미륵불이 오기까지의 부처님 없는 세상에 사는 중생.

전삼삼후삼삼(前三三後三三)
앞도 삼삼 뒤도 삼삼. 피차 앞뒤가 같다는 말.

전상의(田相衣)
= 가사(袈裟).

전생(前生)

삼생(三生)의 하나. 이 세상에 태어나기 이전의 세상. 과거. 과거세. 숙세(宿世). 전겁. 전세(前世).

전세(前世)
↔ 후세. 전생(前生)·숙세(宿世)라고도 한다. 현세(現世)에 태어나기 이전 세상.

전신(前身)
① 이 세상에 나오기 전의 세상의 몸. ② (신분·단체·회사 등의) 바뀌기 전이 본체. ↔ 후신(後身).

전심 작악(前心作惡)
㉘ 전생의 마음이 들어서 지은 악업. 이미 지나간 마음의 지은 악업.

전업(前業)
전세에 지은 선악의 업.

전의발(傳衣鉢)
제자에게 도(道)나 학문을 전하여 줌을 일컫는 말. 전발(傳鉢). 전의(傳衣).

전자마나(旃자摩那)
[범] Candamana 전사마(旃闍摩)·

전자(戰者)라고도 한다. 폭지(暴志)라 번역. 부처님의 교화를 방해한 비구니의 이름. 바라문의 딸.

전지(傳持)
법(法)을 받아 전하여 유지하는 것.

전탑(塼塔) (×부탑)
벽돌로 쌓아 세운 탑.

전후제단(前後際斷)
전제와 후제가 끊어져서 상주(常住) 불멸(佛滅)하지 못한 상태.

절
승려가 불상을 모시고 불도(佛道)를 닦는 집. 범찰(梵刹). 불가. 불사(佛寺). 불찰. 사문(寺門). 선궁. 사원(寺院). 사찰.

절복(折伏)
불법을 설교하여 악법(惡法)을 꺾고, 정법(正法)을 따르게 하는 것. ↔ 섭수(攝受).

절요(切要) (×체요)
극히 중요한 사항. 책의 내용을 간추려 요약한 부분.

점다(點茶)
① 마른 차잎을 끓는 물에 담가서 우리는 것. ② 선종(禪宗)에서, 불전(佛前)이나 영전(靈前)에 차를 공양하는 일.

점상(點狀)
점과 같은 모양.

점서(占書)
점술(占術)에 대하여 적은 책.

점심(點心)
① 낮에 먹는 끼니. ② 선종(禪宗)에서, 배고플 때 조금 먹는 음식. ③ 무당이 삼신(三神)에게 음식을 차려 놓고 갓난아이의 젖과 명복을 비는 일.

점안(點眼)
① 안약을 눈에 떨어뜨려 넣는 것. 점약(點藥). ② = 점정(點睛). ③ = 점불정(點佛睛).

점오(漸悟)
점점 깊이 깨닫는 것. ↔ 돈오(頓悟).

점찰경(占察經)
지장보살이 나무쪽을 던져 길흉을 점치고 참회하는 내용을 담은 경전.

점찰법회(占察法會)
점찰경에 의한 법회.

접심(接心)
① 마음이 외물(外物)을 접하여 느끼는 것. ② 선종(禪宗)에서, 중이 선(禪)의 교의(敎義)를 보이는 일.

정(丁)
① 천간(天干)의 넷째. ② '정방(丁方)'의 준말. ③ '정시(丁時)'의 준말.

정(定)
마음을 한 곳에 머물게 하여 흩어지지 않게 하는 것. 마음의 동요를 가라앉히는 것.

정각(正覺)
빈정한 깨달음. 곧, 일체의 진상(眞相)을 터득한 무상(無上)의 지혜.

정견(正見) samma ditthi
팔정도(八正道)의 하나. 모든 편견을 버리고 만물의 진상을 바르게 판단하는 지혜. ↔ 사견(邪見).

정계(淨界)

① [정하고 깨끗한 곳이라는 뜻] 신불(神佛)을 모시는 절·사당 따위를 이르는 말. ② = 정토(淨土).

정금미옥(精金美玉)

불순물이 전혀 섞이지 않는 금이나 옥이란 뜻으로, 사람의 수행이나 인품 또는 시문(詩文)이나 능력이 뛰어나고 아름다우며 맑음을 비유한 말.

정명경칠유(淨名經七喩)

정명경은 유마경의 다른 표현, 유마경에 나타난 일곱 가지의 비유.

정명(正命)

바르게 보고, 바르게 사유하고, 바른 언어, 바른 행을 기름에 의해서 바른 생활이 형성된다.

정반왕(淨飯王)

석가모니 부처님의 아버지.

정법안장(正法眼藏)

중국의 대혜(大慧) 종고(宗고)가 지은 책.
부처님이 깨달은 내용을 제자들과 문답해 간추림.
석가(釋迦)가 성각(成覺)한 비밀(秘密)의 극의(極意)로 직지인심견성성불(直指人心見性成佛)의 묘리(妙理)

정법정신(正法正信)

대도정법(大道正法)에 대해 바른 믿음을 가짐. 진리를 바르게 알아보고 정당한 신앙심을 가짐.

정변지(正변知) (×정편지)

부처님 10대 명호 중의 하나.

정사(精舍)

① 학문을 가르치려고 마련한 집.
② 수양하는 곳. ③ = 사원(寺院).

정산이선(定善二善)

정선(定善)과 산선(散善)의 두 수행법. 정선은 정신을 통일해서 잡념을 끊는 수행임.
산선은 번잡스러운 상태 그 속에서 실천함.

정상말(正像末)

정법, 상법, 말법시기.

정성보살(定性菩薩)

① 선천적으로 보살이 되어 성불할

수 있는 자격을 가진 이. ② 오성(五性)의 하나.

정식(淨食)
채식(菜食)으로 된 식사.

정신(正信)
참되고 바른 믿음.

정심염불(定心念佛)
마음을 조용하게 다스리고 하는 염불.

정안(正眼)
올바른 눈. 깨달음의 눈. 사가(師家)의 활안(活眼).

정언(正言)
팔정도의 하나. 바르게 말함.

정업(淨業)
깨끗한 행위.

정원신정석교목록(貞元新定釋教目錄)
당나라 정원년에 새로 편찬한 불교 전적 목록.

정광(頂光)
후광(後光)·원광(圓光)이라고도 한다. 부처님이나 보살의 목 뒤 광명.

정도(正道)
올바른 도(道). 무루(無漏)의 진정(眞正)한 도. 만유 제법의 체성이 일미평등(一味平等)한 이치를 체달한 무루지(無漏智)는 평등한 정리(正理)에 계합하고 이 지혜로 말미암아 불과에 도달하므로 정도.

정력(定力)
[범] Samadhi-prabhava 오력(五力)의 하나. 선정의 힘이란 뜻. 산란심을 쉬고, 마음을 한곳에만 쏟는 힘.

정례(頂禮)
오체투지(五體投地)·접족례(接足禮). 두면례(頭面禮)라고도 한다. 인도 고대의 절하는 법. 상대자의 앞에 나아가 머리가 그의 발에 닿도록 하는 절을 일컫는다.

정반왕(淨飯王)
[범] Suddhodana 중인도 가비라국의 임금. 부처님의 속세 아버지. 수두단(輸頭檀)·수도타나(首圖馱那)·설

두(屑頭) 등이라 음역. 백정왕(白淨王)이라고도 한다. 사자협왕(師子頰王)의 아들, 구리성 임금 선가고앙의 누이동생인 마하마야를 왕비로 맞았으나 실달다 태자를 낳고 7일만에 열반에 들었다. 그의 동생인 마하파사파제를 왕비로 정하여 태자를 양육하게 하였고, 그 뒤엔 난타(難陀)를 낳았다. 만년에 병들어 부처님·난타·라후라 등의 간호를 받으면서 숨을 거두었다. 나이 : 79.

정사유(正思惟)

팔정도(八正道)의 하나. 무루(無漏)의 지혜로 사제(四諦)의 이치를 추구 고찰(推求考察)하고, 관(觀)을 더욱 진취하게 함을 말한다.

정심(正心)

① 올바른 마음. 정도(正道)·정법(正法)을 생각하는 마음. 사심(邪心)에 대한 말. ② 마음을 바르게 가다듬음. 흩어진 마음을 모음.

정심(精心)

① 번뇌망상이 잠자버린 고요하고 편안한 마음. ② 어지럽고 시끄러운 마음을 고요하게 함. 곧 정신 수양을 말함.

정어(正語)

① 팔정도(八正道)의 하나. 정견(正見)·정사유(正思惟)에 의하여 온갖 망어(妄語)·사어(邪語)등을 하지 않는 말. ② 부처님이 성도하신 뒤에 처음으로 교화를 받은 다섯 비구의 한 사람인 바부(婆數)를 말한다.

정위(頂位)

[범] Murdhana 정법(頂法)이라고도 한다. 사선근(四善根)의 하나. 소승 구사종에서는 제4(諦)를 관하는 데 있어 16행상(行相)을 닦는 것은 난위(煖位)와 같으면서도 여기서 다시 일선근(一善根)을 일으킨 위이니, 나아가면 다음의 인위(忍位)에 들어가며, 물러나면 난위에 떨어지는 위라 한다. 이와 같이 나아가고 물러나는 중간에 있는 것이 마치 산정(山頂)에 올라가고 내려가는 중간인 것과 같다고 비유하여 이름 한 것. 이 정위에 들어가면 선근(善根)을 끊는 사람이 될 염려는 없다.

정인(正因)

① 바로 물(物)·심(心) 제법을 내는 인종(因種)이란 뜻. ② 왕생 또는

성불하는 결과를 얻는데 대하여 정당한 인종이 되는 것.

정재(淨財)
① 교도들이 공익사업을 위하여 자발적 희사심으로 의연(義捐)한 깨끗한 재물. ② 사찰 또는 자선사업을 위하여 기부하는 깨끗한 재물.

정재소(淨齋所) (×정제소)
절의 부엌.

정전(正典)
원불교의 기본 교리의 강령을 밝힌 경전으로서「대종경」과 합본하여「원불교 교전」이라 부른다. 소태산 대종사의 친저(親著)인「불교정전」을 근본하여 1962년(원기 47)9월에 처음으로 발행되었다.

정전(正傳)
스승으로부터 제자에게 대도정법이 바르게 전해가는 것. 올바로 전함. 제불제성께서 그 심법을 전하실 때에 이심전심(以心傳心)으로 전하여 주심을 말함.

정정(正定)
팔정도(八正道)의 하나. 산란한 생각을 여의고 참으로 마음이 안정된 것.

정정업(正定業)
반드시 극락왕생할 업 "나무 아미타불"을 염불하는 것.

정정진(正精進)
[범] Samyag-vyayama [파] Samma-vayama 팔정도(八正道)의 하나. 일심으로 노력하여 아직 발생하지 아니한 악을 나지 못하게 하며, 나지 아니한 선을 발생케 하는 것.

정종(正宗)
개조(開祖)의 정통을 이어받은 종파.

정진(精進)
① 정력을 다하여 나아가는 것. ② 일심으로 불도(佛道)를 닦아 게을리 하지 않는 것. ③ 세속의 인연을 끊고 재계하고 채식을 하면서 불도에 몸을 바치는 것.

정진근(精進根)
오근(五根)의 하나. 잡념을 버리고 정법(正法)을 굳게 믿어 닦는 힘.

정토(淨土)
번뇌의 속박을 벗어난 아주 깨끗한 세상. 불(佛)·보살(菩薩)이 있는 곳임. 정계(淨界). ↔ 예토(穢土).

정토교(淨土敎)
아미타불의 구원에 의하여 죽은 뒤에 정토에 태어나기를 바라는 교파. 극락왕생을 목표로 하는 불교.

정토극락(淨土極樂)
① 정토 또는 서방정토 극락세계와 같은 말. 불교가 지향하는 이상세계.
② 자심미타(自心彌陀)를 발견한 자성극락.

정토만다라(淨土曼茶羅)
= 극락 만다라.

정토발원(淨土發願)
죽어 극락에 가기를 원하여 빎.

정토변상(淨土變相)
여러 부처의 정토의 모양을 그린 그림. 노사나(盧斯那)·미타(彌陀)·약사(藥師)·미륵(彌勒) 등의 정토 변상이 있음.

정토삼부경(淨土三部經)
정토종(淨土宗)에서 가장 존중하는 세 경전. 곧, 아미타경·관무량수경·무량수경의 총칭.

정토왕생(淨土往生)
= 극락 왕생.

정토종(淨土宗)
아미타불의 대원력(大願力)으로 정토에 가는 것을 이상으로 삼는 불교의 한파. 무량수경(無量壽經)·십육관경(十六觀經)·아미타경(阿彌陀經)을 소의(所衣)로 함. = 정토.

정토회향(淨土回向)
젊어서는 다른 일을 하다가 늙은 뒤에 염불을 하는 일.

정통(淨桶)스님
선원 화장실 청결을 책임지는 스님.

정학(定學)
삼학(三學)의 하나. 마음의 산란함을 방지하여 안정하게 하는 법.

정행(正行)
극락에 이르기 위하여 마음을 닦는

맑고 깨끗한 행업. 또는, 그러한 사람.
↔ 잡행(雜行).

정혜(定慧)
선정(禪定)과 지혜.

정혜(淨慧)
깨끗하고 밝은 지혜.

정혜결사문(定慧結社文)
보조국사 지눌이 지은 글.

제가(齊家)
집안을 잘 다스려 바로 잡음.

제개장보살(除蓋障菩薩)
번뇌의 장애를 제거해 주는 보살.

제관(諦觀) (×체관)
고려 시대의 스님.

제도(濟度)
일체 중생을 부처의 도로써 고해(苦海)에서 건져 극락 세계(로 인도해 주는 것. 중생 제도(衆生濟度).

제도이생(濟度利生)
중생을 제도하여 이익을 주는 일.

제등행렬(提燈行列)
부처의 탄생을 축하하는 뜻으로 여러 사람이 제등을 들고 줄을 서서 돌아다니는 일.

제법무(諸法無)
일체 모든 법은 공간 속에서 이합집산하여 실체가 없는 것을 말함.

제불 제성(諸佛諸聖)
시방 삼세의 모든 불보살과 성현에 대한 통칭. 일원상의 진리를 깨쳐 인과 보응의 이치와 불생불멸의 진리에 통달한 사람. 이무애 사무애의 능력을 얻어, 무등등한 대각도인과 무상행의 대봉공인.

제삼능변(第三能變)
6식(六識)의 다른 이름. 식(識)은 경계(境界)를 변현(變現)하므로 능변(能變)이라 함.

제석(帝釋)
① '제석천'의 준말. ② [민] '제석신'의 준말.

제석(祭席)
제사를 지낼 때 까는 돗자리. × 젯

돗.

재석의 종(除夕-鐘)

섣달 그믐날 밤 자정에 절에서, 백팔 번뇌를 없앤다는 뜻으로 108번 치는 종.

제석천(帝釋天)

범천(梵天)과 더불어 불법의 수호신. 12천의 하나로 동방을 지킴. 수미산(須彌山) 꼭대기의 도리천(忉利天)의 주인으로 희견성(喜見城)에 삶. 범어식 이름은 샤크라데바남 인드라(Sakra-devanam Indra).

제석천(帝釋天)

인도 고대 신화에 나오는 신으로 태양신이나 천둥, 비를 관리하는 뇌정신, 천제석, 천제라고도 함.

제어(制御)

제재하고 어거함, 조절하여 부려씀. 통제하여 조절함. 마음대로 부림. 법으로써 어거함. ① 억눌러 따르게 함. ② 기계, 설비 따위가 알맞게 움직이도록 조절함. ③ 통제하여 어거함. ④ 적당한 상태로 움직이도록 조절하는 일.

제일의공(第一義空)

제일의란 가장 뛰어난 이치란 뜻. 중도실상(中道實相)의 공을 제일의공이라고 함.

제일좌(弟一座)

① 법을 말하거나 의식을 행할 때의 첫 자리. ② 수좌(首座)·좌원(座元)·선두(禪頭)라고도 한다. 선사(禪師)는 한 산중의 첫 자리에 있어 대중의 모범이 되는 이.

제자(弟子)

범어의 실새(室새, Sisya)를 소교(所敎)라 번역. 곧 제자. 스승에게서 교화를 받는 사람들. 석가모니의 제자. 우리나라에서는 흔히 상자라 한다.

제칠식(弟七識)

곧 말나식(末那識). 여러 식 가운데 일곱째이므로 제7식.

제팔식(弟八識)

아뢰야식(阿賴耶識)의 다른 이름. 여러식 가운데 여덟째이므로 이렇게 이름.

제행(諸行)

① 우주의 만물. ② 모든 수행(修行).

제행무상(諸行無常)
우주 만물은 항상 유전(流轉)하여 한 모양으로 머물러 있지 않음. 일체 모든 것은 시간 속에서 변화생멸하고 유전상속 해 가는 것을 말함.

제호(醍醐)
우유를 정제하여 만든 것으로 가장 맛있는 것을 표현한 말. 세상에서 가장 맛이 좋은 일종의 선미(仙味). 우유에 갈분을 타서 마음같이 쑨 죽.

제호 일미(醍醐一味)
① 우리의 자성. 불성을 여기에 비유하여 제호라 하고, 염정미추를 초월한 자성극락의 묘미를 말한다. ② 천태종에서 법화경. 열반경을 불법 가운데에서 제일 진실한 가르침이라 하여 제호에 비유한 말. 오직 공부심으로 일관될 때 스스로 느낄 수 있는 법열(法悅)의 진경을 나타낸 말.

조강(朝講)
① [민] 이른 아침에 강연관(講筵官)이 임금에게 진강(進講)하던 일. ② 아침에 불도들이 모여 불경을 강론하는 일

조계종(曹溪宗)
① 고려시대에 신라에 신라의 구산선문(九山禪門)을 합친 종파로, 천태종(天台宗)에 대하여 이르는 말. ② 태고(太古) 국사를 종조로 하는 우리 나라 불교의 한 종파. 이 때까지의 우리 나라 불교는 선교(禪敎) 양종(兩宗)이었으나 1914년 단일종(單一宗)을 만듦.

조라
[민] '조라술'의 준말.

조론(肇論) (×필론)
후진(後秦)의 승조(僧肇)가 쓴 책. 공(空)을 말한 책.

조복(調伏)
① 몸·입·마음의 삼업(三業)을 조화하여 모든 악행을 굴복시키는 것. ② 부처의 힘으로 원수나 악마를 제어하는 것. 항복.

조사(祖師)
부처님과 그이 제자의 법을 이어 내려온 훌륭한 스님.

조사서래(祖師西來)
달마가 인도에서 중국으로 옴.

조식법(調息法)
좌선(坐禪)의 한 방법. 호흡을 고르게 하는 것으로서, 들이 쉬는 숨은 길고 강하게, 내쉬는 숨은 약하고 짧게 하는 것.

조실(祖室) 스님
선(禪)으로 일가를 이루어서 한 파의 정신적 지도자로 모셔진 스님. 원래는 조사(祖師)의 내실(內室)을 의미하는 것으로 일가를 이룬 스님이 주 요 사찰에 주재함을 의미.

조어장부(調御丈夫)
여래 10호의 하나.

조전(造錢)
저승에 가서 빚을 갚는 데에 쓰게 한다는, 종이로 만든 돈.

조절함(調五事)
1. 조심(調心) 2. 조신(調身) 3. 조식(調息) 4. 조면(調眠) 5. 조식(調食)

조파(照破)
석가가 지혜의 광명으로 범부(凡夫)의 무명(無明)을 비추어 깨치는 일.

조패(照牌) (×조비)
대중 가운데서 자기가 앉을 자리를 표시한 패.

조행(操行)
㉾ 정기훈련법 11과목중의 하나. 사람으로서 사람답게 행동하는 것.

존자(尊者)
학문과 덕행이 높은 불제자.

존특(尊特)
노사나불(盧舍那佛)을 말함. 그 몸이 존대특수(尊待特殊)하므로 이렇게 말한다.

존호(尊號)
높으신 명호. 곧 부처님의 명호.

종두(鐘頭)
① 결제(結制)할 때에 머리를 모아 공부하라는 말. ② 의식이나 결제 때에 심부름하는 일. 또는, 그 일을 맡아 하는 사람.

종무소(宗務所)
절의 사무(事務)를 맡아 보는 곳.

종심(從心) (×종염)
조주(條州)스님의 이름.

종인 지과(從因至果)
인위(因位)에서 과위(果位)로 발전하여 이르름. 종인 향과.

종인향과(從因向果)
= 종인 지과. 인(인)의 경지에서 과(과)의 경지로 향상하는 것.

종자(種子)
유식종(唯識宗)에서는 뇌야연기설(뇌耶緣起說)의 견지에서 만유의 물심현상(物心現象)은 아뢰야식에서 발생하고 전개된다고 하여, 이것을 내는 마음의 세력이 아뢰야식 가운데 갈무리되어 있다 함.

종전(宗典)
한 종파의 기본이 되는 경전.

종체(宗體)
한 경전(經典)의 핵심이 되는 근본 정신.

종풍(宗風)
한 종파의 교화(敎化).

종횡득묘(縱橫得妙)
시간과 공간을 넘어서 여의자재(如意自在)한 큰 힘을 얻음. 사리(事理)에 통달하여 막히고 걸림이 없이 자유자재함. 종횡무애(縱橫無碍), 종횡무진(縱橫無盡)의 경지.

좌(座)
1 (자립) 앉을 자리. 2 (의존) 불상을 세운 단위.

좌궤(左跪) (×좌위)
오른 무릎을 꿇고 왼 무릎을 세워 합장한 자세로 앉는 자세.

좌법(坐法)
부처 또는 불교 신도(信徒)들이 앉는 법식. 결가부좌(結跏趺坐) 따위.

좌선(坐禪)
불교의 중심적인 수행법의 하나로, 특히 선종(禪宗)에서는 근간을 이루는 수행으로 여겨지는 명상법. 원칙적으로는 가부좌(跏趺坐)를 하고 정신을 집중하여 무념무상의 상태에 들어가는 것. 또는, 그렇게 하는 수행. 안선(安禪). 연좌(宴坐). ㊜ 선(禪).

좌선(坐禪)
고요한 곳에 가부좌(跏趺座)를 틀고 단정히 앉아 호흡을 고른 뒤에 화두를 보면서 참선하면 간화선(看話禪)이 되고 고요히 스스로 그 흘러가는 마음을 관찰하는 묵조선(默照禪).

좌우보처(左右補處)
부처를 모시는 좌우의 두 보처(補處).

죄보(罪報)
죄업(罪業)에 대한 응보(應報).

죄업(罪業)
① 몸·입·마음의 삼업(三業)으로 저지르는 죄악. ② 죄의 과보(果報).

죄장(罪障)
죄악이 선한 과(果)를 얻는 데 장애가 됨을 이르는 말.

주겁(住劫)
사겁(四劫)의 하나. 인류가 세계에 안주하는 기간.

주불(主佛)
① '주세불(主世佛)'의 준말. ② 염주의 위와 아래에 꿴 큰 구슬.

주사(呪辭)
[민] 주술을 행할 때 외는 말.

주산(主山)
① 도읍·집터·무덤 등의 뒤쪽에 있는 산. ② [민] 묏자리나 집터 등의 운수 기운이 매였다는 산.

주색낭유(酒色浪遊)
음주(飮酒)와 여색(女色)과 여러 가지 잡된 노름으로 터무니없이 방탕하게 놀아나는 것.

주세불(主世佛)
법당에 모신 부처 가운데서 으뜸 되는 부처. 본존(本尊). ㊜ 주불(主佛).

주소일념(晝宵一念)
밤낮으로 한 가지 생각에 골몰함.

주승(主僧)
'주지(住持)'의 통칭. 절에 있는 중. ↔ 객승.

주실(籌室) (×수실)

불법의 수행이 철저하고 교리에 통달하며 선리(禪理)에 밝아 덕망이 높은 사람. 주실의 다른 이름.

인도의 스님 우파굽다 존자가 한 명을 제도할 때마다 산대 한 가지씩을 모았는데 그 숫자가 큰 방에 가득찼다고 한다. 이 때부터 수행인을 지도하는 큰 스님을 주실이라고 했다.

주원(呪願)

주문(呪文)을 읽어 시주(施主)의 복을 비는 일.

주작야선(晝作夜禪)

낮에는 일을 하고 밤에는 참선(參禪)을 함. 곧 낮에는 일(事業)을 하고 밤에는 마음공부를 함.

주지(住持)

한 절을 책임지고 관리하는 중. 방장(方丈). 주장승.

주지(住持)스님

사찰의 일을 주관하는 스님을 말하는 선종의 용어로 학교에서의 교장, 군청이나 경찰서에서의 군수, 서장에 해당되는 스님.

주착심(主着心)

어느 한 곳에 치우쳐 집착하는 마음. 한 곳에 집착하고 고집하여 다른 것을 용납, 이해하지 못하는 마음. 집착, 탐착, 애착, 편착 등 일심이나 부처에 지착하는 마음도 역시 주착심이다.

죽림외도(竹林外道)

또는 집장범지(執杖梵志), 이 외도들은 부처님께서 입멸하시기 전에 목건련(目健連)을 죽이고, 그들도 목건련의 제자인 마수(馬수)·만수(滿수)에게 죽는다.

죽비(竹篦)

길이가 40㎝정도 되는 대나무를 3분지 2정도 가운데를 타서 두 쪽으로 갈라지게 하고 나머지는 손잡이로 남겨 놓은 것을 말합니다.

원불교에서는 의식을 집행하는데 있어 시작과 끝을 알리는 방법으로 사용이 되는 의식 도구입니다.

죽원(竹園)

또는 죽림원(竹林園). 중인도 마갈타국 가란타 촌에 있었으니, 부처님께서 자주 왕래하시면서 설법하시던 곳. 이 죽림은 원래 가란타 장자가 부처님께 바친 것인데, 빈바사라 왕이 그곳에 절을 지어서 부처님과 그 제자들에게 보시하였다.

중(衆)
범어 승가(僧家, Samgha)의 번역. 당나라 현장(玄장) 이전의 번역에서는 4인 이상의 화합, 현장이후의 번역에서는 3인 이상의 호합을 말한다고 함.

중각강당(重閣講堂)
중인도 비야리성 미후지(彌候池) 곁 큰살림 속에 있던 절. 부처님께서 계실 때에 강경(講經)이나 설법(說法)하실 때에 쓰이던 곳.

중겁(中劫)
① 20소겁(小劫)을 1중겁이라 한다. 소겁은 인수(人壽) 10세 되는 때부터 100년마다 1세씩 더하여 인수 8만 4천세까지 이르고 거기서 다시 100년마다 1세씩 감하여 인수 10세에 이르는 동안. 곧 1증(增) 1감(減)하는 동안을 1소겁이라 한다. ② 1증 1감하는 동안을 1증겁이라 하기도 한다. → 겁.

중관(中觀)
천태종의 삼관(三觀)의 하나. 공(空)·가(假)·중(中)의 중제(中諦)의 이치를 직관하여 중도(中道)의 진리를 구명하는 일. ▷ 삼관(三觀).

중도(中道)
① 어느 쪽으로도 치우치지 않은 바른길. ② = 중로(中路). ③ 유(有)·공(空)의 어느 것에도 치우치지 않는 진실의 도리(道理). ④ 고락(고락)의 양편을 떠난 올바른 행법(行法). ⑤ 원불교적 의미 : ① 천지의 지극히 공정한 도를 체받아서 만사를 작용할 때에 희로애락과 원근친소에 끌리지 않는 것. ② 육근 동작에 불편 불의하고 과불급이 없는 원만행을 하는 것. ③ 세상 모든 사람이 함께 잘 살고 진급하는 길을 추구하는 것. ⑥ 불교적 의미 : ① 고·락의 양편을 떠난 진정한 실천 수행법. 곧 팔정도. ② 유무(유무), 단상(단상)을 떠난 진정한 이치. ③ 실상(실상)·법계(법계), 서가모니불 이후 불교의 전통적 사상의 하나가 되었다.

중도(衆徒)
절에서 주지(住持) 외의 모든 중을 이르는 말.

중도제일의제(中道第一義諦)
중도관을 최고의 진리로 삼는 이론.

중론(衆論)
① 많은 사람의 의견. 군의(群議). 중의(衆議). 계획을 취소학로 ~이 모아지다. ② 종파(宗派)의 우열 또는 진위를 결정짓는 논문.

중배관(中輩觀)
세간의 보통 사람이 극락왕생하는 모습을 관하는 정토 16관의 하나.

중삭(重削)
① = 되깎이. ② 중이 처음 자기 머리를 깎아 준 사승(師僧)과 인연을 끊고, 다른 스님에게 귀의하는 일.

중생(衆生)
① 많은 사람. ② 부처의 구제 대상이 되는, 생명이 있는 존재. 살타(薩타). 인간과 다른 동물 사이에 절대적인 차이를 두지 않으며, 그 어느 것도 윤회하는 영혼이 머무는 상태에 지나지 않는다고 한다.
현실의 동물 외에 용(龍)·나찰(羅刹)·야차(夜叉) 및 상상의 새 건달바[乾闥婆]·가루라(迦樓羅) 등의 신화적·공상적 존재도 또한 중생으로 간주되며, 중생은 해탈할 때까지 윤회를 반복한다.

중생계(重生界)
중생이 사는 세계. 인간 세계.

중생세간(衆生世間)
인간·천상·지옥 등 살아 있는 것들이 사는 공간.

중생무변서원도(衆生無邊誓願度)
한없는 중생을 제도하고 구제해서 기어코 해탈을 이루도록 서원하나이다.

중생연자비(衆生緣慈悲)
중생을 보고 그들에게 자비심을 냄.

중생은(衆生恩)
사은(四恩)의 하나. 일체의 중생으로부터 받은 은혜.

중생인(衆生忍)
보살이 다른 중생들에게 가지가지의 해로움을 받더라도 참고 성내지 않고 괴롭게 여기지 않으며 조금도 원수 갚을 마음이 없이 견디는 성질.

중생제도(衆生濟度)
= 제도(濟度).

중생탁(衆生濁)
오탁(五濁)의 하나. 중생이 죄가 많아서 의리를 알지 못하는 일.

중성점기(衆聖點記)
부처님이 입멸한 후 많은 성인들이 율장(律藏)에 점을 찍어 그 지내온 연수를 기록함. 이를 토대로 불기(佛紀)가 정해짐.

중야(中夜)
6시(時)의 하나. 해(亥)시에서 축(丑)시까지. 곧 오후 10시부터 다음날 오전 2시까지에 해당하는 시각.

중원(中元)
= 백중(百中)날.

중유(中有)
사유(四有)의 하나. 사람이 죽은 뒤 사람이 생(生)을 받을 때까지의 49일 동안. 중음(中陰).

중유지여(中有之旅)
중유의 몸이 다시 태어날 연을 만나기 전에 떠도는 것.

중음(中陰)
= 중유(中有).

중제(中諦)
삼제(三諦)의 하나. 일체의 제법(諸法)이 불공(不空)·불유(不有)의 중정절대(中正絶對)라는 진리.

중품중생(中品中生)
9품 왕생의 하나. 또는 중중품(中中品). 일주야 동안 계를 지킨 소승하선(小乘下善)의 범부가 죽을 때에 불·보살의 내영(來迎)을 받고 정토에 왕생하여 반겁(半劫)을 지내고 아라한과를 얻는 것.

중품하생(中品下生)
9품 왕생의 하나. 또는 중하품. 효행(孝行)·인자(仁慈) 등 세간의 보통 도덕을 행하는 범부가 죽을 때에 아미타불의 48원과 그 정토의 훌륭한 일들을 듣고, 정토에 왕생하여 일소겁(一小劫)을 지나서 아라한과를 얻는 것.

중합지옥(衆合地獄)
팔열(八熱) 지옥의 하나. 살생·투

도(偸盜)·사음(邪淫)을 저지른 사람이 떨어진다는 지옥. 중합(衆合).

즉세(卽世)
사람이 죽는 것.

즉신성불(卽身成佛)
현세에 있는 그 몸이 바로 부처가 되는 일. 대일 여래의 참모습과 수행자가 일체가 됨으로써 실현된다고 함.

즉심시불(卽心是佛)
사람은 번뇌로 말미암아 마음이 흐려지는 것이지만, 본심은 불성(佛性)이므로 사람의 마음이 곧 부처라는 말.

즉심즉불(卽心卽佛)
마음이 곧 부처.

증(證)
[범] Saksat-kriya 3법(三法)의 하나. 또 신(信)을 더하여 4법의 하나. 깨닫는 것. 스스로 분명히 알아 의심이 없는 것. 신심(信心)과 수행한 고잉 나타나서 진리에 계합함.

증개(繒蓋) (×회개)
불상을 덮는 우산.

증과(證果)
수행(修行)에서 얻어진 깨달음의 결과. 곧, 무명(無明)·번뇌를 떠나 깨달음에 이르는 일. 소증(所證).

증발심(證發心)
3발심의 하나. 진여 평등을 증득하여 일으키는 발심.

증사(證師)
법회(法會)의 선악을 판단하는 임무를 가진 법사.

증상만(增上慢)
4만(四慢)의 하나. 또 7만(七慢)의 하나, 훌륭한 교법과 깨달음을 얻지 못하고서 얻었다고 생각하여 제가 잘난 체 하는 거만. 곧 자기 자신을 가치 이상으로 생각함.

증상만성문(增上慢聲聞)
깨닫지 못했으면서 깨달았다는 생각에 젖은 성문.

증상연(增上緣)
[범] Adhipati-pratyaya 4연(四緣)의 하나. 다른 것이 생겨나는 데 힘을 주어 돕는 여력증상연(與力增上緣)과 다

른 것이 생겨나는 것을 방해하지 않는 부장증상연(不障增上緣)의 두 가지가 있다. 예를 들면 곡식에 대하여 햇볕과 비를 주는 것은 여력증상연, 폭풍이 불지 않는 등은 부장증상연.

증오(證悟)
불도를 닦아 대도(大道)를 깨닫는 것.

증장천(增長天)
① 사천의 하나. 남쪽에 있는 하늘. ㈜ 증장. ② '증장천왕'의 준말.

지(智)
[범] Jnana [파] Nana 사나(社那)·야나(disk)라 음역. 결단(決斷)하는 뜻. 모든 사상(事象)과 도리(道理)에 대하여 그 시비·사정(是非·邪正)을 분별 판단하는 마음의 작용. 지는 혜(慧)의 여러 작용의 하나이나, 지혜(智慧)라 붙여서 쓴다. 불교에서는 오계(悟界)의 진인(眞因)은 지를 얻는 데 있다 하고 불과(佛果)에 이르러서도 지를 주덕(主德)으로 한다.

지(止)
[범] Samatha 적정(寂靜)의 뜻. 사념망상(邪念妄想)이 일어남을 막고 마음을 한 곳에 머물게 하는 것.

지객(知客)
절에서 오고 가는 손님을 안내하는 일. 또는, 그러한 일을 맡아보는 사람. 지빈(知賓).

지객(知客) 스님
모든 객을 대접하고 안내하는 스님.

지계(持戒)
계(戒)를 지킴으로서, 부처님께서 제정하신 바 각 행위들의 규범적 원리에 따른 적합한 원리들을 실천함.

지계청정(持戒淸淨)
참선수행자가 계를 지켜 몸과 마음을 청정하게 하는 것임.

지관(止觀)
① '천태종(天台宗)'을 달리 이르는 말. ② 천태종에서, 어지럽게 흐트러진 망념(妄念)을 그치고 고요하고 맑은 슬기로써 만법(萬法)을 비추어 보는 일.

지광(智光)

지혜의 광명. 지는 어두운 무명을 파하는 것이므로 광명에 비유.

지국천(持國天)
① 사천(四天)의 하나. 동쪽의 천국. ② '지국천왕'의 준말.

지국천왕(地國天王)
사천왕(四天王)의 하나로 동방(東方)을 수호하는 신. 선악자를 가려 상벌하며, 왼손에는 칼을 들고 오른손은 보주(寶珠)를 듦. 범어식 이름은 드르트라스트라(Dhrtarastra). ㉾ 지국천.

지권인(智拳印)
금강계 대일여래의 인상(印相)

지근(知根)
눈·귀·코·혀·몸의 5근(五根)을 말한다. 5근은 제각기 지각(知覺)을 가졌으므로 지근.

지금강중(持金剛衆)
금강령(金剛鈴)을 들고 아사리를 따라다니는 사람.

지대
중이 행장(行裝)을 넣어 가지고 다니는 자루.

지대(地大)
사대(四大)의 하나. 만물을 이루고 있는 요소인 물·불·바람·땅 가운데서 '땅'을 이르는 말.

지대방(-房)
절의 큰 방 머리에 있는 작은 방. 이부자리·옷 등의 물건을 넣어 둠.

지덕(知德)
① 여래가 평등한 지혜로 만법을 비추는 덕. ② [민] 어떤 행위의 옳고 그름을 올바르게 판단하는 덕.

지륜삼매(地輪三昧)
오륜(五輪) 삼매의 하나. 땅에는 온갖 것을 싣고 움직이지 않는 덕과 만물을 발생하는 덕이 있다. 이것은 4선정 중 초선정(初禪定)을 얻기 위한 전제로 들어가는 방편정(方便定)인 미지정(未至定)의 정심(定心)이 움직이지 않으며 또 초선의 모든 덕을 발생하므로 땅에 비유하여 지륜삼매라 한다.

지바라밀(智波羅蜜)
[범] Jnana-paramita 십(十)바라밀

의 하나. 지는 지혜. 자라밀은 도(度)·도피안(到彼岸)이라 번역. 만법의 실상을 여실하게 아는 지혜는 생사하는 이 언덕을 지나서 열반의 저 언덕에 이르는 배가 되므로 지바라밀.

지벌라(支伐羅)
[범] Civara 부처님께서 제정한 법칙에 따라 만든 비구의 3종 법의(法衣) 총칭.

지상보살(地上菩薩)
보살 수행의 단계인 52위 가운데 초지(初地) 이상의 지위에 있는 보살.

지식(知識)
벗을 달리 일컫는 말. 아는 사람이란 뜻. 내가 그의 마음을 알고, 그의 얼굴을 아는 사람. 또는 세상 사람들이 잘 아는 사람이란 뜻. 그 사람이 착한 사람으로서 세상을 올바르게 지도하면 선우(善友)·선지식(善知識)이라 하고, 나쁜 사람이면 악우(惡友)·악지식이라 한다. 그러나 지식이란 말은 흔히 선지식이란 뜻으로 통용. → 선지식.

지악수선(止惡修善)
악업(惡業)을 끊고 선업(善業)을 지어감. 과거의 잘못을 참회하고 새 생활을 개척해 감. 계율을 지키는 것은 소극적으로 악을 끊고, 적극적으로 선을 닦아가기 위함.

지옥(地獄)
① 현실에서 악한 일을 한 사람이 죽어서 간다고 하는 세계. 나락(奈落). ↔ 극락(極樂). ② [민] [민] 큰 죄를 지은 채 죽은 사람이 그 죄를 용서받지 못하고 악마와 함께 영원히 벌을 받는다고 하는 곳. ↔ 천국. ③ 아주 괴롭거나 더없이 참담한 환경 또는 형편을 비유하여 일컫는 말.

지옥계(地獄界)
지옥의 세계.

지옥도(地獄道)
삼악도(三惡道)의 하나. 지옥의 세계를 이름.

지장(地藏)
'지장 보살'의 준말.

지장보살(地藏菩薩)
석가모니 입멸(入滅)후 무불(無佛)

시대에 미륵부처님이 이 세상에 올 때까지 이 세계에 머물면서 6도(六道:지옥·아귀·축생·수라·사람·하늘)의 중생들을 제도(濟度)하겠다는 대비(大悲)의 보살로 모든 중생이 구제될 때까지 영원히 보살로 남아 구제하겠다는 서원을 세우고 지금도 지옥문전에서 대비의 눈물로 교화한다는 보살이다.

지장보살은 육도에 제각기 다른 모습으로 나타나 육도의 중생을 구제하는 지장보살을 육지장이라 하며, 또한 지장보살은 명부(冥府)를 주재하는 시왕(十王:10지옥의 왕)을 거느리게 된다. 지옥에서 고통 받고 있는 중생의 구제를 위해서 영원히 부처가 되지 않는 보살. 관세음보살과 함께 가장 많이 신앙되는 보살은 단연 지장보살이다. 범어로는 크시티가르바(Ksitigarbha)이며, 지(持)지(地), 묘(妙)당(幢), 무변(無邊)심(心) 등으로 번역된다. 그러나 가장 널리 알려진 명칭은 지장보살이다.

지재(持齋)

① 부처님이 제정한 식사 시간인 정오(正午)를 지나서 식사하는 것을 금지한 계율(戒律). ② 계율을 잘 지키며, 채식(菜食)을 여행(勵行)하는 것.

지전(知殿)스님

전주(殿主) 스님이라고도 함.

선사(禪寺)에서 불전에 대한 청결, 향, 등의 일체를 맡은 스님으로 대웅전이나 다른 법당을 맡은 스님을 노전스님이라 하여서, 큰 방 불단을 부전과 구별함. 또 흔히 법당에서 의식, 범패를 맡은 스님을 부전이라고 함.

지제(支提)

[범] Caitya 지제(支帝·지帝)·지징(支徵)·제다(制多)·제저(制底)·제저야(制底耶)라 음역. 영묘(靈廟)·가공양처(可供養處)라 번역. 적취(積聚)의 뜻. 흙과 돌을 모아서 이룬 것이란 뜻. 부처님의 무량 복덕이 쌓였다는 뜻. 사리(舍利)가 들어있는 것은 탑파(塔婆), 사리가 없는 것은 지제.

지족(知足)

① 만족한 줄을 알아서 자기의 분수에 편안하게 있는 것. ② 도솔천(도率天)을 번역한 지족천(知足天)의 준 이름. → 도솔천.

지천(地天)

십이천(十二天)의 하나. 범어로 발라체베(鉢羅體베·Prthivi) 땅을 맡은 신(神).

지행이선(止行二善)
지선(止善)과 행선(行善).

지혜(智慧)
흔히 쓰고 있는 "智慧"와는 구별되며, 일부러 불교에서는 "반야(般若)"의 한역으로서 이 말을 쓰고 있으니, 정사(正邪)를 구별하는 바른 판단력을 말하며, 이것을 완전히 갖춘 것이 "불타(佛陀)"이다. 단순한 지식이 아니라, 모든 현상의 배후에 존재하는 진실의 모습을 볼 수 있는 것으로, 이것을 얻어, 깨침의 경지에 달하기 위한 실천을 "반야바라밀(般若波羅蜜)"이라고 한다.

지혜경(智慧鏡)
지혜의 맑고 밝음을 거울에 비유한 말.

지혜광(智慧光)
아미타불의 십이광(十二光)의 하나. 일체 중생의 몽매한 무명(無明)을 비추는 대지혜의 광명.

지혜안(智慧眼)
지혜의 밝은 감각.

지혜 염불(智慧念佛)
아미타불의 원만 무애한 지혜를 독송하는 염불.

지혜화(智慧火)
지혜가 번뇌를 아주 없애는 것이 불과 같다는 뜻.

직말사(直末寺)
본산(本山)의 직접 지배 아래에 있는 말사.

직심(直心)
① 정직한 마음. ② 꿋꿋이 지켜 나가는 마음. ③ 진여(眞如)를 바로 헤아려 생각하는 마음.

직지인심(直指人心)
교리(敎理)를 캐거나 계행(戒行)을 닦지 않고, 직접 사람의 마음속에 들어 있는 진리를 깨닫게 하여 불과(佛果)를 얻게 하는 일.

진(瞋)
[범] Dvesa 근본번뇌(根本煩惱)의 하나. 진에(瞋恚)라 한다. 분노·노여움·증오 자기의 마음에 맞지 않는 경계에 대하여 미워하고 분하게 여겨

몸과 마음을 편안치 못하게 하는 심리 작용. 또 오개(五蓋)·십악(十惡)의 하나.

진경(眞境)
① 본바탕을 가장 잘 나타낸 참다운 지경. ② 실지 그대로의 경계(境界).

진공관(眞空管)
화엄종 삼관(三觀)의 하나. 공무(空無)가 아닌 진공의 이치를 관하는 관법. 진여 평등한 이치가 삼라만상의 체성(體性)이며 보편(普遍)하고 항상한 존재임을 관하는 것.

진공 묘유(眞空妙有)
텅 빈 가운데 묘하게 나타나는 모습. 또는 작용 즉 거짓 없고 가림 없이 나타나는 모습, 또는 작용이니 거짓없는 심신작용. 진리(心性) 자체를 표현한 말로서 주로 진리의 조화적인 면을 나타낼 때 쓰임.

진공묘유(眞空妙有)
공(空)이지만 유(有)인 오묘한 진리.

진문(眞文)
부처나 보살이 설법한 문구.

진법(眞法)
진여(眞如)의 정법(正法).

진사(塵沙)
티끌과 모래와 같이 수량을 알 수 없는 번뇌를 말한다. 천태종 삼혹(三惑)의 하나. 이것은 먼저 견혹·사혹을 끊고, 깨달은 공리(空理)에 집착하는 번뇌이므로 착공(着空)의 혹이라고도 한다. 열혜(劣慧)로 체를 삼는 것.

진산(晉山)
중이 한 절의 주지가 되는 일.

진산식(晉山式)
절의 주지가 되어 거행하는 의식.

진속(眞俗)
① 출세간(出世間)과 세간(世間). ② 불법(佛法)과 세법(世法). ③ 진제(眞제)와 속제(俗제). ④ 중과 속인.

진승(眞僧)
안으로는 마음을 닦고 겉으로는 계행(戒行)을 잘 지키는 참된 중. 진실승.

진실승(眞實僧)

= 진승(眞僧).

진언(眞言)
① 부처의 말. 명(明). ② = 주문(呪文). ③ '진언종'의 준말.

진언종(眞言宗)
불교 종파의 하나. 다라니(陀羅尼)의 가지(加持)의 힘으로 즉신 성불(卽身成佛)시킴을 그 본지(本旨)로 함. 인도에서 일어나 당(唐)나라에 전해져 바지라보디의 제자 아모가바지라에 이르러 대성함. ㊛ 진언(眞言).

진에(瞋恚)
① = 노여움. ② 삼독(三毒)의 하나. 자기 의사에 어그러짐에 대하여 성내는 일.

진여(眞如)
우주 만유의 실체로서, 현실적이며 평등 무차별한 절대의 진리. ↔ 가상(假相).

진여문(眞如門)
↔ 생멸문(生滅門) <기신론>에서 말하는 일심의 본체인 진여의 부분. 문은 차별과 통입(通入)의 두 뜻이 있다. 본체인 진여와 현상인 생멸의 두 방면이 같지 않음을 나타내는 것이며, 진여의 방면으로는 오계(悟界)에 이르는 정법(淨法)을 낸다는 뜻으로 문이라 한다.

진여성(眞如性)
우리의 사상 개념(思想槪念)으로 미칠 수 없는 진실한 경계.

진제(眞諦)
진여·실상·열반의 경지. 곧, 절대적 진리. ↔ 속제(俗諦).

진제(眞諦) (×진체)
인도의 스님이름(499~569)

진화(進化)
① 범부 중생이 차츰 차츰 불보살로 진급함. ② 공부와 사업이 점차 향상 발전해 감.

질(嫉)
[범] Irsya 다른 사람이 잘 되는 것을 좋아하지 않는 심리 작용.

질다(質多)
[범] Citta 질다야(質多耶). 질제(質

帝)라고도 하고, 마음(心)이라 번역. 사물을 분별하고 생각하는 마음.

짐대
당(幢)을 달아 세우는 기둥. 돌이나 쇠로 만듦. 당간(幢竿).

집(執)
[범] Graha 실재가 아닌 것을 참으로 있는 줄로 생각하며, 참으로 있는 것을 공하여 없는 줄로 생각하는 미한 생각. 집착(執着)·미집(迷執)·망집(妄執).

집수(執受)
바깥 경계를 접촉할 때에 그것을 받아들여 잃어버리지 않고 고(苦)나 낙(樂) 등의 감각(感覺)을 내는 것.

집제(集諦)
사제(四諦)의 하나. 고통의 원인은 끝없는 애집(愛執)이라는 진리. 집성제(集聖諦). ▷ 사제.

짓소리
부처에게 재(齋)를 올릴 때, 게송(偈頌)을 썩 길게 읊는 소리. 합창(合唱)으로 불려짐.

징관(澄觀) (×등관)
중국 당나라 승려(738~839) 화엄종의 제4조. 호는 청량(淸凉).

ㅊ

차계(遮戒)
불도(佛道)를 수행하는 사람에게만 금지되어 있고, 일반 사람에게는 금지되어 있지 않은 계율. 불음주계(不飮酒戒) 따위.

차닉(車匿) (×차약)
싯달타 태자가 출가할 때 따라나섰던 마부.

치성(熾盛)
불길처럼 몹시 성함. 아주 버썩 성하는 것.

차안(此岸)
생사(生死)의 세계. 또는, 이 세상. ↔ 피안(彼岸).

차전(遮詮)
① 진여(眞如)의 뜻을 설명할 적에 진여는 도저히 말이나 글로써 표현할 수 없다고 하는 따위. ② ↔ 표전(表詮) 아니라고 부인하는 것. 여러 경전에 진여의 성품을 불생불멸(不生不滅)·부증불감(不增不減)·무인무과(無因無果)·비범비성(非凡非聖)이라고 한 것이 차전.

차죄(遮罪)
↔ 성죄(性罪). 그 일 자체는 죄악이 아니나 그 일로 인하여 다른 죄악을 저지르게 되어 부처님이 금한 것이므로 이것을 범하면 죄가 되는 것.

차토(此土)
이 세상.

차토입증(此土入證)
이 세상에서 깨달음을 얻어 부처가 되는 일.

착(着)
마음이 바깥 경계의 사물에 끌리어 잊으려야 잊을 수 없는 것.

착심(着心)
바깥 경계의 물건이나 일에 집착하는 것.

착안(着眼)
눈을 주의한다는 것. 곧 마음을 써서 주의하라는 뜻.

착어(着語)
고측공안(古則公案)의 글귀 밑에 붙이는 짤막한 평(評).

찬(讚)
[범] Stotra ① 게송(偈頌)으로 행업·공덕등을 찬탄하는 시(詩)적인 문장. ② 초상화의 위에 쓰는 찬탄하는 글.

찬불(讚佛)
부처의 공덕을 찬미하는 것.

찰제리(刹帝利)
= 크샤트리아.

찰중(察衆)
대중을 규찰함.

찰지(察知)
살펴서 앎. 밝혀 앎.

찰진(刹塵)
무수한 국토를 미진으로 할만큼 수가 많은 것을 말함.

찰해(刹海)
세계. 육해(陸海) 즉 육지와 바다란 의미로 세계를 말함.

참(慙)
심왕(心王)에 따라 일어나는 정신 작용의 하나. <유신론>에서는 11선심소(善心所)의 하나. 자기를 반성한 결과로 범한 죄를 부끄러워하는 마음.

참괴(慙愧)
허물을 부끄러워하는 것. 참은 자기가 지은 죄를 스스로 부끄러워하는 것. 괴는 다른 사람들에게 대하여 부끄럽게 생각하는 것.

참선(參禪)
선(禪)을 참구(參究) 다시 말하면

마음에 안정을 얻고저 하는 사람이 조사의 어록이나 선지식을 친히 뵙고 그들이 깨달은 진리에 직접 참여하여 연구하는 것임.

참선수행(參禪修行)
생사의 근원이 무엇이고 나의 본질이 무엇인지를 앎으로써 윤회로부터 벗어나게 하는 수행법.

참선정진법회(參禪精進法會)
구도의 방법을 참선에 두고 정진 노력하는 법회.

참위설(讖緯說)
음양오행설(陰陽五行說)에 의하여 인간 사회의 길흉 화복을 예언하던, 학설. 참위학.

참잡(參雜) (×삼잡)
여러 가지가 섞임.

참회(懺悔)
① 자기의 잘못에 대하여 깊이 뉘우치는 것. ② [민] 신이나 부처 앞에서 자기의 죄를 회개(悔改)하고 용서를 비는 일. ③ 몸과 입과 뜻으로 지은 모든 업들은 불보살들의 원행과 비교하여 잘못되었으면 뉘우치고 고쳐나가는 것이다.

참회개과(懺悔改過)
과거의 잘못을 크게 뉘우쳐 이를 고치고 새 사람이 됨.

참회문(懺悔文)
① 참회한 내용을 적은 글. ② 참회하고 죄를 없애기 위하여 읽는 글.

참회사(懺悔師)
= 참회스님.

참회스님(懺悔-)
참회를 받고 선법(禪法)을 주는 스님. 참회사.

침회오법(懺悔五法)
비구가 죄를 참회할 때에 하는 다섯 종류의 작법. 1. 오른 어깨를 벗어 드러냄. 2. 오른 무릎을 땅에 댐. 3. 합장함. 4. 범함 죄명을 말함. 5. 대비구의 발에 절함.

천(天)
[범] Deva 제바(提婆)라 음역. 광명·자연·청정·자재·최승 등의 뜻

이 있다. ① 인도에서 모든 신을 총칭하는 말. 천지 만물을 주재하는 이·조물주(造物主)·상제(上帝) 등 ② 인간 세계보다 수승한 과보를 받은 좋은 곳. 욕계천·색계천·무색계천.

참회의 열가지 공덕(懺悔一加德)

1. 참회는 능히 번뇌(煩惱)의 땔감을 태우고 2. 참회는 능히 천상(天上)에 태어나게 하며 3. 참회는 능히 사선(四禪)의 낙을 얻고 4. 참회는 능히 마니보주를 내리게 하며 5. 참회는 능히 수명을 금강(金鋼)과 같이 늘리고 6. 참회는 언제나 즐거운 상락궁에 들어가게 하며 7. 참회는 능히 삼계(三界)의 감옥을 벗어나게 하고 8. 참회는 능히 보리(菩提)의 꽃을 피우며 9. 참회는 능히 부처님의 대원경지를 보게 하고 10. 참회는 능히 가장 좋은 보소(寶所)에 이르게 한다.

참회진언(懺悔眞言)

옴 살바 못자 모지 사다야 사바하 (108번 또는 연비 끝날때까지 계속함)

창건주(創建主)

절을 창건한 시주(施主).

창도(唱導)

① 외우기 시작함. 선양함. ② 보살이 법물을 절하여 불도로 이끌어 드리는 것을 말함.

창랑자취(滄浪自取)

좋은 말이나 나쁜 말. 상이나 벌 받는 것은 모두 저할 나름이라는 뜻.

창사(創寺)

절을 새로 세움.

창생(蒼生)

창맹(蒼氓)이라고도 함. 이 세상의 모든 사람.

창의문(倡義文)

의병으로 일어날 것을 백성에게 호소하는 걸.

창의(唱衣)

죽은 사람 앞에 생전의 그의 옷을 갖다 놓고, 집착심(執着心)을 떼는 일.

창황망조(蒼惶罔措)

너무 갑자기 뜻 밖의 사고를 당하여 너무 급해서 어찌할 줄을 모르고 당황함. 뜻 밖의 일이라 어떻게 처리해야 할지를 몰라서 갈팡질팡 함.

처서(處暑)
24절기의 하나. 입추와 백로의 사이로, 양력 8월 22일경에 해당함. 아침 저녁으로 싸늘한 기운이 느껴짐.

처중(處中)
율의(律儀)도 아니고 불율의(不律依)도 아니면서 무표색(無表色)을 발생함.

처처불상(處處佛像) 사사불공(事事佛供)
㉠ 이 세상의 모든 사람, 또는 모든 만물이 다 부처님이므로, 모든 일에 부처님께 불공하듯 살아가자는 뜻이다.

천(天)
육도(六道) 중 인간 세계보다 상급의 세계. 천왕(天王) 및 천인(天人)이 살고 있다는 승묘(勝妙)한 세계.

천개(天蓋)
또는 개(蓋). 불상을 덮은 일산. 법당 안에 있는 탁자 위를 덮도록 만든 닫집. 이것은 비나 먼지 같은 것을 막는 뜻으로 만들어진 것. 본래는 천으로 만들었던 것이나 후세에는 금속이나 목재로 조각하여 만든 것이 많으며 이것을 천장에 달아 놓기도 하고 또는 위가 구부러진 긴 장대에 달기도 한다.

천계(天界)
'천상계(天上界)'의 준말.

천녀(天女)
① 욕계 6천에 사는 여성. 색계 이상의 하늘에는 음욕이 없으므로 남녀의 구별이 없다. ② 여신(女神). 변재천녀(辯才天女) 따위.

천념(千念)
일천팔백 개의 구슬을 꿴 긴 염주.

천당(天堂)
① 하늘 위에 있는 신의 전당. ② [민] = 천국. ③ 극락 세계인 정토.

천도(天道)
① 천지 자연의 도리. ② 하늘길. 곧, 욕계·색계·무색계의 총칭. ③ 천체가 운행하는 길.

천도(遷度)
죽은 이의 명복(冥福)을 빌기 위해,

불·보살께 재를 올려 영혼으로 하여금 정토나 천계(天界)에 태어나도록 기원하는 법식. 천령(薦靈). 천혼(薦魂).

천도(薦度)
죽은 이의 혼을 극락세계에 가게 하는 것.

천도법회(천도法會)
비명액사(非命縊死)한 영혼들을 구제하는 법회. 49재, 백일재 기타 위령법회를 통하여 구제하는 법회가 모두 천도법회.

천도재(薦度齋)
㉠ 천도란 옮긴다는 의미입니다. 악한 사람을 선한 사람으로 전환시키고, 낮은 곳에서 좋은 곳으로 진급을 시켜 주는 것입니다.
천도는 산 사람, 죽은 사람 모두 해당이 되는 것이지만 주로 죽은 사람의 영혼을 위하여 행하는 예가 많으며, 죽은 뒤 중음에 머무는 49일 동안 7회를 통하여 천도재를 지내게 됩니다.

천동(天童)
불법(佛法)을 수호하는 신. 천인(天人)이 동자(童子)의 형상으로 인간계(人間界)에 온 것임.

천령(薦靈)
= 천도(遷度).

천룡팔부(天龍八部)
불법을 수호하는 신장 8부류. 용신팔부라고도 함.

천마(天魔)
사마(四魔)의 하나. 욕계(欲界)의 제6천(第六天), 즉 타화자재천(他化自在天)에 살며, 사람이 착한 일을 행하거나 진리에 이르려고 하는 것을 방해함. 천자마.

천만 방편(千萬方便)
㉠ 불보살이 중생을 교화하는 한없는 자비방편. 이때 불보살은 중생이 모르게 방편을 사용한다. 만약 방편을 알게 사용하면 권모술수가 되기 쉽다.

천부(天部)
수미산 위에 있는 천계(天界)에 사는 모든 신을 말함.

천부론사(天部論師)

인도의 스님 세친(世親)의 별명. 세친은 1천 부의 경론을 꾸몄음.

천불(千佛)
과거·현재·미래의 삼겁(三劫)의 각각의 천 부처 가운데서 현재에 나타난다는 천부처. 또는, 신앙.

천불공양(千佛供養)
천불에 공양하는 법회, 천불회.

천불식(遷佛式)
부처님을 옮기는 예식.

천불전(千佛殿)
천불을 모신 전각.

천사(天使)
염마왕(閻魔王)의 사자(使者). 이 사자는 천연·자연의 업도(業道)로 발생하여 세상을 경책하므로 천사라 하며 3천사(노·병·사)와 5천사(생·노·병·사·이 세상의 감옥)의 구별이 있다.

천상(天上)
육도(六道)의 하나. 욕계·색계·무색계의 여러 하늘. 천도(天道).

천상천하유아독존(天上天下唯我獨尊)
우주간에 자기보다 더 존귀한 것은 없다는 말. 석가모니가 태어나자마자 7보를 걷더니, 한 손을 하늘로 쳐들고 다른 한 손은 땅을 가리키며 외친 말이었다고 함. ㉗ 유아독존.

천수(千手)
'천수 관음'의 준말.

천수경(千手經)
① ['천수 천안 관세음 보살 광대 원만 무애 대비심 다라니경(千手天眼觀世音菩薩廣大圓滿無礙大悲心陀羅尼經)'의 준말] 천수 관음의 유래, 발원·공덕 등을 말한 불경(佛經). 천수 다라니경. ② [민] '대비심 다라니경', '신묘장구다라니(神妙章句陀羅尼)' 등을 아울러 옮긴 한글본. 조선 효종 9년(1658)에 펴냄.

천수관음(千手觀音)
과거세에서 모든 중생을 구제하기 위하여 천 개의 손과 눈을 얻으려고 빌어서 이루어진 관음 보살의 몸. 지옥의 고통을 해탈하게 하며 모든 소원을 이루어 준다고 함. ㉗ 천수(千手).

천수다라니(千手陀羅尼) (×-타라니)
천수경에 있는 천수 관음의 공덕을 말한 28구(句)의 주문(呪文). 이것을 외면 모든 죄업이 없어진다 함.

천수다라니경(千手陀羅尼經)
= 천수경(千手經).

천수통(千手桶)
절에서 중이 개숫물을 거두는 동이.

천신(天神)
[범] Devata 니박다(泥縛多)라 음역. 범천(梵天)·제석(帝釋) 등 천상의 여러 신.

천악(天樂)
① 천인들의 음악. ② 수승한 음악을 찬탄하는 말.

천안(天眼)
오안(五眼)의 하나. 천취(天趣)에 나거나 또는 선정(선정)을 닦아서 얻게 되는 눈. 미세한 사물까지도 멀리 또 널리 볼 수 있으며, 중생들이 미래에 생사하는 모양도 미리 알 수 있다. 이에 수득(修得)과 생득(生得)의 두 가지가 있으니, 인간에서 선정을 닦아 천안을 얻은 것을 '수득 천안'이라 하고 색계천에 나므로 얻는 것을 '생득 천안'이라 한다.

천안지통(天眼智通)
사물을 속속들이 파악할 수 있는 천안과 같은 지혜에 능통함.

천왕(天王)
① 욕계(欲界)·색계(色界) 등 온갖 하늘의 임금. ② [민] 무당굿의 열두 거리 중 일곱째 거리의 이름. ③ [민] 중국에서 '천자(天子)'를 일컫던 말.

천왕문(天王門)
절의 입구에 있는 사천왕(四天王)을 모신 문.

천인(天人)
① [범] Apsara 또는 비천(飛天). 낙천(樂天). 천상의 유정들. 허공을 날아 다니며, 음악을 하고, 하늘 꽃을 흩트리기도 하며 항상 즐거운 경계에 잇지만, 그 복이 다하면 오쇠(五衰)의 괴로움이 생긴다 함. ② [범] Devamanusya 인천(人天)이라고도 함.

천상의 유정과 인간의 유정. 곧 천과 인.

천인사(天人師)
부처님 10호의 하나. 하늘과 인간 세상의 으뜸 스승.

천주(天主)
① [민] = 하느님. ② 대자재천(大自在天)을 달리 이르는 말. ③ 제천(諸天)의 왕.

천중천(天中天)
[범] Devatideva ① 부처님의 존호(尊號). 천은 사람이 존숭하는 바며, 부처님은 다시 천들이 존숭하는 바이므로 천중천. 또 부처님은 제일의천(第一義天)으로 오천(五天) 중에서 가장 높으므로 천중천. ② 부처님께서 젊었을 때 이름. <불본행경(佛本行經)> 제1, <석씨요람(釋氏要覽)> 중권에 있다.

천지팔양신주경(天地八陽神呪經)
중국의 의정(義淨) 삼장이 지은 석교문(釋敎文)에 국문으로 음을 단 책.

천축(天竺)
인도를 가리키는 말. BC 20세기경 아리아족이 서북쪽인 중앙아시아로부터 남하하여 세계의 지붕이라는 파미르고원을 넘어, 지금의 인더스 평원에 들어서자 그 푸르게 초목이 우거진 평원과 양양하게 흐르는 강물을 보고 경탄하는 소리를 발한 신두(Sindhu 물, 큰 바다의 뜻)라는 말이 이 강과 이 지방의 이름이 되고, 이것을 중국에서 신두(辛頭)·연독(身毒)·현두(賢頭)·천두(天豆) 등으로 불렀다. 이것이 차차 달라져 천축이 된 것. 이 천축이란 이름은 일찍이 한나라 때부터 사용. 인도라는 이름도 이연독 등에서 와전된 것.

천태(天台) (×천대)
천태 대사, 천태종.

천태사교의집주(天台四敎儀集註)
고려의 제관(諦觀)이 쓴 천태사교의를 원나라 몽윤(夢潤)이 집주한 책.

천태종(天台宗)
중국 수(隋)나라의 지의(智顗)를 개조(開祖)로 하는 대승 불교의 한 파. 법화경(法華經)을 근본 경전으로 함. 우리나라에서는 고려 숙종 2년(1097)

에 대각 국사(大覺國師)가 국청사(國淸寺)에서 처음으로 개강했음.

천행(天行)
오행(五行)의 하나. 보살이 닦는 행은 천연의 이치에 계합하는 묘행(妙行).

천혼문(薦魂文)
죽은 사람의 영혼이 극락 세계로 가도록 비는 글.

천화(遷化)
① 변하여 바뀌는 것. ② [이 세상의 교화를 마치고 다른 세상이 교화로 옮긴다는 뜻] 고승(高僧)의 죽음을 이르는 말.

첨(諂)
[범] Maya 심소(心所)의 이름. 소번뇌지법(少煩惱地法)의 하나. 또 20수번뇌(隨煩惱)의 하나. 다른 사람에 대하여 속마음을 숨기고, 겉으로 친애하는 듯이 구는 거짓된 정신작용.

첨병(瞻病)
또는 간병(看病). 절에서 병난 사람을 간호하는 일을 맡은 소임.

첨압(僉押) (×험갑)
연명으로 서명 날인함. 문서 뒤에 여러 명이 이름을 쓰고 손가락을 눌러 날인함.

첨파(瞻波)
나무 이름. [범] Campaka 점파(占婆)·첨파(瞻波)·첨복(瞻匐)·첨박가(瞻博迦)·전파가(전波迦)·섬파(섬波)라 음역. 황화수(黃花愁)·금색화수(金色花樹)라 번역. 나무가 높고 크며, 꽃향기는 바람 따라 멀리 퍼지고 금시조(金翅鳥)가 오면 그 위에 앉는다 함.

첩칭(貼秤) (×첨평)
부족한 것을 보충함.

청명(淸明)
24절기의 하나. 춘분(春分)과 곡우(穀雨) 사이에 있음. 태양이 황경(黃經) 15°에 달했을 때를 이르며, 양력으로 4월 5일경에 해당함. 만물이 맑은 양기(陽氣)가 되는 시기라고 하는 뜻임. 청명절.

청문(請文)
부처나 보살을 청하거나 죽은 사람의 혼을 부르는 글. 청사(請詞).

청사(請師)
수계법사를 청하는 의식.

청성(請聖)
모든 부처님과 보살 성현들의 가르침을 청하는 의식.

청신남(淸信男)
불교를 믿는 남자. 신남(信男).

청수기(淸水器)
기도나 여러 의식(儀式)때 맑은 물을 담는 그릇. 법요도구(法要道具)의 하나.

청신녀(淸信女)
불교를 믿는 여자. 신녀(信女).

청신사(淸信士)
= 거사(居士).

청우법(請雨法)
밀교(密敎)에서 가뭄이 심할 때에 비가 오기를 비는 법.

청정수(淸淨水)
다기(茶器)에 담아 불당에 올리는 물.

청정심(淸淨心)
망념을 버린 깨끗한 마음.

청정하다(淸淨-)
① 깨끗하고 더러움이 없다. ② 허물이나 번뇌가 없이 깨끗하다.

청중(淸衆)스님
열중스님을 보필하면서 대중을 통솔하는 스님.

청탁병용(淸濁幷用)
① 좋은 사람과 나쁜 사람을 다 포용 함. ② 좋은 것은 좋은 대로 나쁜 것은 나쁜 대로 버리지 않고 다 활용함.

청혼(請魂)
죽은 사람의 넋을 부르는 것.

체(體)
[범] Dhatu 계(界)·성(性)이라 번역. 만물의 일정불변(一定不變)하는 본 모양. 일체 차별현상(差別現象)의 근본. 곧 본체.

체대(體大)
① 인간의 마음이 참되고 한결 같아

생멸(生滅)·증감(增減)의 변화가 없는 것. ② [민] '체육 대학'의 준말.

체도(剃度) (×제도)
머리를 깎고 득도함.

체발염의(剃髮染衣)
머리를 깎고 옷에 물을 들임. 출가하여 중이 됨.

체성(體性)
사물의 변하지 않는 성질. 사물의 본질을 체라 하고, 그 체가 영원히 변하지 않는 것을 성이라 한다.

초막(草幕)
① 짚이나 풀 따위로 지붕을 인, 조그마한 막집. ② 절 근방에 있는 중의 집.

초발심(初發心)
① 처음으로 불문(佛門)에 들어가려고 하는 발심(發心). 또는, 그 사람. ② 수행(修行)이 미숙하여 아직 진리를 깨닫지 못한 사람.

초발심자경문(初發心自警文)
처음 절에 들어간 사미가 배우는 책.

초열 지옥(焦熱地獄)
팔대(八大) 지옥의 하나. 살생(殺生)·절도(竊盜)·사음(邪淫)·음주(飮酒)·망어(妄語)의 죄를 지은 사람이 가는 지옥. 화염 지옥.

초제(招提)
① 관부(官府)에서 사액(賜額)한 사찰(寺刹). ② 사방의 사람이라는 뜻. 한곳에 머무르지 않은 수행승 말함. 세계를 자기 집으로 하고 있음.

초제승(招提僧)
사방(四方)의 승려를 초제승이라하고 이 사물을 초제승물(招提僧物) 金廬를 초제승법(招提僧法)이라 함.

초창(初創)
절을 처음 세우는 것.

촉(觸)
① 대지법(大地法)의 하나. 대상에 접촉하는 것. 근(根)과 경(境)과 식(識)을 화합시키는 작용. ② 5경(境)의 하나. 몸에 닿는 대상. 굳은 것(O)·축축한 것(O)·더운 것(O)·

혼들리는 것(動)·매끄러운 것(골)·껄끄러운 것(O)·무거운 것(重)·가벼운 것(O)·찬 것(冷)·배고픈 것(O)·목마른 것(渴)의 열한 가지로 나눈다. ③ 이촉하는 정신적인 심법(心法)임에 대하여 이것은 촉할 물질적인 색법(色法)을 말한다.

촉루(囑累) (×속루)
뒷일을 맡김.

촉지인(觸地印)
부처님이 성도직전 지신(地神)을 깨우쳐 증명하게 한 손 자세.

총강사(惣講師) (×홀강사)
법회 등에서 경전을 강의하는 최고 책임자.

총림(叢林)
Vindhyavana 빈타바나(貧陀婆那)라 음역. 단림(檀林)이라고도 번역. 여러 승려들이 화합하여 함께 배우며 안거하는 곳. 많은 승려와 속인들이 모인 것을 나무가 우거진 수풀에 비유한 것. 지금의 선원(禪苑)·선림(禪林)·승당(僧堂)·전문도장(專門道場) 등 많은 승려들이 모여 수행하는 곳을 총칭.

총본사(總本寺)
= 총본산.

총본산(總本山)
① 우리나라 불교의 전체 본산을 총할하는 최고 종교 행정 기관. 총본사(總本寺). ② 사물의 전체를 통괄하는 일. 또는, 그런 곳.

총원(總願)
= 사홍서원(四弘誓願). ↔ 별원(別願).

총지(總持)
[범] Dharani 다라니(陀羅尼)라 음역. 한량없는 뜻을 포함하여 잃지 않게 하는 것. 또 선법을 가져 잃지 않고, 악법을 가져 일어나지 않게 하는 것. 선은 지켜 잃지 않게 하며 악은 발생하지 않도록 하는 것. 뛰어난 기억력.

총지종(摠持宗)
칠종 십이파(七宗十二派)의 하나. 신라 문무왕(文武王) 때 혜통(惠通)이 개종한 것으로, 뒤에 남산종(南山宗)이 됨. 지념종(持念宗).

추기(樞機) (×구기)
중요한 사물 또는 중추 기관.

추도법회(追悼法會)
돌아가신 선영, 우국열사, 애국충령들을 기리고 그들의 영혼을 천도하며 그들의 뜻을 곱게 길러 자손들에게 영복(營福)을 끼치는 거룩한 행사.

추사상(麤四相) (×녹사상)
생(生)·노(老)·병(病)·사(死)의 네 가지 인생 과정.

추천(追薦)
죽은 사람을 위하여 공덕을 베풀고 명복을 비는 것.

추탈(抽脫) (×유탈)
가사를 잠시 벗는다의 뜻. 이 말이 변질돼 대소변을 보다로 혼용됨.

추해(抽解)
가사를 벗고 휴식하는 것. 좌선하는 중간에 승당에서 나와 잠깐 쉬거나, 또는 큰 방에 돌아가 편히 쉬는 것.

축생(畜生)
[범] Tiryagyoni 저율차(低栗車)라 음역. 방생(傍生)·횡생(橫生)이라고도 번역. 남에게 길러지는 생류(生類)라는 뜻. 고통이 많고 낙이 적으며, 성질이 무지하여 식욕·음욕만이 강하고, 부자와 형제의 차별이 없이 서로 잡아먹고 싸우는 새·짐승·벌레·고기 따위.

축원방(祝願旁)
축원문을 모아 만든 책.

축원문(祝願文)
부처님 앞에 축원하는 뜻을 적은 글

축착합착(築着合着)
불교의 진리는 우주에 널리 펴져 있어서 수행자는 어디에 있어도 진리를 보고 진리를 깨달을 수 있다는 것.
2개의 사물이 딱 들어맞아서 틈이 없는 모양. 우주 사이에 충만하여 틈이 없는 것. 부딪쳐 안다는 뜻.

춘삼삭(春三朔)
음력 1월·2월·3월의 봄철 석 달.

출가(出家)
① 속가(俗家)를 떠나 불문(佛門)에 드는 일. 출세(出世). ② 세간(世間)

을 떠나 수도원으로 들어가 수도하는 일.

출가계(出家戒)
삼계(三戒)의 하나로, 출가한 중이 지켜야 할 계.

출가구계(出家具戒)
중이 되어 계행(戒行)의 공덕을 몸에 지님.

출가 득도(出家得度)
출가하여 도첩(度牒)을 받고 중이 됨.

출가수행(出家修行)
부모님께 승낙을 받고 스승을 선택하여, 5계, 10계, 250계 등을 받고 비구니는 348계를 받아 스님의 수행을 닦음.

출가스님(出家-)
세속적인 가정과 성씨. 족벌 국적을 버리고 출가수도하며 세계일화(世界一花) 만민동체(萬民同體)의 의식속에 세계를 한집안 삼고 만민을 한 가족으로 생각하고 사는 사람들.

출가위(出家位)
㉛ 여섯 가지 법위등급 중의 다섯 번째 단계. 항마위 도인이 마음공부가 더욱 깊어지고, 마음이 더욱 넓어지면, 마침내 깊어지고, 마음이 더욱 넓어지면, 마침내 확철대오하고 이무애·사무애하는 경지에 들게 된다.

출세(出世)
① 사회적으로 높은 지위에 오르거나 유명하게 되는 것. ② 숨어살던 사람이 세상에 나오는 것. ③ 부처나 보살이 중생을 제도하기 위해 세상에 나오는 것. ④ = 출가(出家).

출세간(出世間)
① 속세와 관계를 끊는 것. ② 생멸(生滅) 변화하는 미(迷)의 세계를 벗어나 해탈 경계에 들어가는 것.

출세간도(出世間道)
속세를 버리는 보리(菩提)의 도. 미혹의 세계를 떠나는 깨달음의 길을 말함.

출세간법(出世間法)
사성제·육바라밀 등의 불법.

출정(出定)
선정(禪定)에 들었다가 그만두고 자리에서 일어나는 것. ↔ 입정(入定).

출진(出塵)
세속의 번뇌를 버리고 해탈하는 것.

충감(沖鑑) (×중감)
고려시대의 스님(1274~1338)

충담(沖湛) (×충잠)
신라 말의 스님(869~940)

충량(忠良)
진심이 깃든 것.

충지(沖止) (1226-1292)
고려 후기의 승려로 조계산 수선사(修禪寺 : 송광사)의 제6제 국사 호는 말함. 이름은 원개(元凱) 시호는 원감국사(源鑑國師)

취(取)
십이(十二) 인연의 하나. 애(愛)에 따라 일어나는 집착(執着). 애(愛)의 다른 이름. 번뇌의 총칭.

취(趣)
중생이 번뇌로 말미암아 말·행동·생각 등으로 악업을 짓고, 그 업인(業因)으로 인하여 가게 되는 국토. 5취·6취의 구별이 있다.

취결(取結)
구결(九結)의 하나. 결은 번뇌의 다른 이름. 이것은 5견(見)의 제4 견취견(見取見)과 제5의 계금취견(戒禁取見)을 말한다. 견취견은 3계(戒)의 4제(諦) 아래에 일어나므로 12종이 있고, 계금취견은 3계의 고(苦)·도(道) 2제 아래서 일어나므로 6종이 있다. 합하여 18혹(惑)을 취결이라 한다.

취락(聚落)
[범] Grama 많은 사람이 모여서 산다는 뜻. = 촌락.

치(癡)
[범] Moha 모하(募何)라 음역. 삼독(三毒)의 하나. 여섯 가지 근본번뇌(根本煩惱)의 하나. 현상(現象)과 도리(道理)에 대하여 마음이 어두운 것. 불교에서는 인생의 고통 받는 근원과 모든 번뇌의 근본을 치라 하며, 사물(事物)의 진상을 밝혀 알지 못하므로 미혹한 데가 있다고 한다.

치문(緇門)
① 여러 학자의 명구(銘句)·권선문을 모은 불경의 이름. 불문에 처음 든 어린 사미가 공부하는 과정 중의 하나로, 치문 경훈(緇門警訓)이라고도 함.
② 검은 옷을 입은 종문(宗門).

치백(緇白) (×소백)
승려와 속인.

치아탑(齒牙塔)
도학(道學)이 높은 사람의 이를 넣고 쌓은 탑.

치탈도첩(褫奪度牒)
중이 삼보(三寶)에 대하여 불경(不敬)한 죄를 지었을 때 그의 도첩을 빼앗는 일.

칠구지불모(七俱胝佛母)
준제관음의 별칭.

칠난(七難)
이 세상의 일곱 가지 재앙. 곧, 수난(水難)·화난(火難)·나찰난(羅刹難)·왕난(王難)·귀난(鬼難)·가쇄난(枷鎖難)·원적난(怨賊難). 법화경 보문품과 약사경에 설(說)하여 있음.

칠난팔고(七難八苦)
칠난과 팔고, 곧, 온갖 어려움과 괴로움.

칠당(七堂)
절에 있는 온갖 당우(堂宇). 불전·법전·승당(僧堂) 따위.

칠대(七大)
우주의 온갖 물건을 생성하는 일곱 가지 요소. 곧, 지대(地大)·수대(水大)·화대(火大)·풍대(風大)·공대(空大)·견대(見大)·식대(識大).

칠루(七漏)
칠종(七種)의 번뇌. 1. 견루(見漏) 견도(見道)에서 끊는 여러 가지 사견(邪見) 2. 수루(修漏) 수도(修道)에서 끊는 탐(貪)·진(瞋)·치(癡)등. 3. 근루(根漏) 5근(根)에서 생기는 번뇌. 4. 악루(惡漏) 악한 일로 생기는 번뇌. 5. 친근루(親近漏) 의복·음식·의약 등을 가까이 함으로써 생기는 번뇌. 6. 수루(受漏) 고(苦)·낙(樂)·사(捨)의 3감각은 탐·진·치를 내므로 수루. 7. 염루(念漏). 사념(邪念)은 번뇌를 내므로 염루.

칠백(七魄)

① 죽은 사람의 몸에 남아 있는 일곱 가지의 정령(精靈). 곧, 귀가 둘, 눈이 둘, 콧구멍이 둘, 입이 하나. ② 도교(道敎)에서, 사람의 몸에 남아 있는 일곱 가지 탁한 영혼. 곧, 시구(尸狗)·복시(伏矢)·작음(雀陰)·탄적(吞賊)·비독(非毒)·제예(除穢)·취폐(臭肺).

칠법불가피(七法不可避)

① 생불가피(生不可避) 선악의 업에 의하여 고(苦)와 낙(樂)이 일어남을 피할 수 없음. ② 노불가피(老不可避). ③ 병불가피(病不可避) ④ 사불가피(死不可避) ⑤ 죄불가피(罪不可避) ⑥ 복불가피(福不可避) 선업(善業)을 지었으면 낙과(樂果)를 피할 수 없는 것. ⑦ 인연불가피(因緣不可避) 이와 같은 연(緣)에 섞이면 길흉화부과 빈부귀천이 생기는 도리를 피할 수 없는 것을 말함.

칠보(七寶)

① 일곱 가지의 보배. 무량수경(無量壽經)에는 금·은·파리(玻璃)·마노(瑪瑙)·거거(硨磲)·유리·산호, 법화경(法華經)에는 금·은·마노·유리·거거·진주·매괴(玫瑰). 칠진(七珍). ② 전륜성왕(前輪聖王)이 가지고 있는 일곱 가지이 보배. 곧, 윤보(輪寶)·상보(象寶)·마보(馬寶)·여의주보(如意珠寶)·여보(女寶)·장보(將寶)·주장신보(主藏臣寶). ③ 금·은·구리 따위의 바탕에 갖가지 유리질의 유약(釉藥)을 녹여 붙여서 꽃·새·인물 따위 무늬를 나타내는 공예. 또는, 그 공예품.

칠불(七佛)

석가모니불 이전의 6불과 석가모니를 합하여 이르는 말. 곧, 비바시불(毗婆尸佛)·시기불(尸棄佛)·비사부불(毗舍浮佛)·구류손불(拘留孫佛)·구나함모니불(俱那含牟尼佛)·가섭불(迦葉佛)·석가모니불.

칠불통계게(七佛通戒偈)

과거 불이 공통으로 수지했다고 일컬어지는 석존의 훈계의 게(偈)로 제악막작(諸惡莫作) 중선봉행(衆善奉行) 자정기의(自淨其意) 시제불교(是諸佛敎)라 모든 악을 저지르지 말고 모든 전을 행하여 스스로 그 마음을 깨끗하게 하라. 이것이 모든 부처님의 가르침이다. 이 4구는 모든 불교를 총괄한 불교의 가르침을 현재도 불교도에게 공통으로 독종됨.

칠생(七生)
일곱 번 다시 태어나는 일. 이 세상에 다시 태어날 수 있는 한계임.

칠성각(七星閣)
칠원성군을 모신 집. 여기서 집안의 무사 화평과 자녀의 무병 장수를 빎. 칠성당. 칠성전. ㉿ 칠성.

칠성단(七星壇)
칠원성군을 모신단.

칠성당(七星堂)
= 칠성각. ㉿ 칠성.

칠성전(七星殿)
= 칠성각.

칠원성군(七元星君)
북두(北斗)의 일곱성군. 곧, 탐랑(貪狼)·거문(巨文)·녹존(祿存)·문곡(文曲)·염정(廉貞)·무곡(武曲)·파군(破軍). 북두칠성. ㉿ 칠성(七星).

칠재(七財)
불도수행에 필요한 것을 재에 비유한 7가지. 신재(信財)·계재(戒財)·참재(참財)·괘재(패財)·문재(문財)·사재(사財)·혜재(慧財)의 7가지를 말함.

칠정(七情)
① 사람의 일곱 가지 감정. 곧, 희(喜)·노(怒)·애(哀)·낙(樂)·애(愛)·오(惡)·욕(慾). 또는, 희(喜)·노(怒)·우(憂)·사(思)·비(悲)·경(驚)·공(恐). ② 희(喜)·노(怒)·우(憂)·구(懼)·애(愛)·증(憎)·욕(慾).

칠종(七宗)
고려 시대의 불교의 일곱 종파. 곧, 남산종(南山宗)·화엄종(華嚴宗)·중도종(中道宗)·시흥종(始興宗)·자은종(慈恩宗)의 오교(五敎)와 조계종(曹溪宗)·천태종(天台宗)의 양종(兩宗).

칠종식(七種食)
눈·귀·코·혀·몸·뜻. 열반에 대하여 각각 조름·소리·냄새·맛·부드러움 법(法) 불방일(不放逸)등을 음식으로 삼는 것.

칠종보시(七種布施)
① 시객인(施客人) 타향에 돌아다괴

는 사람에 보시함. ② 시행인(施行人) 여행자에게 보시함. ③ 시병인(施病人) 병든 사람에게 보시함. ④ 시시병(施侍病) 간병자에게 보시함. ⑤ 시원림(施園林) 원림과 사찰에 보시함. ⑥ 시상식(施賞食) 재물이나 땅을 승려에게 보시하여 ⑦ 수시시(隨時施) 더위와 추위에 따라 의부를 보시함.

칠종생사(七種生事)

① 분단생사(分段生死) 진리를 알지 못하고 망(妄)을 따라 ② 유래생사(流來生死) 생사에 헤매는 중생, 유식의 처음에 대하여 말함. ③ 반출생사(反出生死) 발심 수행하여 뛰어나는 망을 등지는 처음에 대하여 말하는 것. ④ 방편생사(方便生死) 견혹, 수혹(修惑)을 끊고 3계에서 뛰어나 열반에 들어간 2승 말함. ⑤ 인연생사(因緣生死) 무루업(無漏業)을 인(因) 연(緣)으로 하여 초지 이상 보살에 대하여 말하는 것. ⑥ 유후생사(有後生死) 최후 품(品)의 무명을 남겨서 다시 한번 변역(變易) 생사를 받을 제10지(地)의 보살에 대하여 말하는 것. ⑦ 무유생사(無有生死) 번뇌를 끊고 다시 후신(後身)을 받지 않는 등각보살에 대하여 말하는 것.

칠중(七衆)

불타의 제자를 일곱 종류로 나눈 것. 비구(比丘)·비구니(比丘尼)·식차마나(式叉摩那)·사미(沙彌)·사미니(沙彌尼)·우바새(優婆塞)·우바이(優婆夷).

칠직스님

대한불교조계종의 종헌에 의해서 교구본사에 반드시 임명 되어야 할 7명의 소임을 말하는 것. 본사의 경우 포교국장, 기획국장, 호법국장, 총무국장, 재무국장, 교무국장, 사회국장 등이 있음.

칠칠일(七七日)

= 사십구일.

칠칠재(七七齋)

= 사십구일재.

칠현(七賢)

칠방현(七方賢)·칠가행위(七加行位)라고도 한다. 소승에서 견도(見道) 이전의 수행위(修行位)를 현위(賢位), 이후를 성위(聖位)라 한다. 현위는 다시 오정심관(五停心觀)·별상염주(別相念住)·총상염주(總相念住)의 3현(三賢)

과 난법(煖法)·정법(頂法)·인법(忍法)·세제일법(世弟一法)의 4선근(四善根)으로 나누어지며 이를 합해 칠현위라 한다.

ㅋ

카르마 karma
= 업(業).

카사(法沙)
[범] Kasa 또는 기사(奇沙)·소륵(疏勒)·사륵(沙勒). 중국(中國) 신강성(新疆省) 서북(西北) 쪽에 있던 옛 왕국(王國). 지금의 Kashgar 지방(地方)

카필라
[범] Kapila 부처님이 탄생하신 곳. 지금 네팔의 Tarai 지방.

카하라바아(法河羅博阿)
오대(五大)를 말함. 지(地)·수(水)·화(火)·풍(風)·공대(空大)

칸타카
석가모니가 카필라성을 빠져나올 때에 타고 나온 말의 이름.

코살라
[범] Kosala 인도의 옛 왕국 이름. 카필라성 서쪽에 있었다.

쾌락(快樂)
즐거움. 정신적(精神的)으로 기쁜 것을 쾌(快)라 하고 육체적으로 즐거움을 낙(樂)이라 하는데 불경(佛經)에서 삼매(三昧)의 경지(境地)를 쾌락(快樂)이라 일컬음.

쾌락무퇴락(快樂無退樂)
십락(十樂)의 한. 극락세계(極樂世界)에 왕생하면 그 쾌락(快樂)을 받는 것이 끝이 없으며 그 쾌락이 즐거우나 없어지는 일이 없다는 것.

쿠시나가라

[범] Kusinagara 부처님이 열반하신 곳.

큰단나(-檀那)
절에 보시(布施)를 많이 한 시주(施主). 대단나(大壇那).

큰방(大房)
중료승당(衆寮僧堂)을 우리말로 큰방이라 부름. 사찰(寺刹). 큰방의 구조에는 반드시 지대방(큰방 머리에 있는 작은 방)이 딸려 있음.

큰 종(梵鐘)
하늘의 도솔천은 서른세번째의 천상세계, 그것을 상징하여 서른세번 울린다. 그러므로 범종이라 부르는 큰 종은 하늘의 소리다.

ㅌ

타계(他界)
저승. 또는 사람의 죽음을 말함. 이 세계를 버리고, 다른 세계로 간다는 세속 말.

타락(墮落)
① 올바른 길에서 벗어나 나쁜 행실에 빠지는 것. ② 도심(道心)을 잃고 속심(俗心)으로 떨어지는 것.

타력(他力)
↔ 자력(自力). 자기의 역용(力用)에 대하여 다른 이의 역용을 타력이라고 함. 널리는 불·보살의 역용을 말한다. 이 타력에 의하여 구제되고 성불함을 말하는 교를 타력교 또는 타력종. 특히 아미타불을 믿고 염불함으로써 극락정토에 날 수 있다는 정토교를 타력교라 한다.

타력교(他力敎)
아미타불의 힘에 의하여 왕생 극락할 것을 믿고 바라는 불교의 종파. 타력종(他力宗). ↔ 자력교(自力敎).

타력염불(他力念佛)
구제(救濟)에 대한 보사(報謝)의 마음에서 우러나와 아미타여래의 이름을 부르는 염불. ↔ 자력 염불(自力念佛).

타력종(他力宗)
= 타력교. 타력 왕성을 권하는 종지, 정문교, 자력종의 반대.

타생(他生)
① ↔ 자생(自生). 그 물건 밖의 다른 원인만으로 생김. ② 금생(今生)에서 과거나 미래의 생애(生涯)를 말하는 것.

타세(他世)
현세의 다음에 오는 세계. 후세. 내세(來世).

타심지통(他心智通)
[범] Paracittajnana 육통(六通)의 하나. 다른 이가 마음으로 생각하는 것을 모두 자유자재하게 아는 불가사의한 심력(心力)

타종식(打鐘式)
종(種)을 만들어 절에 달고 그 기념으로 사부대중을 모시고 기념행사를 벌이면서 종을 치는 의식.

타화자재천(他化自在天)
다른 이의 즐거움을 자기의 즐거움으로 만드는 천상.

탁겁(濁劫)
더러움이 가득찬 말세 → 겁탁(劫濁).

탁근(托根)
① 어떤 일이 본궤도에 오르기 시작함. ② 옮긴 나무가 뿌리를 내림.

탁력찬(탁攊鑽)
진시황이 만리장성을 쌓을 때에 쓰던 것. 그 뒤에는 너무 커서 쓸 수 없었다. 흑세에 아무 쓸 곳 없는 큰 물건을 진지 도작찬이라 한다. 종문(宗門)에서는 한갓 말솜씨만이 지나치게 날카롭고 얻은바 없는 사람을 평하는 말로 사용 → 진시도삭찬(秦時鍍삭鑽)

탁마(啄磨)
옥을 갈고 돌을 닦듯이 한결같이 노력하는 것.

탁발(托鉢) pindapaika
① 중이 경문을 외면서 마을로 다니며 동냥하는 일. 행걸(行乞). ② 절에서, 식사 때 중들이 바리때를 들고 식당에 가는 일. = 걸식.

탁발승(托鉢僧)
탁발하러 다니는 승.

탁본(拓本) (×척본)
돌이나 금속에 새겨져 있는 글씨나 그림을 그대로 박아냄. 또는 그 박은 종이.

탁사관(託事觀)

천태교학(天台敎學)에서 말하는 3종 관법(三種觀法)의 하나. 임의(任意) 사물을 대상으로 하여 심원한 이치를 깨닫는 것.

탁생(托生)
어머니의 태에 의탁하는 것. 형체가 구비되어 나는 것. 또 극락세계에서 연화에 의탁하여 남.

탁자(卓子)
① 물건을 올려놓도록 책상 모양으로 만든 가구의 총칭. ② 부처 앞에 붙박이로 만들어 두고, 제물(祭物)·다기(茶器) 따위를 차려 놓는 상.

탁잣밥(卓子-)
부처 앞의 탁자에 차려 놓은 밥.

탄생게(誕生偈)
부처님께서 룸비니 동산의 무우수 아래에서 탄생하시어, 사방으로 일곱 걸음을 걸으시면서 오른손으로 하늘을, 왼쪽으로 땅을 가리키면서 '천상천하 유아독존 삼계개고 아당안지(天上天下 唯我獨尊 三界皆苦 我當安之)'의 게송을 말하셨다.

탄생불(誕生佛)
석가가 태어날 때의 모습으로 오른손은 위로 들고 왼손은 아래로 내리고 있는 불상.

탄영(歎詠)
감탄을 나타내는 문장.

탄지(彈指)
손가락으로 튀길 정도의 적은시간. 경전 속에서 허락의 의미. 환희의 때도 울린다고 성명함.

탄지경(彈指頃)
눈 깜짝할 사이. 손으로 튀길 정도의 짧은 시간.

탄트라 밀교(~密敎)
대략 4~7세기의 밀교 이전 단계를 잡부밀교(雜部密敎)라 이것이 인도 밀교의 제1기이며 그 후 8세기 중엽까지의 대일경, 금강정경으로 대표되는 밀교는 제2기이며 이 순수밀교는 중국, 한국, 일본에 전파되었다.

탈의파(奪衣婆)
죽은 사람이 삼도천(三途川)에 이르렀을 때에 옷을 뺏고 그들의 생전의 죄의 경중을 묻는다는 귀신 할미.

탈인(脫人)
해탈을 구하는 사람.

탈체(脫體)
① 있는 그대로 ②전체의 동일 ③ 해탈.

탐(貪)
여섯 가지 번뇌의 하나. 심소(心所)의 이름. 자기의 뜻에 잘 맞는 사물(事物)에 대하여 마음으로 애착케 하는 정신작용. 탐욕.

탐(貪)
마후의 생존의 근원으로의 탐구. 탐하고 집착하는 것.

탐도(耽道)
그윽도 수행을 즐겨 그에 빠지는 것.

탐애(貪愛)
탐하는 것을 좋아하는 것. 애착. 열애(정적인 사항에 관한) 욕망.

탐욕(貪慾)
삼독(三毒)의 하나. 또는 탐(貪)·탐애(貪愛)·탐착(貪着). 자기의 뜻에 맞는 일이나 물건을 애착하여 탐내고 만족할 줄 모르는 것을 말함. 곧 세간의 색욕·재물 등을 탐내어 그칠 줄 모르는 욕심.

탐진치(貪瞋痴)
㉮ 삼독심을 아울러 이르는 말. 탐욕심, 진애심, 우치심, 탐욕심은 오욕경계에 물들어 지나치게 탐하고 욕심내는 마음. 진애심은 자기의 마음에 맞지 않은 경계에 대하여 미워하고 분하게 여겨 몸과 마음을 편안하지 못하게 하는 마음. 우치심은 사리를 바르게 판단할 줄 모르는 어리석은 마음.

탑(塔)
부처님의 사리를 봉안하기 위해 만든 건축 조형물이다. 탑은 만들어진 재료에 따라 목탑, 석탑, 전탑 등으로 구분된다.

탑본(搨本) (×탁본)
탁본과 같음.

탑파(塔婆)
① = 탑. ② = 뫼.

탕관(湯灌)
불교의 장사(葬事)에서, 납관(納棺)하기 전에 시체를 목욕시키는 일.

태궁(胎宮)
염불하면 극락세계에 왕생한다는 것을 의심하면서 염불한 사람이 태어나는 궁전. 이 궁전에 나면, 어머니 태 속에 있어서 해와 달을 보지 못하는 것같이 삼보(三寶)를 볼 수 없으므로 태생.

태란습화(胎卵濕化)
태생(胎生) 난생(卵生) 습생(濕生) 화생(化生)의 준말 → 사생(四生).

태생(胎生)
사생(四生)의 하나. 어미 태 안에서 사지가 갖추어져서 출생하는 것. 사람·소·말 따위.

태세(太歲)
그 해의 60갑자.

태야(胎夜)
내일의 다비(다비)에 힘다하는 밤. 전야.

태옥(胎獄)
사생(四生) 중 태생자가 모태내에 있는 고통을 지옥에 비유한 것.

태을교(太乙敎)
강증산(姜甑山)을 교조(敎祖)로 하는 훔치교(吽哆敎) 계통의 유사 신흥종교. 계룡산과 전북 일대에 신자들이 있다.

태자서응본기경(太子瑞應本起經)
석존이 도솔촌에 나서 성도하기까지를 담은 경전.

태장계(胎藏界)
밀교(密敎)의 양부 법문(兩部法門)의 하나. 대일 여래 자비(大日如來慈悲)의 지혜를 이(理)의 면에서 설명한 것으로, 본래부터 있는 영원한 깨달음을 말함. ↔ 금강계(金剛界).

태장계 만다라(胎藏界曼荼羅)
관정(灌頂)의 본존에 쓰는 양부 만다라의 하나. 부처의 보리심(菩提心)이 대비(大悲)에 의해 일체의 중생을 구제하고, 본각(本覺)의 심성(心性)을 전개하는 것을 상징한 그림.

태허(太虛)
① 궁극의 경지. ② 완전한 공무(空無).

택멸무위(擇滅無爲)
선택하고 판단하는 지혜로 번뇌를 끊은 진리.

택법(擇法)
① 사물을 구별해서 생각하는 것. 법의 간택. ② 번뇌를 없애기 위한 뛰어난 방법 <구사론>에서.

탱(幀)
[본음은 '정'] '탱화(幀畫)'의 준말.

탱화(幀畫)
[본음은 '정화'] 그림으로 그려서 벽에 거는 불상(佛像).

텃고사(-告祀)
[민] 터주에게 지내는 고사.

토불(土佛)
= 흙부처.

통(通)
작용하는 것이 자유자재(自由自在)하여 조금도 지장이 없음.

통계(通戒)
① 과거 일곱 부처님이 전반에 걸쳐 절하여 모두에게 통하는 계율. ② 칠불통계게(七佛通戒偈)의 줄인 말.

통교(通敎)
천태종에서 절하는 4교의 제2 삼승주성물, 역각, 보살에 통하는 가르침. 대승의 초문. 특히 반야(般若) 사상을 가르켜 말함.

통달심(通達心)
자기의 본성. 즉 보리심(菩提心)을 이론상으로 깨닫는 위(位)

통달위(通達位)
↔ 오위(五位)의 하나. 무분별지(無分別智)가 생겨서 유식(唯識)의 실성(實性)인 진여(眞如)의 이치를 환하게 아는 지위.

통두(通頭)
명확하게 이치를 깨닫는 것.

통력(通力)
만사에 통달하여 자유자재로 작용할

수 있는 신묘(神妙)한 힘.

통방(通棒)
좌선할 때 스승의 마음의 안정을 잡지 못했을 때 사람을 징벌하는데 쓰는 방망이.

통법계(通法界)
진리의 경계를 통하는 것.

통봉(痛棒)
① 좌선(坐禪)할 때 스승이 마음의 안정을 잡지 못하는 사람을 정벌하는데 쓰는 방망이. ② 호되게 매질하는 방망이. 또는, 그런 비유.

통상(通相)
① 공동의 특질. ② 그 자체만의 순수한 모습.

통삼업염불(通三業念佛)
몸·입·마음으로 하는 진실한 염불.

통혹(通惑)
↔ 별혹(別惑). 우주의 진리를 알지 못하여 미한 견혹(見惑)과 낱낱 사물(事物)의 진상(眞相)을 알지 못하여 미한 수혹(修惑)을 말함. 이 두 가지 혹(惑)은 성문·연각·보살의 삼승(三乘)에서 공통되게 끊는 것이므로 통혹.

통화(通化)
부처의 가르침을 널리 펴서 중생을 교화하는 것.

퇴공(退供)
부처님 앞에 공양을 드린 물건을 물리는 것.

퇴굴심(退屈心)
수행인이 마음공부를 해가다가 순역 경계에 부딪쳐서 더 나아가지 못하고 물러서거나 굴복하는 마음.

퇴속(退俗)
중이 도로 속인(俗人)이 되는 것. 퇴사(退寺). 환속(還俗).

퇴전(退轉)
① 불교를 믿는 마음을 다른 곳으로 돌리는 것. ↔ 불퇴전(不退轉). ② 파산하여 살림이 다른 사람에게로 넘어가는 것. ③ 일이 바뀌어 나쁘게 되는 것.

투도(偸盜) (×유도)
남이 주지 않은 것을 가짐. 도둑질.

투도계(偸盜戒)
오계(五戒)의 하나. 남의 물건을 몰래 훔치는 것을 금하는 계율.

투란차(偸蘭遮)
[범] Sthulatyaya 육취죄(六聚罪)의 하나. 또는 살투라(薩偸羅)·토라차(吐羅遮)라 음역. 대죄(大罪)·추악(醜惡)·대장선도(大障善道)라 번역. 바라이죄(波羅夷罪)나 승잔죄(僧殘罪)에 이를 수 있는 죄를 말한다. 승려가 여자를 가까이하면서 머리카락으로 머리카락을 서로 닿게 하거나 손톱으로 손톱을 닿게 하면 투란차를 범한 것이고, 손으로 머리카락이나, 손톱을 닿게 하면 승잔죄가 된다. 이것은 중한 죄를 지을 방편으로써 선근을 끊고 악도에 떨어지게 되는 죄.

투심(偸心)
도둑의 마음.

특신급(特信級)
㉮ 여섯 등급의 법위 가운데 두 번째 단계. 교단에 대한 신심이 투철해지며, 생명을 내 걸고서라도 종교적 인격을 이루어가기에 서원을 세운 사람이 지켜야 할, 열 가지 계문이다.

ㅍ

파계(破戒)
또는 범계(犯戒). 한번 계를 받은 사람이 신·구·의 삼업(三業)을 조심하지 못하고 계법에 위반되는 일이 있는 것.

파계승(破戒僧)
계율을 깨뜨린 중.

파계오과(破戒五過)
파계한 사람이 받는 다섯 가지 허물.

파두마화(波頭摩華)
큰 연꽃의 일종.

파란 고해(波瀾苦海)
㉰ 인생을 살아가는데 있어서 온갖 역경 난경과 고통.

파려(玻瓈)
= 파리(玻璃).

파바(波婆) (×파파)
범어 Pava의 음역. 부처님이 마지막으로 순타(純陀)로부터 음식공양을 받은 장소.

파사파제(波사波提)
[범] Prajapati 발랄사발저(鉢剌사鉢底)·파사발제(波사鉢提)라고도 음역. 애도(愛道)·생주(生主)라 번역. 부처님의 이모이며, 마야왕비의 동생. 뒤에 석가 종족의 여인들과 함께 부처님의 제자가 된다. 이것이 비구니의 처음 출가.

파사현정(破邪顯正)
사견(邪見)·사도(邪道)를 깨어 버리고 정법(正法)을 창현하는 것. 삿된 것을 물리치고 바른 것을 나타냄.

파유법왕(破有法王)
만유(萬有)가 있다는 견해를 타파한 왕, 즉 부처님.

파일(八日) (×팔일)
부처님 탄생하신 날. 음력 4월 8일.

파재(破齋)
법회(法會)나 재회(齋會)를 마치지 않고 밥을 먹는 것. 이 죄는 지옥이나 축생에 떨어진다 함.

파재(罷齋)
법회나 재회(齋會)를 마치는 것.

파하(破夏)
여름 안거(安居) 동안에 금족(禁足)하는 규칙을 파하고 밖에 나다니는 것. 한여름 90일 동안을 한곳에 있어 수행하고, 밖에 나다니는 것을 허락하지 않는 것이 안거의 규칙인데, 이것을 완전히 지키지 못하고, 중도에 물러나는 것을 파하라 한다.

파화합승(破和合僧)
승단의 화합을 깨는 무거운 죄. 오역죄의 하나.

판각(板閣·版閣)
경판(經板)을 쌓아 두는 전각(殿閣). 판전각(版殿閣).

판도(辦圖) (×변도)
도(道)를 전력으로 닦음.

판도방(判道房)
① 절에서 고승이 거처하는 큰방이 둘레에 있는 작은 방. ② 중이 모여서 공부하는 제일 넓은 방.

판불(板佛)
널빤지나 동판(銅版)에 모양을 새겨 채색한 불상.

판전(版殿)
경판(經版)을 쌓아 두는 전각(殿閣). 판전각(版殿閣). 판각(版閣).

판치생모(板齒生毛)
조주스님의 화두로 달마대사가 저쪽에서 온 뜻이 무엇인가? 하니 판치생모라 한 것. 판치는 앞 이빨을 가리키며 생모(生毛)는 곰팡이가 생긴 것을 가리킴. 입을 열거나 말을 해도 필요

없는 것을 뜻한다.

팔계(八戒)

출가(出家)하지 않고 세속에 있으면서 불교를 믿는 남녀가 육재일(六齋日)에 지켜야 하는 여덟 가지 계행(戒行). 곧, 불살생계(不殺生戒)·불투도계(不偸盜戒)·불사음계(不邪淫戒)·불망어계(不忘語戒)·불음주계(不飮酒戒)의 오계(五戒)에 부좌고광대상계(不坐高廣大狀戒)의 삼계(三戒)를 더한 것임. 팔관 재계(八關齋戒).

팔고(八苦)

이 세상에 태어난 사람으로 누구나 면하기 어려운 여덟 가지의 괴로움. 곧, 생로병사(生老病死)의 사고(四苦)에 애별리고(愛別離苦)·원증회고(怨憎會苦)·구부득고(求不得苦)·오음성고(五陰盛苦)를 더한 여덟 가지.

팔공덕수(八功德水)

여덟 가지의 공덕을 갖추고 있는 물. 여덟 가지의 공덕은 경에 따라 다르다. ① <칭찬정토경>에는 고요하고 깨끗함, 차고 맑은 것, 맛이 단 것, 입에 부드러운 것, 윤택한 것, 편안하고 화평한 것, 기갈 등의 한량없는 근심을 제하는 것, 여러 근(根)을 기르는 것이라 하였고, ② <구사론>에서는 달고·차고·부드럽고·가볍고·깨끗하고·냄새가 없고·마실 때 목이 상하는 일이 없고·마시고 나서 배탈나는 일이 없는 것이라고 하였다.

팔관재계(八關齋戒)

여덟 가지의 재가 계율.

팔관회(八關會)

고려 때의 불교의식. [민] 고려 시대에 중경(中京)과 서경(西京)에서 토속신에게 제사를 지내던 의식(儀式). 중경에서는 추수 이후 음력 11월에, 서경에서는 10월에 술과 다과를 베풀고 나라와 왕실의 태평을 빌었음.

팔난(八難)

부처님을 보지 못하고 불법(佛法)을 듣지 못하게 하는 8가지의 어려움을 의미한다. 지옥·아귀·축생·장수천(長壽天)·변지(邊地)·맹롱음아(盲聾音啞)·세지변총(世智辯聰)·불전불후(佛前佛後)를 말한다. 지옥·아귀·축생은 이른바 삼악도(三惡道)라 하여 고통이 심해 불법을 들을 수 없는 상태이다. 장수천은 오래 살아 도를 구하려는 마음이 일지 않는 상태이며 변지는 즐거움이 넘쳐 도를 구하려는 마음이 일어나지 않는 상태를 말한다. 맹롱음아는 감각기관에 결함이 생겨 보고 들을 수 없는 상태, 불전불후는 부처의 전과 후로 부처가 없는 상태를 뜻한다.

팔대명왕(八大明王)

팔방(八方)을 수호하는 여덟 왕. 곧, 부동 명왕(不動明王)·항삼세존(降三世尊)·군다리 명왕(軍茶利明王)·육족존(六足尊)·금강 야차(金剛夜叉)·예적 금강(穢跡金剛)·무능승(無能勝)·마두 관음(馬頭觀音).

팔대신장(八大神將)

경장(經藏)을 모신 곳에 모셔두는 여덟 신장으로 범천(梵天)·제석(帝釋)·사천왕(四天王)·밀적(密迹)·금강(金剛) 또는 밀적·금강을 한신장으로 하고, 오상장군(烏傷將軍)을 더하기도 함.

팔대야차(八大夜叉)

여덟 야차신(夜叉神). 곧, 보현(寶賢)·만현(滿賢)·산지(散支)·중덕(衆德)·응념(應念)·대만(大滿)·무비력(無比力)·밀엄(密嚴).

팔대용왕(八大龍王)

여덟 용왕. 곧, 난타(難陀)·발난타(跋難陀)·사갈라(娑羯羅)·화수길(和修吉)·덕차가(德叉迦)·아나바달다(阿那婆達多)·마나산(摩那散)·우발라(優鉢羅).

팔대지옥(八大地獄)

팔한(八寒) 지옥과 팔열(八熱) 지옥의 총칭. 팔열지옥 밖에 다시 8처의 한(寒)지옥이 있으니 팔한지옥(八寒地獄)이라 한다.

팔만나락(八萬奈落)

= 팔만 지옥.

팔만대장경(八萬大藏經)

불력(佛力)으로 외적을 물리치기 위해 고려 고종 23년(1236)부터 동왕 38년(1251)에 걸쳐 완성한 대장경. 경판(經板)의 수가 8만 1,258판에 이름. 현재 합천 해인사에 보관되어 있음.

팔만사천(八萬四千)

헤아릴 수 없이 많은 숫자처럼 흔히 쓰이는 숫자의 단위.

팔만사천번뇌(八萬四千煩惱)

또는 팔만사천 진로(塵勞)·팔만사천 병(病). 중생의 번뇌에 8만 4천이 있다는 것. 중생의 근본 번뇌에 신견(身見)·변견(邊見)·사견(邪見)·견취견(見取見)·계금취견(戒禁取見)·탐욕(貪慾)·진에(瞋恚)·무명(無明)·만(慢)·의(疑)의 10수면(隨眠)이 있고, 이 낱낱 수면에 각각 다른 9수면이 있어서 방편이 된다.

팔만사천법문(八萬四千法文)

중생의 번뇌병이 8만 4천 가지이므로 부처님께서 그 병을 치료하기 위하여 처방하신 약방문도 8만 4천 가지가 되어 불교일체의 경론을 8만 4천법문이라 함.

팔만지옥(八萬地獄)

중생이 번뇌 때문에 당하는 많은 괴로움을 지옥에 비유하여 이르는 말. 팔만 나락(八萬奈落).

팔방(八方)

① 사방과 사우(四隅). 곧, 동·서·남·북·동북·동남·서북·서남의 여덟 방위. ② 건(乾)·감(坎)·간(艮)·진(震)·손(巽)·이(離)·곤(坤)·태(兌)의 여덟 방향. ③ 모든 방향 또는 방면.

팔방천(八方天)

하늘을 여덟 방위로 나누어 일컫는 말. 곧 동의 제석천(帝釋天), 동북의 이사나천(伊舍那天), 남의 염마천(閻魔天), 동남의 화천(火天), 서의 수천(水天), 서남의 나찰천(羅刹天), 북의 비사문천(毘沙門天), 서북의 풍천(風天).

팔복전(八福田)

선행(善行)을 쌓은 응보로 복을 얻게 된다는 여덟 가지 일을 밭을 가는 일에 비유하여 이르는 말. 곧, 불전(佛田)·성인전(聖人田)·승전(僧田)·화상전(和尙田)·아사리전(阿闍梨田)·부전(父田)·모전(母田)·병전(病田). 또는, 길가에 샘을 파는 일, 물가에 다리를 놓는 일. 험한 곳에 길을 닦는 일, 부모에게 효도하는 일, 삼보(三寶)를 공경하는 일, 병자를 구원하는 일, 가난한 사람에게 밥을 주는 일. 무차대회(無遮大會)를 베푸는 일.

팔부정견(八不正見) (×팔불정견)

여덟 가지의 잘못된 견해.

팔부정물(八不淨物)
8가지의 깨끗하지 못한 물건. 팔부중도와 비교해 읽을 것.

팔부중(八部衆)
불법을 지키는 여덟 신장(神將). 곧, 천(天)·용(龍)·야차(夜叉)·건달바(乾闥婆)·아수라(阿修羅)·가루라(迦樓羅)·긴나라(緊那羅)·마후라가(摩睺羅迦). 천룡 팔부(天龍八部).

팔불중도(八不中道) (×팔부중도)
불생(不生), 불멸(不滅), 불거(不去), 불래(不來), 불일(不一), 불이(不二), 불단(不斷), 불상(不常)의 여덟 가지 중도.

팔상(八相)
① 인상(人相)의 여덟 가지 상. 곧, 위(威)·후(厚)·청(淸)·고(古)·고(고)·박(薄)·악(惡)·속(俗). ② 석가가 중생을 제도(濟度)하기 위하여 일생 동안에 나타낸 여덟 가지의 변상(變相).

팔상성도(八相成道)
부처나 보살이 중생을 제도하기 위하여 이 세상에 나타나 여덟 가지의 상을 나타내는 것. 팔상 작불.

팔상작불(八相作佛)
= 팔상 성도(八相成道).

팔성도(八聖道)
= 팔정도(八正道).

팔식(八識)
오관(五官)과 몸을 통하여 바깥 사물을 인식할 수 있는 여덟 가지의 심적 작용. 곧, 안식(眼識)·이식(耳識)·비식(鼻識)·설식(舌識)·신식(身識)·의식(意識)·말나식(末那識)·알라야식(alaya識).

팔십종호(八十種好)
팔십수형호(八十隨形好)라고도 한다. 부처님의 신체에 훌륭하게 갖추어진 80가지의 부차적 특징.

팔양경(八陽經)
천음 지양(天陰地陽)의 여덟 가지 양(陽)을 말하여 혼인·해산(解産)·장사(葬事) 등에 대한 미신적 행동을 없애려는 내용의 불경.

팔열지옥(八熱地獄)

뜨거운 불길로 고통을 받는 여덟 지옥. 곧, 등활(等活)·흑승(黑繩)·중합(衆合)·규환(叫喚)·대규환(大叫喚)·초열(焦熱)·대초열(大焦熱)·무간(無間) 지옥.

팔엽인(八葉印)

결인(結印)의 일종. 두 손바닥을 합하고, 두 손의 집게손가락·가운데 손가락·약손가락은 벌리되 손가락 끝을 조금 굽혀서 여덟 잎 연꽃 모양을 만드는 것. 이것은 18도계인(道契印)의 제4인 연화부삼매인(蓮華部三昧印)에 사용한다.

팔재(八災)

선정(禪定)을 방해하는 여덟 가지의 해. 곧, 희(喜)·우(憂)·고(苦)·낙(樂)·심(尋)·사(伺)·출식(出息)·입식(入息).

팔정도(八正道)

여덟 가지 길. 곧, 정견(正見)·정어(正語)·정업(正業)·정명(正命)·정념(正念)·정정(正定)·정사유(正思惟)·정정진(正精進)·팔성도(八聖道). 여덟 가지 방법
 1. 모든 것을 바로 보고(正見). 2. 바로 생각하고(正思). 3. 바로 말하고(正語). 4. 바로 행동하고(正業). 5. 바르게 직업을 가지고(正命). 6. 바르게 노력하고(正進). 7. 바른 정신으로(正念). 8. 바르게 몸과 마음을 안정하라(正定)

팔정도지(八正道支)

[범] Aryastangamarga 팔정도지는 팔성도지(八聖道支)·팔정도분(八正道分)·팔정도(八正道) 등으로도 부른다. 불교의 실천 수행하는 중요한 종목을 여덟 가지로 나눈 것. 이것이 중정(中正)·중도(中道)의 완전한 수행법이므로 정도(正道). 성인의 도이므로 성도, 또 여덟 가지로 나누었으므로 지, 또는 분이라 한다. 정견(正見)·정사유(正思惟)·정어(正語)·정업(正業)·정명(正命)·정정진(正精進)·정념(正念)·정정(正定)의 8가지. 이 팔정도는 중정·중도의 완전한 수행법으로써 부처님이 최초의 법문 가운데서 이것을 말하신 것. 4제·12인연과 함께 불교의 원시적 근본 교의(敎義)가 되는 것.

팔한지옥(八寒地獄)

매우 심한 추위로 고통을 받는다는 여덟 지옥. 알부타(頞部陀)·이라부타

(尼羅部陀)·알찰타(頞哳陀)·확확파(臛臛婆)·호호파(虎虎婆)·올발라(嗢鉢羅)·발특마(鉢特摩)·마하발특마(摩訶鉢特摩)

패다라(貝多羅)
[범] Pattra 또는 패다(貝多). 나뭇잎이라는 뜻. 인도에서 종이 대신으로 글자를 쓰는데 사용하는 나뭇잎을 말함. 옛적부터 인도에서 일반적으로 쓰이던 것은 다라(多羅) 나무이며, 3장(藏)의 경전은 흔히 이 다라나무 잎에 썼다.

패엽경(貝葉經)
패다라잎에 경문(經文)을 씀으로 패엽경이라 한다.

편삼(偏衫·褊衫)
중의 옷의 하나. 상반신을 덮고 왼쪽 어깨에서 오른쪽 옆구리에 걸침.

편집(偏執)
치우쳐 한편의 견해만을 고집하고, 다른 것은 돌아보지 않는 것.

평등심(平等心)
일체 법의 평등한 이치를 증득하고 모든 중생에게 대하여 원수다, 친하다, 사랑한다, 미워한다 등의 온갖 차별을 없애는 마음.

평등일(平等一味)
㉾ 삼계 육도에 대해서 좋다 나쁘다는 차별심을 일으키지 않고 평등심으로 극락을 수용하는 것. 중생심으로 선도와 악도가 구별되나, 평등심으로 갖고 보면 육도세계가 그대로 청정법계가 된다. 청정자성을 깨치면 삼계 육도가 그대로 평등일미가 된다.

평상심시도(平常心是道)
조주가 남전스님에게 묻기를 「어떤 것이 도(道)인가」 하니, 남전 스님이 대답하기를 「평상심의 마음이 도(道)이다」 한 것, 보통 그대로가 도(道)라는 뜻.

폐사(吠舍)
[범] Vaisya(바이샤)의 음역. 폐사(吠奢)·비사(毘舍·毘舍). 인도 4성(姓) 가운데 제3위. 농업·공업·상업 등의 직업을 가지는 평민계급.

포교(布敎)
교법을 널리 세상에 선포하는 일.

홍교(弘敎)·선교(宣敎)·전교(傳敎) 등과 뜻이 같으나 지금 우리나라 불교계에서는 포교라는 말을 많이 쓴다. 여러 곳으로 다니면서 하거나 또는 한 곳에 있으면서 포교하는 사람을 포교사라 하며, 일정한 장소에 있는 포교 건물이나 집을 포교당이라 함.

포교사(布敎師)

① 불교를 포교하는 스님. ② 일반 신도와 승려 사이에 위치하며 불교 교리를 널리 알리는 사람.

포살(布薩)

불교교단의 정기집회. 한 달에 2회. 만월(滿月 : 15일)과 신월(新月 : 30일), 즉 반 개월마다 행하는데 출가한 스님들은 한 당(堂)에 모여 계율의 낱낱의 조항을 소리 내어 읽으며 죄를 참회하고 재가(在家)의 신자는 8계(戒)를 지키며 설법을 듣고 스님에게 음식을 공양함.

포살건도(布薩犍度)

포살하는 법. 포살이란 대중이 모여 잘잘못을 반성하고 참회하는 것.

포양(襃揚)

포장(襃奬) : 칭찬하여 장려함.

표친(俵嚫)

표는 나누어준다는 뜻. 친은 달친(達親)의 준말로, 보시하는 물건. 선종 사찰에서 보시 받은 물건을 대중에게 나누어주는 것을 말함.

품(品)

[범] Varga 발거(跋渠)라 음역. ① 품류(品類)란 뜻. 종류의 같은 것을 모아 한 뭉치로 만든 것. <십륙관경>에 왕생할 기류(機類)를 종류대로 나누어 상품·중품·하품으로 한 것 따위. ② 품별(品別)의 뜻. 편장(篇章)을 나누어 의리(義理)를 차별한 것. <법화경>의 수량품·제바품, <화엄경>의 심지품·입법계품 등을 일컬음.

풍경(風磬)

(절 등의 건물에서) 처마 끝에 다는 작은 종. 바람 부는 대로 흔들려 소리가 남. 풍령(風鈴). 풍탁(風鐸).

풍대(風大)

사대(四大)의 하나. 지대(地大)·수대(水大)·화대(火大)와 더불어 만물을 이루는 원소로 물건을 증장(增長)함.

풍륜(風輪)

① 수미산(須彌山)을 버티고 있다는 삼륜(三輪)의 하나. ② 바람을 맡은 신. 풍신(風神). ③ [민] 각막과 수정체의 사이에 있는 검은 빛깔의 고리 모양 같은 중격(中隔). 시력을 조절함. 풍곽(風廓).

풍륜삼매(風輪三昧)

오륜삼매(五輪三昧)의 하나. 수행하는 사람이 선정을 닦아 상사지혜(相似智慧)를 일으키면, 마치 허공에 부는 바람이 거침없이 만물을 흔들고 파괴하는 것같이 지혜가 거침없이 출세의 선근을 발하며, 또 일체의 번뇌를 파괴하므로 풍륜삼매.

피안(彼岸)

구족하게는 도피안(到彼岸). 범어 바라밀다(Paramita, 파라미타의 음역)을 번역한 뜻. 모든 번뇌에 얽매어 고통의 세계인 생사고해를 건너서 이상경(理想境)인 열반의 저 언덕에 도달하는 것.

필경각(畢竟覺)

필경이란 "마침내"라는 뜻. 마침내 얻은 무상의 깨달음.

필경공(畢竟空)

십팔공(十八空)의 하나. 불교에서 허망한 견해를 깨드리기 위하여 이상(理想)을 공이라고 한다. 그러나 이 공은 유(有)에 대하는 단공(單空)이 아니고, 우리가 생각하는 것과 같은 상대적인 공을 다시 공한 절대 부정의 공. 이 일체의 공까지도 공하였다는 것을 필경공이라 함.

필경공행(畢竟空行)

유(有) 무(無)를 초월한 필경공을 관찰하는 수행.

필발라(畢鉢羅)

[범] Pippala 필발라(必鉢羅)·비발라(비鉢羅)라고도 음역. 뽕나무과(科)에 딸린 식물. 중앙 인도와 뱅갈지방에 번식하는 상록교목(常綠喬木), 무과수(無果樹)와 비슷함. 부처님께서 이 나무아래서 성도하였으므로 보리수(菩堤樹)라고도 한다.

필발라굴(畢鉢羅窟)

또는 비발라굴(卑鉢羅窟)·빈파라굴(賓波羅窟)·빈발라굴(賓鉢羅窟)·칠엽굴(七葉窟)이라고도 한다. 중인도 마갈타국 왕사성 가까운 곳에 있는 굴.

부처님이 입멸하신 그 해에 대가섭(大迦葉)을 상좌(上座)로 하여, 부처님의 유법(遺法)을 결집(結集)한 곳. 굴 위에 필발라나무가 무성하였으므로 필발라굴이라고도 한다 하며, 또는 대가섭의 본래 이름을 따라서 이름한 것이라고도 한다.

필봉농악(筆峰農樂)
[민] 전라 북도 임실군 강진면(江津面) 필봉리(筆峰里)에 전승되어 오는 좌도 농악(左道農樂)의 하나. 밤에 넓은 마당에 모닥 불을 피우고, 길군악·일곱채굿·호호굿·영산굿·노래굿·수박치기 등 13가지 판굿을 벌임.

필정(必定)
① '반드시' '확실하다'는 뜻. ② [범] Avinivartaniya 아비발치(阿脾跋致)라고도 번역. 불퇴전(不退轉)·정정취(正定聚)라고도 번역. 반드시 성불하기로 결정된 자리.

필타무간(必墮無間)
죄가 아주 중한 사람은 반드시 무간 지옥에 떨어진다는 말.

ㅎ

하감지위(下鑑地位)
㉰ 위에서 아래를 굽어 살피는 존엄한 자리라는 뜻. 천지은이나 부모은이 우리를 굽어 살펴 보호한다는 뜻에서 하감지위라 한다.

하견(下肩)
↔ 상견(上肩). ① 선가(禪家)에서 자기보다 아랫자리에 있는 사람을 말한다. ② 자기 몸의 오른편을 일컫는 말.

하근(下根)
도(道)를 닦을 힘이 적은 사람. ↔ 상근(上根).

하근기(下根機)
불도(佛道)를 수행할 힘이 적은 사람. 상근기나 중근기에 비해서 법연(法緣)을 맺기가 어렵고, 지행(知行)이 불충분 하며, 아무리 수행을 해도 좀처럼 효과가 나타나지 않는다.

하늘궁전(-宮殿)
하늘에 있다는 궁전. 천궁(天宮).

하늘눈(天眼)
육안으로 볼 수 없는 것을 환희 보는 마음의 눈.

하늘마음
하늘처럼 맑고 밝고 넓은 마음.

하단(夏斷)
여름 안거(安居)를 행하는 동안 부정한 음식을 먹지 않는 일.

하랍(夏臘)
출가한 뒤부터 세는 나이. 하납(夏臘)·법랍(法臘)·계랍(戒臘)·좌랍(坐

臘)이라고도 한다. 비구는 해마다 여름 90일 동안을 한곳에 머물러 있으면서 수행하고, 이것을 하안거라 하며, 그 하안거를 지낸 햇수대로 나이를 세는 것을 하랍(夏臘). 이 하랍이 많은 스님을 상랍, 적은 스님을 하랍이라 하여 자리의 차례를 정한다.

하리지(訶利底)

[범] Hariti 보통은 뜻을 번역하여 귀자모신(鬼子母神)이라 하며 유아를 보호·양육하는 신 또는 불법(佛法)을 수호하는 선녀신(善女神)·하리제(訶利帝)·하라지(訶羅底) 등으로 음사(音寫)하고, 악녀(惡女)·천모(天母) 등으로 옮기며, 애자모(愛子母)·환희모(歡喜母)·공덕천(功德天)이라고도 한다. 포악하여 다른 사람의 아이를 잡아먹는 야차녀(夜叉女)였으나, 후에는 석가모니의 교화를 받아 불법 및 유아 양육의 신이 되었다.

하마선(蝦蟆禪) (×기막선)

참선하는 사람이 어느 한 것에만 편중함.

하마는 두꺼비. 두꺼비가 앉아 있는 모습이 참선하는 것을 닮았다는 뜻에서 생김.

하방(下棒) (×하봉)

주장자로 때림. 선방에서 제자를 깨우치게 하기위해 함.

하안거(夏安居)

중이 여름 장마 때 외출하지 않고 한 방에 모여 수도하는 일. ↔ 동안거(冬安居).

하종(下種)

부처·보살이 중생에게 성불(成佛)·득도(得道)의 씨를 내리는 것.

하중(夏中)

하안거(夏安居)를 행하는 동안.

하지(夏至)

24절기의 하나. 태양이 하지점을 통과하는 때. 양력 6월 21일경으로 북반구에서는 낮이 가장 길고 밤이 가장 짧음. ↔ 동지.

하품하생(下品下生)

왕생호라 9품 중 가장 낮은 부류의 인간.

하청치다

절에서 재(齋)가 끝난 뒤에 여흥(餘

興)을 벌이다.

하판(下販)
절의 큰방의 아랫목. 항두(桁頭). ↔ 상판.

하화(夏花)
① 여름에 피는 꽃. ② 여름 안거(安居)를 행하는 동안 부처에게 바치는 꽃.

하화중생(下化衆生)
아래로 중생을 교화 제도함. ↔ 상구 보리(上求菩提).

학계(學階)
중에게 그 학식에 따라 주는 강사(講師)·학사(學師)·법사(法師) 등의 위계(位階).

학려(學侶)
① 학문에만 전심하는 스님. ② 학료(學寮)에 있는 중. ③ = 학우(學友).

학림(鶴林)
중인도 쿠시나가라 성 밖. 발제 니련선하(尼連禪河)의 가에 있던 사라쌍수(娑羅雙樹)의 숲. 곡림(鵠林)이라고도 한다. 부처님께서 이 숲 속에서 입멸하실 때에 이 숲이 모두 달라져 흰 빛으로 변하여, 마치 흰 학들이 모여 있는 것같이 되었다고 전하므로 후세에 이것을 학림이라 하며, 또 이것이 달라져서 부처님 열반의 뜻으로도 쓰인다.

학림(學林)
불교를 논의하고, 연구하는 곳.

학무학(學無學)
번뇌를 끊기 위한 공부를 함을 학(學)이라고 함. 번뇌를 완전히 끊은 사람을 무학이라고 함. 소승에서는 아라한, 대승에서는 10지 보살. 학무 학이라고 읽으면 배울 것이 없는데 또 배움이 됨.

학승(學僧)
① 불교에 관한 학문과 일반 학문을 널리 아는 중. ② 공부를 하고 있는 중.

학인(學人)
① 배우는 이. ② 학자나 문필가가 아호로 흔히 쓰는 말.

학지(學地)
불경을 배우는 곳.

한거정처(閑居靜處)
참선 수행자가 한적하고 조용한 곳에 머무르는 것임.

한고조(寒苦鳥)
① 인도 대설산(大雪山)에 산다는 상상의 새. 추운 밤에는 '날만 새면 집을 짓겠다'며 울다가도 정작 날이 밝으면 잊어버리고 그대로 지낸다고 함. ② 게을러 도를 닦지 못하는 사람의 비유.

한락삭(閑絡索) (×한락색)
별 볼일 없는 것. 아무 쓸데도 없는 자질구레한 이야기.

한로(寒露)
① 24절기의 열일곱째. 추분의 다음으로 양력 10월 8일경. 태양의 황경(黃經)이 195°에 달했을 때를 말함. 찬이슬이 내리는 무렵으로 음력 9월 절기임. ② 늦가을에서 초겨울 무렵까지의 이슬.

한림(寒林)
[범] Sitavana 시다바나(尸多婆那)라 음역함. 시다림(屍陀林)이라 번역. 중인도 마갈타국 왕사성의 근처에 있던 곳으로 죽은 시신을 매장하던 땅. 이 숲은 깊숙하고 추운 기운이 도는 까닭에 이렇게 불렀다.

한마음
① 모든 사물은 마음이 모여 이루어진 덩어리란 말. ② 하나로 합한 마음.

한맛(一味)
부처의 설법은 근기(根機)에 따라 각각 다르나 그 원뜻은 결국 같다는 말.

한맛비
부처의 설법이 모든 중생에게 고루 끼쳐 주는 듯이, 마치 비가 온갖 초목을 골고루 적시어 아름답게 하는 것과 같다는 뜻.

한언어(閑言語)
말하면 말할수록 진의(眞意)에서 멀어진다. 쓸데없는 일의 의미. 무용한 문자연구(文字言句)

한주(閒主)스님
결재 대중의 모범이 되는 스님.

한행(寒行)
추위를 이겨내는 고행.

할(喝) (×갈)
① 선승(禪僧)들 사이에서 말이나 글로 나타낼 수 없는 도리를 나타내 보이는 소리. ② 사견(邪見)·망상을 꾸짖어 반성하게 하는 소리.

할식(喝食) (×갈식)
절에서 크게 소리쳐 식사 시간을 알림.

할화(喝化) (×갈화)
절에서 밤에 잠자기 전 불조심을 소리쳐 조심시킴.

함(咸)
'함괘(咸卦)'의 준말.

함언(緘言) (×감언)
입 다물고 말을 하지 않음.

함중(陷中)
(죽은 사람의 이름·관직·별호 등을 적기 위하여) 신주 속에 사각형으로 우묵하게 파낸 홈.

함지(咸池)
① 해가 진다고 하는 큰 못. ② 중국 요(堯) 임금 때의 음악의 이름. ③ 오곡(五穀)을 주관하는 별 이름. ④ = 천신(天神).

함지 사지(陷地死地)
함지는 지옥, 사지는 죽을 곳이라는 뜻. 아주 위험한 곳에 빠져 들어간다는 말. 도저히 헤어나기 어려운 위험하고 고통스러운 곳을 말한다.

합장(合掌)
[범] Anjalikarma 두 손바닥을 합하여 마음이 한결같음을 나타내는 인도 경례법의 일종. 그 모양이 다 같지 않다. 보통으로는 두 손과 열 손가락을 합하는 것인데, 손가락만을 합하고, 손바닥을 합하지 않는 것은 마음이 거만하고 생각이 흩어졌기 때문이라 하여 꺼린다. 밀교에서는 두 손을 합하는 것은 정혜상응(定慧相應)·이지불이(理智不二)를 나타내는 것이라 하여 그 공덕이 광대무량하다 함.

합장법(合掌法)

손목을 가슴 한가운데의 움푹 들어간 곳에 손가락 두 마디 정도 떨어지게 하되, 팔목은 거의 직선이 되도록 하고, 두 팔은 겨드랑이에서 약간 떨어지도록 합니다. 손끝은 코끝을 향하도록 자연스럽게 세우며 고개는 반듯하고 공손하게 세웁니다. 이런 자세로 몸을 공손히 굽혀서 반절을 하는 것을 합장예의(合掌禮儀)라고 함.
1. 합장한 자세에서 무릎을 꿇는다.
2. 오른손을 바닥에 댄다.(이때 왼손은 자연스럽게 가슴에 댄다.) 3. 왼손과 이마를 바닥에 댄다. 4. 손으로 부처님의 발을 받든다. 5. 위를 향한 손바닥을 아래로 향하도록 뒤집는다. 6. 왼손을 가슴으로 가져가며 상체를 편다. 7. 무릎을 꿇은 채 합장 자세로 만든다. 8. 몸을 일으켜 세운다.

항마(降魔) (×강마)
악마를 항복시킴.

항복(降伏·降服)
① 힘에 눌려 적에게 굴복하는 것.
② 자아(自我)를 굽혀 굴복하는 것.
③ 부처의 힘으로 악마나 외도(外道)를 물리치는 것.

항삼세삼마야회(降三世三摩耶會)
밀교의 금강계 9회 만다라 중 하나.

항포문(行布門) (×행포문)
수행하는 계열을 정해 그에 따라 수행함.
行 : 갈행자지만 줄서다는 의미로 "항"이라고 읽음.

항화(降化) (×강화)
악한 마음을 항복시켜 교화함.

해(害)
[범] Vihimsa 소번뇌지법(小煩惱地法)의 하나. 20수번뇌(隨煩惱)의 하나. 남을 헤치며, 꾸짖는 정신작용.

해공(解空)
지혜로써 만유제법은 모두 공하다는 이치를 깨달음.

해생어은(害生於恩)
해가 은혜에서 나옴. 은에서 해를 얻음.

해신(解信)
불교의 가르침을 그대로 믿지 않고, 그 도리를 연구 해독한 뒤에 비로소 믿는 것.

해심밀경(解深密經)
현장(玄奘)이 번역한 경전.

해오(解悟)
도리를 깨닫는 것.

해인삼매(海印三昧)
부처님이 화엄경을 말하려 할 때 드신 삼매.

해인(海印)
우주의 일체를 깨달아 아는 부처의 지혜. 모든 법을 비추어 보는 것이 바다에 만상(萬像)이 나타나는 것과 같은 데에 비유하는 말.

해인사(海印寺)
경상 남도 합천군 가야면(伽倻面) 치인리(緇仁里) 가야산에 있는 절. 신라 애장왕 3년 (802)에 순응(順應)·이정(利貞) 두 대사가 세운 절로 선교양종(禪敎兩宗)의 본산(本山)임. 81,258매의 대장경 경판을 소장하고 있음.

해인 삼매(海印三昧)
석가가 화엄경을 설(說) 할 때 들어간 선정(禪定).

해인장경판(海印藏經板)
해인사 장경각에 소장되어 있는 대장경. 고려 현종(顯宗) 때의 것은 몽고 침입으로 소실(燒失)되고, 현존의 것은 고종 때 16년간에 걸쳐 부처의 힘을 빌려 외적을 막기 위하여 만든 것임. 모두 81,258매로 양면으로 각조되어 있음. 국보 제32호. 고려 장경.

해제(解制)
① 안거(安居)를 마치는 것. ② 재계(齋戒)를 푸는 것.

해조음(海潮音)
① 조수의 소리. 또는, 파도 소리. ② 중생이 나무 관세음이라고 염불함에 대하여 관세음 보살이 때를 가리지 않고 이익을 줌을 해조 소리에 비유하는 말. 조음(潮音).

해탈(解脫)
① 굴레에서 벗어나는 것, ② 속세의 속박·번뇌를 벗어나 근심이 없는 편안한 심경에 이르는 것.

해탈덕(解脫德)
삼덕(三德)의 하나. 곧, 무애 자재(無碍自在)의 묘덕(妙德).

해탈문(解脫門)
① 미망(迷妄)으로부터 해방시키는 방법이 되는 선정(禪定)으로, 공(空)·무상(無相)·무원(無願)의 세 가지. ② = 산문(産門).

해하(解夏)
하안거(夏安居)를 마침.

행(行)
① 일체의 변화하는 존재. ② 십이인연(十二因緣)의 하나. 과거세(過去世)에서 신(身)·구(口)·의(意) 세 가지 업(業)으로 지은 선악 일체의 행위. ③ 증·수행자가 정해진 업(業)을 닦는 일. 특히, 고행(苦行). ④ [민] 인간의 의지적 행동. ↔ 지(知). ⑤ [민] 중국 당(唐) 나라 때 한 곳에 몰려 있던 동업(同業)의 상가(商街). 또는, 송(宋)나라 때 각지에 흩어져 있던 동업 상점의 조합(組合).

행각(行脚)
① 여기저기 돌아다니며 수행하는 것. ② 어떤 목적이나 의도를 가지고 여러 곳을 돌아다니는 것. 유행(遊行).

행각승(行脚僧)
여러 곳을 돌아다니며 수행하는 중.

행고(行苦)
삼고(三苦)의 하나. 무상 유전(無常流轉)으로 인하여 받는 고통. ▷ 고고(苦苦)·괴고(壞苦).

행공덕(行功德)
공덕을 짓는 방법의 하나. 일상생활 속에서 덕을 베풀고, 자기의 소유물을 보시하여 남에게 이익을 주는 것.

행덕(行德)
불법을 닦은 공덕(功德).

행도(行道)
① 도(道)를 행하는 것. ② 돌아다니는 것. ③ = 경행(經行). ④ 대법회(大法會) 때 여러 중이 열을 지어 독경(讀經)하면서 불상이나 불당이 주위를 돌아가는 의식. ⑤ 중이 경문을 외면서 걷는 일.

행력(行力)

불법을 닦는 힘.

행리(行履) (×행복)
일상생활의 모든 것. 행주좌와(行住坐臥), 어목동정(語目動靜)의 모든 것.

행불성(行佛性)
수행(修行)으로 얻은 불성(佛性).

행비(行比)
수행(修行)의 공력(功力)을 비교하는 것. 또는, 그 일.

행선(行禪)
각처로 돌아다니며 선(禪)을 닦는 일.

행선 축원(行禪祝願)
나라가 태평하고 백성이 편안하기를 조석으로 부처에게 비는 일.

행업(行業)
불도(佛道)를 닦는 것.

행오법(行五法)
1. 욕(欲願) 2. 정진 3. 념(念) 4. 정교한 지혜 5. 일심.

행자(行者)
산스크리트로는 아카린(Acarin)이라 한다.
처음에는 불도를 닦는 사람을 가리키는 말로 쓰였으나 나중에는 절에 들어가 불도를 닦는 이를 뜻하게 되었다.

행장(行狀) (×행상)
행적을 적은 글.

행주(行籌) (×행수)
의견이 서로 엇갈렸을 때 다수결로 정하기 위해 인원수를 셈.

행주좌와(行住坐臥)
[걷고, 머물고, 앉고, 눕는 4가지의 위의(威儀)] 일상의 기거 동작(起居動作)을 일컫는 말.

행지(行持)
불도(佛道)를 닦아 지님.

향(香)
[범] Gandha 건타(乾陀)·건두(健杜)·건태(健駄)라 음역. 오진(五塵)의 하나. 비근(鼻根)으로 맡아 비식(鼻識)으로 분별하는 대상. 이것을 크게 나투어 호향(好香)·오향(惡香)·등향(等

香)의 세 가지로 구분하며, 또는 부등향(不等香)을 합하여 네 가지로도 구분한다.

향각(香閣)
= 노전(爐殿).

향고양(香-)
① 다섯 공양의 하나로, 부처 앞에 향을 피우는 일. ② 절간에서 담배를 피움.

향공양(香供養)
'향고양'의 원말.

향당(享堂)
조사(祖師)의 화상이나 위패를 모시고 제사 지내는 당집.

향도꾼(香徒-)
→ 상여꾼.

향수(香水)
① 화장품의 하나. 향료를 알코올 따위에 풀어 만든 액체. ② 관불(灌佛)할 때에 신체·불기(佛器)·도량(道場) 등에 뿌려 정화(淨化)를 꾀하는, 향을 달인 물. ③ [민] 염습(殮襲)할 때에, 시신(屍身)을 목욕시키는 뜻으로, 얼굴·손등·발등 부분에 솜으로 찍어 바르는, 향나무 담근 물.

향합(香盒) (×향함)
향을 담는 그릇.

향화(香華)
부처 앞에 바치는 향과 꽃.

허공(虛空)
① 텅 빈 공중. 거지중천(居之中天). ② 모양과 빛이 없는 상태.

허망(虛妄)
실(實)이 아닌 것을 허, 진(眞)이 아닌 것을 망이라 함. 실제가 아니고, 진상이 아닌 것을 말한다.

허무신(虛無身)
① 부처님 몸이 융통 자재하여 일체를 여읜 것이 그림자와 같으므로 허무신. ② 극락정토의 성인들은 그 용모가 단정하고 세간을 초월하여 얼굴이 미묘하며 천상 사람도, 인간도 아니어서 열반(虛無)의 묘한 이치에 계합하므로 허무신.

허공장(虛空藏)
'허공장 보살'의 준말.

헌공합(獻供盒)
불전도구(佛前道具)의 하나. 헌공금을 넣는 그릇. 사찰에서 주로 많이 사용하고, 원불교에서도 사용함.

헌답(獻畓)
조상이 제사를 절에 맡기고, 그 비용을 대신하여 부처 앞에 논을 바치는 것. 또는, 그 논.

헌식(獻食)
문 앞·대문 앞의 시식(施食)돌에 밥을 쳐려 잡귀에게 베풀어 주는 것.

헌호(軒號)
남의 당호를 높여 일컫는 말.

혁총(革蔥) (×혁홀)
부추의 다른 이름. 오신채(五辛菜)의 하나.

현겁(賢劫)
[범] Bhadra-kalpa 발타겁(跋陀劫)·파타겁(波陀劫)이라 음역. 현시분(賢時分)·선시분(善時分)이라 번역. 삼겁(三劫)의 하나. 세계는 인수(人壽) 8만 4천 세 때부터 백 년을 지낼 적마다 1세씩 감하여 인수 10세에 이르고, 여기서 다시 백 년마다 1세씩 더하여 인수 8만 4천 세에 이르며, 이렇게 1증(一增) 1감(一減)하는 것을 20회 되풀이한 동안. 곧 20증감(增減)하는 동안에 세계가 성립되고(成), 다음 20증감하는 동안에 머물러(住) 있고, 다음 20증감하는 동안에 무너지고(경), 다음 20증감하는 동안은 텅 비어(空) 있다.

현고(顯考)
돌아가신 아버지의 신주(神主) 첫머리에 쓰는 말. ▷ 현비(顯妣).

현과(現果)
과거의 업인(業因)에 의하여 현세에서 받는 과보(果報).

현관(玄關)
① 깊고 묘한 이치에 통하는 관문. 곧 깊고 묘한 도에 들어가는 단서(端緒). ② 집에 들어가는 입구.

현교(顯敎)
석가가, 때와 장소를 따라 방편(方便)으로 알기 쉽게 설법(說法)한 것을 따르는 종파. 천태종. 화엄종. 정토종 따위. ↔ 밀교(密敎).

현담(玄談)
① 심오한 이치를 말하는 이야기. ② 경론(經論)을 강의하기 전에 먼저 그 제호(題號)·저자·대의(大意) 등을 설명하는 말.

현당(現當)
현재와 미래. 또는, 현세와 내세(來世).

현몽(現夢)
죽은 사람이나 신령이 꿈에 나타나는 것.

현문(玄門)
① 오묘한 법문(法門). ② = 도교(道敎).

현밀(顯密)
① 뚜렷함과 은밀함. ② 현교(顯敎)와 밀교(密敎).

현보(現報)
현세에서 지은 선·악의 행위에 대하여 현세에서 그 갚음을 받는 일.

현생(現生)
이 세상의 생애.

현성(現成)
자연 그대로 이루어지는 것. 견성(見成).

현성(賢聖)
① 현인과 성인. ② 불도를 닦은 어진 스님.

현세(現世)
지금 세상. 또 자기의 일생 동안.

현식(現識)
[범] Khyativijnana ① 경계를 나타내는 식이란 뜻. 아뢰야식이 가지가지로 객관세계의 모든 현상을 나타냄을 말한다. ② 현행(現行)하는 식이란 뜻. 아뢰야식 가운데에 들어 있는 종자에서 발현(發現)하는 이숙식(異熟識)과 능훈식(能熏識)을 말한다.

현신(現身)
① 아랫사람이 윗사람에게 처음으로 뵈는 것. ② 현세에 처한 몸. ③ 부처가 중생(衆生)을 제도(濟度)하기 위하여 그 몸을 나타내는 것.

현신불(現身佛)
육신을 이 세상에 나타낸 부처. 석가가 그 예임.

현응(玄應)
유현(幽玄)한 감응(感應)이란 뜻. 부처님의 마음이 능히 중생의 마음속에 들어가고, 중생이 능히 이것을 느껴 서로 융합함.

현자(賢者)
[범] Ariya 아리이(阿梨夷)라 음역. 성자(聖子)·존자(尊者)라고도 번역. 덕이 있어 존경할만한 어른이란 뜻. '현자(賢者) 대목건련(大目犍連)'하고 부르는 것처럼 존칭에 쓰이는 말.

현재(現在)
① 과거도 미래도 아닌, 지금의 시간, 시재(時在). ② ≪때를 나타내는 말 다음에 쓰이어≫ 사물이 변화하는 상태를 어느 지점에서 끊어서 파악하려고 할 때, 그 시점을 가리키는 말. ③ 지금 삶을 누리고 있는 '이승'을 이르는 말. ④ [민] 동사의 시제(時制)의 하나. 동작이 지금 행해지고 있는 것을 나타내는 어법. ▷ 과거·미래.

현재불(現在佛)
현재에 나타나 있는 부처.

혈도(血途)
삼도(三途)의 하나. 축생도(畜生道)의 다른 이름. 축생들은 서로 잡아먹으며 피를 흘리므로 이렇게 부른다.

협사(脇士)
불사의 좌우에 시립한 형태로 세우는 보살의 상(像).

형국(形局)
① 어떤 일이 벌어진 형편이나 국면. ② 관상·풍수 지리 등에서, 얼굴이나 집터·묏자리 등의 겉모양 및 부분의 생김새. 체국(體局).

혜(慧)
사리를 밝게 분별하는 지혜.

혜검(慧劍)
번뇌를 끊어 버리는 지혜를 날카로운 칼에 비유한 말.

혜근(慧根)
22근(二十二根)의 하나. 혜(慧)는 우리로 하여금 진리를 깨닫게 하는 수승(殊勝)한 능력이 있으므로 근이라 한다. <구사론>에서는 75법 중 대지법(大地法)에 속한다.

혜두(慧頭)
지혜의 으뜸이라는 뜻. 지혜의 중요성을 강조하는 말. 사리를 분명하게 아는 지혜의 힘. 사람의 몸에서 머리 부분이 더욱 중요하듯이 으뜸가는 지혜, 지혜의 중심이라는 뜻.

혜등(慧燈)
지혜의 등불이란 뜻. 지혜로 무명 암흑의 세계를 비춰 깨치는 것을 어두움을 비춰 밝게 하는 등불에 비유한 것.

혜명(慧命)
불법의 명맥이라는 뜻으로, '비구(比丘)'를 일컫는 말.

혜수(慧受)
① 다른 사람으로부터 은혜를 받은 것. 다른 사람의 도움을 받은 것. ② 출가교도가 재가교도나 또는 다른 사람으로부터 도움을 받은 현금이나 물품.

혜안(慧眼)
오안(五眼)의 하나. 우주의 진리를 밝히어 보는 눈. 곧 만유의 모든 현상은 공(空)하다. 무상(無相)하다. 무작(無作)이다. 무생(無生)이다. 무멸(無滅)이라 보아, 모든 집착을 여의고, 차별의 현상계를 보지 않는 지혜의 눈을 말한다.

혜해(慧解)
지혜로써 사리를 잘 해득하는 것.

호구만명(戶口萬明)
[민] 천연두로 죽은 사람의 귀신.

호궤(互跪)
좌우의 두 무릎을 번갈아 땅에 대고 꿇어앉는 것. 이것은 서역 지방과 인도에서의 세속 일반에서 행하는 예법의 하나. 또는 호궤(胡跪)라고도 한다. 불법에서는 보통으로 왼쪽 무릎을 세우고, 오른쪽 무릎을 누이고 땅에 대는 좌궤(左跪)를 하는 것이 본법이나 행사가 오래 걸려서 피로할 경우에는 이것을 막기 위하여 호궤(互跪)를 허락한다.

호념(護念)

부처나 보살을 늘 마음에 두고 선행을 쌓으면, 부처나 보살이 보살펴 준다는 말.

호리(毫釐)
자와 저울의 적은 단위인 호(毫)와 이(釐)를 말하는 것으로 몹시 적은 분량을 말한다. 털끝만큼도 틀림이 없음.

호마(護摩)
밀교에서, 화로를 놓고, 유목(乳木)을 태워 부처에게 비는 일.

호법신중(護法神衆) dharmapala
부처님의 세계를 지키는 착한 무신(武神) = 호법선신(護法善神)

호승(胡僧)
① 호국(胡國)의 중. ② 외국의 중.

호신법(護身法)
① 몸을 보호하기 위하여 온갖 방법. ② 진언 행자(眞言行者)가 수법(修法)할 때 마장(魔障)을 없애고 자기 심신을 보호하는 법. 인(印)을 맺고 다라니(陀羅尼)를 욈.

호신부(護身符)
몸을 보호하기 위하여 지니는 신불(神佛)의 부찰(符札).

호신불(護身佛)
재해로부터 몸을 보호하고자 모시는 부처.

혹(惑)
깨달음을 장애하는 체(體)·증오(證悟)와는 다른 의미. 곧 번뇌를 말한다. 번뇌는 우리의 마음을 의혹하는 것이므로 혹이라 한다.

혹도(惑道)
또는 번뇌도(煩惱道). 삼도(三道)의 하나. 우주의 진리와 낱낱 사물의 진상을 알지 못하는 데서 일어나는 망심(妄心). 곧 번뇌.

혼륜탄조(渾淪呑棗) (×군륜탄속)
엉겁결에 대추를 삼킨다는 말로 부처님과 조사들의 말씀을 제대로 음미하지 못하고 수박 겉핥기처럼 공부함.

홍경(弘經)
불경을 세상에 널리 퍼뜨리는 일.

홍경 대사(弘經大師)
불경을 세상에 널리 전파하는 법사.

홍련지옥(紅蓮地獄)
[범] Padma 발특마(鉢特摩)라 음역. 이 지옥에 떨어지면 극심한 추위로 살이 부르터서 붉은 연꽃같이 된다 한다.

홍법(弘法)
불도를 널리 펴는 일.

홍서(弘誓)
중생을 제도하여 불과(佛果)를 얻게 하려는 불보살의 큰 맹세.

화객(化客)
시주(侍主)를 구하러 다니는 객승(客僧).

화게(花偈)
① 관게(貫偈)라고도 한다. 경전 가운데에서 산문(散文)의 부분을 비유해서 산화(散花)라 일컫는데 대하여, 게송을 화게라 한다. ② 일화오엽게(一花五葉偈)라고도 한다. 선종의 초조 보리달마 선사가 혜가(慧可) 스님에게 법을 전해 주는 인신(印信)으로 법의·발우와 함께 주었다고 하는 게송. '아본래차토전법구미정 일화개오엽 결과자연성(我本來此土傳法救迷情一花開五葉結果自然成)'을 화게라 한다.

화광동진(和光同塵)
① 자기의 뛰어난 재덕(才德)을 나타내지 않고 세속을 따르는 일. ② 부처나 보살이 중생을 제도하기 위하여 속인(俗人)과 섞여 행동하는 일.

화권(化權)
중생 제도의 방편. 또는, 방편이 되는 사람.

화기(火氣)
① 불의 뜨거운 기운. ② 가슴이 번거롭고 답답하여지는 기운. ③ 번뇌 망상이 사심잡념으로 마음에 욕심이 끓어오르는 것.

화남(和南)
[범] Vandana 반담(伴談)·반제(伴題)·반담(槃談)·반다미(盤茶味)·반나매(槃那寐)·반제(畔睇)·파남(婆南)이라고도 음역. 아례(我禮)·계수(稽首)라 번역. 경례(敬禮)하는 것.

화녀(化女)

술법(術法)으로 화현(化現)한 여자.

화단(化壇)
또는 열반대(涅槃臺)라고도 함. 죽은 시신을 태우는 곳.

화대(火大)
사대(四大)의 하나. 우주 만물에 골고루 들어 있다고 하는 불기운.

화대(火臺) 스님
선원 방 온도를 조절하는 스님.

화두(火頭)
절에서 불을 때는 일. 또는, 그 일을 맡아보는 사람.

화두(話頭)
① 이야기의 말머리. ② 선종(禪宗)에서, 고칙(古則)·공안(公案)등의 일절(一節)이나 일칙(一則)을 가리키는 말. 종장(宗匠)의 말에서 이루어진, 참선자가 연구해야 할 문제.

화만(華鬘)
① 옛날 인도 사람이 몸을 장식하던 제구. ② 불상의 머리 위에 장식하는 생화 또는 금·은의 조화를 달아 늘어뜨리는 장식.

화보살(化菩薩)
중생을 제도하기 위하여 나타나는 보살.

화부(火夫)
① 기관(汽罐)에 불을 때는 사람. 화수(火手). ② 절에서 불을 맡아서 때는 사람.

화상(和尙)
① 수행을 많이 한 승. ② '승'의 높임말.

화생(火生)
부동명왕(不動明王)이 화염을 내어 세계를 비추고 그 불로 악마를 태워 없애는 일.

화생(化生)
① 의탁할 곳이 없이 홀연히 생겨나는 것. 또는, 형상이 없이 말만 하는 귀신의 무리. ② 어떤 특정한 기관으로 분화한 생물의 조직·세포가 재생이나 병리적 변화로 인해 아주 다른 형체로 변화하는 일. 적성병(赤星病)에 걸린 배나무의 잎이 해면 조직에서

책상 조직(柵狀組織)으로 변화하는 것. 따위.

화속(化俗)
속세(俗世)의 사람들을 교화(敎化)하는 것.

화신(化身)
① 중생을 구제하기 위하여 여러 가지로 형상을 바꾸어 이 세상에 나타난 부처의 몸. ② 어떤 추상적인 특질이 구체화 또는 유형화된 것.

회심곡(回心曲)
조선 중기 서산대사 휴정이 지은 노래. 일명 회심곡(悔心曲). 1776년(영조 52)에 판간되어 정식 간행됨. 내용은 부모에게 효도하고, 탐욕심(貪慾心)을 버리며, 착한 일을 많이 하고, 염불하여 본심(本心)을 바르게 닦아 극락에 가서 태평가(太平歌)를 부르자는 권념송불(眷念頌佛)을 담았으며 불교의 이치와 인간의 무상함을 쉽게 노래로 부르게 된 것.

화엄(華嚴)
① 만행(萬行)·만덕(萬德)을 닦아 덕과(德果)를 장엄하게 함. ② '화엄경(華嚴經)'의 준말. ③ '화엄종(華嚴宗)'의 준말.

화엄경(華嚴經)
석가가 도를 이룬 뒤 깨달은 대로 설법했다는 경문. 화엄종의 근본 경전으로, 법계(法界) 평등의 진리를 깨우친 불(佛)의 만행(萬行)·만덕(萬德)을 칭찬한 것임. 정식 명칭은 '대방광불화엄경(大方廣佛華嚴經)'.

법계의 성품을 관하여 마음이 부처도 중생도 만들고 있음을 깨닫도록 이끌어 이 세상이 본래 부처였음을 보도록 안내하고 있다.

화엄신장(華嚴神將)
화엄경을 보호하는 신장. 곧, 불법(佛法)을 지키는 신장. 신중.

화엄종(華嚴宗)
신라 때 의상(義湘)이 화엄경을 소의(所依)로 하여 세운 불교의 한 파. 화엄경을 근본 경전으로 함. 인도는 나가르주나(Nagar-juna)·바수반두(Vasubandhu)가, 중국은 법장(法藏)이 각각 시조임.

화엄회(華嚴會)

화엄경을 설(說)하는 법회(法會).

화정(火定)
불도를 닦는 사람이 열반에 이르기 위하여 스스로 불 속에 뛰어들어 입정(入定)하는 일. 화화(火花).

화좌(華座)
부처나 보살이 앉는 꽃방석.

화주(化主)
① 중생을 교도하는 교주. 화사(化士). ② = 화주승(化主僧). ③ = 시주(施主).

화주승(化主僧)
민간에서 시주하는 물건을 얻어 절의 양식을 대는 중. 화주(化主).

화차(火車)
① 화공(화공)하는 데 쓰던 병거(兵車). ② 지옥에서 죄인을 싣는, 불이 타고 있는 수레. ③ = 기차(汽車). ④ 우리나라의 옛 전차.

화초교도(花草敎徒)
비록 신심과 공부심은 좀 부족 할지라도, 사회적 명성이나 지위가 있어, 교당에 나오는 것만으로도 교단의 발전에 도움이 될 수 있는 교도.

화타(化他)
남을 교화하는 것.

화택승(火宅僧)
= 대처승(帶妻僧).

화행(化行)
중이 집집을 다니면서 화주(化主) 노릇을 하는 것.

화향(花香)
① 꽃의 향기. ② 불전에 올리는 꽃과 향.

확연무성(廓然無聖) (×곽연무성)
넓고 텅 비어 성제(聖諦)라는 것마저도 없다. 화두의 일종. 양나라 무제가 달마 대사에게 "어떤 것이 성제(聖諦)입니까?"라고 물었을 때 달마 대사는 "확연무성입니다"라고 대답했음. 성제란 깨달음의 진리.

확연통철(廓然洞徹)
진리를 확설하고 깊게 깨치는 것.

환멸(還滅)
수행을 쌓아 번뇌를 끊고 깨달음의 세계로 돌아가는 것. ↔ 유전(流轉).

환삭(還削)
= 되깎이.

환상(幻相)
실체가 없는 허망한 형상.

환생(還生)
① 윤회 전생설(輪回轉生說)에서, 죽은 사람이 모습을 바꾸어 다시 이 세상에 태어나는 것. 환생(幻生). ② 되살아나는 것.

환속(還俗)
= 퇴속(退俗).

환영송법회
새로 들어오는 사람을 환영하고 나가는 사람을 송별하는 법회.

환희(歡喜)
① 즐겁고 기쁨. 환열. 흔희(欣喜). ② 불법을 듣고 믿음을 얻어 느끼는 기쁨.

환희천(歡喜天)
불교 수호(守護)의 신(神), 형상은 코끼리 머리에 사람의 몸으로, 단신(單身)과 쌍신(雙身)이 있음.

활불(活佛)
살아서 움직이고 일하는 부처. 부처의 인견을 갖추어 시장 바닥에서 중생제도에 노력하는 사람, 또는 자비심이 많은 사람을 일컫는 말.

황금불(黃金佛)
= 금불(金佛).

회삼귀일(會三歸一)
성문, 연각 보살은 각각 다르다고 하는 견해를 버리고 이들 삼승이 그대로 일불승(一佛乘)이라고 하는 깨달음에 들게 한다는 뜻. 삼승을 하나로 하여 일승(一乘)에 들어가게 하는 것.

회상(會上)
대중이 모인 법회.

회색(懷色)
순백색(純白色)을 피하려고 가사(袈裟)에 물을 들임.

회석(會釋)
법문(法文)의 어려운 뜻을 잘 통하도록 해석하는 것.

회심(回心)
① 마음을 고치는 것. 개심(改心). ② [conversion] [민] 과거의 생활을 뉘우쳐 고치고 신앙에 눈을 뜨는 일. ③ 사심(邪心)에서 착하고 바른 길로 돌아온 마음.

회심곡(回心曲)
[문] 임진왜란 때에 서산 대사(西山大師)가 선행을 권하려고 지었다는 노래. 회심곡(悔心曲). 별회심곡.

회심향도(回心向道)
마음에 꼭 맞는 곳.

회자정리(會者定離)
서로 만난 이는 반듯이 헤어진다고 하는 것. 생자필멸(生者必滅)과 같은 뜻. 세상의 무상함을 나타내는 말.

회주(會主)스님
법회를 주관하는 법사이며, 하나의 모임(會, 一家)을 이끌어 가는 큰 어른.

회중(會中)
① 설법의 자리에 모인 사람들. ② 스승 문하의 일원으로서 수행하고 있는 승려 전체를 말함. 또는 법회에 참가하고 있는 승려 전체를 말함.

회하(會下)
사승(師僧) 밑에서 참선·수도하는 사람.

회하사(會下寺)
회하승들이 있는 절.

회하승(會下僧)
사승(師僧)을 모시고 참선·수도하는 중.

회향(回向)
① 얼굴을 돌려 딴 데로 향하는 곳. ② 불사(佛事)를 경영하여 죽은 사람의 명복을 비는 것. ③ 미타(彌陀)의 공덕을 돌려 중생의 극락 왕생에 이바지하는 것.

회향(廻向)
회전취향(回轉趣向). 즉 '방향을 바꾸어 향하다' '깨달음을 향하여 나아가다'란 의미. 자신이 지은 공덕을 다른 사람에게 베푸는 것. 되돌아보는 것. 자기가 닦은 선행의 공적을 모두 중생이나 불과(佛果)에 돌려보내는 것.

회화(會話)
㉘ 정기훈련 11과목 중의 하나. 일상생활 속에서 보고들은 가운데 느낀 것을 자유롭게 발표하는 방법.

횡각(橫閣)
절의 큰방에 잇대어 만든 누각.

횡수(橫豎)
① 가로와 세로. ② 공간과 시간. ③ 타력(他力)과 자력(自力).

후광(後光)
① 부처의 몸 뒤로부터 내비는 빛. 불상(佛像)의 머리 뒤에 붙인 금빛의 둥근 바퀴. 배광(背光). 원광. ▷ 광배. ② 광원(光源)이나 그림자 주위에 원형이나 방사(放射) 모양으로 보이는 빛. ③ 어떤 사물을 더욱 빛나게 하거나 더 두드러지게 하는 배경적인 현상을 비유적으로 이르는 말. ¶ 그는 독립 투사인 자기 아버지의 ~을 입어 국회 의원에 당선되었다.

후불(後佛)
① 장차 나타날 부처. 곧, 미래 불인 미륵불을 일컬음. ② 불상(佛像) 뒤에 모시는 그림 부처.

후불탱화(後佛幀畫)
후불을 그린 족자.

후생(後生)
① 뒤에 태어난 사람. ② 뒤에 배운 사람. ③ = 내생(來生).

후세(後世)
① 뒤에 세상. 또는 다음 세대의 사람들. 내엽(來葉). ② = 내세(來世). ↔ 전세(前世).

후세자(後世者)
염불을 하는 후세에 극락 세계로 가기를 원하는 사람.

후신(後身)
① [민] 다시 태어난 몸. ② 어떤 사물·조직·단체의 이름이나 형태가 바뀌어 달라진 뒤의 실체. ↔ 전신(前身).

후심 기선(後心起善)

죄업을 저지른 사람이 그를 진심으로 뉘우쳐 참회 개과하여 선한 마음을 일으키는 것.

훈수(勳修)
덕화를 받아서 하는 수행.

훈습(薰習)
불법을 들어서 마음을 닦아 나가는 것.

흉몽대길(凶夢大吉)
[민] 불길한 꿈을 꾸었을 때, 꿈은 사실과 반대로 나타나는 것이니 오히려 길할 징조라고 위로하는 말.

흑승지옥(黑繩地獄)
열(八熱)지옥의 둘째. 살생이나 절도의 죄를 지은 자가 가게 된다는 지옥.

흔구(欣求)
흔쾌히 원하여 구하는 것.

흔구정토(欣求淨土)
극락 정토에 다시 태어나기를 간절히 원함.

흙부처
흙으로 만든 불상. 토불(土佛).

희견천(喜見天)
삼십삼천(三十三天)위에 있는, 제석천(帝釋天)이 사는 하늘.

희무량심(喜)
즐거움과 기쁨을 주고 함께 하는 한량없는 마음.

희사(喜捨)
① 신분(神佛)의 일로 금전이나 토지 따위를 기부하는 것. ② 남을 위하여 즐거운 마음으로 재물을 내놓는 것.

희유(希有)
이상한, 불가사의한, 놀라운, 세상에서 보기 드문.

희족(喜足)
① 만족 ② 편안한 경지.

참고 문헌

1. 경평어문연구소   그랜드국어사전   금성출판사   1992년
2. 김일상   불교이해의 첫걸음   원불교출판사   1984년
3. 김정길   불교학대사전   홍법원   1988년
4. 김정길   불교대사전   홍법원   2008년
5. 보련각   한국불교대사전
6. 불교성전편찬회   불교성전   문예마당   1984년
7. 불교성전편찬회   불교용어사전   문예마당   2007년
8. 불교전도협회   불교성전   동경부교전도협회   1966년
9. 서경보   불교성전   명문당   1979년
10. 손정윤   원불교용어사전   원불교출판사   1980년
11. 안길모   불교용어바르게읽기   길출판사   1990년
12. 오천산   대승기신론강의   보련각   1979년
13. 운허   불교사전   1961년
14. 원불교교정원 국제부
원불교영어정전용어정리   도서출판   홈애드   2006년
15. 이시환   시간의수레를타고   신세림   2008년
16. 이희승   국어대사전   민중서관   1982년
17. 한길로   불교성전   불교성전간행회   1982년
18. 한정섭역   구사론유식론   법륜사   1979년

한미교육연구원 편저서

1. 한국어 교본 (BYU-HI, LTM, 1971)
2. 미국 시민권을 얻으려면 (선진문학사, 1978)
3. 미국의 교육제도 (미디어 다이너믹스, 1985)
4. 미국의 명문고교와 명문대학 (한미교육연구원 1985)
5. 이민 자녀 교육 (학원사, 1986)
6. 미국 유학 (우석출판사, 1987)
7. 올바른 자녀교육 (바울서신사, 1987)
8. 차돌이 교육 방랑기 (우석출판사, 1987)
9. 미국 대학 완벽 가이드 (학원사, 1988)
10. 10대 자녀문제 (학원사, 1988)

11. 청소년 그들은 누구인가 (바울서신사, 1988)
12. 미국교육의 길잡이 (바울서신사, 1988)
13. 꿈나무들을 위한 성교육 (바울서신사, 1990)
14. 미국의 명문 고등학교 (우석출판사, 1989)
15. 미국의 명문 대학 (우석출판사, 1990)
16. 미국의 명문 대학원 (우석출판사, 1990)
17. 성공적인 자녀교육의 비결 (바울서신사, 1990)
18. 미국의 명문고교 입학 유학 최신정보 (학원사, 1990)
19. 일하며 생각하며 (바울서신사, 1990)
20. 미국 속의 한국인 (공저) (유림문화사, 1991)

21. 갈등 그리고 화해 (국민화합해외동포협의회, 1990)
22. 백두산, 장백산, 그리고 금강산 (선진문화사, 1992)
23. 조국을 빛낸 사람들과 미국대학 입시제도 (한미교육연구원, 1993)

24. 이중국적 (한미교육연구원, 1993)
25. 마음은 독수리처럼 날개쳐 올라가고 (바울서신사, 1994)
26. 동서양의 길목에서 (바울서신사, 1994)
27. 남북이 잊은 사람들 (바울서신사, 1994)
28. 기적의 역사(공저) (삶과 꿈, 1994)
29. 미국교육제도와 자녀교육 (한미교육연구원, 1994)
30. 미국대학 및 대학원 진학 가이드 (한샘출판사, 1994)

31. 똑똑한 아이! 이렇게 키워라 (삼성출판사, 1994)
32. 미국의 교육제도 (개정판) (바울서신사, 1994)
33. 초등학생의 가정교육 (우석출판사, 1995)
34. 중·고등학교의 가정교육 (우석출판사, 1996)
35. 태교 및 취학 전 아동의 가정교육 (우석출판사, 1996)
36. 꿈나무와 대학정보 (한미교육연구원, 1996)
37. 해외 동포 청소년이 통일교육 (평화문제 연구소, 1996)
38. 꼴찌와 일등은 부모가 만든다 (풀잎문학, 1996)
39. 미국을 알고 미국에 가자 (풀잎문학, 1996)
40. 미국인은 배꼽 아래가 길다 (우석출판사, 1997)

41. 우리 모두 통일로 가자 (나산출판사, 1997)
42. 이것이 미국 교육이다 (나산출판사, 1997)
43. 가정은 지상의 천국 (기독교 문화사, 1997)
44. 꿈나무들 및 교육공로자와 대학정보 (한미교육연구원, 1997)
45. 21세기의 주인공 EQ (오성출판사, 1997)
46. EQ로 IQ가 휘청거린다 (오성출판사, 1998)
47. 영국의 명소와 명문 대학 (나산출판사, 1998)
48. 불란서의 명소와 명문 대학 (나산출판사, 1998)
49. 이태리의 명소와 명문 대학 (나산출판사, 1998)

50. 백두산의 식물생태 (예문당, 1998)

51. 배꼽 뒤집어 지는 유머 (예가, 1998)
52. 당신의 성공에는 유머가 있다 (나산출판사, 1998)
53. 미국 유학 - 이민교육필독서 (풀잎문학사, 1998)
54. 꿈나무와 페스탈로찌 (한미교육연구원, 1998)
55. 지켜야할 문화와 배워야할 문화 (나산출판사, 1998)
56. 묘향산 식물생태 (예문당, 1999)
57. 유머백과 (예가, 1999)
58. 꿈나무 (한미교육연구원, 1999)
59. 비무장 지대의 식물생태 (예문당, 2000)
60. 금강산 식물생태 (예문당, 2000)

61. 고사성어 399선 (예가, 2000)
62. 행복 (좋은글, 2000)
63. 스위스의 명소와 명문대학 (나산출판사, 2000)
64. 항로회춘 (나산출판사, 2000)
65. 꿈나무와 교육자 (한미교육연구원, 2000)
66. 독일의 명소와 명문대학 (나산출판사, 2000)
67. 중국의 명소와 명문대학 (나산출판사, 2001)
68. 캐나다의 명소와 명문대학 (나산출판사, 2001)
69. 영재들과 교육 공로자 (한미교육연구원, 2001)
70. 고사성어 대사전 (예가, 2001)

71. 교회의 갈등 그리고 화해(공저) (계명대학교, 2002)
72. 체코와 슬로바키아의 명소와 명문대학 (나산출판사, 2002)
73. 태교출산백과(공저) (으뜸사, 2002)
74. 북한의 교육정책과 명문대학 (평화문제연구소, 2002)

75. 재외동포법 개정을 위해 (공저) (한국인권문제연구소, 2002)
76. 오스트리아의 명소와 명문대학 (나산출판사, 2002)
77. 꿈나무들과 미국의 교육정보 (한미교육연구원, 2002)
78. 캐나다 로키의 명소와 생태 (오성출판사, 2002)
79. 달라진 남한말과 북한말(공저) (예가, 2002)
80. 일본의 명소와 명문대학 (나산출판사, 2002)

81. 배꼽이 뒤집어지는 유머 ② (예가, 2002)
82. L.A 4.29 폭동과 장학재단 (한미교육연구원, 2003)
83. 유머 해학 대사전 (예가, 2003)
84. 호주의 명소와 명문대학 (나산출판사, 2003)
85. 통일 이야기(초급) (L.A 민주 평통, 2003)
86. 인도네시아의 명소와 명문대학 (나산출판사, 2003)
87. 한국부자 미국부자 (도서출판 사사연, 2003)
88. 오직 올바르게 살자(공저) (나산출판사, 2003)
89. 꿈나무들과 교육선구자 (한미교육연구원, 2004)
90. 미주동포의 민주화 및 통일운동 (나산출판사, 2004)

91. 구월산, 장수산 식물생태 (예문당, 2004)
92. 청소년을 위한 통일 이야기 (예가, 2004)
93. 신세대를 위한 통일 이야기 (예가, 2004)
94. 남북통일과 평화교육 (나산출판사, 2005)
95. 21세기를 맞는 오늘의 북한 (양동출판사, 2005)
96. 미주 동포들의 인권 및 민권운동 (나산출판사, 2005)
97. 남북한 사회와 통일이야기 (LA 민주 평통, 2005)
98. 수재들과 교육 공로자 (한미교육연구원, 2005)
99. 어린이통일교육이야기 (동양서적, 2006)
100. 청소년통일교육이야기 (동양서적, 2006)

101. 꿈나무 및 교육공로자와 교육정보(한미교육연구원, 2006)
102. 대마도는 한국땅 (동양서적, 2006)
103. 한미관계 170년사 (동양서적, 2006)
104. 미리가본 북한 산천 (동양서적, 2007)
105. 꿈나무 및 페스탈로치상과 교육정보 (한미교육연구원, 2007)
106. 독도의 영유권 논쟁과 대책 (동양서적, 2007)
107. 멕시코의 명소와 명문대학 (나산출판사, 2008)
108. 꿈나무 및 교육공로자와 교육자료 (한미교육연구원, 2008)
109. 이것이 북한교육이다 (나산출판사, 2009)
110. 한국외래어대사전 (동양서적, 2009)

111. 글로벌영어약자대사전 (동양서적, 2009)
112. 생활영어약자사전 (동양서적, 2009)
113. 모범생과 교육공로자 및 교육정보 (한미교육연구원, 2009)
114. 불교생활용어사전 (동양서적, 2010)

불교생활용어사전

감　수 : **법타스님** (동국대학교 정각원장)

편찬위원
차종환 : 한미교육연구원장 (전, 동국대 교수)
정정달 : 대한불교 조계종 OC 법보선원장
이강준 : 법사, 선학원 중앙포교사
주경섭 : 전, 대신고등학교장
박성채 : 시인
우명호 : 동곡연구원장

불교생활용어사전

값 17,000원

초판 인쇄 2011년 4월 20일 초판 발행 2011년 4월 25일 재판 인쇄 2018년 7월 15일 재판 발행 2018년 7월 20일	판 권 본 사

편 찬 처 : 한미교육연구원
감　　수 : 법타스님(동국대학교 정각원장)
편찬위원 : 차종환, 정정달, 이강준, 주경섭, 박성채, 우명호

발 행 인 : 안 장 훈
발 행 처 : 도서출판 동양서적
　　　　　경기도 파주시 광탄면 혜음로454번길 18-52
　　　　　전화 031-957-4790
　　　　　팩스 031-942-4710
등 록 일 : 2013년 3월 18일
등록번호 : 110-98-97906

ISBN 97889-7262-176-8　　　13710